日本政治学会 編

市民社会における参加と代表

年報政治学2005−Ⅰ

木鐸社

はじめに

「年報政治学」2005年度Ⅰ号は，下記の三つの部分から構成されている。

第一部は，九編の論文からなる特集であり，本号の特集テーマは「市民社会における参加と代表」である。このテーマを取り上げた理由は，現在，制度的には民主主義の要件を満たしているが，現実には「自分達で自分達のことを決めている」と有権者が実感できない国が少なくないためである。例えば，複数の政党から候補者が立候補するために，選挙に際して有権者に選択権が与えられているはずなのに，有権者の民意が十分に反映されているとは言い難いのは何故なのか？　あるいは，そもそも政治的有効性感覚を欠くために選挙に参加しないで棄権する有権者が多いのは何故なのか？　こうした問題意識に従い，有権者の投票行動や政治意識，および有権者によって選出された代表として議員の行動，そして，議員による国会と官僚の関係などを実証的に解明しようとしたのが，本号の特集である。なお，2006年7月に日本で行われる世界政治学会（IPSA）のメインテーマも「民主主義は機能しているのか？（Is Democracy Working?）」であり，結果として本号とIPSA2006年大会で問題意識を共有することになった。なお，特集に収録された論文のうち，白崎論文は投稿論文であり，査読を経て掲載されたものである。

第二部は，自由論題であり，このうち，本間論文と徳久論文は投稿論文であり，査読の公平性を保つために投稿者の氏名を知りうる編集委員ではなく外部の査読者による査読を経て掲載されたものである。投稿頂いた論文は，いずれも優れた内容のものであったが，査読の結果，掲載に至らなかった方には心よりお詫びを申し上げるとともに，投稿頂いた会員の皆様，ならびに査読にご協力頂いた査読者の皆様に心より御礼を申し上げたい。

これらに続く第三の部分は，日本政治学会2005年度文献委員会（委員長は，杉本稔理事）が会員による研究業績の自己申告を基に，政治学の各分野毎に2004年度に公表された研究業績を紹介したものである。

さて，本号より「年報政治学」の刊行について幾つかの改革が行われた

ので，ここで説明させて頂くことにしたい。今回の改革が行われた理由は，会員の研究業績を刊行する機会を増やすべきではないかとの意見が会員ならびに理事の間で多くなってきたためである。これに伴い，学会ジャーナル検討委員会（委員長は小野耕二理事）が設けられ，2004年10月の理事会で「年二回刊行」の提言が報告され，同年12月の理事会で多数の支持を得て提言が承認された。さらに，2005年3月の理事会で「2005年度より年二回刊行する」ことが正式に決定された。

　こうして本号より年二回刊行が決まったわけであるが，その一方，会員に対する財政的負担を増やさないために，この間，渡辺浩理事長と大串和雄常務理事をはじめとする執行部が精力的に出版社と交渉を重ねた結果，従来の岩波書店では経費的に大幅な増額となるため，木鐸社にお願いすることになった。その結果，学会費を変更することなく，年報改革を行うことが可能となった。今回の年報改革にあたり，英断を下すとともに多大な尽力を払われた渡辺理事長，大串常務理事，宇野重規監事，平野聡監事の執行部，当初より早くなった締め切りに間に合わせて頂いた杉本稔2005年度文献委員会ならびに同委員会のメンバー，改革の提言をまとめた小野委員長と同委員会のメンバー，そして採算度外視で刊行を引き受けてくれた坂口節子木鐸社社長に，心より敬意を表することにしたい。

　なお，年二回刊行とともに，2005年6月理事会で「横書き」「英文要約の掲載」「表紙の改訂」なども決定され，表紙については木鐸社より提案された三案のうち，いずれを選択するのかについては学会執行部に一任することになり，本号の表紙が選ばれることになった。

　こうして本号より年二回刊行となったが，2005年度年報編集委員会の活動はすでに2003年度より始まっており，当初，「市民社会における政治過程」という特集テーマで2005年度年報を2005年12月に刊行する予定であった。しかし，本編集委員会における幾度かの議論を経て，年報改革についての執行部の決断と努力に応えるため，全面的に協力することを決め，2005年度2号のための投稿論文の公募を追加して行うとともに，本号とⅡ号については投稿論文と編集委員が執筆する論文以外に，日本政治学会ならびに関連学会における優れた報告論文の中から年報の構成を考慮して掲載する論文を選び，修正依頼などを経て本号とⅡ号に収録することにした。本号に掲載された池田論文と平野論文は小林，三船論文は河野編集委員，

堀内・今井・谷口論文は谷口編集委員，青木論文は曽我編集委員，清原論文は待鳥編集委員よりの推薦に基づき，修正が必要な論文については修正依頼を経て，収録したものである。

　最後に，2005年度年報編集委員会のメンバー（河野武司，曽我謙悟，建林正彦，谷口将紀，増山幹高，待鳥聡史，山田真裕）には，研究会や膨大なメールのやりとり，査読者との連絡などに奮闘して頂いたことに感謝するとともに，有意義な議論の時間を共にできたことに御礼申し上げたい。なお，本号で論文を執筆していない編集委員は，次の年報政治学2005年度Ⅱ号に論文を掲載する予定である。

　　　　2005年　盛夏

　　　　　　　　　　　　　　　　　　　　　　　　　　小林　良彰

日本政治学会年報　2005−Ⅰ

目次

はじめに　　　　　　　　　　　　　　　　　　　　　小林良彰（3）

〔特集〕　市民社会における参加と代表

政治改革の効果測定
　　—小選挙区比例代表並立制導入に伴う投票行動の変化と持続—
　　　　　　　　　　　　　　　　　　　　　　　　　小林良彰（11）

2003年衆議院選挙・2004年参議院選挙の分析
　　—期待の政治のひとつの帰結と有権者—　　　　　池田謙一（36）

小泉内閣下の国政選挙における業績評価投票　　　　　平野　浩（66）

2004年参院選における自民党からの離反と小泉評価　　山田真裕（88）

政党支持と投票行動におよぼすソーシャル・ネットワークと
マスメディアの影響
　　—JEDS96データの分析—　　　　　　　　　　　　白崎　護（106）

投票参加の低下
　　—90年代における衆議院選挙投票率低下の分析—　三船　毅（135）

政策情報と投票参加
　　—フィールド実験によるアプローチ—
　　　　　　　　　　　　　　　堀内勇作・今井耕介・谷口尚子（161）

権力融合と権力分立の立法過程的帰結　　川人貞史・増山幹高（181）

官僚の政治的コントロールに関する数量分析の試み　　建林正彦（201）

〔論文〕

分権改革期における市町村教育行政の変容とその政治行政要因
　　　　　　　　　　　　　　　　　　　　　　　　　青木栄一（228）

インターネット時代の米国におけるユニバーサル・サービスの政策過程
　―政策類型と教育・図書館団体の政治化を中心に―　　清原聖子（252）

地球温暖化防止京都会議に対するオーストラリアの外交戦略
　―フィールド・インタビューの結果とその分析―　　　本間圭吾（273）

アメリカン・デモクラシーの逆説　　　　　　　　　　　徳久恭子（295）

〔学会展望・規約〕

2004年学界展望　　　　　　　　　　　日本政治学会文献委員会（313）

日本政治学会規約　　　　　　　　　　　　　　　　　　　　　（344）

日本政治学会理事・監事選出規程　　　　　　　　　　　　　　（346）

日本政治学会理事長選出規程　　　　　　　　　　　　　　　　（347）

日本政治学会次期理事会運営規程　　　　　　　　　　　　　　（348）

Summary of Articles　　　　　　　　　　　　　　　　　　　（349）

市民社会における参加と代表

政治改革の効果測定
―― 小選挙区比例代表並立制導入に伴う投票行動の変化と持続 ――

小林良彰

1：市民社会における選挙の意義

　独裁制下や寡頭制下の社会とは異なり，「自分達で自分達のことを決定する」のが民主制下の市民社会であるとするならば，選挙は市民社会にとって必要不可欠な存在となる。何故なら，全ての有権者が一堂に会して，決定を下すために議論することができるような国家は考えにくいからである。例えば，わが国には約一億人の有権者がおり，全ての有権者が一堂に集まることは物理的に不可能である。そうなると，間接代議制を導入して，有権者が選挙で代理人を選出し，代理人が国会で有権者を代表して議論して決定を下すことになる。あるいは，重要な決定に際しては，代理人が議題を整理した上で，賛否の判断を国民投票に委ね，有権者が選挙によって最終的な決定を下す国もある。そのいずれにおいても，選挙が市民社会における決定のための重要な役割を担うことになる。

　したがって，選挙で重要なことは有権者の民意を正しく反映しているかどうかである。しかし，現実には同じ有権者が同じ選好を有していたとしても，「選挙の方法」（つまり，選挙制度）如何によって選挙の結果が異なる場合がある。言い換えると，どのような選挙制度で選挙を行うのかが，市民社会における有権者の民意を正しく決定に繋げることができるかに関わることになる。また，どのような選挙制度を採用するのかが，政治の「質」や有権者の政治意識にまで影響を及ぼすと考える者もいる。わが国で，90年代に衆議院の選挙制度を変更したのもそのためであった。本章では，このように市民社会において重要な役割を果たす選挙に注目して，その制度が有権者にもたらす影響について検証してみることにしたい。

2：問題設定

衆議院の選挙制度が中選挙区制から小選挙区比例代表並立制（以下，並立制）に変更されてから，1996年，2000年，2003年と三回の衆議院議員選挙が行われた。その間，「以前に比べて，改善されていない」という並立制に対する批判と「まだ回数を経ていないのでわからない」という擁護論が共存している状態であった。しかし，並立制導入から10年を経たことと，2003年の衆議院議員選挙で三回目を終えたことにより，一応の結論を出す時期に来たのではないかと考える。そこで，本章では，並立制導入の際に意図したような変化，とりわけ小選挙区制がもたらす変化が，実際に生じたのかどうかを実証的に明らかにすることにしたい。

本章の分析に先立ち，筆者は並立制導入時の議論に疑問を感じざるを得ない。それは，80年代末より政治資金を巡る問題が顕在化した際に，マスメディアや政治家が政治資金の規正強化は避け，選挙制度を当時の中選挙区制から別のものに変えるように方向転換を図ることにしたのではないかという疑問である。つまり，国民の目を政治資金から選挙制度へ移すようにしたのではないかということである。具体的には，「日本は中選挙区制である」→「だから，同じ政党から複数の候補者が出馬する」→「同じ政党だから，政策に違いがない」→「だから，サービス合戦（有権者に対する利益供与）をするしかない」→「だから，選挙にお金がかかる」→「だから，特定の企業や個人から巨額の政治資金を受けることになる」という論理が当時，議論されていた。言い換えると，「悪いのは政治家ではなく，選挙制度である」という主張であった。

もちろん，この論理が誤っているのはいうまでもないことである。例えば，同じ政党から複数の候補者が立候補したとしても，政策は候補者によって異なっているのではないか。また，たとえ政策に違いがないからと言って，何故，サービス合戦で選挙を戦わなくてはならないのかが理解できない。さらに，仮にそうするとしても，何故，だから違法な手段でお金を受け取っても良いということになるのかが理解できない。

しかし，現実には，こうした論理がまかり通り，「小選挙区制にすれば，政策論争が起きる」とか「中選挙区制では20％の投票者の支持を得れば当選できるが，小選挙区制では50％の投票者の支持を得なければ当選できな

い。だから，より多くの民意を吸収できる」。また，だから「一部の有権者目当ての票と補助金の交換は減少する」という理屈が産み出され，結局，衆議院の選挙制度は中選挙区制から小選挙区比例代表並立制へと移行することになった。

本章では，並立制下で行われた三回の衆議院選挙に焦点を当て，並立制導入時に議論されていた小選挙区制を巡る様々な理屈が，事実に照らして正しかったのかどうかを実証的に明らかにすることにしたい。具体的には，小選挙区比例代表並立制下において，①政策論争が起きたのかどうか，そして②票と補助金の交換システムが減少したのかどうかを明らかにすることにしたい。

3：従来の研究

ここで，並立制下における選挙に対する評価について，これまでどのような研究が行われてきたのかを概観してみることにしたい。

まず三宅（2001）は，初めて並立制で行われた1996年衆議院選を分析した結果，並立制における投票行動の特徴として，候補者イメージとして地元代表イメージが強まること，「勝ち馬投票」がみられることなどの点を挙げている。ただし，三宅は，一回の選挙だけで結論を得るのは時期尚早としている[1]。そして，鈴木（2000）は，選挙制度が政党の政策位置に影響を与え，それがさらに有権者の投票行動に影響を与えるという総合的な分析を行なった。具体的には，1996年衆議院選において，小選挙区では各党の政策が中位に収斂するために政策論争にならず，各候補者がライバル候補に対する区別化をはかるために個人的特性を強調し，特性志向投票が生じることになる。これに対し，比例区では，争点志向の投票が促進されることになるとしている[2]。

さらに名取（2002）は，中選挙区制から並立制への移行に伴い，補助金配分などの利益誘導政治が解消したのかどうかを実証的に分析し，並立制の導入が利益誘導の変化をもたらさなかったことを明らかにした[3]。これは，並立制の導入にあたって主張された論理が，現実には正しくなかったことを示したという意味で，重要な研究といえよう。また堤（2002）は，候補者の選挙公約に注目し，中選挙区制下の1990年および1993年衆院選と並立制下の1996年および2000年衆院選における選挙公約を比較した。その

結果，与党候補者による地元利益志向の公約は，並立制下においても相変わらず示されていることや公約の政党内分散は小さくなっていないこと，つまり政党本位の公約提示がみられないことなどを実証的に明らかにした[4]。

そして浅野（2003）は，自民党の公認決定に注目し，中選挙区制下では自民党県連の意向が同党候補者公認に強く作用していたが，小選挙区制下では執行部が推す新人が公認を得ることも少なくなく，総裁派閥や幹事長派閥の影響力が増していることを明らかにした[5]。また小林・亀（2004）は，並立制で行われた1996年，2000年，2003年の三回の衆院選を分析した結果，中選挙区制下の選挙で問題とされていた「地盤・看板・鞄」というのいわゆる悪弊が並立制下でも投票行動を規定する要因として有効に機能していることを実証的に示した[6]。

これに対し，谷口（2002）は静岡県におけるケーススタディを分析することにより，並立制の導入時に予想されたドブ板選挙は生じていないと主張している[7]。またリード（2003）も並立制下における1996年および2000年衆院選を分析し，政治改革に対する肯定的な評価を下している[8]。

これらの研究に対し，選挙制度の変更が議会などにもたらす影響を考察する研究もある。例えば，成田（2001）は，穏健な多党制をもたらすという意味で並立制が連立政権を促進する反面，複数の政党が協力する仕組みを持たないために連立政権を抑制する働きもすると述べている[9]。また，大山（2001）はほぼ同時期に選挙制度改革を行い，併用制を導入したニュージーランドと並立制を導入した日本における議会審議の変化を比較し，両国共に，当初，期待していたような効果がみられないことを示している[10]。

4：仮説

本章では，並立制導入時に小選挙区制賛成論者が主張したことが，現実に妥当したのかどうかを検証することにしたい。そこで，彼らの主張を，①小選挙区制がもたらすと言われたプラス面と②減少すると言われた中選挙区制下におけるマイナス面に分けて考えることにしたい。

まず，小選挙区制がもたらすと言われたプラス面は，「小選挙区制になれば政策論争になる」ということであった。それでは何をもって「政策論争

になる」と考えることができるのであろうか。政策論争が成立するためには，幾つかの条件が整う必要がある。まず小選挙区に立候補する候補者の政策に違いがなければ政策論争が生じないことになる。これは並立制導入時に，小選挙区制賛成論者が主張したことである。つまり，彼らは「中選挙区制では，同一政党から複数の立候補者が出るので，政策が同じになるので政策論争にならないので，サービス合戦を行うことになる」と主張した。したがって，「政策論争になる」ための必要条件として「候補者間の政策距離が大きくなる」ことが求められる。

さらに，たとえ「候補者間の政策距離が大きくなった」としても，肝心の政策が有権者の最適点から距離が離れたものであっては意味がないことになる。したがって，少なくとも，中選挙区制下の選挙に比べて，「各争点に対する有権者の最適点と各候補者の政策位置との間の距離が小さくなっていなければならない」ことになる。このことは，小選挙区制賛成論者が指摘した「中選挙区より小選挙区の方が，より多くの有権者の票を得なければ当選できないので，より多くの民意を吸収することができる」という主張からも求められる要件である。

そして，何よりも有権者自身が，中選挙区制下の選挙よりも小選挙区制下の選挙において，争点に基づいて投票行動を行っている必要がある。言い換えると，小選挙区制下の衆院選においては，「争点投票が増えている」ことが求められる。ここで，上記の主張が現実には妥当していないのではないかという立場からまとめてみると，次のような仮説になる。

　　A1：中選挙区制下よりも小選挙区制下の方が有権者の実質的選択権が拡大していない。
　　A2：中選挙区制下よりも小選挙区制下の方が有権者の最適点と候補者の政策の間の距離が小さくなっていない。
　　A3：中選挙区制下よりも小選挙区制下の方が争点投票が増加していない。

さらに，小選挙区制賛成論者の主張によれば，小選挙区制下では政策論争が起きてサービス合戦がなくなるはずであった。また，小選挙区制ではより多くの有権者の票を得る必要があるために，一部の有権者に対する補助金と交換に票を得るような「票と補助金の交換システム」は影を潜めるはずであった。

また、衆院選における票と補助金の交換システムの解消は、参院選や地方自治体の選挙における同様の問題点も解消されるはずであった。ここで、これらのことが現実には妥当していないという立場からまとめてみると、次のような仮説になる。

B1：中選挙区制下よりも小選挙区制下の方が得票と補助金の関連性が薄れていない。
B2：中選挙区制下よりも小選挙区制下の方が参院選における得票と補助金の関連性が薄れていない。

本章では、上記の仮説が妥当するのかどうかを実証的に明らかにすることにしたい。

5：分析

5−1：仮説A1の検証

まず中選挙区制から小選挙区制に移行したことで、当初、期待されていたような政策論争が生じたのかどうかを明らかにしてみることにしたい。そこで、「A1：中選挙区制下よりも小選挙区制下の方が、有権者の実質的選択権が拡大していない」ことを検証することにしたい。なお、サーベイデータによる分析の前に、ヒニチやオードシュック等の選挙に関する多次元空間競争モデルを利用して、小選挙区制における候補者の政策位置を考えてみることにしたい。

まず、候補者1の政策をθ、候補者2の政策をψ、争点に対する有権者の最適点をx、有権者の棄権要因をϕ、得票数最大化をV、得票差最大化をP、有権者の効用関数をU、投票する確率をRとすると、

① $x = \theta$ ならば $\phi(x-\theta) = 0$、
   $x \neq \theta$ ならば $\phi(x-\theta) > 0$、 $(+)/2$
② $R = U(x, \theta) + \varepsilon$ とするならば、
   $\phi(x-\theta)$ が増加するほど $P_r[R > 0]$ は減少する。
③ $|x-\theta| < |x-\psi|$ ならば、有権者は候補者1に投票する可能性がある。

ここで、全有権者の最適点の密度関数を$f(x)$、有権者の投票確率関数を

$g(x)$とすると，候補者1が得票差最大化行動をとるならば，

$P(\theta, \psi) = V(\theta, \psi) - V(\psi, \theta)$
$= \int_{-\infty}^{(\theta+\psi)/2} f(x)g(x-\theta)dx - \int_{(\theta+\psi)/2}^{\infty} f(x)g(x-\theta)dx$
$\therefore \partial P(\theta, \psi)/\partial \theta = \int_{-\infty}^{(\theta+\psi)/2} f'(x)g(x-\theta)dx$

したがって，$f(x) = 0$とすると，

 $x < 0$ ならば $f'(x) > 0$
 $x > 0$ ならば $f'(x) < 0$

もし，$\theta < \psi = 0$とすると，$\partial P(\theta, \psi)/\partial \theta > 0$
したがって，候補者1はθをψに近づける。

よって $f(x)$がユニモーダルな場合には得票差最大化を目的として行動する候補者の政策θ，ψは$f(x)$の最頻値で均衡する[11]。

つまり，選挙に関する多次元空間競争モデルによれば，候補者が小選挙区制で当選しようとする限り（いうまでもなく，多くの候補者が当選しようとして立候補している），候補者の政策は有権者の最適点の最頻値に収斂することになる[12]。

言い換えると，小選挙区制においては，各選挙区における候補者の政策が近似することになり，有権者の実質的選択権は小さくなり，政策論争が生じないことを意味している。もちろん，選挙区に立候補する候補者が「純粋に」当選だけを考えて合理的に行動するわけではないが，少なくとも，中選挙区制よりも小選挙区制の方が政策論争が生じる可能性が低くなることだけは確かである。すると，そもそも並立制導入時に主張された小選挙区制のメリット自体が，「候補者が選挙に当選しようとする限り」は論理的に間違っていたことになる。

なお，小選挙区制においても，常に当選に関わる有力候補者が三名以上いる場合には，上記のモデルは妥当しないことになる。しかし，リード(2003)らによれば，日本の小選挙区制においても「M＋1ルール」が妥当する傾向が生じており，その意味では，有力候補者が二名に限定されることになり，上記のモデルの妥当性が高まっていることになる。

さらに，ここで有権者が主観的に各党の政策をどのように認知しているのかを調べ，与党と第一野党の間の「主観的政策距離」を計算することで，上記の合理的モデルが示すような傾向が見られるのかどうかを明らかにし

表1　自民党と第一野党の政策に関する
主観的認知距離（1993年→2003年）

1993年		2003年	
全サンプル	8.461	全サンプル	7.525
自民支持者	8.737	自民支持者	7.768
社会支持者	9.596	民主支持者	8.364
公明支持者	9.168	公明支持者	6.293
民社支持者	8.956	社民支持者	7.614
共産支持者	8.523	共産支持者	4.970
社民連支持者	8.150	保守新党支持者	8.333
新生支持者	9.364	支持政党なし	6.542
さきがけ支持者	7.500	―	―
日本新党支持者	8.200	―	―
支持政党なし	6.924	―	―

てみることにしたい[13]。その結果，中選挙区制下の1993年衆院選時よりも小選挙区制下で行われた2003年衆院選時の方が，自民党と第一野党の政策に関する主観的認知距離が小さくなっており，その分だけ有権者の実質的選択権は拡大するどころか狭まっていることになる（表1）。これらのことから，仮説A1は証明されたことになる。

　なお，選挙は常に同じ候補者や同じ政策の下で行われるものではなく，その意味では一概に異なる選挙における政策距離を比較することが難しいのはいうまでもないことである[14]。しかし，少なくとも，並立制導入時に意図したような「有権者の実質的選択権が拡大する」という効果を見出すことができないのは事実である。また，サーベイデータによる分析の結果，前述の合理モデルのような最適点の最頻値における収斂がみられないのは，まだ有力候補者数が二名に絞られていないことや，各党の綱領に基づき政策提示の範囲が限られていることなどのためであると考えられる。

5－2：仮説A2の検証

　次に，「A2：中選挙区制下よりも小選挙区制下の方が，有権者の最適点と候補者の政策の間の距離が小さくなっていない」という仮説が妥当するのかどうかを検証することにしたい。これは，たとえどんなに各候補者の政策の相違が大きくなり，有権者の期待効用差が大きくなって実質的選択権が拡大したとしても，有権者の最適点から離れた位置における選択であっては意味がないことになる。何故なら，そのような場合には，どちらの

候補者が勝っても有権者の最適点から離れている以上，効用が小さくなるためである（たとえ，期待効用差が相対的には大きいとしても）。

ここで，有権者にとって自分の最適点に政策を持つと主観的に認知する政党が存在する割合をみると，中選挙区制下で行われた1993年衆院選時の16.5％に対し，小選挙区制下で行われた1996年衆院選時で16.3％とほぼ同じ値を示し，その割合が増えていない。さらに，2000年衆院選時では13.4％，2003年衆院選時でも14.7％と，かえって減る傾向がみられる（図1）。

また，1993年から2003年にかけての四回の衆院選時の調査で共通して尋ねた「政府の役割」という争点に関する各党の主観的政策位置と有権者の最適点の距離を比べてみると，1996年衆院選で一旦距離が縮まったものの，その後，2000年衆院選，2003年衆院選になるにしたがって元に戻り，2003年衆院選では1993年衆院選時と同じ距離になっている（表2）。つまり，中選挙区制下よりも小選挙区制下で行われた衆院選の方が，自分の最適点に主観的に認知する政党公約がある政党が増えるどころか，かえって減っていることになる。したがって，仮説Ａ2は証明されたことになる。

図1　自分の最適点に政策を持つと主観的に認知する政党が存在する割合

年	割合
1993年	16.5%
1996年	16.3%
2000年	13.4%
2003年	14.7%

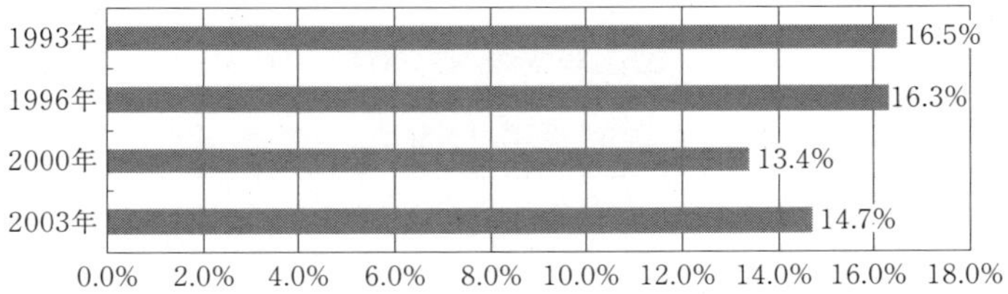

表2　各党の主観的政策位置と有権者の最適点の距離（政府の役割）

	1993年	1996年	2000年	2003年
自民党	2.247	1.919	2.117	2.251
社会党	2.405	—	—	—
公明党	2.139	—	1.901	2.260
共産党	2.645	2.241	1.939	2.716
新進党	—	1.816	—	—
民主党	—	1.622	1.760	2.137

5-3:仮説A3の検証

さて、ここで「A3:中選挙区制下よりも小選挙区制下の方が、争点投票が増加していない」という仮説を検証してみることにしたい。まず、はじめに有権者が自分の最適点に最も近い政策を持つと主観的に認知する候補者に投票した割合をみると、自民党支持者の場合、中選挙区制下の1993年衆院選時の50.9%から小選挙区制下の1996年衆院選に移行して一旦、38.1%とかえって減ることになる。その後、2000年衆院選での41.7%、2003年衆院選での51.5%と回復しているものの、中選挙区制下よりも小選挙区制下において争点投票が多くなったとは言い難い(図2)。また野党第一党の支持者についてみると、1993年衆院選時以来、21.5%、21.2%、20.6%、22.1%とほぼ同じ割合を示している（図3）。

さらに、有権者の投票行動を投票方向（自民党投票か非自民党投票か）と投票参加（投票参加か棄権か）に分け、1993年衆院選から2003年衆院選にかけて、各々がどのように変化したのかを共分散構造分析によって明ら

図2　最適点に最も近い政策を持つ候補者に投票した割合
（自民支持者）

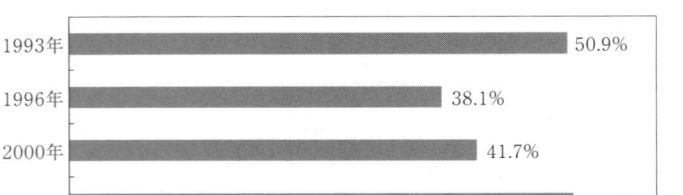

図3　最適点に最も近い政策を持つ候補者に投票した割合
（野党第一党支持者）

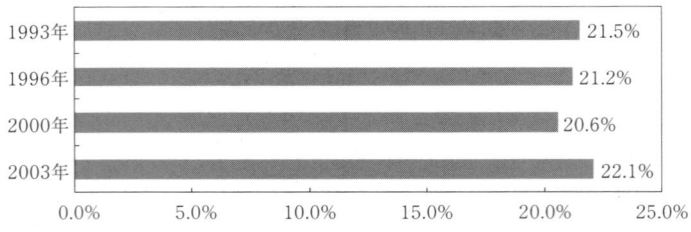

かにすることにしたい。まず1993年衆院選では，政治不信が政党支持（自民党支持か非自民党支持か）を規定し，それが投票方向を規定している。これに対し，争点態度と政党支持や投票方向の間との関連はみられない（図4）。そして小選挙区制で行われた1996年衆院選（選挙区選挙）でも，国際関係に対する態度が政党支持に影響していることなどを除けば，1993年衆院選と同様に政治不信が政党支持を規定していることに変わりがない。また，投票方向に影響しているのは，1993年と同様に政党支持だけである（図5）。

また2000年衆院選では，長引く景気低迷のせいか，政治不信に代わって生活満足感が憲法改正に関する争点態度と共に政党支持に影響を与えている。しかし，投票方向に対しては，1993年，1996年同様に，政党支持だけが有意な影響をもたらしている（図6）。さらに2003年衆院選になると，国際関係についての争点態度が職業や性別などの社会的属性と共に政党支持に影響をもたらしているものの，投票方向に対して強い影響を持つのは政党支持と政治不信であり，経済政策に関する争点態度が弱い影響を持つのみである（図7）。

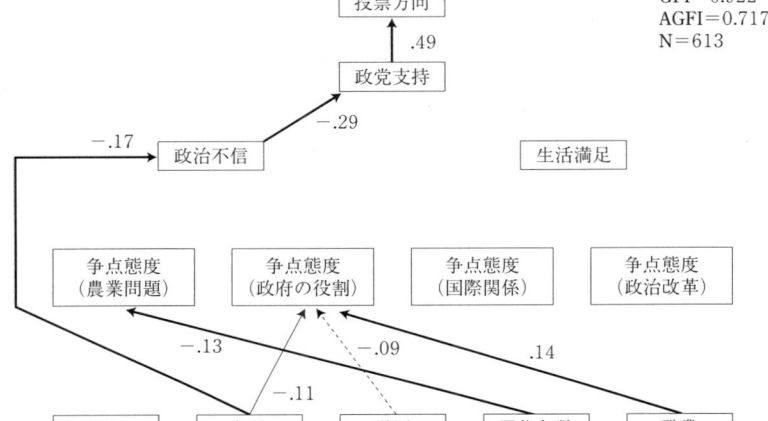

図4　投票方向の説明要因・共分散構造分析（1993年）

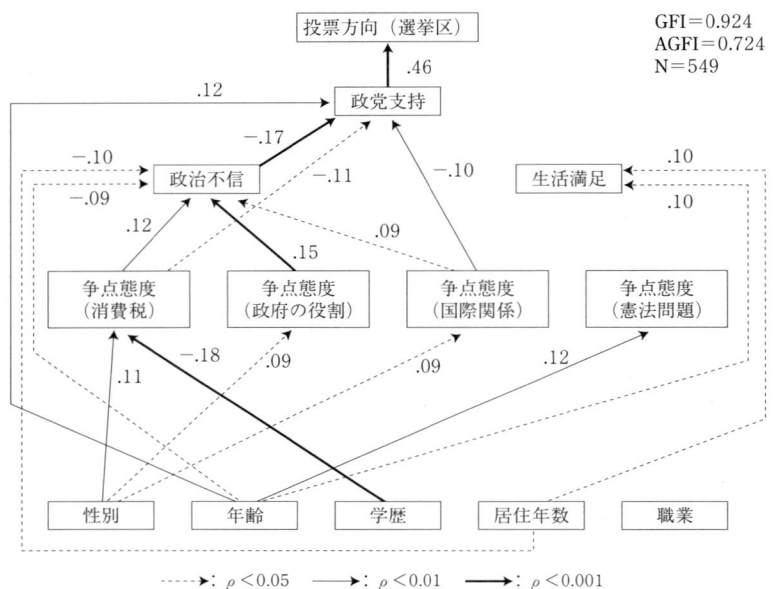

図5 投票方向の説明要因・共分散構造分析（1996年）

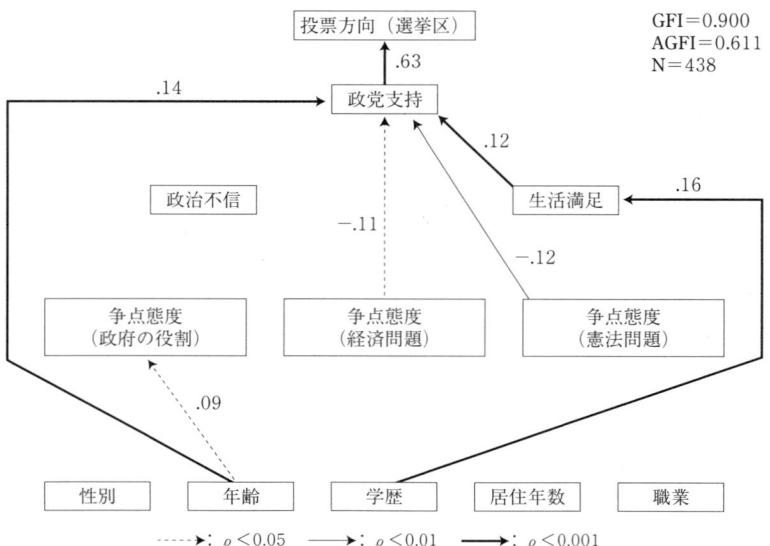

図6 投票方向の説明要因・共分散構造分析（2000年）

図7　投票方向の説明要因・共分散構造分析（2003年）

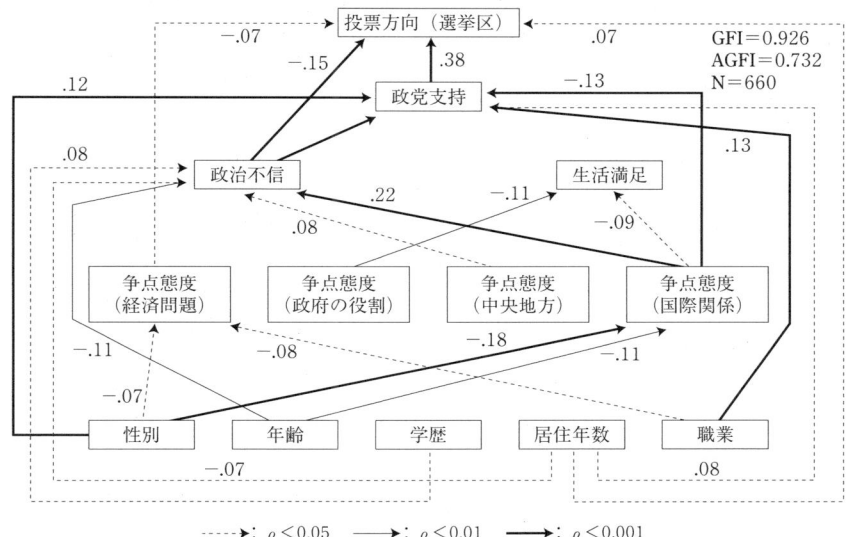

　ここで投票方向を外的基準とする数量化理論Ⅱ類による分析を行った。その結果，中選挙区制下であるか小選挙区制下であるかを問わず，政党支持と政治不信がわが国の投票方向に大きな影響を及ぼしていることがわかる。これに対して，争点態度はいずれの選挙においても投票方向に大きな影響をもたらしているとは言い難い。もちろん，各選挙で争点が異なるために一概に争点態度を比較することは難しいものの，四回の選挙で一貫して争点として取り上げている「政府の役割」についてみても，投票方向に対する影響力が大きくなっているとは言えない（表3）。

　次に，共分散構造分析を用いて，有権者の投票参加を分析してみると，中選挙区制下の1993年衆院選では，年齢と居住年数という社会的属性が投票参加に影響し（図8），並立制下の1996年衆院選でも年齢と政党支持（政党支持の有無）が投票参加に影響し（図9），どちらの選挙においても争点態度は投票参加と直接，関連を持っていない。そして，2000年衆院選でも年齢と学歴という社会的属性が投票参加に影響し（図10），さらに2003年衆院選でも年齢のみが投票参加に直接，有意な関連を持っている（図11）。つ

表3　投票方向の説明要因・数量化理論Ⅱ類（1993年～2003年）

		中選挙区制	小選挙区制		
		1993年	1996年	2000年	2003年
社会的属性	性別	0.111	0.081	0.010	0.163
	年齢	0.274	0.343	0.219	0.517
	居住年数	0.305	1.775		0.656
	学歴	0.221	0.265	0.203	0.117
	職業	0.058	0.071	0.008	0.065
政党支持		1.707	1.625	1.956	1.276
争点態度	政府の役割	0.370	0.500	0.127	0.405
	国際関係	0.266	0.515		0.123
	憲法問題		0.202	0.162	0.507
	経済問題			0.118	0.290
	農業問題	0.259			
	政治改革	0.310			
	政局	0.146			
	消費税		0.579		
	中央地方関係				0.154
	靖国参拝				0.133
生活満足感		0.249	0.561	0.208	0.320
政治不信		2.155	1.563	0.180	1.866
パーソナル・ヴォート		0.134	0.190	0.051	0.804

＊　偏相関関数

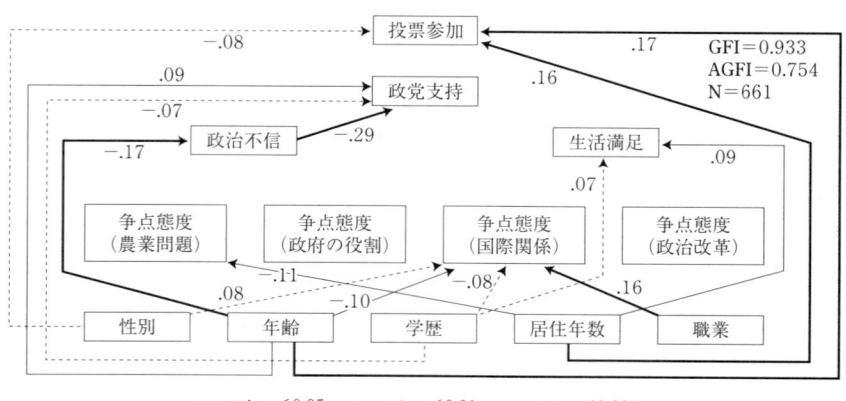

図8　投票参加の共分散構造分析（1993年）

政治改革の効果測定（2005－Ⅰ）　25

図9　投票参加の共分散構造分析（1996年）

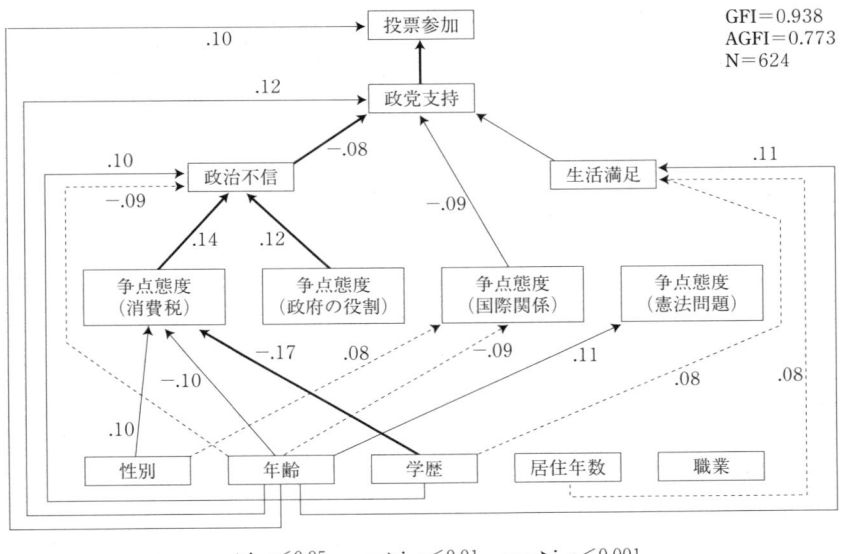

図10　投票参加の共分散構造分析（2000年）

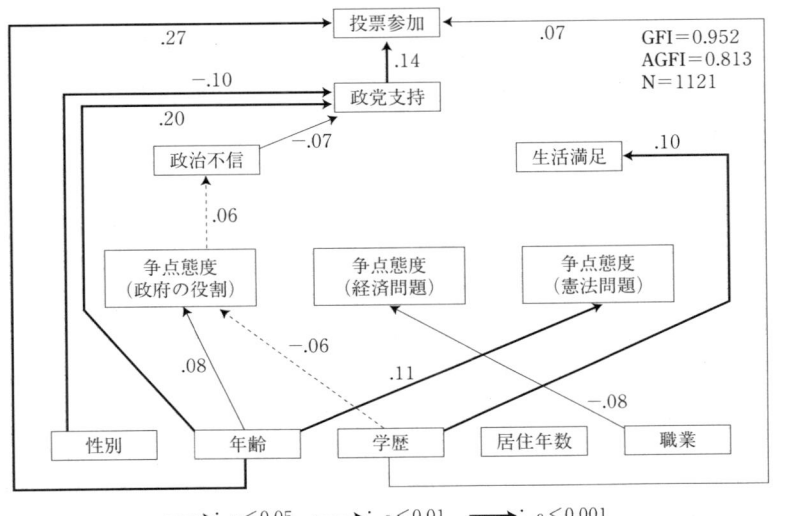

図11 投票参加の共分散構造分析（2003年）

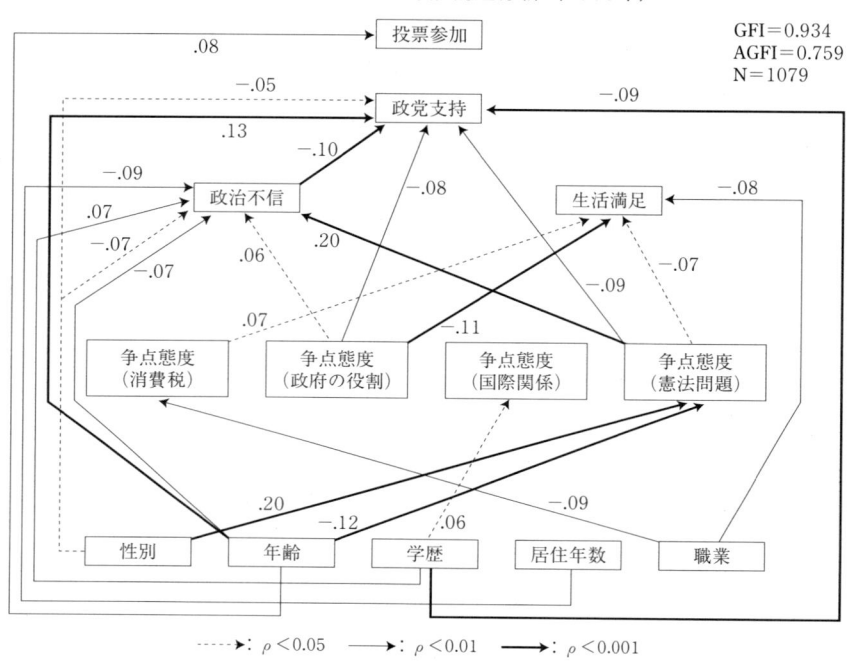

まり，中選挙区制であるか小選挙区制であるかを問わず，わが国の投票参加に争点態度が有意な直接の関連を持っていないことになる。

　ここで投票参加を外的基準とする数量化理論Ⅱ類による分析を行った。その結果，中選挙区下であるか小選挙区制下であるかを問わず，年齢と政党支持（政党支持の有無）が投票参加に大きな影響を与えており，選挙によっては生活満足感や政治不信が影響する時もあるようである。これに対し，争点態度はさほどの影響を与えているようには思えない（表4）。

　これらのことをまとめてみると，個々の選挙によって争点が異なるために一概には言えないものの，総じて，中選挙区制から小選挙区制に選挙制度が変わっても，有権者の投票方向にも投票参加にも争点態度が強い影響を与えるようになったとは言い難い。やはり，相変わらず，政党支持を中心に政治不信や生活満足度などが投票方向や投票参加に影響を与えていると言っても誇張ではないであろう。つまり，中選挙区制よりも小選挙区制

表4　投票参加の説明要因・数量化理論Ⅱ類(1993年～2003年)

		中選挙区制	小選挙区制		
		1993年	1996年	2000年	2003年
社会的属性	性別	0.121	0.018	0.088	0.217
	年齢	2.503	1.930	2.223	2.154
	居住年数	1.006	1.519		0.612
	学歴	0.385	0.724	0.380	0.871
	職業	0.135	0.004	0.085	0.222
政党支持		1.748	1.631	4.683	1.294
争点態度	政府の役割	0.385	0.424	0.586	0.506
	国際関係	0.291	0.570		0.392
	憲法問題		0.665	0.908	1.241
	経済問題			0.502	0.574
	農業問題	0.393			
	政治改革	0.346			
	政局	0.572			
	消費税		0.416		
	中央地方関係				0.507
	靖国参拝				0.121
生活満足感		1.486	0.965	0.515	1.471
政治不信		1.737	0.731	0.461	1.125
パーソナル・ヴォート		0.275	0.103	0.374	0.085

＊　偏相関関数

において争点投票が増えていないことになる。したがって，仮説A3は証明されたことになる。

5－4：仮説B1の検証

　これまで小選挙区制のメリットとして言われていたことが，わが国で行われた三回の衆院選をみる限り，現実には妥当していないことを明らかにしてきた。次に，ここでは中選挙区制の問題点として言われていたことが，中選挙区制がなくなった現在ではみられなくなったのかどうかを検証してみることにしたい。もし，小選挙区制で行われた三回の衆院選において，中選挙区制の問題点が消滅あるいは減少しつつあるのであれば，並立制導入時に主張された「悪いのは，選挙制度である」という理屈は正しかったことになる。しかし，そうではなく小選挙区制下で衆院選が行われる現在においても，中選挙区制下でみられたのと同じ問題が生じているのであれば，事は重大である。つまり，並立制導入時に主張された「中選挙区制がもたらす問題点」は中選挙区制に伴う問題ではなく，日本の政治構造に伴

う問題であったことになる。したがって，問題を解決するために改革するのは選挙区制度ではなく，別の構造であったことになるからである。

まず，「Ｂ１：中選挙区制下よりも小選挙区制下の方が，得票と補助金の関連性が薄れていない」という仮説を検証してみることにしたい。はじめに，衆院選に立候補した各候補者が示した公約の中で，どの程度，地元利益に関する主張をしているのかを調べてみると[15]，中選挙区制時の1993年衆院選でも小選挙区制時の1996年および2000年衆院選でも変わっていないことが明らかになる（図12）。

次に，選挙結果が国から地方自治体への補助金の増減に影響しているのかどうかを調べてみると，1996年衆院選で自民党候補者が落選した小選挙区のうち，2000年衆院選でも自民党議員が落選した所では0.8％しか国庫支出金が増加していないのに対し，2000年衆院選では自民党候補者が当選したところでは8.4％も増加していることがわかる（図13）。こうした現象が，小選挙区制に移行した後もみられることに注目したい。

さらに，ここで中選挙区制の悪弊と言われた「票と補助金の交換システム[16]」に変化が生じたのかどうかを明らかにすることにしたい。まず中選挙区制時代には，あらかじめ補助金を配分して次回選挙における票に結びつける「集票手段型」とあらかじめ選挙で出た票に応じて補助金が配分さ

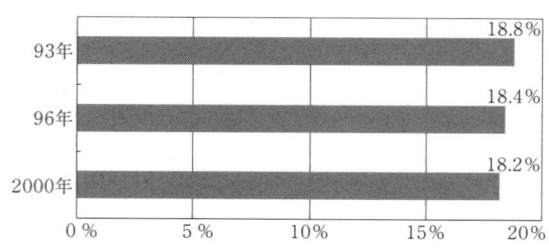

図12　公約で地元利益に言及する割合

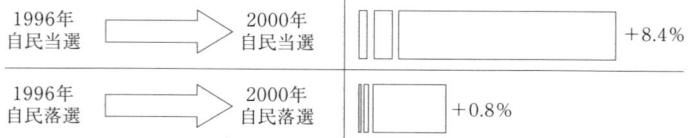

図13　自民党候補の当落と国庫支出金の変化

れる「お礼参り型」の二タイプが考えられると言われていた（図14）。

そこで、まず特別交付税についてみると、小選挙区制で行われた第一回衆院選の前年（1995年）に各小選挙区に配分された特別交付税が都市化[17]の影響を差し引いてもなお自民党得票率と高い関連性を示していることがわかる。いわゆる集票手段型の「票と補助金の交換システム」が小選挙区制下においてもみられることになる。次に、1996年衆院選における各小選挙区における自民党得票率が翌年（1997年）の特別交付税の配分にどのような影響をもたらしているのかをみると、都市化の影響を差し引いてもなお高い関連性を示している。いわゆるお礼参り型の「票と補助金の交換システム」が存続していることがわかる。同様に、2000年衆院選についても前年（1999年）の特別交付税からの影響や翌年（2001年）の特別交付税への影響をみると、いずれも都市化の影響を考慮してもなお高い関連性をみることができる（図15）。

さらに地方交付税（普通交付税と特別交付税の総額）について、同様に翌年の衆院選における各小選挙区の自民党得票率や前年の衆院選における各小選挙区の自民党得票率の関連をみていくと、特別交付税ほどではないにしても、特別交付税と同じように都市化の影響を差し引いてもなお高い関連性をみることができる（図16）。これは中選挙区制時代にはみられなかったことである。その原因としては、選挙制度の問題よりも、むしろ普通交付税の算定根拠となる基準財政需要の中に、交付税制度発足当初とは異なる要因が加わっていることが考えられる。例えば、近年、全国的な不景気の中で、景気対策としての公共事業に関する地元負担分についての元利返済の一部を事業費補正として基準財政需要の中に組み入れることなどが行われており、以前に比べて、普通交付税が「純粋に」収入不足に基づいているわけではなくなったことを指摘することができるのではないかと思われる。

図14　票と補助金の交換システム

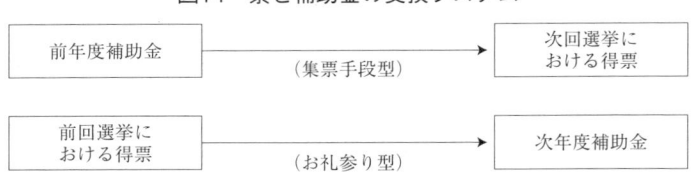

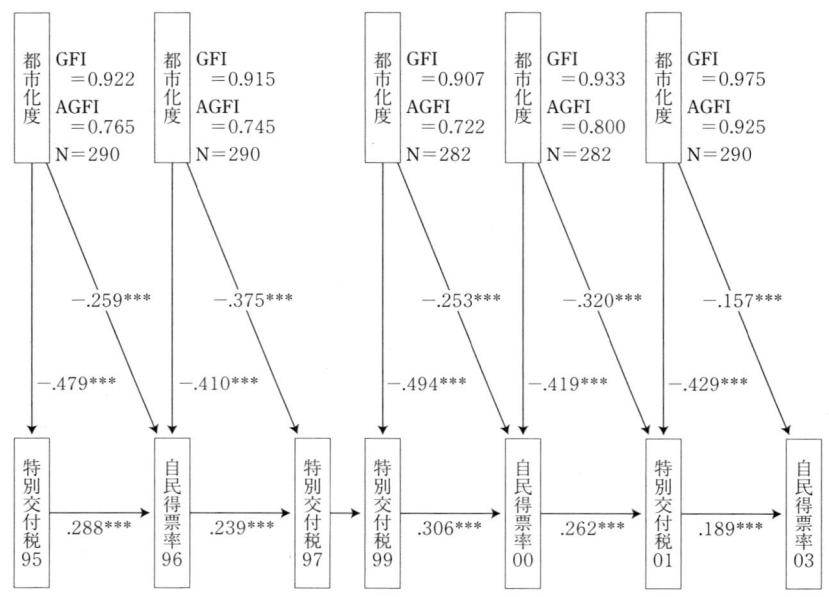

図15　票と補助金の関連（特別交付税）

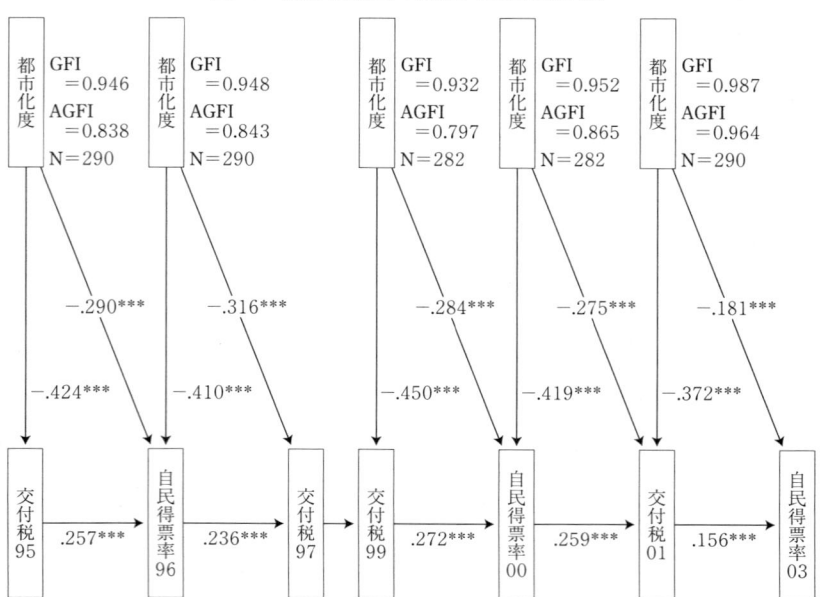

図16　票と補助金の関連（地方交付税）

図17　建設組織支援候補者得票率（2001年）と
建設補助金（2000年）

```
r（建設候補得票率＊建設補助金）＝0.449
           N＝300
    cf：中選挙区制下
r（建設候補得票率＊建設補助金）＝0.700
           N＝130
```

　いずれにしろ，これまでみてきたように，中選挙区制の悪弊と言われた「票と補助金の交換システム」は小選挙区制下においても健在であることが明らかになった。したがって，仮説Ｂ１は証明されたことになる。

５－５：仮説Ｂ２の検証

　次に，衆院選の選挙制度の変更が，参院選に関する「票と補助金の交換システム」に影響をもたらしたのかどうかをみていくことにしたい。まず衆院選の選挙制度が並立制に変更されてから七年後に行われた2001年参院選に建設関連団体の支援を得て当選した建設組織支援候補の得票率と建設補助金の額を市区町村別に収集した後，衆院の小選挙区単位で集計し直して関連を求めてみると，r＝0.449（N＝300）と高い関連があることがわかる（図17）。なお，中選挙区制時代に行われた参院選における同様の関連はr＝0.700（N＝130）であるが，ケース（衆院選の選挙区数）の違いを考慮すると，共に高い関連性を示しているということができる。また，2000年建設補助金と2001年参院選建設組織支援候補得票率の関連，および2001年参院選建設組織支援候補得票率と2003年建設補助金の関連をみると，両者共に，都市化の影響を差し引いてみても，なお高い関連性を示していることが明らかになった（図18）。これらのことから，仮説Ｂ２は証明されたことになる。

６：結論

　本章では，並立制導入時に小選挙区制賛成論者が主張した「小選挙区制のメリット」が現実には妥当していないことを明らかにした。また，当時，中選挙区制に伴う問題点と言われたことが，小選挙区制においてもみられ

図18　建設組織支援候補得票率と建設補助金

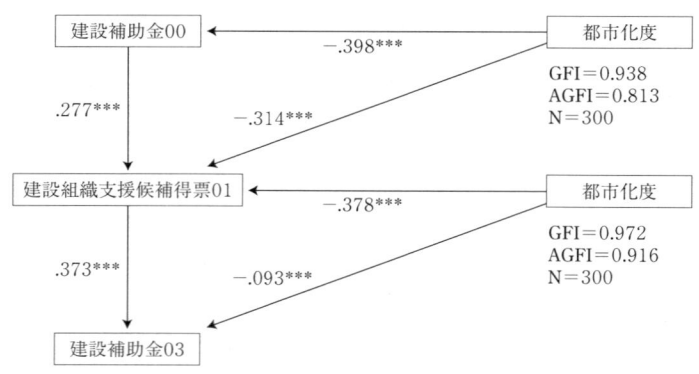

ることを明らかにした。これにより，当時，政治不信の原因となった「政治と金」の問題点が選挙制度に付随するものではなく，別の構造に伴う問題であったことが明らかになる。つまり，本章でも明らかなように，選挙制度を変えても問題点は変わらないままであり，肝心の改革をしないまま時間が経つことになったわけである。

なお，本章における分析にも限界があるのは，事実である。本章では，JES II 調査や JES III 調査など入手できるサーベイデータと補助金など市区町村別に入手できるアグリゲートデータに基づいて分析を行った。筆者にとって入手できるデータは全て用いたつもりであるが，それが現実の政治現象をどこまで再現できるかについては，自ずと限界がある。本章で明らかにできるのは，あくまでも「本章で用いたデータの限りにおいては，小選挙区制のメリットが生じていないし，中選挙区制の問題点も解消していなかった」ことに過ぎない。

また，自然科学における実験とは異なり，社会科学では他の変数をコントロールすることは現実には不可能である。中選挙区制が行われた1993年衆院選と，小選挙区制で行われた1996年衆院選，2000年衆院選，2003年衆院選では存在する政党も候補者も同一ではないし，争点も異なっている。したがって，「他の条件が等しければ」ということにはならないし，そうした比較を社会科学で行うことは今後も不可能であると言わざるを得ない。

しかし，それにも拘わらず，本章を執筆した理由は，未だに証明されて

いない「小選挙区制のメリット」があたかも「証明された」事実であるかのような言説が最近，見受けられるからである．客観的データに基づいて，一つ一つ事実を積み重ねる謙虚さを失ったこうした言説は，単なる「個人的好みによる評論」に過ぎないものである．社会科学がそうした評論に惑わされることがないことを願いつつ，本章を執筆した次第である．

＊　本章は，2004年度日本選挙学会共通論題報告・小林良彰「並立制導入に伴う投票行動の変化と持続性」に加筆訂正を施したものである．同学会において貴重なコメントを下さった河野勝早稲田大学教授に感謝したい．

（1）　三宅一郎『選挙制度変革と投票行動』木鐸社，2001年．
（2）　鈴木基史「並立制における投票行動研究の統合的分析アプローチ」『選挙研究』No. 15, pp. 30-41, 2000年．
（3）　名取良太「選挙制度改革と利益誘導政治」『選挙研究』No. 17, pp. 128-141, 2002年．
（4）　堤英敬「選挙制度改革と候補者の政策公約－小選挙区比例代表並立制導入と候補者の選挙戦略－」『香川法学』第22巻第2号 pp. 90-120, 2002年．
（5）　淺野正彦「選挙制度改革と候補者公認－自由民主党（1960-2000）」『選挙研究』No. 18, pp. 174-189, 2003年．
（6）　小林良彰・亀真奈文「並立制における投票行動の問題点」『選挙学会紀要』第2号, pp. 3 -17, 2004年．
（7）　谷口将紀「改革以降の組織票動員」2002年度日本政治学会研究会報告論文，2002年．
（8）　Steven R. Reed, *Japanese Electoral politics: Creating a new partysystem*, Routledge Curzon, London and New York, 2003
（9）　成田憲彦「日本の連立政権形成における国会の論理と選挙制度の論理」『選挙研究』No. 16, pp. 18-27, 2001年．
（10）　大山礼子「ウェストミンスターモデルと選挙制度改革－ニュージーランドと日本－」『選挙制度』No. 16, pp. 28-38, 2001年．
（11）　Melvin J. Hinich and Peter C. Ordeshook, "Plurality Maximization vs Vote Maximization," *American Political Science Review*, Vol. 64, 1970, pp. 772-91. この問題についての詳細は，小林良彰『公共選択』1988年を参照．
（12）　もし候補者が得票数最大化行動を採る場合には，下記のように，有権者の最適点の分布上で収斂するとは限らない．
　　　全有権者の最適点の密度関数を $f(x)$，有権者の投票確率関数を $g(x)$ とすると候補者が得票数最大化行動をとるならば，

$$V(\theta, \psi) = \int_{\theta-\delta}^{(\theta+\psi)/2} f(x) g(x-\theta) dx$$

$\therefore \partial V(\theta, \psi) / \partial \theta$
$= \int_{\theta-\delta}^{(\theta+\psi)/2} f(x) g(x-\theta) dx - 1/2 f \cdot (\theta+\psi)/2 \cdot g \cdot (\psi-\theta)/2$
$= f(\theta+\psi)/2 [1 - 1/2 \cdot g \cdot (\psi-\theta)/2] - f(\theta-\delta)$

ここで候補者2が $f(x)$ の最頻値に ψ をおくとする。

$\therefore \psi = 0$

また,$x < \theta - \delta$,$x > \psi + \delta$ に最適点をもつ有権者は棄権し,それ以外の有権者は投票するものとすると,

$\partial V(\theta, \psi) / \partial \theta = 1/2 f(\theta-\delta)$

(i) $f(\theta/2) > 2f(\theta-\partial)$ ならば $\partial V(\theta, \psi) / \partial V > 0$
(ii) $f(\theta/2) < 2f(\theta-\partial)$ ならば $\partial V(\theta, \psi) / \partial V < 0$
(iii) $f(\theta/2) = 2f(\theta-\partial)$ ならば $\partial V(\theta, \psi) / \partial V = 0$

したがって得票数最大化を目的として行動する候補者1は,(i)の場合,θ を ψ に近づけ,(ii)の場合には θ を ψ から遠ざける。(iii)の場合には θ を動かさない。

(13) 1993年衆院選に関してはJES Ⅱ第一波調査(事前)データおよび第二波調査(事後)データ,1996年衆院選に関しては,JES Ⅱ第六波調査(事前)データおよび第七波調査(事後)データ,2000年衆院選に関しては小林良彰調査(事前)データ,2003年衆院選に関してはJES Ⅲ第四波調査(事前)データおよび第五波調査(事後)データを用いて分析を行った。なお,JES Ⅱは平成5~9年度文部省科学研究費特別推進研究の助成を得た「投票行動の全国的・時系列的調査研究」(蒲島郁夫・三宅一郎・綿貫譲治・小林良彰・池田謙一)に基づくものである。JES Ⅲは平成13~17年度文部科学省科学研究費特別推進研究の助成を得た「21世紀初頭の投票行動の全国的・時系列的調査研究」(池田謙一・小林良彰・平野浩)に基づくものである。

(14) JES Ⅱ調査では,1993年衆院選時における争点として「農産物輸入自由化」「政府の役割」「国際関係」「政治改革」「政局」の五つを,1996年衆院選における争点として「消費税」「政府の役割」「国際関係」「憲法改正」の四つを取り上げている。また,小林良彰調査では,2000年衆院選時における争点として「政府の役割」「経済政策」「憲法改正」の三つを取り上げ,JES Ⅲ調査では,2003年衆院選における争点として「政府の役割」「経済政策」「憲法改正」「中央地方関係」「国際関係」「靖国参拝」の六つを取り上げている。なお,各調査における政策位置のスケーリングは統一して計算し直した。また,1993年衆院選時における野党第一党は社会党,1996年衆院選時における野党第一党は新進党,2000年衆院選時と2003年衆院選時における野党第一党は民主党である。

(15) 各候補者の公約の内容分析データは，堤英敬氏（香川大学）が行ったものであり，同氏の好意により本章の分析でも利用した。同氏に感謝の意を表したい。なお，2003年衆院選時の公約の内容分析については，現在，同氏により進行中である。
(16) 中選挙区制における「票と補助金の交換システム」については，小林良彰『現代日本の政治過程』東京大学出版会，1997年を参照。
(17) 都市化については，当初，持ち家率やDID人口比などの八変数による主成分分析を行って算出した。しかし，「都市－農村」を示す第一主成分値と持ち家率の相関が極めて高いために，本章の分析においては，持ち家率で代用することにした。

2003年衆議院選挙・2004年参議院選挙の分析
―期待の政治のひとつの帰結と有権者―[1]

池田謙一

　2005年7月の本稿執筆時点，衆議院解散にはまだ意外の感があった。わずか1ヶ月余り後，初校校正時点は選挙後となり，以前と異なる政治の布置が出現していた。大きな変化である。小泉純一郎の「期待の政治」は鮮やかに復活したかに見える。業績の政治は2005年にも大きく問われなかったが，他方，郵政民営化一本に争点を絞り抜き，反対者の非公認，「刺客」の送り込みまで通じて示した一貫性が，2004年には「期待の残響」に過ぎなくなっていたものを，再度「自民党をぶっ壊す」変革の期待へと広く沸き立たせ，改めて支持基盤を党の外から広範に調達することに成功，ことに都市部でその成果を顕著とした。実績の点検を置き去りにしつつも政策論争が中心となったという2点で，この選挙は2001年の選挙とは性格を異にする。このことについては改めて実証が求められるが，筆者は現時点でもなお2004年までの小泉の選挙をまとめておく必然性があると考える。それによって2005年の選挙もまたよく見える。

　さて，2001年4月に成立したこの政権は，未曾有と言えるほどの広範な支持を獲得してスタートを切り，選挙という点から見ると，2001年参議院選挙を皮切りに，2003年衆議院選挙，2004年参議院選挙を，党首をその主たる看板として自民党が乗り切るスタイルを踏襲してきた。少なくともこれまでの「小泉の選挙」には，従来なかったいくつかの様相が含まれていた。1つは言うまでもなく，小泉自身が前面に立ち，「自民党をぶっ壊す」発言にはじまって，日常的にはメールマガジンやタウンミーティングまでを含めた「開放型」で既得権に媚びないかに見えるアプローチで，無党派層や野党支持者にまで広く支持を得ようとする戦略であり，その中で改革をキーワードとしていったアピール戦略である。また，抜擢型人事を基盤にした「顔」の選挙（2001年参院選の田中真紀子，2003年の衆院選の安倍

晋三，2004年参院選の竹中平蔵)，踏み込んだ公明党との選挙協力（逆から見れば派閥依存型の選挙の弱化），などの点でも異色であった（2005年衆院選もその線上にあった）。これに対して主要野党である民主党の側でも，マニフェストを掲げ，「政権選択」を挑むなど，新しい展開を含みながら「二大政党制」に近い様相が徐々に姿を現してきたとも見える。

そこで本稿では，投票行動研究プロジェクト JES Ⅲ（Japanese Election Study Ⅲ）で利用可能なデータを活用して「小泉効果」の分析を試みる。JES Ⅲは，1970年代から引き継いで実施されてきている国政選挙を中心にしたおよそ10年ごとの全国パネル調査で，現在実施中のものである[2]。調査は2001年参議院選挙から開始し，2003年の統一地方選挙および衆議院選挙，2004年の参議院選挙まで現在のところ計7回が終了している（2005年の衆院選についても前後調査を実施）。ここでは2003年と2004年のそれぞれ衆議院選挙，参議院選挙を主なターゲットとして分析を進める。2001年の参議院選挙はその分析のための基点となる（池田（2004a）を参照）。つまり内閣発足後間もない参議院選挙から見て，小泉の選挙がいかに変容していったか，これを有権者の心の動きと行動とから分析を進めることとする。このデータを用いることで，小選挙区比例代表並立制が定着し始めたこの時期の時事的な特性も踏まえた上で，投票や内閣の支持を規定するリアリティの様相を検討することが可能である。その上でマスメディアと「小泉効果」との関連性についてまでも分析を進める。言うまでもなく2001年の「小泉旋風」がマスメディアを通してのものだったと，多くの人が認識しているからである。

より具体的には次の課題を有する。第1に，小泉効果の変化を2003年と2004年の国政選挙ごとに検討する。第2に，こうした効果の変化が将来期待・業績評価・経済状況認知・マニフェスト評価などのどんなあり方と関連しているかを解きほぐしながら，投票行動と内閣への支持の変化を基軸に解析を進める。その中でマスメディアがいかなる形でこれら変化をプッシュ／抑制したかについても分析の対象とする。最後に，こうした諸点に基づくことによって，この時期の異質性を議論する視点を提供する。

ここで行う分析は，仮説検証型の形を取るのではなく，むしろ探索的な形を取る。それには2つの理由がある。第1は選挙のスタイルの特異性である。ふだんの支持者の外部から広範な支持を調達するようなタイプの政

権運営と選挙の形は，中曽根政権の際に弱い形で見られたものの，自民党政権では一般的ではなかった。第2に，そうした支持調達のエンジンとなった政権への業績評価と将来期待的要因の分析を，そうした要因が既知の米国（Fiorina, 1981など）を範として仮説検証的に分析することは必ずしも目的ではない。我が国においては，平野（1998, 2004）や蒲島（2004, 11章）も指摘するように，こうした形の選挙は政権交代が現実的となった1990年代以後の現象となっているが，このことを仮説検証の形で示すことを目的とはしない。本論文ではこれら要因に着目するものの，この特異な時期を対象に探索的にデータの検討を進め，変化の中でどんなダイナミクスが生じているのかをデータに語らせるという形式を取ることとする。

分析するデータの範囲であるが，自民党への投票，自民党に対する政権担当能力評価，小泉内閣支持の変化を主たる従属変数とする。対比するケースとして民主党への投票・政権担当能力評価も部分的に扱う。そして主たる独立変数として，内閣への将来期待，内閣業績評価，および小泉純一郎に対する感情温度を投入する。期待と業績評価とは対をなし，内閣成立初期の期待の効果の高さは既に示されているが（池田，2004a），時を経て実績評価がそれに入れ替わって内閣支持を規定するはずの要因である。果たしてそうした様相が見えるのか，これを検討する。また期待の政治とその業績評価という認知的側面での効果に対し，ポピュリストとされる小泉自身への「熱さ」という感情的側面での効果にも注意を向ける。なお，将来期待・業績評価は他の変数の従属変数でもある。

そのほか継続的に投入する独立変数および統制変数は次の通りである。デモグラフィック要因として，性別，年齢，教育程度，居住年数，居住地の都市規模を投入する。いずれも古典的な投票・政治参加の規定要因として既知のものである（三宅，1989；蒲島，1988）。また個人内の要因として政治知識指標を投入する。政治的洗練度を通して個人の投票志向に影響する変数であるが（Delli Carpini & Keeter, 1996），ここでは統制変数として投入する。自民党，民主党，公明党への支持度は政党支持尺度から作成して投入する。自民党については説明するまでもないが，政党支持のベクトルを統制する意味で民主党支持尺度は必要であり，また公明党支持度尺度の投入は小泉内閣がこの党との連立政権であり強力な選挙協力を得たために関連性があると見てのことである。

さらに，時事的要因には主としてマニフェストに対する評価，景気の状態の認知，暮らし向き認知を扱う。そのときどきの争点については紙面の制約上別の機会に譲る。メディア環境に関わる要因としては，政治情報としての新聞接触，テレビニュース接触，インターネット情報への接触を分析対象とした[3]。

1. JES Ⅲ 調査

今回用いる JES Ⅲ のパネルデータは次のような仕様となっている。

JES Ⅲ 2003年衆議院選挙調査の事前事後面接調査は，それぞれ10月29日〜11月8日（投票日は11月9日），11月13日〜24日の期間に実施された。事前の対象サンプル数は3759，回収数2162，回収率57.5%，事後はそれぞれ3573，2268，63.5%であった。これらのサンプルには2001年参議院選挙調査からの継続サンプルと今回の新規サンプルとが含まれている。後者は新たにランダムサンプリングによって補充されたものである。

JES Ⅲ 2004年度参議院選挙においても事前事後調査が行われた。2001年以後の調査対象者および新規サンプルに対して，事前は7月1日〜10日（投票は7月11日），事後は同月15日〜26日にともに面接調査として実施された。事前の対象サンプル3735に対し，回収数2115，回収率56.6%，事後はそれぞれ2575，1977，76.8%となった[4]。

2. 主要な要因の変化

まず，2001—2004年の間の変化を JES Ⅲ データによって概観しよう。

投票は，自民党への投票に関しては，図1に見るように全体として下がり基調である。民主党は上り基調で，比例区と選挙区では公明党に比較的差異が生じている。一方，内閣支持は，強い内閣支持層が2001—03年の間に半減以下となり，代わって不支持層が増大し，2004年選挙時には全体を二分するほどまでに近づいている（図2）。

感情温度に関しては，支持政党ごとの分散が拡大していく変化の過程が見える（図3：タテ軸は%。グラフの幅は分布の95%信頼区間。感情温度の最大レンジは0－100度）。2001年から2003年にかけての野党支持者での落ちが大きく，与党支持者はそれほど落ちていない（といっても3年間で10度以上は落ちているのであるが）。また支持なし層は野党支持者と同様

図1 主要各党の得票率
（主要5党内得票比率）の変化

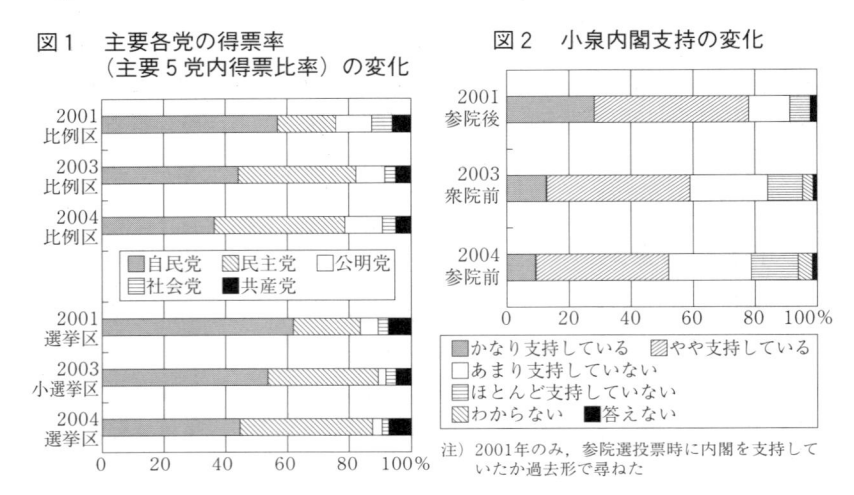

図2 小泉内閣支持の変化

凡例（図1）：■自民党 ☒民主党 □公明党 ≡社会党 ■共産党

凡例（図2）：■かなり支持している ☒やや支持している □あまり支持していない ≡ほとんど支持していない ☒わからない ■答えない

注）2001年のみ、参院選投票時に内閣を支持していたか過去形で尋ねた

図3 支持政党ごとに見た小泉に対する感情温度の変化

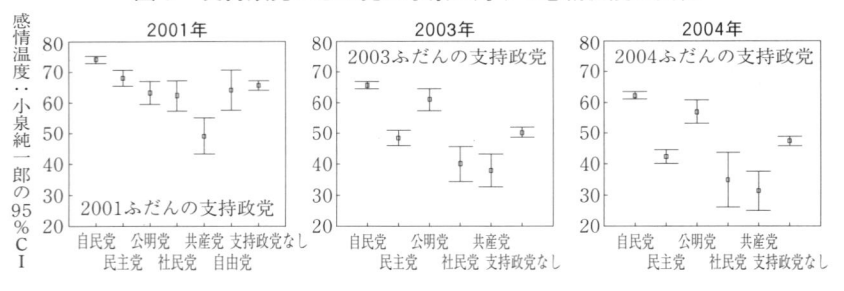

縦軸：感情温度：小泉純一郎の95%CI

2001年／2003年／2004年　ふだんの支持政党

横軸カテゴリ：自民党　民主党　公明党　社民党　共産党　自由党　支持政党なし

の落ち方をしている。全体として小泉に対する感情的な熱意は，3年の間に与党支持者の内側へと縮んで行き，それが自民党に対する投票を下げる方向にも働いているかに見える。

次に，内閣の将来期待・実績評価，および経済的要因としての景気認知の変化を見てみよう。

将来期待は2001年において明らかに突出して高い（図4左）。7割がポジティブに期待している。2003年にそれは穏やかになるもののそれでも4割は期待し，2004年にかけてその下がり具合は小さい。しかし2004年には「期待できない」側が「期待できる」側を上回っている。片や，内閣の業績評価についても2001年が高いが，これは測定してはいるものの組閣後三ヶ

図4 将来期待・業績評価・景気認知の推移

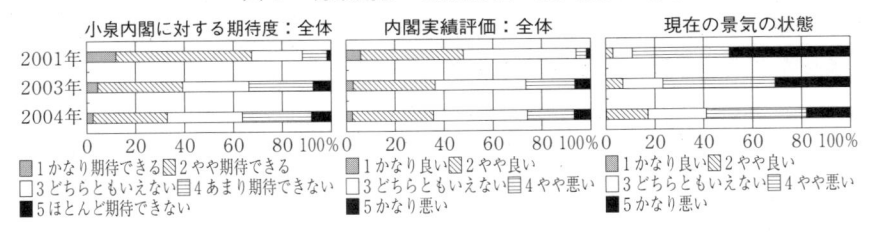

　小泉内閣に対する期待度：全体　　内閣実績評価：全体　　現在の景気の状態

（2001年、2003年、2004年の積み上げ棒グラフ）

凡例：
- 1かなり期待できる／2やや期待できる
- 3どちらともいえない／4あまり期待できない
- 5ほとんど期待できない

- 1かなり良い／2やや良い
- 3どちらともいえない／4やや悪い
- 5かなり悪い

- 1かなり良い／2やや良い
- 3どちらともいえない／4やや悪い
- 5かなり悪い

月のデータであり，「業績」についてとやかくいうほどの時期ではない。ただし，そうした実質のない時期でも2003，2004年時よりも業績評価が高くなっていることに当時の「小泉人気」を見て取ることは可能だろう（図4中央）。逆に言えば実質的な2003-2004年の業績評価はいずれもポジティブな方向に4割を超えることはない。期待がしぼみ，実績に対する評価が上がらない段階で，2004年の参院選は戦われたのである。

　一方，景気認知の変化には明らかな好転が認められる（図4右）。とくに2003-2004年の間の変化は顕著であり，「かなり悪い」人は1割以上低下する一方で，「やや良い」がそれと同等程度までに増大している。もっとも，「かなり悪い」「やや悪い」を合わせるとまだ6割近くになるのであるが。

○3．投票の直接的な規定要因

　池田（2004a）は，2001年の小泉内閣支持，参院での自民党投票の直接的な規定要因を分析し，次のように結論している。第1に，小泉に対する期待と感情は「便乗効果」（Mondak, 1995）として自民党への投票にまで効果を及ぼした。それは議院内閣制の下でもリーダーシップに対する期待の効果が明瞭に見えるほどのものであった。この効果は大きく，自民党・民主党への支持度など主要変数をコントロールした上でも，感情温度が20度と80度の人では自民党に1票以上投票する確率を2割近く上昇させていた。また内閣への将来期待では上下1標準偏差の間で1割以上投票を異ならせていた。

　第2に，さらに分析を進めた結果，投票への効果はメディア接触の直接の効果ではないことが判明した。その意味で，メディアが「便乗効果」の認知的な接着剤としての役割を果たしたわけではない。ただし，テレビメ

ディアへの接触は，間接的に小泉への感情の上昇をプッシュしていることが明確であった。また内閣への支持に焦点を当てるならば，新聞への接触もテレビ番組接触も正味のプラスの効果を持っていた。

3－1　2003年の自民党に対する「小泉効果」の分析

2001年の投票行動の分析結果を踏まえた上で，同様のスキームで2003年，2004年の投票を分析しよう。今回の分析では欠測とパネル落ちバイアスを欠測ウェイトの使用によって減少させようと試み（相田・池田，2005），かつ Amelia（Honaker et al., 2003）を用いた多重補完法によって欠損値の補完を試みた。多重補完法では欠損値を補完する過程で，その補完に伴う不確かさが推定値の分散の増加によるペナルティとして反映される。そのため Little & Rubin（1987）らの推奨する方法に従い，複数の補完データセットを用いて回帰係数および標準誤差を求めた。本研究では基本的にこの複数データセットの分析結果を統合した結果を表示することとする（補完の価値については King et al.(2001)）。これらのことを通じて，分析によって推定される各係数の信頼性の増大をはかった[5]。

さて，ここでは比例区と小選挙区の2票に対する順序ロジット分析を行う。このように従属変数を投票数とする分析では投票棄権者は除いて分析する。除外せずとも分析結果はよく類似していたが，クリアな結果は投票者に限った分析であった(以下の分析でも同様)。棄権者の分析は別の機会に譲るが，従属変数が投票行動でない場合には全サンプルを分析対象とする。

分析の結果は，依然として「小泉効果」を明瞭に示している（表1）[6]。モデル1－3を比較すると，将来期待の効果は業績評価の効果を追加投入しても低下しないのに対し，その逆をすると業績評価の効果が低下する。したがってここでの小泉効果は，業績評価よりも期待の要素が引き続き強いことがわかる。期待のレベルが全体として落ちているのに，その期待に頼って自民党が得票しているという構図がある。

さらに，モデル4は2001年の投票をコントロールした分析であるが，こうすると将来期待も業績評価の効果も消える。特に期待の効果は半減した。つまり，内閣に期待する人は自民党に投票しているが，その多くは01年に自民党に投票した人に片寄っている，というに過ぎないのである。言い換

表1　自民党投票数2003への順序ロジット分析

自民党投票数2003	モデル1 回帰係数	モデル2 回帰係数	モデル3 回帰係数	モデル4 回帰係数
性別	0.30*	0.27+	0.30*	0.38*
満年齢	0.01	0.01	0.01	−0.01
教育程度	−0.01	−0.01	−0.01	−0.05
居住年数	0.21**	0.22**	0.21**	0.23*
都市規模（逆転）*	0.09*	0.09*	0.09*	0.06
知識度	−0.03	−0.02	−0.03	0.00
自民党支持度	0.72**	0.74**	0.71**	0.49**
民主党支持度	−0.69**	−0.70**	−0.69**	−0.76
公明党支持度	0.05	0.10	0.05	0.00
03年時内閣業績評価		0.25**	0.03	0.12
03年時内閣将来期待	0.46**		0.44**	0.25+
03年時小泉感情温度	0.01**	0.02**	0.01**	0.01**
01年自民党投票数				0.59**
カットポイント1	2.97	3.20	2.94	2.26
カットポイント2	4.35	4.55	4.32	3.92
N	1617	1617	1617	688
（擬似決定係数）**	0.244	0.233	0.244	0.246

p値 .05<p＝<.1+, .01<p＝<.05*, .001<p＝<.01**
* 居住都市規模は規模が小さいほど値が大きい
** 本研究で用いた欠測ウェイトを使用するモデルではモデル全体の説明力を表す R^2 ないし擬似 R^2 を算出しない。そこでウェイトを使用しない多重補完データの（擬似）R^2 の平均値を参考までに示すこととした。

えると，新たに期待した人々が参入している傾向は弱い。

　なお，感情温度の効果は一貫して存在する。小泉に対する好感度という側面から自民党は票を得続けているのである。それは2001年の投票によるコミットメントの効果とは独立している。

　モデル3について事後シミュレーションをして2001年との比較を行うと（図5：他の要因の効果を一定として統制），将来期待の効果の幅は2001年よりむしろ増大したことが判明した。2003年に最大の上下差で4割もの効果があったのは期待の低い人が自民党に投票しなくなったからというよりは，高い期待を依然として有している人がさらに自民党に投票したからであろう。じっさい，2003年には上位標準偏差2の位置の期待を表明する人は7割以上が少なくとも自民党に1票投票しており，それは2001年より1割近く高いのであった。これに比すると業績評価の効果はまことに微弱である。

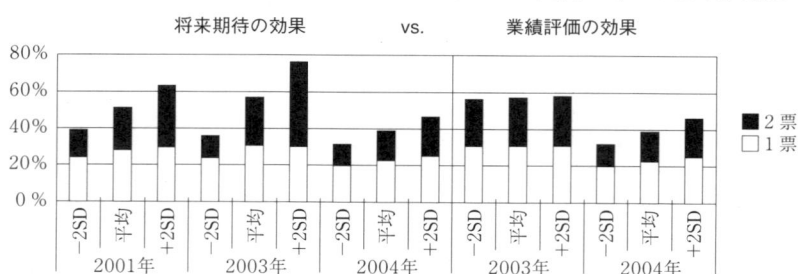

図5　2001-4年　自民党投票に対する小泉首相・内閣の「かさ上げ」効果

将来期待の効果　vs.　業績評価の効果

3-2　2004年の自民党に対する「小泉効果」の分析

2004年の参院選挙時に全く同様の分析を行ったのが表2である（分析は選挙区と比例区の2票に対する順序ロジット）。モデル1-3で将来期待と業績評価の効果を検討すると，自民党への投票が業績評価の方に規定されやすくなったことが判明した。2003年とは逆に業績評価の効果は将来期待の効果を投入してもそれほど低下しないのに対し，その逆に将来期待の

表2　自民党投票数2004の順序ロジット分析

自民党投票数2004	モデル1 回帰係数	モデル2 回帰係数	モデル3 回帰係数	モデル4 回帰係数	モデル5 回帰係数
性別	-0.15	-0.13	-0.13	-0.17	-0.13
満年齢	0.01	0.01	0.01	0.00	-0.01
教育程度	-0.02	-0.01	-0.01	0.00	0.15
居住年数	0.31 **	0.30 **	0.31 **	0.34 **	0.34 **
都市規模（逆転）	0.09 **	0.09 **	0.09 **	0.03	0.15 **
知識度	-0.11	-0.11	-0.11	-0.12	-0.14
自民党支持度	0.96 **	0.96 **	0.95 **	0.64 **	0.85 **
民主党支持度	-0.77 **	-0.78 **	-0.78 **	-0.98 **	-1.13 **
公明党支持度	0.22 **	0.22 *	0.20 **	0.04	0.18
04年時内閣業績評価		0.27 **	0.19 *	0.20	0.24
04年時内閣将来期待	0.22 **		0.14 +	0.09	-0.02
04年時小泉感情温度	0.02 **	0.02 **	0.02 **	0.02 **	0.02 **
03年自民党投票数				0.98 **	
01年自民党投票数					0.43 **
カットポイント1	3.99	3.97	3.88	3.70	4.23
カットポイント2	5.20	5.18	5.09	4.96	5.50
N	1577	1577	1577	1053	568
（擬似決定係数）	0.296	0.296	0.297	0.368	0.337

p値 .05<p=<.1 +, .01<p=<.05*, .001<p=<.01**

効果は半減した。図5を見るとその変化の大きさが分かろう（モデル3による事後シミュレーション）。期待最上位の層でも票への動員力は2/3以下となり，代わって業績投票が姿を現したのである。

しかしモデル4，5を見ると，感情の効果以外には自民党への投票は，過去の投票の残滓を引きずっているだけと明らかになる。つまり過去の投票をコントロールすると業績評価・将来期待変数の効果がともに消えるのは，期待も評価もいずれも新しい票を自民党に呼び込んでいるわけではない，ということを意味している。感情温度の効果量そのものはあまり変わらない点でこれがもっともロバストであるが，しかし全体の平均得票数が落ちていることも忘れてはならない。参考までに，公明党支持の効果は，2001年，2003年には見いだせないが，2004年には明瞭に浮かび上がっている。

4. 中長期的要因

2001年の小泉効果について，中長期的要因たる政権担当能力評価で既に知見があるのは次の点である（池田，2004a）。自民党に対する担当能力評価は自民党投票に対して効果を持たず，一方で民主党の能力評価が自民投票にマイナス効果を持っていた。つまり民主党に政権担当能力を認識することが自民党から票が出て行く一つの要因であった。自民党に政権担当能力があるという認知は自民党支持者の間ではある意味で自明化しており（中程度以上の自民党支持者では軽く9割以上が表明：強い支持者で97%，中程度の支持で90%），表立った要因としては出てきていなかった。また，自民党政権担当能力を従属変数とすると，小泉への感情温度に説明力があり，政権への期待の効果は弱かった。

政権担当能力認知は比較的安定しているものであるが，リーダーシップの効果等によって変動しうるものである。自民党と民主党に関して3年間の変化を検討すると，自民党についてはわずかに変動が見られるものの，総じて7割以上の有権者が政権担当能力ありとみなしている点で安定している。民主党に関しては，2001年にはわずか2割強が政権担当能力ありと認知していたが，2003年にはその率を1割以上伸ばし，2004年にもそれをおよそキープしているのが現状である。

4－1　2003年の政権担当能力認知の分析

　2003年衆院選時にも政権担当能力評価に及ぼす小泉効果は依然として存在していた（表3左：分析はロジット7）。自民党の能力評価には，今回は感情的側面だけでなく，内閣への将来期待や業績評価にも依存している点で，熱狂的な側面を越えて内閣の実質的な期待が国政運営能力のポジティブな認識につながっていることを意味している。ただし，それがじっさいの業績評価に裏付けされているとまでは言えないだろう。将来期待の方が業績評価の効果を上回っているのである。他方，民主党への能力評価は逆に小泉内閣の業績への失望に依存している。民主党は「敵失」によって，代替勢力としての政権担当能力評価を得ている。なお，自民党の政権担当能力評価が投票に対してまでは直接効果を持たないのは2003年でも同様であった（表3右：分析は順序ロジット）。

　ここで興味深いのがマニフェストの果たした役割である。独立変数として，両党のマニフェストに接したかどうか（マニフェスト見聞），またマニフェストの各項目をどれだけ評価しているか（マニフェスト評価），を投入

表3　政権担当能力評価の規定要因とその効果2003年

2003年	自民党政権担当能力評価			民主党政権担当能力評価	2003年	自民党投票数	民主党投票数
	回帰係数	回帰係数	回帰係数	回帰係数		回帰係数	回帰係数
性別	－0.63**	－0.58**	－0.59**	－0.13	性別	0.28＋	－0.37**
満年齢	－0.01＋	－0.01＋	－0.01＋	－0.01	満年齢	0.00	－0.01*
教育程度	0.06	0.07	0.07	0.16*	教育程度	0.01	0.00
居住年数	0.09	0.07	0.07	0.08	居住年数	0.21**	－0.04
都市規模（逆転）	－0.11*	－0.10*	－0.10*	－0.06	都市規模（逆転）	0.09*	－0.07*
知識度	0.08**	0.08**	0.08**	0.09**	知識度	－0.02	0.01
自民党投票歴(2000－2001)	0.41**	0.39**	0.39**	－0.15**	自民党支持度	0.68**	－0.24**
民主党投票歴(2000－2001)	0.02	0.03	0.03	0.45**	民主党支持度	－0.57**	0.92**
					公明党支持度	－0.02	－0.50**
03年時内閣業績評価	0.37**		0.15	－0.24*	03年時内閣業績評価	0.02	0.12
03年時内閣将来期待		0.49**	0.42**	－0.12	03年時内閣将来期待	0.40**	－0.24**
03年時小泉感情温度	0.01*	0.01**	0.01＋	0.00	03年時小泉感情温度	0.01**	－0.02**
	1.31	1.36	1.52	－1.19	自民党政権担当能力評価	0.26	0.06
N	1765	1765	1765	1765	民主党政権担当能力評価	－0.79**	0.75**
（擬似決定係数）	0.158	0.168	0.169	0.154	カットポイント1	2.75	－1.81
p値 .05<p＝<.1＋, .01<p＝<.05*, .001<p＝<.01**					カットポイント2	4.16	－0.65
					N	1617	1617
					（擬似決定係数）	0.255	0.223

p値 .05<p＝<.1＋, .01<p＝<.05*, .001<p＝<.01**

表4　政権担当能力評価とマニフェスト2003年

2003年	自民党政権担当能力評価		民主党政権担当能力評価	
	回帰係数	回帰係数	回帰係数	回帰係数
性別	−0.57**	−0.51**	−0.08	−0.02
満年齢	−0.01+	−0.01+	0.00	0.00
教育程度	0.05	0.07	0.12	0.13
居住年数	0.08	0.06	0.09	0.05
都市規模(逆転)	−0.10*	−0.08+	−0.05	−0.06
知識度	0.08**	0.07*	0.09**	0.07**
自民党投票歴(2000−2001)	0.40**	0.37**	−0.14**	−0.16**
民主党投票歴(2000−2001)	0.01	0.00	0.43**	0.36**
03年時内閣業績評価	0.16	0.18	−0.23*	−0.19
03年時内閣将来期待	0.40**	0.37**	−0.15	−0.13
03年時小泉感情温度	0.01*	0.01	0.00	0.00
自民党マニフェスト見聞	−0.27		−0.21	
民主党マニフェスト見聞	0.58		0.81**	
自民党マニフェスト評価		0.07*		0.00
民主党マニフェスト評価		0.03		0.16**
切片	1.42	1.21	−1.41	−1.53
N	1765	1765	1765	1765
(擬似決定係数)	0.17	0.176	0.161	0.185

p値 .05<p = <.1+, .01<p = <.05*, .001<p = <.01**

した結果が表4である。自民党の政権担当能力に対してはわずかにマニフェスト評価による寄与が見られるだけであるのに対し，民主党では大きな効果を持っていた。民主党のマニフェストを見聞したと回答する群ではしない群より19％増，民主党のマニフェスト評価得点がゼロの人と上位8分の1にあたる人（6項目評価）の人では30％もの差異があった[8]。

4−2　2004年の政権担当能力認知の分析

2004年においても，将来期待要因の効果が持続して自民党の政権担当能力の評価を高めている（表5左）。またここでも投票に対するのと同様，業績評価の効果が期待要因をコントロールしても姿を現していることに注意されたい。一方で，民主党へのそれは，小泉の業績評価の敵失得点も将来期待の失望も加勢にはなっていない。小泉に対する感情的反発に評価の「支援」を受けているのみである。

さらに，投票ということになると，表5右に見るように，2004年には政権担当能力評価が自民党に対する投票にはじめて直接の効果をもたらした。自民党支持と政権担当能力評価の高さとの関連性にはほとんど変化がなか

表5　政権担当能力評価の規定要因とその効果2004年

2004年	自民党政権担当能力評価	民主党政権担当能力評価	2004年	自民党投票数	民主党投票数
	回帰係数	回帰係数		回帰係数	回帰係数
性別	−0.38**	−0.29*	性別	−0.17	0.09
満年齢	0.01	−0.01	満年齢	0.00	−0.01
教育程度	0.19*	0.12	教育程度	−0.01	0.07
居住年数	0.06	0.01	居住年数	0.31**	−0.12*
都市規模(逆転)	−0.01	0.04	都市規模(逆転)	0.09**	0.02
知識度	0.25**	0.16*	知識度	−0.12	0.06
自民党投票歴(2001−2003)	0.41**	0.01	自民党支持度	0.91**	−0.28**
民主党投票歴(2001−2003)	0.08	0.59**	民主党支持度	−0.64**	0.99**
			公明党支持度	0.15	−0.85**
04年時内閣業績評価	0.26**	0.05	04年時内閣業績評価	0.16	0.05
04年時内閣将来期待	0.43**	−0.08	04年時内閣将来期待	0.11	−0.07
04年時小泉感情温度	0.01**	−0.02**	04年時小泉感情温度	0.02**	−0.01**
切片	−0.70	−0.36	自民党政権担当能力評価	0.61**	0.06
N	1809	1809	民主党政権担当能力評価	−0.80**	0.87**
(擬似決定係数)	0.197	0.176	カットポイント1	3.77	−0.17
			カットポイント2	5.01	0.92
			N	1577	1577
			(擬似決定係数)	0.309	0.228

p値 .05<p =<.1+, .01<p =<.05*, .001<p =<.01**

ったが(2004年にも中程度以上の支持でやはり9割以上が表明)，何が変化したのであろうか。それは，将来期待の効果が担当能力認知によって打ち消されるようになった点である(表3右と比べて表5右でそれらの効果が消えていることに注意)。

　このことの一つの解釈は，中長期的要因たる政権担当能力評価が期待の効果を媒介しているということであろう。長期政権になるにつれ，個人ないし個別内閣に対する評価の様相が薄れ，小泉内閣に対する見方が自民党の能力評価と重なってきたという解釈である。いま一つの解釈は，支持者の政権担当能力評価の構造は変わっていないのであるから，短期的に期待する層ではなくて，支持者以外では中長期的に自民党の能力を評価する層の投票が相対的に自民党投票者として残った，というものである。ただしそうした層は全体の31％を占めるものの，その中で自民党投票者は20％に過ぎないから，後者の説にはあまり説得力がない。いずれにしても，短期的な様相が薄れてきていることには違いがない。逆に言えば，感情温度の効果が依然としてプラスである点を除けば，「本来の支持層」などいわば構

表6 政権担当能力評価とマニフェスト2004年

2004年	自民党政権担当能力評価	民主党政権担当能力評価
	回帰係数	回帰係数
性別	−0.38**	−0.27*
満年齢	0.01	−0.01
教育程度	0.20**	0.11
居住年数	0.06	0.01
都市規模(逆転)	−0.01	0.04
知識度	0.25**	0.16*
自民党投票歴(2001−2003)	0.41**	0.01
民主党投票歴(2001−2003)	0.09	0.58**
04年時内閣業績評価	0.25**	0.05
04年時内閣将来期待	0.44**	−0.08
04年時小泉感情温度	0.01**	−0.02**
自民党マニフェスト見聞	0.58*	−0.44
民主党マニフェスト見聞	−0.56*	0.57*
切片	−0.70	−0.38
N	1809	1809
(擬似決定係数)	0.197	0.179

p値 .05<p=<.1+, .01<p=<.05*, .001<p=<.01**

造的に自民党に投票する層が残っている部分が多い，とも言えるだろう。

なお，ここでもマニフェストの効果を検討したところ（表6），ふたたび民主党の側に明瞭な効果が現れた（2004年にはマニフェスト見聞しかデータがない）。民主党のマニフェストに接することは自民党の政権担当能力認知を7％蝕み，逆に13％民主党の政権担当能力認知を高めていたのである（事後シュミレーションによる）。もっとも今回は自民党のマニフェスト見聞の効果も見られたが，その効果の幅はわずか4％に過ぎなかった。

5.「小泉効果」のメディア的要因

小泉効果がメディア接触と何らかの関係性を持っているかどうかを検討するため，2001年の分析の延長上で，政治情報を新聞，テレビ番組，インターネットから得ている度合いを示す3変数を短期的効果要因に加えて追加投入し，説明力があるかどうかを検討した（インターネット利用に関わる変数は2001年調査では存在していなかった）。その結果，自民党への投票に対して，テレビ，新聞，インターネットでの情報接触が直接的に投票に効果を及ぼすことはなかった（表7）。

しかし，従属変数を内閣業績評価・将来期待・小泉に対する感情温度と

表7 投票に及ぼすマスメディアの効果の検討

	2001年 自民党 投票数 回帰係数	2003年 自民党 投票数 回帰係数	2004年 自民党 投票数 回帰係数	2001年 民主党 投票数 回帰係数	2003年 民主党 投票数 回帰係数	2004年 民主党 投票数 回帰係数
性別	0.30 *	0.29 *	−0.14	−0.18	−0.41 **	0.08
満年齢	0.00	0.01	0.01	0.00	−0.01 *	0.00
教育程度	−0.06	0.00	0.00	−0.03	0.03	0.07
居住年数	0.21 **	0.21 **	0.31 **	−0.05	−0.04	−0.11 *
都市規模(逆転)	0.02	0.09 *	0.08 *	0.06	−0.08 *	0.03
知識度	0.00	−0.02	−0.11	0.04	0.02	0.06
自民党支持度	0.87 **	0.71 **	0.95 **	−0.50 **	−0.25 **	−0.29 **
民主党支持度	−0.22 +	−0.69 **	−0.77 **	1.03 **	1.05 **	1.13 **
公明党支持度	−0.05	0.04	0.21 *	−0.57 **	−0.56 **	−0.90 **
03年時内閣業績評価		0.03	0.20 *		0.10	0.06
03年時内閣将来期待	0.26 **	0.44 **	0.15 +	−0.23 *	−0.27 **	−0.10
03年時小泉感情温度	0.01 **	0.01 **	0.02 **	0.00	−0.02 **	−0.01 **
政治情報としての新聞接触	0.10	−0.04	−0.08	−0.10	0.03	0.05
政治情報としてのテレビ番組接触	−0.03	0.01	−0.01	0.04	−0.02	0.06 +
政治情報としてのネット接触		−0.02	−0.02		−0.03	0.10 +
カットポイント1	2.67	2.88	3.76	1.84	−2.19	−0.21
カットポイント2	3.95	4.26	4.97	3.13	−1.05	0.86
N	1115	1617	1577	1115	1617	1577
(擬似決定係数)	0.175	0.244	0.297	0.181	0.208	0.214

p値 .05<p=<.1+, .01<p=<.05*, .001<p=<.01**

した分析を行うと，様相は変わる（表8）。2001年でのみ（池田，2004aも参照），テレビ接触は小泉への感情にプラスであった。また新聞接触量が2003年において小泉に対する感情温度と内閣業績評価にマイナスであったことが判明した（後者はマージナルに有意のみ）。2001年の「小泉フィーバー」と2003年のマニフェスト選挙を念頭に置くと，これらのことは理解しやすい。別の分析から2003年選挙ではマニフェストの評価によって票が大きく左右されたことが知られている。そして，マニフェストそのものの配布が大きく制約された状況の下で，マニフェストについて多大の記事を割いたのは新聞媒体であった。それが結果として小泉内閣の評価にはマイナスに機能したと考えられるだろう。ただし，マニフェストは将来に対する具体的な約束であるが，報道の効果があったのは内閣への将来期待に対するものではなく，小泉への感情温度であり弱いながらも業績評価であった点に，ねじれが存在する。マニフェストが，政策に対する評価ではなくて，それが「良いか悪いか」「業績評価より目立つかどうか」といったような判

表8 感情温度・期待・評価に対するマスメディアの効果の検討

	2001年	2003年	2004年	2001年	2003年	2004年	2003年	2004年
	小泉感情温度			内閣将来期待			内閣業績評価	
	回帰係数	回帰係数	回帰係数	回帰係数	回帰係数	回帰係数	回帰係数	回帰係数
性別	1.84 +	1.42	0.96	0.02	−0.01	−0.05	0.08	−0.09 +
満年齢	−0.06	−0.06	−0.02	0.00	0.00	0.00	0.00	0.00
教育程度	−1.41 +	0.76	−0.92	−0.10 *	0.01	−0.01	0.03	−0.03
居住年数	−0.32	1.31	−0.11	−0.02	0.07 *	0.00	0.05	0.00
都市規模（逆転）	0.11	−0.49	0.30	0.00	−0.01	0.00	0.00	−0.01
知識度	−0.01	−0.43 *	−0.20	0.00	−0.02	0.05	−0.02 *	0.02
自民党支持度	5.85 **	9.21 **	8.62 **	0.31 **	0.39 **	0.36 **	0.38 **	0.37 **
民主党支持度	2.60 **	1.46	−0.93	0.13 **	−0.01	0.01	−0.02	0.02
公明党支持度	−0.10	5.13 **	5.47 **	0.15 **	0.35 **	0.34 **	0.31 **	0.30 **
政治情報としての新聞接触	−1.01	−3.37 **	−1.30	−0.04	0.02	0.03	−0.09 +	0.02
政治情報としてのテレビ番組接触	1.11 **	0.38	0.14	0.01	0.02	0.05 **	0.01	0.06 **
政治情報としてのネット接触		−0.01	−0.86 *		0.03	0.00		
切片	63.59 **	46.82 **	45.37	0.14	−0.76 *	−0.38	−0.83 *	−0.25
N	1253	1765	1809	1253	1765	1809	1765	1809
（決定係数）	0.102	0.192	0.205	0.094	0.196	0.16	0.19	0.171

p値 .05<p＝<.1+, .01<p＝<.05*, .001<p＝<.01**

断に支えられているのだとすれば，この効果はより理解しやすいのだが。

一方，2004年には小泉はその業績評価も将来期待もテレビ視聴に援けられていることが見える。2001年にはテレビニュースの非視聴者と上位1割の視聴者の間で感情温度に7％の上昇が見られたが，2004年にはそれは0.9％に過ぎなかった点で以前とパターンは異なる。代わってテレビへの接触は将来期待を0.32，業績評価を0.35引き上げていた（標準偏差1，平均0の分布において）。報道の効果のプラスの内実が年金改革かイラク自衛隊派遣問題か，あるいは選挙期間中における拉致家族の劇的再会にあったのかは，さらに別の分析を必要とする。

○6. 小泉内閣支持の変化

次に，長期的パネルデータの持つ特性を生かして，小泉内閣の支持の変化の分析に進みたい。投票そのものの変化の分析でないのは，与党が複数政党の連立であり，また2票を投票する選挙制度の下では投票の変化を分析することがテクニカルな困難を有する点に大きな理由がある。変化を見るいくつかありうるアプローチのうち，ここでは小泉効果の変化をより直

接的に見るために，従属変数を内閣支持の変化にとって分析を行う。

6－1　2001-2003年

　内閣の支持に焦点を当てた分析は具体的には，2001年と2003年の間の内閣支持の継続，支持中止，新たなる支持，不支持継続の4パターンを説明する要因を多項ロジット分析による（ベースラインは支持継続パターンとする）。独立変数には短期的要因である内閣への将来期待と業績評価を投入し，2003年時点でのそれらの要因が支持の変化に関連しているかどうかを見るのである。統制するのは2001年時点での政党支持およびデモグラフィック要因である。結果は表9，図6に示す[9]。

　ここで明白なのは内閣に対する将来期待や業績評価の効果の大きさである。それらはともに明白である。期待や評価の高さは特に支持を継続する方向に作用している。逆に，将来期待の弱い層ではその多くが支持層から不支持層に転じている。業績評価の効果に関しても若干弱いながらも同じことが観測できる[10]。デモグラフィックな要因の効果の弱さにも注目されたい。支持の変化は性別や年齢，居住都市規模には影響を受けていない。

表9　内閣支持パターン要因の多項ロジット分析2001—2003

内閣支持のパターン	支持→不支持/支持継続	不支持→支持/支持継続	不支持継続/支持継続
2001→2003	回帰係数	回帰係数	回帰係数
性別	−0.04	−0.25	−0.16
満年齢	−0.01	−0.01	0.00
教育程度	−0.02	−0.19	0.07
居住年数	0.10	0.29*	0.20
都市規模（逆転）	0.01	0.08	−0.11
知識度	−0.02	−0.10*	0.03
01年自民党支持度	−0.33*	−0.43**	−1.05**
01年民主党支持度	−0.14	0.11	−0.43+
01年公明党支持度	−0.63**	−0.20	−0.31
03年時内閣業績評価	−0.72**	−0.58**	−0.72**
03年時内閣将来期待	−1.45**	0.09	−1.67**
03年時小泉感情温度	−0.05**	−0.02*	−0.07**
切片	2.35	0.16	2.28
N	833		
（擬似決定係数）	0.342		

p値 .05<p＝<.1+, .01<p＝<.05*, .001<p＝<.01**

図6　2001－3年 小泉内閣支持に対する効果

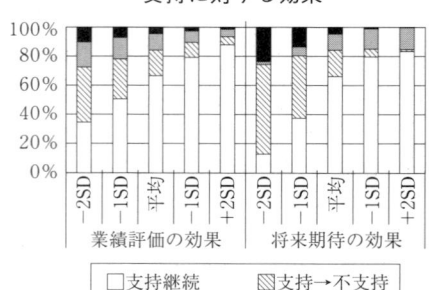

□支持継続　▨支持→不支持
▨不支持→支持　■不支持継続

その意味で、政治は心理化している。なお、自民党支持変数にも説明力があるが、圧倒的に強力なのは、将来期待や業績評価であることを強調しておきたい。

6－2　2003－2004年

次に、2003年の衆院選時から翌年の参院選時にかけて同様の変化の分析を行った。ここでも、将来期待の効果が明瞭に存在してはいる（表10、図7：iiaに問題なし）。評価や期待の低さはここでも「支持→不支持」に変化する要因として効いてはいるが、そのパターンの帯の幅を見ると、2003年よりかなり小さい。既に落ちる部分は落ちているようである。つまり、あまり評価も期待もしない層は2003年には既に不支持層に転じており、それが2004年にも継続しているので、業績評価・将来期待変数の変化へのインパクトが弱くなっている。

なお、政党支持の効果について、とくに民主党支持が強いほど内閣への不支持に転じやすくなっていることには注目しておこう。政党への支持を越えていた内閣支持の質の変化が明らかに見て取れる。その意味で、当初

表10　内閣支持パターン要因の多項ロジット分析2003—2004

内閣支持のパターン	支持→不支持/支持継続	不支持→支持/支持継続	不支持継続/支持継続
2003→2004	回帰係数	回帰係数	回帰係数
性別	－0.11	0.12	－0.07
満年齢	－0.01	－0.01	－0.02 *
教育程度	－0.13	－0.29	0.03
居住年数	－0.05	0.05	－0.20 +
都市規模（逆転）	－0.01	－0.05	0.01
知識度	0.08	－0.09	－0.04
03年自民党支持度	－0.13	－0.68 **	－0.75 **
03年民主党支持度	0.37 *	0.02	0.31 +
03年公明党支持度	－0.82 **	－1.27 **	－0.82 **
04年時内閣業績評価	－0.38	0.04	－0.37
04年時内閣将来期待	－0.84 **	－0.29	－1.03 **
04年時小泉感情温度	－0.06 **	－0.04 **	－0.10 **
切片	4.01	2.50	6.78
N	1455		
（擬似決定係数）	0.318		

p値 .05<p＝<.1+, .01<p＝<.05*, .001<p＝<.01**

図7　2003－4年 小泉内閣支持に対する効果

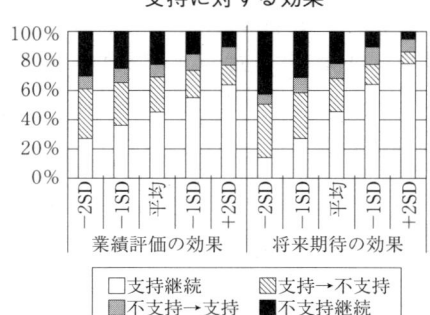

の内閣支持から党派色が鮮明になってきているのである。

○7. 将来期待と業績評価を巡る変化の分析

これまでの分析の過程で，将来期待と業績評価の役割が大きいことが確認されてきた。ではこれら自体の変化はいかなる要因によってもたらされたか，また期待を下げたり低い業績評価をする人々は何を感じているのか。

7－1　2001‐2003年

2001年から2003年にかけての変化を検討するため，将来期待と業績評価の各項目の2年間の変化を見ておこう。変化は2004年までも含めて表11に示す。プラス評価の％とマイナス評価の％とを集約して表示した。

政治不信を低下させ期待できる政治を実現させるには，最後は「成果」つまり業績で強化する必要がある。表11は2001年から2004年にかけて，全体として期待がしぼんだことを明確に示すとともに，業績評価が必ずしも大きく高まったものではなかったことを示している。

注目をまず2003年の選挙時点に絞ると，業績評価は二分されている。全体評価としてはプラスが勝るが，景気対策では大きくマイナスであり，外交で拮抗，財政構造改革でわずかにプラスである。一方，将来期待の全体評価については，ここでもプラスがわずかに勝っているが，景気対策でも外交でも期待しない人々は期待する人より多くなっており，期待の政治が終わりに近づいていることを推測させる。なお，将来期待と業績評価の相関は高い。相関は，全体評価でr＝.66，個別項目間でr＝.55から.64の高さになる。

表11　将来期待と業績評価の変化

将来期待	財政構造改革		景気対策		外交		全体評価	
	＋期待	－期待	＋期待	－期待	＋期待	－期待	＋期待	－期待
2001	63％	11％	42％	21％	46％	15％	63％	11％
2003	37％	31％	27％	39％	32％	34％	37％	33％
2004	30％	37％	29％	39％	36％	30％	33％	36％

業績評価	財政構造改革		景気対策		外交		全体評価	
	＋評価	－評価	＋評価	－評価	＋評価	－評価	＋評価	－評価
2001(参考)	33％	7％	13％	20％	34％	12％	42％	6％
2003	30％	27％	14％	49％	32％	31％	34％	27％
2004	31％	26％	23％	37％	41％	22％	36％	26％

内閣発足わずか3ヶ月での2001年の時点での業績評価をうんぬんすることは困難であったので，ここでは2001年の業績評価データを用いて分析することはしない。したがって2001-2003年については将来期待の変化を検討していこう。その変化のパターンを分類したのが表12である。期待の高さが続いているHH群から，期待が下がった群（HM，HL：期待が中程度まで下がったか，さらに低く下がったか），期待がもともと中程度で継続しているMM群，中程度から下がったML群，はじめから低いLL群，何らかの上昇を経験した群L~Hと分けた。比率的には高止まり型HH群と低下型（HM，HL群）の比率が近く，他の型は分散していた。

これらパターンの間で投票や内閣支持の変化との関連性を検討すると，明瞭にHL群で自民党への投票が減少，民主党への投票が増大し，また内閣支持でも低下が著しかった。期待の低下がもたらす意味をよく示唆していた（図表は不掲載）。さらに探索的に分析を進めると，景気認知や暮らし向き認知の要因が明らかに将来期待と関連していることが浮かび上がった。これらはHH群では上昇し，HL群で低下していた。

このことを踏まえて，これらのパターンに対して多項ロジット分析を行

表12　2001-2003の変化（将来期待）　2003-2004の変化（将来期待と業績評価）

将来期待パターン：2001-2003年			将来期待パターン：2003-2004年		
	average	%		average	%
1　HH	373	31.4%	1　HH	358	24.6%
2　HM	211	17.8%	2　HM	141	9.7%
3　HL	201	17.0%	3　HL	93	6.4%
4　MM	94	8.0%	4　MM	171	11.7%
5　ML	111	9.3%	5　ML	105	7.2%
6　LL	89	7.5%	6　LL	319	21.9%
7　L~H	107	9.1%	7　L~H	268	18.4%
合計	1,186	100.0%	合計	1,456	100.0%

＊averageは補完データセットの平均値

業績評価パターン：2003-2004年		
	average	%
1　HH	364	25.0%
2　HM	130	9.0%
3　HL	47	3.2%
4　MM	279	19.1%
5　ML	102	7.0%
6　LL	210	14.4%
7　L~H	324	22.3%
合計	1,456	100.0%

表13 将来期待の変化に及ぼす景気・暮らし向き認知の効果

将来期待変化2001→2003	HM/HH	HL/HH	MM/HH	ML/HH
	回帰係数	回帰係数	回帰係数	回帰係数
性別	0.40 +	0.10	0.34	−0.04
満年齢	−0.01	0.00	0.00	−0.02 +
教育程度	0.02	0.19	0.09	−0.11
居住年数	0.11	−0.01	−0.03	−0.02
都市規模（逆転）	0.09	−0.08	−0.06	−0.10
知識度	−0.02	0.00	−0.04	−0.04
01年自民党支持度	−0.13 +	−0.10	−0.50 **	−0.34 *
01年民主党支持度	−0.10	0.17	−0.56 *	0.13
01年公明党支持度	−0.19	0.05	−0.42	−0.73 *
03年時小泉感情温度	−0.05 **	−0.08 **	−0.05 **	−0.08 **
03年時景気認知	0.11	−0.36 +	−0.03	−0.57 **
03年時暮らし向き認知	−0.37 **	−0.67 **	−0.46 **	−0.63 **
切片	2.73	7.23	4.07	9.66
N	989			
（擬似決定係数）	0.16			

p値 .05<p＝<.1+, .01<p＝<.05*, .001<p＝<.01**

った（HH，HM，HL，MM，MLの5群に限って分析。底はHH群：iiaの問題なし）。表13に見るように，2001年の政党支持など関連要因をコントロールしてもなお，将来期待の変化は暮らし向き認知に大きく規定されることが判明した。暮らし向き認知の低下は将来期待を細らせることで少なくとも間接的に自民党に打撃を与えている。

これらの変化に対して，マニフェスト，新聞，テレビ番組，インターネット利用の効果について検討したところ，必ずしも一貫しないが自民党のマニフェストに小泉内閣への将来期待を下げる要因があった（HL/HHでマニフェスト評価に効果あり。表は割愛）。メディアの効果として変化に貢献するものはなかった。

7－2　2003-2004年

次に，2003-2004年の将来期待と業績評価の変化を検討しよう。

まず，2004年時点の意見分布をまとめた表11の対応部分を見ておこう。業績評価では外交でポイントをかせぎ，財政構造改革ではマイナスになるのを防いでいるが，総合的な評価では2003年に比べてほとんど変化はない。また将来期待では，総合点でマイナスとプラスが逆転し，マイナス面の評価が上回った。外交ではプラスが勝り，景気対策に対しても2003年からの

状態を維持しているものの，財政構造改革に対してはマイナスの期待がより増大し，これが全体のネガティブな評価と結びついているようである。なおここでも将来期待と業績評価の相関は高く，全体評価でr＝.67，個別でr＝.53.から.64程度の高さがあった。

次に，将来期待と業績評価の変化のパターンを2001－2003年の変化のパターンと比較しながら見たものが，既出の表12である。2004年にかけて評価の低い層が増大したことが明瞭である。高い評価から下げた層HM, HLはむしろ少なくなり，はじめからあまり期待しないMM群か，低く留まったままのLL群が多い。何らかの理由で評価を上げた層L~H群が増大したが，これは全体の中で6人に1人強にとどまる。さらに，2003－2004年の間の将来期待の変化と業績評価の変化はともによく似ている。ここでは，2001－2003年の変化と比較するため，評価を落とした層を高いままの層と比較することを試みる。

多項ロジット分析の結果(iiaに問題なし)，暮らし向きの認知も景気認知もともに期待を下げる効果が明らかになった。暮らし向き認知の効果が今回はやや弱く，全般的な景気の上昇の中にありながら景気認知がよくならない層の間で期待の効果が明瞭に落ちている(表14左)。マニフェストやメ

表14 将来期待と業績評価の変化に及ぼす景気・暮らし向き認知の効果

	将来期待変化2003→2004				業績評価変化2003→2004			
	HM/HH	HL/HH	MM/HH	ML/HH	HM/HH	HL/HH	MM/HH	ML/HH
	回帰係数	回帰係数	回帰係数	回帰係数	回帰係数	回帰係数	回帰係数	回帰係数
性別	0.30	−0.61	−0.20	−0.53 +	0.04	−1.30 **	−0.07	−0.67
満年齢	−0.01	−0.01	−0.03 *	0.00	−0.01	−0.01	−0.02 *	0.00
教育程度	−0.13	−0.40 *	−0.18	−0.03	−0.15	0.16	0.01	−0.05
居住年数	0.05	0.11	0.24	−0.01	0.06	−0.01	0.00	−0.16
都市規模（逆転）	−0.01	−0.12	0.04	0.16 +	0.08	0.04	0.06	0.10
知識度	0.36 *	0.61 **	0.12	0.15	0.33 +	0.27	0.02	0.46
03年自民党支持度	−0.43 **	−0.20	−0.44 **	−0.88 **	−0.27 +	−0.32	−0.60 **	−0.56 *
03年民主党支持度	−0.36 *	0.07	−0.22	−0.20	−0.38	−0.07	−0.14	−0.09
03年公明党支持度	−0.36 *	−0.89 **	−0.76 **	−0.94 **	−0.66 **	−31.39 +	−1.21 **	−1.57 **
04年時小泉感情温度	−0.06 **	−0.08 **	−0.06 **	−0.09 **	−0.06 **	−0.09 **	−0.07 **	−0.12 **
04年時景気認知	−0.47 **	−0.58 **	−0.53 **	−0.59 **	−0.41 **	−0.75 **	−0.45 **	−0.70 **
04年時暮らし向き認知	−0.07	−0.42 *	−0.26 +	−0.55 **	−0.16	−0.48 *	−0.28 +	−0.59 **
切片	5.22	9.03	7.52	8.32	5.19	9.07	8.01	10.62
N	921				921			
(擬似決定係数)	0.19				0.20			

p値 .05<p＝<.1+, .01<p＝<.05*, .001<p＝<.01**

ディア接触の効果については，必ずしも明らかでなかった（表は不掲載）。

最後に，従属変数を業績評価とした分析に移ろう（表14右）。ここでは，景気認知と暮らし向き認知の効果はよりいっそう明瞭である。景気の認知が悪いことは，業績評価を下げる（HM, HL, ML群），ないしはあまり高く認識しない（MM群）ことに直結しており，低い暮らし向き認知もそれより弱い程度ながら業績評価を中程度からさらに下へと下げるのに貢献していた。全体としては，2001-2003年にはソシオトロピックな景気認知より，エゴセントリックな暮らし向きの効果が全般的に出ていたが，2003-2004年にはソシオトロピックな景気認知の方に効果が傾いているように見受けられる。なお，マニフェストやメディア接触の効果は，ほとんど観測されなかった。

8. 結語

8-1 たそがれる期待の政治

小泉政権による期待の政治は2004年までにどう変容しただろうか。本稿で行ってきた分析は，2003年衆院選時でも期待の政治のリアリティはたしかに存在し，縮小しながらも継続的に投票に対して効果が見られたものの，2004年参院選時にはそれはさらに縮み，見えにくくなっていたことを示している。しかもそれは業績評価によって十分には補われておらず，かろうじて感情温度の効果が3年後も残存しているが，そのことによってのみ限定的に当初の「小泉政権らしさ」による熱さのリアリティが感じられるような様相を呈していた。

こうした将来期待の縮小と業績評価の伸び悩みには経済的要因が関わっていたが，それが全体的な経済状況の好転とともにもたらされていたことに注意したい。つまり，全体の好転の中で取り残された層が小泉政権に期待も評価もしなくなって離反していくという構図が見えるとするなら，それは巷間言われているような社会的な階層格差の拡がりを反映している可能性があるだろう。あるいは全体の好転の恩恵を直接間接に受け，期待を維持し続けられる人が支持している可能性があるともいえよう。たそがれた期待の中でなお高いところに登りうる市民が期待を持ちえたのである。

また一方，民主党への票の移動はこうした経済要因によるよりも，この

政党の政権担当能力が広く認知されるようになり，しかもそれがマニフェストに大きく依存していたことが明らかになった。その点では，自民党がもたらす「敵失」による以外には，民主党は具体的な政策を強調し，政権担当能力を実際にも高めることによってのみ伸びうることを示している。

8－2　政権担当能力評価認知の持つ意味

さて，自民党への投票に対しても2004年にかけて徐々に政権担当能力評価が効果を現しはじめていた。このことは何を意味しているだろうか。

2001年と同様，2003年衆議院選挙では自民党の政権担当能力は自民党への投票には効いていなかった。マニフェストの効果によって民主党の能力認知の強化が民主党への投票をより強く導くようになった一方で，自民党の政権担当能力認知の効果は見られないのであった。自民党に対するtit-for-tatの状況は期待と評価で生じているが，プレイヤーを替えるに必要な担当能力要因は，自民党に関しては変数として（variable，つまり変わりうるものとして）機能していなかったと解釈できるかもしれない。2004年にはそれが効果を持ちはじめた徴候が分析には現れている。

この2004年の変化に対する1つの解釈は，既に触れたように，小泉政権に対する直接の評価が期待や実績の面で効くのではなく，こうした前例のないタイプの内閣すら維持できる自民党というシステムに対する評価が前面に出始めた，というものである。有権者による一種のシステム・サポート認知（田中，1996）の浮上である。

他方，野党に対する政権担当能力評価と与党に対する政権担当能力評価との中身は異なる。与党に対しては，業績やどんな内閣を形成してきたかに基づいて判断されるであろうが，野党に対してはそうした実績がない。したがって，政策提言に対するリアリティ（これなら政権を担当できるだろう）ないし政権を担当した場合のリスク認知がその中身となるのである。こうした結果を踏まえると，政権担当能力認知の構造をさらに詳しく分析する必要がある。本論文で一部検討したマニフェスト関連要因の効果のあり方も1つのポイントである。

8－3　異質な内閣と市民の参加

こうして見てきた小泉内閣は，では，他の内閣に比べて性格的にも異質

だろうか。

　こう問うと，異質だと回答せざるを得ないように思われる。ただし他の内閣について，長期的な視点で実証的・計量的に検討した研究はあまりない。政党システムという視点からならサーベイデータの分析に限っても三宅（1985, 2001），蒲島（2004），小林（1997a），田中（Weisberg & Tanaka, 2001）らの研究がよく知られているが，体系的に内閣の支持を時系列的に検討した研究は三宅・西澤・河野（2001）に留まるかもしれない。ただしこの書籍の視点は内閣ごとの特性に向けられたものではなかった。したがって，過去の知見を十分に踏まえて特異だと主張できるわけではないが，次のように考えたい。

　この内閣の異質性の由来の一つの大きな部分は，市民からの正統性の付与の形，つまり権力の基盤が党の外側から来ていることにあるだろう。総裁選出の過程で小泉に対する圧倒的な支持を示したのは，一般有権者に対する複数の世論調査であって，自民党員に対する調査データではなかったことに，それは象徴されるだろう。前者がマスメディアを通じて報道されたことにも大きく力を得て，党外に大きく権力基盤を持つ総裁が誕生した。市民の政治参加はこうした情報流通の中に存在し，それが党の権力メカニズムを大きく変える力を持った。このことが小泉の元々のスタンスと相まって，反自民党的なスウィング力を見せ球にし，将来に期待を持たせることが一つの重要なモメントとなる政権が誕生した。総裁自身による「自民党をぶっ壊す」という言動自体の矛盾の中にそれは現れている。見てきたように，主にメディアの効果が感情面で現れ，「ぶっ壊す」ことへの期待に対しては見られなかったのは，市民の側もまた報道の中にその矛盾を感じていたからかもしれない。小泉はその後，この党外基盤の扱いに苦心することになった。

　本分析は2003-2004年の選挙を通じて，その党外基盤が崩れ去りつつあることを示した。将来期待は減退し，支持は従来からの自民党支持者，しかも景気のよさを感じる支持者に絞られて来ていた。

　小泉はポピュリストとしばしば呼ばれる。遠くローマ時代のポピュリズムの由来は「パンとサーカス」だった。小泉のポピュリズムはその全てではない。「政治のドラマ化」（大嶽，2003）や劇場民主主義とさえ形容される「サーカス」による市民の支持の動員であったと言えるだろう。メディ

アはまさにその恰好の舞台であった。直接的に投票にまで共鳴せずとも，内閣初期には小泉の感情温度に対して効果を現し，その感情が自民党への投票へと2004年にまで継続して効果を持ち続けているのは，サーカスの興奮を引きずっていると言えなくもない。しかし，2004年にはその力は投票に対しては相当程度に弱化していた。このことは見てきた通りである。一方，かつてカエサルが私的にきわめて多額の借金を抱え，借りた金でポピュリズムを支えたように，小泉の前々任者の小渕恵三は積極財政によって「世界一の借金王」と自虐的に称し，そのこともまたポピュリストと呼ばれた。こちらが公的な「パン」のポピュリズムの限界を示していたとすれば，小泉流の「サーカス」のポピュリズムもまた限界に達していたかもしれない。期待の政治がたそがれ，「サーカス」が終わった後，業績評価が重要となり，そこでついにはパンを与えられた（と認識した）人々が小泉の業績を高く評価するのでなければ，もはや「ぶっ壊す」対象の政党の支持者ばかりが投票を支えていたのである。小泉は「パン」だけはまことに獲得しえた首相だったのか。景気対策に対する業績評価の全体の分布を見ても，このことには懐疑的たらざるを得ない。ロジカルには彼のポピュリズムもまた破綻を来しつつあった。

　こうした中で，2004年にもなお期待の部分が残響を保っていたのは，日本が変わっていかなければ沈没していくばかりだという一般的なリアリティが依然として共有されていたからに他なるまい。小泉に対する感情温度計の残り火が投票に与えている効果にもそうした共感的な部分が含まれていよう。そして，小泉の実績に対する評価の二分は，党内の反対を抱えつつも改革に成功したと見られるかどうかに依存しているだろう。さらに分析が必要であるが，反対勢力の強さやそれとの妥協のあり方をどう認知するかによっても評価は異ならざるを得まい。2005年夏の争点もまたこれに関わるものであったことは，言うをまたない。2005年衆院選後の本論文初校時に振り返れば，小泉は，変えなければ日本は沈むというリアリティを再び燃え上がらせることに成功したと言わざるを得ない。見せ球に留まらずストライクゾーンの中で反対勢力と対決し，サーカスの幕を進めたことも幸いした。しかしながら，実績を問うことが依然として将来に委ねられていることには変化がない。今後それはどんな形で問い得るだろうか。

（1） 本論文の元となった論文は，2005年度日本選挙学会研究会「2004年参院選の分析」における筆者の論文（池田，2005）である。その後，分析を大幅に改変したが，相田真彦・Sean Richey・小林哲郎氏には分析前段階のデータ整備に大いに貢献していただいた。記してお礼を申し上げる。ただし，全ての分析の責は筆者にある。

（2） JES Ⅲは「21世紀初頭の投票行動の全国的・時系列的調査研究」（文部科学省科学研究費特別推進研究）の中で実施される，5年にわたる投票行動のパネル調査である（池田謙一・小林良彰・平野浩による）。それは日本人の投票行動の全国調査である1976年の JABISS 調査（Flanagan, Kohei, Miyake, Richardson & Watanuki, 1991），1983年の JES 調査（綿貫・三宅・猪口・蒲島，1986），1993－1997年の JES Ⅱ 調査（池田，1997；蒲島，1998；蒲島・三宅・綿貫・小林・池田，1998；小林，1997b；三宅，1998；綿貫・三宅，1997）を受け継いだものである。

（3） インターネットが政治参加に効果を持つことについては池田（2004b）を参照のこと。政治的な情報環境的要因の中で，マスメディア要因を主たる検討対象として対人環境に関わる要因を採用しないのは，第1に政権初期の段階で小泉のメディア戦略が広く注目されたこと，第2に対人環境の要因の分析は筆者の研究関心からして広いスペースを必要とするために割愛したこと，この2点の理由からである。後者は改めて別の論文で分析の対象とする。

　本分析目的に照らして，中長期的な要因として重要な政治不信の効果についても扱わない。政治不信要因は直接的に自民党に対する投票と内閣支持との結びつきが弱く，他の要因と比較すれば多少重要性が落ちることが判明したためである。ただし池田（2004a, 2005）ではその分析が行われているので，参照されたい。

（4） 事後調査に新規サンプルは含まれない。両調査とも詳しくは池田・小林・平野（2004, 2005　http://www-socpsy.l.u-tokyo.ac.jp/ikeda/JES3_2003.pdf および JES3_2004.pdf）を参照されたい。

（5） なお，分析をコンサバティブに進めるために投票数は補完せず，また欠損値が3割に達する収入変数については推定の分散を大きくし問題を引き起こすために独立変数として採用しなかった。もともと投票に対する説明力は大きくない。また，パネル調査の異なる時点での組み合わせのデータセットを分析目的に応じて利用しているため，組み合わせごとに欠損値の生じる比率は異なる。例として衆院選前後調査の分析に用いた変数では最低1つの欠損値を含むケースが13％あったが，2つ以上ならそれは4％に低下した。2004参院選前後調査ではもっと低く，それぞれ4％，0.6％であった(2001年参院選時にはさらに低い)。これら欠損値の比率の低さは今

回の補完のリスクが低いことを示唆する。
（6） 内閣への業績評価・将来期待の尺度は独立変数としては全て表11に示すような4変数（各5点尺度）の主成分分析の第1主成分の値を用いている。ただし第7節ではこれら変数のうちから，それぞれ「全体評価」への回答を用いて変化パターンを作成し，分析を進めた。
（7） 政党支持変数の代わりに同政党への投票履歴を投入したのは，政党支持には政権担当能力評価の要素も部分的に含まれていると考えられるためである。
（8） マニフェストが投票に対して及ぼした効果については，本論文の関心からやや外れるので扱わない。民主党に対して巨大な効果があったことだけ言及するにとどめる。
（9） 多項ロジット分析で問題となる無関連選択肢の独立性（iia）はハウスマンの指標でチェックした結果，問題なしと判断された。なおNが小さいのは，2001年の内閣支持のデータが選挙後の電話調査（第2波）によっているためである。
（10） 不規則なのは不支持から支持へのパターンに変わる層が業績評価が低い方で高い方より若干多めに観測できる点である。このことは業績評価の高い層で圧倒的に支持の継続が多くなっているために生じたことで目立っているだけかもしれない。

引用文献

相田真彦・池田謙一（2005）「縦断的調査における非等確率抽出と欠測の問題：JES Ⅲデータを用いた検討」．池田謙一・小林良彰・平野浩『特別推進研究21世紀初頭の投票行動の全国的・時系列的調査研究：平成16年度研究成果論文集』所収。

Delli Carpini, Michael X., & Keeter, Scott (1996) *What Americans know about politics and why it matters*. New Haven: Yale University Press.

Fiorina, Morris P. (1981) *Retrospective voting in American national elections*. New Haven : Yale University Press.

Flanagan, Scott, Kohei, Shinsaku, Miyake, Ichiro, Richardson, Bradley, M. & Watanuki, Joji (1991) *The Japanese voter*, New Haven: Yale University Press.

Honaker, James, Joseph, Anne, & King, Gary (2003) *Amelia: A program for Missing data* (Version 2.1) (http://GKing.Harvard.edu).

平野浩（1998）「選挙研究における『業績評価・経済状況』の現状と課題」『選挙研究』，No. 13, 28-38。

平野浩（2004）「政治・経済的変動と投票行動：90年代以降の日本における経済投票の変容」『日本政治研究』，1（2），6-25。

池田謙一 (1997)『転変する政治のリアリティ：投票行動の認知社会心理学』，木鐸社。

池田謙一 (2004a)「2001年参議院選挙と『小泉効果』」『選挙研究』，No. 19, 29-50。

池田謙一 (2004b)「インターネットの利用は豊かな市民社会への参加に貢献するか：日本のケース」，日韓文化交流基金第三次ターム研究成果『市民社会における政治過程』収録予定（池田謙一・小林良彰・平野浩『特別推進研究21世紀初頭の投票行動の全国的・時系列的調査研究：平成15年度研究成果論文集』所収）。

池田謙一 (2005)「ネットワークとリアリティ：JES Ⅲ 2001-2004による小泉効果の分析」，2005年度日本選挙学会研究会発表論文。

池田謙一・小林良彰・平野浩 (2004) 特別推進研究：21世紀初頭の投票行動の全国的・時系列的調査研究：2003年衆議院選挙のパネル調査コードブック。

池田謙一・小林良彰・平野浩 (2005) 特別推進研究：21世紀初頭の投票行動の全国的・時系列的調査研究：2004年参議院選挙のパネル調査コードブック。

蒲島郁夫 (1988)『政治参加』，東京大学出版会。

蒲島郁夫 (1998)『政権交代と有権者の態度変容』，木鐸社。

蒲島郁夫 (2004)『戦後政治の軌跡：自民党システムの形成と変容』，岩波書店。

蒲島郁夫・三宅一郎・綿貫譲治・小林良彰・池田謙一 (1998)『JES Ⅱ コードブック』，木鐸社。

King, Gary, Honaker, James, Joseph, Anne, & Scheve, Kenneth (2001) Analyzing incomplete political science data: An alternative algorithm for multiple imputation. *American Political Science Review*, 95, 49-69.

小林良彰 (1997a)『現代日本の政治過程：日本型民主主義の計量分析』，東京大学出版会。

小林良彰 (1997b)『日本人の投票行動と政治意識』，木鐸社。

Little, Roderick J.A., & Rubin, Donald B. (1987) *Statistical analysis with missing data*. New York: John & Wiley.

三宅一郎 (1985)『政党支持の分析』，創文社。

三宅一郎 (1989)『投票行動』，東京大学出版会。

三宅一郎 (1998)『政党支持の構造』，木鐸社。

三宅一郎 (2001)『選挙制度変革と投票行動』，木鐸社。

三宅一郎・西澤由隆・河野勝 (2001)『55年体制下の政治と経済：時事世論調査データの分析』，木鐸社。

Mondak, Jeffery J. (1995) *Nothing to read: Newspapers and elections in a social experiment*. Ann Arbor: University of Michigan Press.
大嶽秀夫（2003）『日本型ポピュリズム：政治への期待と幻想』，中公新書。
田中愛治（1996）「国民意識における『55年体制』の変容と崩壊：政党編成崩壊とシステム・サポートの継続と変化」『年報政治学・55年体制の崩壊』，pp. 31-66.
綿貫譲治・三宅一郎（1997）『環境変動と態度変容』，木鐸社。
綿貫譲治・三宅一郎・猪口孝・蒲島郁夫（1986）『日本人の選挙行動』，東京大学出版会。
Weisberg, Herbert F., & Tanaka, Aiji (2001) Change in the spatial dimensions of party conflict: The case of Japan in the 1990s. *Political Behavior*, 23, 75-101.

小泉内閣下の国政選挙における業績評価投票

平野　浩

1　はじめに

　1990年代以降の日本の投票行動分析において次第に注目を集めるようになってきた概念に「業績評価投票（retrospective voting）」（以下，業績投票）がある。業績投票とは，現政権の業績に対する評価が投票行動に影響を与える，すなわち有権者が現政権の業績を高く評価すれば与党候補に投票し，評価しなければ野党候補に投票するというモデルである（平野，1998）。これまでの業績投票研究において最も多くの注目を集めてきたのは，経済領域における業績評価に基づく経済的業績投票であるが，上記の定義からも明らかな通り，業績評価の対象は経済的な領域に限らず，外交・安全保障，社会保障，政治改革など，様々な分野に及び得る。

　理論的な観点から言えば，業績評価投票は有権者の認知的な負担が軽くてすむという意味で，合理的選択理論に基づく争点投票よりも現実的な投票行動モデルであると言うことができる。ただし，業績評価から投票行動への意思決定メカニズムに関しては，単純な「賞罰投票」（Key, 1966）から，過去の業績によって将来のパフォーマンスを予測するという，ある種の合理性を持った意思決定方略（Downs, 1957）まで，その洗練度には様々な程度のものが存在する。

　1990年代における日本政治の流動化は，こうした業績投票のあり方に対しても大きな影響を及ぼしたと考えられる。政権交代による非自民政権の誕生，社会党の党首を首班とする内閣，連立政権の常態化，といった新たな事態は自民党の能力を相対化するきっかけを有権者に与え，また自民党以外の政党に関しても，その政権担当能力に対する一定の認知が形成されることを可能とした。日本での業績投票に関する1990年代以降の研究成果

（例えば，平野，2004；大和田，2004；堤，1997）は，90年代の日本において，政党支持態度の弱まりや，政権交代の実現による内閣の業績の明確化が，業績評価の影響力を増大させつつあることを示唆している。経済状況の悪化が与党である自民党を敗北させ，橋本内閣を退陣に追い込んだ1998年参院選は，業績投票が最も明確な形で現れ，またそれが大きな政治的インパクトを持ったという意味で，代表的な業績投票選挙であったと言えるだろう（蒲島，1998；小林，1998）。

しかし，2001年4月に誕生した小泉内閣のもとで行われた最初の国政選挙である同年7月の参院選においては，有権者の投票行動は与党の過去の業績ではなく，就任後3ヶ月を経たのみである小泉首相の将来のパフォーマンスへの期待によって大きく左右され，その意味で業績投票は再び舞台の背景に退く形となった（平野，2004）。これは一方において，言うまでもなく，小泉首相の個人的な人気の高さにより生じた現象という側面を持つが，他方，成立後ほどない小泉内閣に対して十分な業績評価を形成するだけの時間と情報が存在しなかったという点で，理論的にも納得できる結果であった[1]。

この点において，首相就任から3年3ヶ月を経て行われた2004年参院選時には，有権者の側にも小泉内閣の業績に関する情報は十分に蓄積されていたと考えられる。特に，北朝鮮問題や自衛隊のイラク派遣といった外交・安全保障問題や，道路公団民営化・年金制度改革など一連のシステム改革の問題は，マスメディアにも多く取り上げられ，これらの争点に関連した業績投票が行われる条件は整っていたと言えるだろう[2]。

こうした関心から，本稿では，2001年参院選時から連続して行われている全国パネル調査のデータを用いて，小泉内閣下の3回の国政選挙における有権者の投票行動を，業績評価と期待のメカニズムから明らかにしていきたい。具体的には，以下の仮説の検証を行う。

第一に，上述の議論から導き出されるとおり，業績評価と期待が投票行動に及ぼす効果の相対的なウェイトに関しては，2001年から2004年にかけて，業績評価の相対的なウェイトが大きくなり，期待の相対的なウェイトは小さくなることが予想される。

第二に，1996年の衆院選時のデータを分析した大和田（2004）が明らかにしたとおり，様々な領域に関する業績評価の中で，投票行動に直接大き

な影響を与えるのは，その時々におけるセイリエントな争点であると考えられる。先述のとおり，小泉内閣の下では，外交・安全保障やシステム改革の領域において，いくつかの争点が極めてセイリエントなものとなった。他方，経済の運営に関しては，内閣が成立した2001年度には実質成長率が−1.1％とマイナス成長であったのが，2002年度には0.8％，2003年度には2.0％と若干ではあるが回復が認められた[3]。しかし，全体としてこの領域に関しては大きなインパクトを持つイシューに乏しく，これらの点から考えると，投票行動に対する影響力という点では，経済領域の業績評価の影響は，外交やシステム改革に関する業績評価の影響に比べて相対的に小さいものと予想される。

これら二つの仮説に加えて，本稿では，2001年から2004年にかけてデモグラフィックな要因が投票行動に対して及ぼす効果のパターンにどのような変化が見られるかにも注目したい。2001年参院選時には，小泉首相個人の高い人気を背景に，従来のデモグラフィックな投票パターンから逸脱した「満場一致」的な——言い換えれば，特定の年齢層，職業，居住地域等に偏らない——自民党への投票が見られた。しかしその後，2003年総選挙時までには，こうした「小泉連合」は弛緩し，従来のデモグラフィックな投票パターンへの回帰が見られた（Hirano, 2004）。従って，本稿の分析においても，2001年参院選時には投票行動に対する政党支持およびデモグラフィックな変数の効果は相対的に弱く，これが2004年参院選時には従来のより明確な効果のパターンに回帰するという結果が見られるのではないかと予想される。

分析の具体的な手順としては，まず3回の選挙時における小泉内閣に対する有権者の業績評価および期待の推移を概観した上で，それぞれの選挙において各政策領域に関する業績評価がどのような要因によって形成されているか，また小泉内閣に対する全体的な業績評価に対してはどの政策領域の業績評価が大きな影響を与えているのかを分析する。次いで，過去の業績に対する評価が将来のパフォーマンスに対する期待にどのような影響を与えているのか，また業績評価や期待が小泉首相に対する感情にどのような影響を及ぼしているのか——業績評価や期待といった側面から見た「小泉人気」——を分析した上で，最後に，小泉内閣に対する業績評価や期待が有権者の投票行動に与えてきた影響の変化を（他の要因の影響の変化

と共に）明らかにする。

2 データ

以下の分析に用いるデータは，JES Ⅲ 調査[4]の一環として，2001年参院選の前後，2003年衆院選の前後，2004年参院選の前後にそれぞれ行われた全国調査によって得られたものである。2001年参院選後調査のみが電話調査，それ以外はすべて面接調査である[5]。また，以下の分析に用いられる質問項目のうち，投票行動についての質問のみが選挙後調査で行われたもので，それ以外の項目はすべて選挙前調査で質問されたものである[6]。

3 分析結果

3-1 小泉内閣に対する業績評価・期待の推移

まず小泉内閣に対する業績評価・期待が3回の選挙時でどのように推移したかを見ていこう。JES Ⅲ 調査では，「財政構造改革」，「景気対策」，「外交」および「全体として」の4項目に関する業績評価と期待を継続して質問している。これらの質問への回答の平均値を示したものが表1である[7]。

これを見ると，第一に，すべての項目において，2001年から2003年にかけて，評価の明確な低下が認められる。特に，2001年において高い値を示していた「財政構造改革」と「全体」に関する期待において，こうした低下が顕著である。これに対して，2003年から2004年にかけては，全体とし

表1　小泉内閣に対する業績評価と期待

	2001年	2003年	2004年
業績評価			
財政構造改革	0.59	0.50	0.50
景気対策	0.47	0.37	0.45
外交	0.57	0.49	0.54
全体	0.62	0.51	0.52
期待			
財政構造改革	0.68	0.51	0.47
景気対策	0.57	0.46	0.46
外交	0.60	0.49	0.51
全体	0.67	0.51	0.48

注：5段階評価で，最も悪いとする評価を0，最も良いとする評価を1とした時の平均値。

てそれほど大きな変化は認められない。その中で,「景気対策」と「外交」に関する業績評価はやや持ち直し,2001年の水準に近付いているが,他方「財政構造改革」と「全体」に関する期待は,低下し続けている。見方を変えれば,この結果は,2001年における小泉内閣に対する評価や期待——特に「改革」に対する期待——がいかに高かったかを物語るものともいえよう。

第二に,予想される通り,2001年においてはすべての項目で業績評価よりも期待の方が高い値を示している。ただし,その差は項目ごとにばらつきがあり,「外交」においては相対的に小さく,「財政構造改革」と「景気対策」において大きい。これが2003年になると,「景気対策」を除いてほぼ差が無くなり(言い換えれば,「景気対策」のみはこの時点においてもなお期待が先行している),さらに2004年には「景気対策」においてもほぼ差がなくなると同時に,他の項目に関してはむしろ業績評価のほうが高い値を示すようになる。すなわち,有権者はもはやこれまで以上の期待材料を見出せなくなったように見える。

第三に,項目間での評価の差を見ていくと,まず先述の通り2001年には「財政構造改革」と「全体」の値が(特に期待に関して)高いことが分かる。しかし,2003年にはこうした突出は消え,2004年には業績評価と期待のいずれにおいても「外交」の値が最も高くなっている。他方,「景気対策」は業績評価と期待のいずれにおいても,一貫して最も低い値を示しているが,この傾向は業績評価において特に顕著である。すなわち,経済的業績評価は,少なくとも相対的な意味においては,一貫して小泉内閣の弱点となっている。

それでは,こうした小泉内閣に対する評価は,他の内閣に対する評価と比較してもやはり高いと言えるものであろうか。この点を確認するために,JES Ⅱ調査の結果との比較を行ってみた[8]。JES Ⅱ調査において本報告との比較が可能となるような5段階尺度による内閣業績評価の質問がなされたのは1993年衆院選前調査(宮沢内閣)および1996年衆院選前調査(橋本内閣)においてである(期待に関する質問は,いずれの調査においても行われていない)。評価の項目はそれぞれの調査で少しずつ異なっているが,JES Ⅲにおける質問項目にできるだけ近いものを選んで,それぞれの平均値を算出したものが表2である。これを見ると,やはり小泉内閣に対する評価が高いものであることが分かる。2001年はもとより,最も業績評価の

表2 宮沢・橋本両内閣に対する業績評価

宮沢内閣（93年）	
政治改革	0.25
景気・経済	0.29
外交	0.40
全体	0.31
橋本内閣（96年）	
行政改革	0.40
景気・経済	0.35
安保・沖縄	0.46
全体	0.50

注：5段階評価で，最も悪いとする評価を0，最も良いとする評価を1とした時の平均値。

低い2003年においてさえ，不信任直後の宮沢内閣より評価が高いのはもちろんのこと，成立後1年を経ていない橋本内閣と比べても評価は低くない。このように，評価が低下した2003年以降においても，小泉内閣に対する評価のレベルは，他の内閣に比べて決して低いものではなかったと言える。

3－2　業績評価・期待の形成

　それでは，こうした小泉内閣に対する業績評価や期待はどのような要因によって形成されているのであろうか。まず，表3は各個別領域および全体的な業績評価を従属変数とし，デモグラフィックな属性および自民党への支持を独立変数として行った重回帰分析の結果である。全体的な業績評価に関しては，各個別領域の業績評価をも独立変数として加えてある。

　この結果を見ると，第一に，全体的業績評価に対する個別業績評価の効果のパターンは3回の選挙を通じて一貫している。すなわち「財政構造改革」の効果が常に最も大きく，「外交」がこれに次ぎ，「景気対策」の効果は（有意ではあるが）一貫して相対的に小さい。言い換えれば，小泉内閣の業績に対する全体的な評価は，内閣成立直後からその3年後までの間一貫して，システム改革に関連した業績評価によって大きく左右されており，その一方で，「景気対策」に関する評価の影響はあまり受けていない。先に見たとおり，前者に関する評価は高く，後者に関する評価は低いことから，こうした効果のパターンは小泉内閣にとって有利であったことが分かる。

　第二に，自民党支持の効果はすべてのモデルにおいて有意であり，業績

表3　小泉内閣に対する業績評価の形成

	01年参院選				03年衆院選			
	構造改革	景気対策	外交	全体	構造改革	景気対策	外交	全体
男性	−.01	−.04*	−.13***	.04**	−.00	.00	−.04*	−.00
30代	−.03	−.00	.03	−.04	.00	−.05	−.01	−.00
40代	−.03	−.03	−.02	−.03	−.03	−.09**	−.07*	.01
50代	−.09**	−.07*	−.06*	−.04	−.04	−.10**	−.13***	−.03
60代以上	−.00	−.01	−.02	−.03	.10**	.01	−.06	−.01
居住15年以上	.01	.01	.02	.01	.00	−.02	.00	.00
教育程度	−.07***	−.06**	−.07**	.00	−.04	−.08***	−.06**	.02
一戸建	−.03	−.03	.02	.00	.03	.04	.02	.00
分譲マンション	−.05**	−.02	−.03	.00	−.05**	−.03	−.04	−.02
年収400万未満	−.01	−.03	−.03	.00	−.01	−.02	−.03	.03**
年収800万以上	.00	−.02	−.01	.01	.03	.01	.02	.04***
ネットワーク	−.00	−.00	−.03	.03*	.02	.03	.04*	−.01
大都市居住	−.05**	−.02	−.03	−.00	.03	.02	.01	−.00
町村居住	−.05*	−.07**	−.03	−.01	−.02	.00	.00	.03**
農林漁業	−.00	.01	−.05**	−.01	.03	.02	.01	.02
自営業	−.03	−.02	−.01	.01	−.05**	−.06***	−.01	.02
管理職	.03	−.03	−.00	−.03	.03	.02	.05**	−.04
自民党支持	.21***	.11***	.15***	.03*	.30***	.22***	.27***	.07***
構造改革	—	—	—	.44***	—	—	—	.45***
景気対策	—	—	—	.11***	—	—	—	.19***
外交	—	—	—	.34***	—	—	—	.29***
adj R^2	.06***	.02***	.05***	.52***	.13***	.08***	.09***	.66***

数字は標準化偏回帰係数（OLS）　　　　* p<.10　　** p<.05　　*** p<.01（両側検定）

評価が政党支持によって部分的に規定されていることが確認できる。ただし，その効果には選挙間で差が見られ，2001年における効果は2003年および2004年と比較して小さなものとなっている[9]。これは先述のとおり，2001年においては小泉首相の個人的な人気を背景とする全会一致的な「小泉連合」が形成されていたため，政党支持の効果が弱まっていたことを示すものと考えられる。

　第三に，デモグラフィックな要因の効果で目立つものとしては，高学歴層や，40代～50代といった社会の中核を形成する年齢層における評価が総じて低いこと，2001年から2003年にかけて「外交」に関する業績評価は女性においてより高いこと，2003年から2004年にかけて「景気対策」に関する自営業者の評価が低いことなどが挙げられる。最後の点については，相対的に安定した支持率を示す小泉内閣の下で，伝統的な自民党支持層である自営層が，彼らの生活に最も直接的な影響を及ぼすと考えられる景気対策についての業績を特に低く評価しているという点で，この内閣の持つ特

04年参院選			
構造改革	景気対策	外交	全体
−.00	.03	−.02	−.01
−.02	−.04	−.01	.01
−.06**	−.06*	−.05	−.00
−.05	−.06*	−.08**	.02
.02	.02	−.03	−.00
.03	.04	.03	−.00
−.06**	−.02	−.04*	−.01
.01	.02	−.02	.00
−.03	−.00	.00	−.02
−.01	−.00	−.02	−.00
−.02	.01	−.04*	−.01
.05**	.05**	.05**	.02
.01	−.01	−.02	.01
−.01	−.01	−.01	.01
.01	.01	.03	−.01
−.03	−.07***	−.01	.02
.00	−.01	.01	.00
.32***	.25***	.32***	.08***
—	—	—	.43***
—	—	—	.17***
—	—	—	.33***
.13***	.09***	.11***	.69***

徴的な一面——従来の堅い支持層からの評価は必ずしも高くなく，むしろこれまであまり自民党の内閣を評価してこなかった層からの高い支持を基盤とする——を示しており興味深い。

次に，小泉内閣に対する期待の形成要因について同様の分析を行った結果が表4である。ここでは，期待の各項目に対応する業績評価も独立変数に加えてある。

結果を見ると，第一に，全体的期待に対する個別的期待の効果に関しては，業績評価に関してと同様，「財政構造改革」の効果が一貫して最も大きく，特に2001年における効果が突出している。これに対して，他の2項目の相対的な影響力には時間的な変化が見られる。すなわち，2001年においては「景気対策」の効果のほうが僅かに大きかったが，2003年にはほぼ同じになり，2004年には「外交」の効果の方が大きくなる。表1から分かるとおり，こうしたパターンの変化は，ここでも小泉内閣に有利に働いている。

第二に，3つの個別領域の期待に対する業績評価の効果は，予想通り2001年においては相対的に弱く，2003年，2004年に増大している。内閣成立から一定の時間が経つことにより，過去の業績に関する情報が将来のパフォーマンスを予測するための有効な情報として利用されるようになってきたことが見て取れる。なお，全体的期待に対する全体的業績評価の効果には選挙間での差があまり見られないが，これは将来のパフォーマンスを予測するための情報となるのが，主として個別的な領域に関する業績であり，これがやはり個別的な領域に関する期待を経由して全体的な期待を形成していることを示唆する点で興味深い。

第三に，期待に対する業績評価の効果を項目ごとに比較すると，相対的に「外交」での効果が大きく，「景気対策」での効果が小さい。これは，「外交」に関するパフォーマンスの可視性が高いのに対し，「景気対策」に

表4　小泉内閣に対する期待の形成

	01年参院選				03年衆院選			
	構造改革	景気対策	外交	全体	構造改革	景気対策	外交	全体
男性	.05**	.00	.01	−.02	.02	−.00	.01	−.00
30代	−.05	−.06**	−.06*	−.01	−.03	.01	−.01	−.01
40代	−.06*	−.08**	−.07**	−.02	−.01	.01	−.03	.01
50代	−.06*	−.11***	−.13***	−.03	.01	.01	−.04	.01
60代以上	−.02	−.07*	−.09**	−.02	.03	.07	−.02	−.02
居住15年以上	−.02	−.03	−.01	.03*	.01	.02	.01	.01
教育程度	−.00	−.07**	−.07***	.01	.01	−.03	−.03	.01
一戸建	.02	.03	.02	−.01	.00	.01	.01	.00
分譲マンション	.02	.03	.07***	.01	−.01	−.01	−.03	−.02*
年収400万未満	−.04*	−.04	.00	−.02	−.03	−.05**	−.01	.01
年収800万以上	.02	−.01	.02	−.02	.02	.01	.02	.02
ネットワーク	.05**	.05**	.03	.04***	.04**	.05**	.01	.01
大都市居住	−.02	−.03	−.01	.02	−.02	−.01	.00	−.01
町村居住	−.05**	−.01	−.03	.01	−.01	−.01	.01	−.01
農林漁業	.00	−.03	−.01	−.00	−.01	−.02	−.00	−.00
自営業	.03	−.01	−.01	.01	.00	−.00	−.01	.00
管理職	−.04*	−.01	−.02	−.01	.00	.00	−.01	−.00
自民党支持	.13***	.15***	.09***	.04***	.17***	.16***	.10***	.03***
構造改革(業績)	.40***	—	—	—	.55***	—	—	—
景気対策(業績)	—	.34***	—	—	—	.50***	—	—
外交(業績)	—	—	.49***	—	—	—	.59***	—
全体(業績)	—	—	—	.14***	—	—	—	.16***
構造改革(期待)	—	—	—	.46***	—	—	—	.38***
景気対策(期待)	—	—	—	.21***	—	—	—	.23***
外交(期待)	—	—	—	.18***	—	—	—	.24***
adj R^2	.21***	.15***	.27***	.67***	.40***	.34***	.40***	.76***

数字は標準化偏回帰係数（OLS）　　　* $p<.10$　** $p<.05$　*** $p<.01$（両側検定）

関するパフォーマンスの同定は難しいということが，情報としての利用可能性の差を生じさせているためではないかと推測される。

　第四に，期待に対する政党支持の効果に関しても，2001年から2004年にかけて若干の増大が認められるが，業績評価に関して見られたほど顕著なものではない。すなわち，2003年以降における政党支持の効果の増大については，その多くが業績評価を経由しての間接的なものであるように見える。

　最後に，デモグラフィックな要因の影響を見ていくと，2001年における個別的な期待や2004年における全体的期待に関して20代の回答者の期待の高さ——やはり通常の効果のパターンとは異なる——に起因する有意な年齢の効果が見られること，2003年から2004年にかけて年収400万未満の層において「景気対策」に関する期待が低いこと，管理職層で2001年と2004

	04年参院選		
構造改革	景気対策	外交	全体
−.03*	−.02	−.02	−.02
−.01	−.03	.00	−.05***
.00	−.02	.02	−.04**
.00	−.03	−.01	−.05***
.02	.01	.00	−.06***
.01	.02	−.02	.01
−.03	−.03	−.02	−.01
−.03	−.02	.00	.02
−.01	−.03	.01	.00
−.04**	−.03*	.00	.00
−.01	−.01	.00	.01
.06***	.05**	.01	.02*
.01	.01	−.01	.00
−.02	−.02	−.02	−.01
.04**	.02	−.02	−.01
−.01	−.02	.01	−.02*
−.04**	−.02	−.03*	.00
.16***	.21***	.14***	.04***
.56***	—	—	—
—	.48***	—	—
—	—	.62***	—
—	—	—	.17***
—	—	—	.37***
—	—	—	.19***
—	—	—	.26***
.42***	.34***	.45***	.77***

年の「財政構造改革」，2004年の「外交」などに関する期待が低いこと，ネットワークの豊富さが内閣への期待にプラスに働いていることなどが示されている10。

3−3 小泉首相への感情に対する業績評価・期待の影響

次にここでは，内閣に対する業績評価や期待が小泉首相個人に対する感情にどのような影響を及ぼしているのかを分析することにより，いわゆる「小泉人気」の一端を明らかにしたい。

表5は小泉首相に対する感情温度を従属変数とし，これまでの分析と同じデモグラフィック変数，自民党支持，そして各々3項目の業績評価と期待を独立変数とした重回帰分析の結果である。いずれの年に関しても，独立変数が業績評価のみ（業績モデル），期待のみ（期待モデル），業績評価と期待の両方（総合モデル），という3つのモデルが設定されている。

この結果を見ると，第一に，いずれのモデルに関しても，決定係数の大きさは2001年において小さく，2003年と2004年で同程度に大きくなっている。すなわち，2001年における小泉人気については，通常の説明要因では説明しきれない部分——言うまでもなく，個人としてのパーソナリティやパフォーマンスによる部分——がかなり大きかったことがうかがわれる。また業績モデルと期待モデルの決定係数の差は，いずれの年においてもそれほど大きくはないが，それでも2001年には期待モデルのほうが若干大きかったのが，2003年にはほぼ同じになり，2004年には逆に業績モデルのほうがやや大きくなっている。この3年の間に期待から業績評価へと，若干ウェイトの移動が起きたことが示唆される。

第二に，業績評価に関しても期待に関しても，3項目の中では「財政構

表5　小泉首相への感情に対する業績評価・期待の影響

	01年参院選			03年衆院選			04年参院選		
男性	−.02	−.06***	−.04*	.01	.01	.01	−.03*	−.02	−.02
30代	−.06*	−.01	−.03	.02	.00	.02	−.01	−.01	−.01
40代	−.07**	−.04	−.05	.02	−.02	.01	−.04	−.06**	−.04
50代	−.11***	−.08**	−.08**	−.02	−.06*	−.03	−.07**	−.09***	−.07***
60代以上	−.09**	−.06	−.07*	−.03	−.05	−.05	−.07**	−.09***	−.08**
居住15年以上	.00	.02	.01	.00	.00	.01	.01	.02	.01
教育程度	−.01	−.01	−.01	.00	−.02	−.01	−.05***	−.05**	−.04**
一戸建	−.04	−.04	−.04*	−.03	−.03	−.03	−.01	−.00	−.01
分譲マンション	.03	.01	.02	−.03	−.03	−.03	−.03	−.03	−.03
年収400万未満	−.03	−.01	−.02	−.02	−.02	−.02	−.02	.00	−.01
年収800万以上	.02	.00	.00	.03	.02	.02	.01	.01	.02
ネットワーク	.05**	.04**	.03	−.00	−.01	−.00	−.01	−.02	−.02
大都市居住	−.01	−.02	−.00	−.01	.01	.00	−.00	−.01	−.01
町村居住	.01	.02	.03	−.01	.00	−.01	−.00	.00	.00
農林漁業	−.03	−.05**	−.04	.01	.03	.02	−.01	−.02	−.01
自営業	.01	.00	.01	.01	−.01	.00	−.00	−.01	−.00
管理職	.02	.04*	.04*	−.01	.01	.00	−.01	.01	.00
自民党支持	.17***	.14***	.12***	.19***	.19***	.15***	.17***	.18***	.13***
構造改革（業績）	.27***	—	.19***	.33***	—	.23***	.36***	—	.28***
景気対策（業績）	.06**	—	.00	.15***	—	.10***	.05**	—	.02
外交（業績）	.22***	—	.13***	.17***	—	.10***	.25***	—	.19***
構造改革（期待）	—	.41***	.32***	—	.35***	.23***	—	.31***	.18***
景気対策（期待）	—	.01	.02	—	.11***	.05	—	.09***	.03
外交（期待）	—	.12***	.06*	—	.14***	.07***	—	.18***	.06**
adj R^2	.25***	.29***	.34***	.41***	.40***	.48***	.44***	.39***	.48***

数字は標準化偏回帰係数（OLS）　　　　　　　* p<.10　** p<.05　*** p<.01（両側検定）

造改革」の効果が一貫して最も大きく，システム改革に関連した評価が小泉首相への好感に直結していたことが明確に示されている。ただし，「財政構造改革」に関する業績評価の効果と期待の効果のバランスは時間的に変化してきている。すなわち，期待の効果が時間とともに小さくなるのに対して，業績評価の効果は次第に大きくなっており，ここにも期待から業績評価へというウェイトの移動が認められる[11]。次いで効果の大きな項目は「外交」であるが，この項目に関してはいずれの年においても期待よりも業績評価の効果が大きく，特に2004年における業績評価の効果が目立っている。他方ここでも，「景気対策」の効果は，業績評価においても期待においても一貫して最も小さい。総合モデルにおいて有意な効果が認められるのは，2003年における業績評価のみである。外交に関するパフォーマンスが小泉人気に直結しやすいのに対し，景気対策にはそうした効果がない。逆に言えば，この結果は，景気の回復が捗々しくない中にあっても小泉内閣に対する支持率が比較的安定しているという事実に対する一つの説明と

なっている。

　最後に，それ以外の要因に関しては，自民党支持の効果には3つの時点でほとんど差が見られないこと，ここでも50代〜60代の回答者が相対的にネガティヴな感情を示していること，2004年には教育程度のネガティヴな効果が見られること，などが挙げられるが，全体として目立った直接的効果はあまり見られない。

3－4　業績評価・期待が投票行動に及ぼす影響

　最後に，小泉内閣に対する業績評価と期待が自民党への投票に及ぼす影響を分析する。まず，8項目の業績評価や期待が，それぞれ単独で及ぼす効果を見ていこう。分析の手順としては，まず，これまでの分析と同じデモグラフィック変数，自民党支持，および8項目の業績評価・期待のうちの一つを独立変数とし，自民党への投票（比例区／比例代表，選挙区／小選挙区のそれぞれについて）を従属変数とするロジスティック回帰分析を行った。次いで，その結果に基づき，業績評価・期待以外の独立変数の値を平均値に固定した上で，業績評価・期待を最小値から最大値まで動かした時に，自民党への投票確率がどれほど変化するかについてのシミュレーションを行った。その結果が表6である。

　表中の「効果」の列が，それぞれの項目が自民党への投票確率に与える効果であるが，まず8つの項目の効果を比例区／比例代表と選挙区／小選挙区で比較してみると，ほぼ全てのケースにおいて，選挙区／小選挙区における効果の方が比例区／比例代表における効果よりも大きい（比例区における効果の方が大きい若干のケースにおいても，2004年の「景気対策」に関する業績評価を例外として，その差は非常に小さい）。この傾向は2003年において特に顕著である。これが衆院選と参院選の違いに起因するものであるのかどうかは，今後さらに検討を要する問題であるが，少なくとも個々の選挙区事情が最も強く働くと考えられる衆議院の小選挙区での投票においても内閣に対する業績評価や期待の効果が大きいことが示されたことは興味深い。

　第二に，2001年においては比例区と選挙区のいずれにおいても，期待の効果の方が業績評価の効果よりも明確に大きい。この傾向は2003年にも引き続き見られるが，その差は2001年に比べて小さくなっている。そして

表6　自民党への投票に対する業績評価・期待の効果

	2001年参院選					
	比例区			選挙区		
	最低評価	最高評価	効果	最低評価	最高評価	効果
構造改革（業績）	25.5	37.2	11.7	28.2	37.8	9.6
景気対策（業績）	27.1	37.8	10.7	26.0	42.9	16.9
外交（業績）	22.8	40.5	17.7	23.8	41.9	18.1
全体（業績）	24.1	38.1	14.0	20.6	43.3	22.7
構造改革（期待）	18.3	40.0	21.7	15.7	43.6	27.9
景気対策（期待）	19.0	44.0	25.0	18.2	47.4	29.2
外交（期待）	19.4	41.1	21.7	21.2	41.6	20.4
全体（期待）	11.5	45.9	34.4	12.9	46.3	33.4

	2003年衆院選					
	比例代表			小選挙		
	最低評価	最高評価	効果	最低評価	最高評価	効果
構造改革（業績）	19.9	55.2	35.3	25.2	71.1	45.9
景気対策（業績）	24.2	58.7	34.5	32.3	73.6	41.3
外交（業績）	20.8	53.8	33.0	27.4	68.5	41.1
全体（業績）	16.3	58.9	42.6	23.5	71.6	48.1
構造改革（期待）	16.1	58.2	42.1	22.0	73.6	51.6
景気対策（期待）	19.0	57.3	38.3	25.0	74.3	49.3
外交（期待）	17.5	57.7	40.2	24.1	73.6	49.5
全体（期待）	14.4	61.5	47.1	20.4	75.5	55.1

	2004年参院選					
	比例区			選挙区		
	最低評価	最高評価	効果	最低評価	最高評価	効果
構造改革（業績）	11.9	38.3	26.4	13.6	47.1	33.5
景気対策（業績）	10.5	45.8	35.3	16.4	46.1	29.7
外交（業績）	10.9	36.9	26.0	14.5	42.0	27.5
全体（業績）	8.5	43.5	35.0	10.9	49.9	39.0
構造改革（期待）	10.6	43.1	32.5	13.0	49.5	36.5
景気対策（期待）	11.3	41.8	30.5	13.3	49.9	36.6
外交（期待）	10.6	40.1	29.5	10.9	49.5	38.6
全体（期待）	10.3	42.5	32.2	12.1	50.3	38.2

注：最低評価, 最高評価は, 他の予測変数の値をそれぞれの平均値に固定した時に, 当該項目が最低値, 最高値をとった場合の投票確率（%）。効果は, 最低評価と最高評価の差。

2004年には明確な差がなくなり，比例区においても選挙区においても全体的業績評価の効果は僅かではあるが全体的期待の効果を上回るまでになっている。すなわち，ここでも内閣成立後の時間の経過に従って，期待から業績評価へというウェイトの移動を確認することができる。

　第三に，各項目ごとに3つの時点における効果の大きさを比較すると，2003年における効果が最も大きく，次いで2004年，そして2001年の効果が最も小さいという明確な傾向が認められる。同じ参院選である2001年の効果よりも2004年の効果の方が大きいという点に関しては，時間の経過に従って，投票の意思決定において考慮する材料として業績評価や期待が持つ

実質的な意味が増大したことの現れであると解釈できる。他方，2003年における効果が最も大きい点に関しては，時間的な要因と選挙の種類（衆院選か参院選か）という要因の両方が働いている可能性があり，この点については今後の検討課題である[12]。

最後に，それぞれの選挙においてどの領域の効果が大きいかを見ていこう。まず，予想される通り，いずれの選挙においても全体的業績評価や全体的期待が相対的に大きな効果を示しているが，個別的項目に関しては，2001年の業績評価では「外交」，期待では「景気対策」，2003年は業績評価，期待のいずれにおいても「財政構造改革」，2004年には比例区の期待と選挙区の業績評価が「財政構造改革」，比例区の業績評価が「景気対策」，選挙区の期待が「外交」と，選挙ごとに異なった効果のパターンが見られる。この点についても，今後，個々の争点に関する報道や公約の分析等も参考にしながら，さらに検討を加える必要があろう。

さて，以上の分析では，業績評価や期待に関する変数を一度に一つずつしかモデルに投入していない。そこで最後に，先に小泉首相への感情を従属変数として行ったのと同様なモデルによるロジスティック回帰分析を行った。比例区／比例代表での投票を従属変数とした分析結果が表7，選挙区／小選挙区での投票行動を従属変数とした分析結果が表8である。

まず，業績評価と期待の効果を年を追って見てみると，2001年では，比例区と選挙区を通じて業績モデルでは「外交」，期待モデルでは「景気対策」が有意な効果を示しており，さらに選挙区の期待モデルで「財政構造改革」の効果が有意である。選挙区においても比例区においても，総合モデルで有意な効果を示すのは期待モデルで有意であった変数のみである。このパターンは2003年に大きく変化する。そこでは，比例代表，小選挙区のいずれにおいても，業績モデルでは3項目の全てが，また期待モデルでは「財政構造改革」と「外交」の2項目が，それぞれ有意な効果を示している。逆に言うと，「景気対策」への期待のみが有意でない点が目立つ。また総合モデルでも，比例代表と小選挙区を通じて「財政構造改革」と「外交」に関する期待が有意であるばかりではなく，小選挙区ではこれら2項目の業績評価もほぼ有意（「外交」に関してはp＝.102と10％レベルを極く僅かに超える）であり，全体として業績評価および期待の効果は大きい。こうしたパターンは2004年においてもある程度持続する。すなわち，選挙区と

表7　比例区／比例代表での自民党への投票に対する業績評価・期待の影響

	01年参院選			03年衆院選		
男性	−0.16	−0.19	−0.21	−0.32**	−.035***	−0.33**
30代	−0.09	0.07	0.03	−0.05	0.00	−0.06
40代	−0.12	−0.05	−0.09	−0.04	−0.10	−0.10
50代	0.24	0.23	0.31	0.11	0.09	0.03
60代以上	0.54*	0.52	0.61*	0.34	0.38	0.27
居住15年以上	0.38**	0.44**	0.41**	0.48***	0.45**	0.48***
教育程度	0.11	0.17	0.17	−0.05	−0.07	−0.11
一戸建	−0.19	−0.13	−0.25	0.51**	0.54***	0.57***
分譲マンション	0.10	0.14	0.01	0.28	0.42	0.47
年収400万未満	−0.10	−0.17	−0.11	0.01	−0.04	−0.01
年収800万以上	0.34*	0.33*	0.40**	0.08	0.01	0.06
ネットワーク	0.12	0.06	0.01	−0.02	−0.03	−0.02
大都市居住	0.25	0.23	0.30	0.14	0.13	0.12
町村居住	0.28	0.31*	0.39*	0.27*	0.23	0.23
農林漁業	0.18	0.26	0.21	0.65**	0.74***	0.61**
自営業	−0.17	−0.20	−0.17	0.03	0.02	0.06
管理職	−0.12	−0.09	−0.10	0.05	0.08	0.06
自民党支持	2.04***	2.02***	1.98***	1.94***	1.97***	1.94***
構造改革（業績）	0.28	—	0.16	0.77**	—	0.49
景気対策（業績）	0.18	—	−0.21	0.77**	—	0.24
外交（業績）	0.68*	—	0.32	0.90***	—	0.41
構造改革（期待）	—	0.39	0.47	—	1.14***	0.85**
景気対策（期待）	—	0.77*	0.89**	—	0.42	0.32
外交（期待）	—	0.44	0.24	—	1.07***	0.83**
（Constant）	−2.82***	−3.26***	−3.36***	−3.52***	−3.76***	−3.94***
Nagelkerke R^2	.32***	.33***	.34***	.40***	.42***	.43***

数字はロジスティック回帰係数.　　　　　　　　* p<.10　** p<.05　*** p<.01

　比例区のいずれにおいても業績モデルでは「外交」，期待モデルでは「財政構造改革」と「外交」の効果が有意であるほか，比例区の業績モデルでは「景気対策」，選挙区の業績モデルでは「財政構造改革」がそれぞれ有意である。ただし総合モデルにおいては，期待に関しては比例区では「財政構造改革」のみが，また選挙区では「外交」のみが有意であり，業績評価に関しては，比例区での「景気対策」のみが有意である。

　これらの結果をまとめてみると，第一に，やはり2001年においては，2003年，2004年と比較して，業績評価および期待の効果は小さい。特に業績評価の効果が小さいが，これは先にも述べた通り，内閣成立直後であるため，投票に関する意思決定において実質的に役立つような業績情報が極めて乏しかったことによるものと思われる。また期待に関しても，確かに集計レベルにおける期待の高さは自民党の得票を増やしたと考えられるが，それが個人レベルの意思決定において及ぼした効果の大きさ——期待と投

	04年参院選	
0.04	0.14	0.07
−0.20	−0.22	−0.17
0.08	−0.01	0.09
0.24	0.11	0.23
0.56*	0.43	0.52*
0.50**	0.54***	0.53***
0.20	0.19	0.21
0.08	0.13	0.09
0.65	0.82**	0.75*
−0.05	−0.04	−0.05
−0.18	−0.09	−0.15
0.56**	0.40*	0.47**
−0.20	−0.27	−0.24
0.01	0.04	0.01
0.93***	0.85***	0.80***
0.26	0.20	0.25
0.17	0.21	0.17
2.30***	2.19***	2.20***
0.25	—	−0.15
1.44***	—	1.18***
.80**	—	0.33
—	1.13***	0.82***
—	0.38	0.16
—	0.81**	0.68
−4.66***	−4.44***	−4.81***
.44***	.43***	.45***

　票の結びつきの強さ——そのものは，特に顕著であったわけではないように見える。
　これに対して，第二に，2003年と2004年において業績評価および期待の効果は増大している。特に業績評価に関しては，期待を経由しての間接的な効果のみならず，直接的な効果も見られるようになり，時間の経過によりこの要因が意思決定における実質的な意味を増大させている様子がうかがえる。ただし，ここでの分析結果においても，業績評価の効果が最も顕著であるのは2004年の参院選ではなく2003年の衆院選である。
　第三に，3つの領域間の効果の強弱を見ていくと，まず業績評価に関しては，業績モデルにおいて一貫して有意な効果を示しているのは「外交」である。これに対して「財政構造改革」と「景気対策」の効果は2003年以降明確に現れるようにはなるが，一貫性には欠ける。また期待に関しては，期待モデルにおける2001年の比例区を除いて，一貫して有意な効果を示しているのが「財政構造改革」である。また「外交」も2003年以降常に有意である。これに対して「景気対策」は2001年においてのみ有意であるが，それ以降は有意な効果を示していない。従って，小泉政権下の3回の国政選挙を通じて，業績評価に関しては「外交」の効果が，期待に関しては「財政構造改革」の効果が，それぞれ最も安定していると言うことができよう。
　最後に，他の要因の効果について触れておくと，まず自民党支持の直接的効果に関しては，予想されるとおり，いずれの年においても，基本的に政党に対する投票である比例区／比例代表における効果の方が選挙区／小選挙区における効果よりも大きい。さらに重要な点として，2004年における効果は，比例区においても選挙区においても2001年および2003年よりも大きくなっている。すなわち2004年の投票行動は，それに先立つ2回の選挙時に比べて，支持政党の影響をより強く受けた——ある意味で，より通

表8　選挙区／小選挙区での自民党への投票に対する業績評価・期待の影響

	01年参院選			03年衆院選		
男性	−0.18	−0.27*	−0.25*	−0.09	−0.21	−0.14
30代	0.00	0.27	0.14	−0.20	−0.27	−0.26
40代	0.44	0.59*	0.51	−0.11	−0.22	−0.19
50代	0.41	0.49	0.47	−0.12	−0.25	−0.27
60代以上	0.68**	0.70**	0.76**	−0.11	−0.13	−0.22
居住15年以上	0.41**	0.44**	0.43**	0.48***	0.44**	0.51***
教育程度	−0.14	−0.13	−0.10	−0.42*	−0.47**	−0.50**
一戸建	−0.14	−0.10	−0.12	0.08	0.11	0.14
分譲マンション	−0.04	−0.02	−0.09	0.35	0.50	0.56
年収400万未満	−0.04	−0.14	−0.07	0.00	0.04	0.10
年収800万以上	−0.11	−0.13	−0.08	0.08	0.05	0.11
ネットワーク	0.60***	0.53**	0.52**	0.32*	0.28	0.31
大都市居住	−0.21	−0.20	−0.20	0.06	0.05	0.04
町村居住	0.55***	0.51***	0.60***	0.50***	0.67***	0.55***
農林漁業	0.23	0.22	0.23	0.70***	0.93***	0.85***
自営業	0.29	0.22	0.30	−0.13	−0.15	−0.15
管理職	0.20	0.16	0.25	−0.34	−0.39	−0.41
自民党支持	1.42***	1.39***	1.35***	1.45***	1.40***	1.36***
構造改革（業績）	−0.17	—	−0.62	1.05***	—	0.64*
景気対策（業績）	0.64	—	0.33	0.78**	—	0.27
外交（業績）	0.68*	—	0.35	1.03***	—	0.55+
構造改革（期待）	—	0.77*	0.98**	—	1.40***	1.10***
景気対策（期待）	—	1.03***	0.92**	—	0.54	0.35
外交（期待）	—	0.03	−0.09	—	1.23***	0.88**
(Constant)	−2.74***	−3.33***	−3.33***	−2.49***	−2.59***	−2.92***
Nagelkerke R^2	.24***	.26***	.26***	.33***	.36***	.37***

数字はロジスティック回帰係数．　　　　　　　　* $p<.10$　** $p<.05$　*** $p<.01$　+ $p=.102$

常の状態に近づいた――ものであったように思われる。これ以外に，3回の選挙を通じて自民党への投票を促進する要因として目立っているのは，長期の居住，豊富なネットワーク，大都市に居住していないこと，町村居住，農林漁業などであり，これらはいずれも従来の研究が明らかにしてきた自民党投票者の特徴と整合的である。

4　考察と結論

以上，本稿では2001年，2003年，2004年の3回の国政選挙における投票行動の分析を通じて，小泉内閣下の選挙における内閣業績評価や期待の効果を明らかにしてきた。これらの分析結果をもとに，冒頭で提示した仮説がどこまで検証されたかを確認しておきたい。

第一の仮説，すなわち「業績評価と期待が投票行動に及ぼす効果の相対的なウェイトに関しては，2001年から2004年にかけて，業績評価の相対

	04年参院選	
−0.10	0.07	−0.03
−0.23	−0.19	−0.22
−0.04	−0.06	−0.07
0.22	0.16	0.14
0.36	0.28	0.28
0.43**	0.50***	0.48**
−0.33	−0.36	−0.36
0.21	0.26	0.29
0.41	0.47	0.47
0.02	0.05	0.02
0.27	0.31	0.26
0.45**	0.40*	0.40*
−0.36**	−0.40**	−0.40**
0.26	0.29*	0.29*
0.46*	0.44*	0.38
0.16	0.13	0.14
0.18	0.28	0.24
1.97***	1.89***	1.87***
1.10***	—	0.65
0.56	—	0.22
0.70**	—	−0.21
—	0.86**	0.65
—	0.39	0.25
—	1.32***	1.43***
−3.82***	−4.02***	−4.11***
.41***	.41***	.42***

なウェイトが大きくなり，期待の相対的なウェイトは小さくなる」については，基本的に検証されたと言ってよかろう。2001年には小さかった業績評価の効果が2004年にはある程度大きなものとなる一方，期待の効果に関してはそうした顕著な変化が認められなかった。ただし，期待の効果に関しても絶対的なレベルで減少しているわけではないことに注意すべきであろう。むしろ，2001年における個人レベルでの期待の効果自体は，予想されるほど大きなものではなかったと言うべきかもしれない。同様に注意を要するのは，2001年から2004年にかけて増大した業績評価の影響力の一定部分は，期待を経由しての間接的な効果として作用しているという点である。

第二の仮説，すなわち「投票行動に対して及ぼす業績評価の影響は，外交やシステム改革といった領域において相対的に大きく，経済の領域においては相対的に小さい」についても，基本的に検証されたと言えるだろう。業績評価に関しては「外交」の効果が，また期待に関しては「財政構造改革」（次いで「外交」）の効果が一貫して大きく，「景気対策」の効果は（2004年の比例区投票など若干の例外はあるが）不安定であった。外交に関してはパフォーマンスの可視性の高さが，またシステム改革に関しては現行のシステムを破壊するという漠然とした期待への訴えやすさが，こうした結果をもたらした一因であると推測される。

最後に，2001年から2004年にかけて，満場一致的な「小泉連合」の弛緩と，それに伴う従来の投票パターンへの回帰が見られるかどうかに関しては，部分的な検証に留まった。すなわち一方において，2004年には，2001年，2003年と比較して政党支持の直接的な効果が強まり，また従来型のデモグラフィックな要因の効果という点でも，2003年以降は農林漁業の正の効果が有意になり，2004年には比例区において大都市居住の負の効果が有

意となるなど，従来のパターンへの復帰と解釈できる点もいくつか見られた。しかし他方において，年齢（明確な効果が見られない点），職業（自営業，管理職などで負の効果が見られる点）などに関して，従来のパターンに完全に回帰したとは言えない点も目に付く。これについては，日本における政党支持の構造自体が現在大きく変化しつつあるのか，それとも一時的な逸脱が生じているに過ぎないのか，というより大きな問題設定を行った上で，今後継続的に分析を続ける必要があろう[13]。

補遺：変数の定義
1 回答者の属性
「性別」：男性を1とするダミー変数。
「年齢」：30歳代，40歳代，50歳代，60歳以上という4つのダミー変数。20歳代が参照カテゴリー。
「居住期間」：居住期間が15年以上の場合を1とするダミー変数。
「教育程度」：義務教育＝0，中等教育＝0.33，高専・短大・専修学校＝0.67，大学・大学院＝1。
「居住形態」：「一戸建」，「分譲マンション」という2つのダミー変数。
「収入」：税込み年収400万未満，税込み年収800万以上という2つのダミー変数。
「ネットワーク」：自分と話をしていて「日本の首相や政治家や選挙のことが話題になる20歳以上の人」の数。0～4を0～1に再コード。
「居住地域」：「大都市（政令指定都市）居住」と「町村居住」の2つのダミー変数。
「職業」：家計維持者の職業が，自民党支持率の高い3つの職業的カテゴリー，すなわち「農林漁業」，「自営業」，「管理職」である場合に対応する3つのダミー変数。
2 政党支持
支持政党が自民党の場合を1，それ以外の場合を0とするダミー変数。
3 小泉内閣の業績評価
「財政構造改革」，「景気対策」，「外交」，「全体として」のそれぞれに関する小泉内閣の実績についての評価。0（悪い）～1（良い）の5段階尺度。

4 小泉内閣への期待

「財政構造改革」,「景気対策」,「外交」,「全体として」のそれぞれに関する小泉内閣への期待。0（期待できない）～1（期待できる）の5段階尺度。

5 小泉首相に対する感情

「小泉純一郎」への感情。0度（反感）～100度（好意）の101段階尺度を,0（反感）～1（好意）の101段階尺度に再コード。

6 投票行動

自民党（自民党候補）に投票した場合を1,それ以外の場合を0とするダミー変数。参議院の選挙区,衆議院の小選挙区に関しては,自民党の公認候補が立候補していない場合は分析から除外。

> 付記：本稿は,2005年度日本選挙学会研究会における報告論文「2004年参院選における業績評価投票」に大幅な加筆・修正を施したものである。この研究は文部科学省科学研究費・特別推進研究「21世紀初頭の投票行動の全国的・時系列的調査研究」（代表者・池田謙一）による支援を受けた。

（1） 東京都の有権者を対象とする調査データを分析した平野（2004）は,この選挙における自民党への投票に対しては,自民党の過去の業績評価は（将来への期待をコントロールすると）むしろマイナスの直接的効果を示しており,小泉内閣への期待が過去の自民党政権への不満と表裏一体のものであったことを示唆している。同様に,2001年参院選における小泉内閣への期待および小泉首相個人に対する感情の効果を明らかにしたものとして池田（2004）を参照。

（2） 2004年参院選における業績投票の役割については池田（2005）,山田（2005）も参照。

（3） ただし,2004年4～6月期（速報値,年率換算）では再び－1.0％となっている。

（4） 文部科学省科学研究費・特別推進研究「21世紀初頭の投票行動の全国的・時系列的調査研究」による調査。メンバーは池田謙一（研究代表者）,小林良彰,平野浩。

（5） 各調査における総サンプル数,有効回収数および有効回収率は次の通りである。2001年参院選前調査：3000, 2061, 68.7％, 同選挙後調査：3000, 1253, 41.8％, 2003年衆院選前調査：3759, 2162, 57.5％, 同選挙後調査：3573, 2268, 63.5％, 2004年参院選前調査：3735, 2115, 56.6％,

同選挙後調査：2575, 1977, 76.8％。
（６）　以下の分析に用いられる諸変数の定義については補遺を参照のこと。
（７）　この平均値は，後に表6で示す投票行動のシミュレーション・モデルにおいて分析対象となっている回答者のみの平均値である。
（８）　JES Ⅱ調査のメンバーは三宅一郎，綿貫譲治，蒲島郁夫，小林良彰，池田謙一である。データは「JES Ⅱデータ・クリーニング版Ⅰ」を利用した。
（９）　これは表中には示されていない非標準化偏回帰係数を比較することにより確認できる。すなわち，全体的な業績評価に関する非標準化係数は，2001年が.01，2003年と2004年が.04である。
（10）　本稿のテーマからは若干外れるが，ここで指摘した最後の点，すなわちネットワーク（政治的な会話を行う他者の数）の豊富さの効果は，後に分析する投票行動においても見られ，今後さらに検討すべき課題であると思われる。池田（2004, 2005）は，こうしたネットワークの持つ党派性にまで踏み込んで，その役割に関する詳細な分析を行っているが，ここでは次の点のみを指摘しておきたい。すなわち，このネットワークの豊富さと相関の高い変数を調べてみると，将来志向，将来への楽観的態度，向社会的態度，互酬性の規範などであることが分かる。これらの中で特に将来志向や楽観的態度などが，内閣への高い期待を支える心理的な要因である可能性がある。また，向社会的態度や互酬性の規範は，言うまでもなく社会関係資本（social capital）の重要な構成要素である。
（11）　業績評価と期待の両方を独立変数としたモデルでの非標準化係数の変化を見ると，期待の効果は.27→.18→.15と次第に小さくなるのに対して，業績評価の効果は.18→.20→.24と逆に大きくなっていく。
（12）　衆院選は，一方で直接政権を選択する選挙であるという意味においては，現内閣に対する評価の影響が出やすいとも考えられるが，他方において個々の選挙区事情や地元利益に関する考慮が働きやすいという点では，内閣評価の影響が出にくいとも考えられる。ここでの分析結果は，前者の仮説を支持するものとなっている。
（13）　こうした点について「ポピュリズム」という視点から検討を加えたものとして，山田（2005）を参照。

参考文献

Downs, A. (1957) *An Economic Theory of Democracy.* New York: Harper and Row.
平野浩（1998）「選挙研究における「業績評価・経済状況」の現状と課題」『選挙研究』13号，28-38頁。
平野浩（2004）「政治・経済的変動と投票行動：90年代以降の日本における

経済投票の変容」『日本政治研究』第1巻第2号, 6-25頁。

Hirano, H. (2004) The Dismantlement of the Koizumi Coalition and Changes in Voters' Policy Preferences. *Social Science Japan*, 29, 6-8.

池田謙一（2004）「2001年参議院選挙と『小泉効果』」『選挙研究』19号，29-50頁。

池田謙一（2005）『ネットワークとリアリティ：JES Ⅲ 2001-2004による小泉効果の分析』2005年度日本選挙学会研究会報告論文。

蒲島郁夫（1998）「九八年参院選自民党大敗の構図」『中央公論』1998年9月号，34-46頁。

Key, V. O., Jr. (1966) *The Responsible Electorate*. New York: Vintage.

小林良彰（1998）「有権者は地方への『税金バラまき』政治にノーと言った」『エコノミスト』1998年7月28日号，26-29頁。

大和田宗典（2004）「国政選挙における業績評価投票に関する実証分析」『日本政治研究』第1巻第2号，26-41頁。

堤英敬（1997）「業績評価と投票行動・政治意識」小林良彰（編）『日本人の投票行動と政治意識』木鐸社，93-139頁。

山田真裕（2005）『動員戦略としてのポピュリズム：2001年，2004年参院選の比較』2005年度日本選挙学会研究会報告論文。

2004年参院選における自民党
からの離反と小泉評価

山田真裕

1　問題設定

　1989年の参議院通常選挙において自由民主党が参議院における単独過半数を失って以来，参院選の結果は日本政治に大きな影響を与えるようになった。1989年の宇野宗佑，ならびに1998年の橋本龍太郎は，それぞれ参院選敗北の責任を取って首相の座を退いている。また，1995年の参院選では新進党が，2004年参院選では民主党が，それぞれ比例区得票において自民党を凌駕し，自民党の第1党としての地位を危ういものにしている。

　小泉純一郎首相が首相として迎えた初めての国政選挙は2001年の参院選であった。この選挙において自民党は1998年参院選と比較した場合，比例区得票総数において700万票を増やし，改選議席のうち64を獲得，参議院における総議席数を111とした。これは前回選挙後と比べると8議席の伸びであった。これに対して，その3年後の2004年参院選では，改選議席中49議席を得るにとどまり，民主党がやはり改選議席中50議席を獲得するという躍進を見せた。

　2004年参院選はさまざまな意味で興味深い選挙である。まず第1に，同じ首相の下で2回の参院選が行われたのは中曽根康弘内閣以来である。2001年参院選は政権発足後3ヶ月に満たない時期の選挙であり，自民党に対する投票は少なからず，新しい内閣に対する期待によって支えられていた[1]。しかしながら政権を担当してから3年余りが経過した2004年参院選における投票行動は，基本的に業績評価に基づいていると思われる[2]。

　興味深い第2の点は参院選の選挙制度が全国を集計単位とする比例区を含んでいるという点である。2001年の参院選より政党名簿が非拘束式に変更となったので，比例区への投票が即有権者による政党選択とはならなく

なった。それでも全国を1区とする比例区への投票は，全国規模での有権者の動向すなわちナショナル・スウィング（全国一律の振り子のような得票変化）を観測，分析する上で格好のデータを我々に提示している。川人貞史によるナショナル・スウィングの研究は，選挙区単位の投票行動が全国化していく様子を分析している。川人は1990年までの戦後日本の総選挙を分析した上で，70年代以降のナショナル・スウィングをもたらす要因として，①政党構造の変容，②政党イメージの確立，③リーダー・イメージの定着，④有権者の意識構造変化，⑤全国的な政策争点の5つを仮説としてあげ，その上で⑤を支持する議論を展開している[3]。しかしこの川人の分析においてサーヴェイ・データは分析されておらず，ナショナル・スウィングを支える有権者の心理的なロジックは必ずしも明らかにされていない。比例区における投票は基本的に全国的な要素が大きいはずである。比例区におけるナショナル・スウィングをもたらす要因が何であるかを，我々はサーヴェイ・データを用いて検討したい。

特に，小泉純一郎は自民党総裁選挙において「自民党をぶっ壊す」と宣言し，首相の座に就いてからも，自己のリーダーシップをマス・メディアを介して前面に出すことによって高い支持率を獲得，維持してきた。そのような彼の政治スタイルは時として「ポピュリズム」の一類型として把握される[4]。そうであれば，小泉というリーダーに対する評価が2001年から2004年にかけてのスウィングを大きく規定したという仮説が有力に思える。2001年参院選における自民党の勝利が小泉の威光効果（coattail effect）として説明されるのならば，2004年参院選における自民党の退潮もまた，小泉に対する評価の低下によって説明されるのではないだろうか[5]。

本稿の目的は基本的にこの仮説を検証することにある。そのために用いるデータは「東京大学・朝日新聞共同世論調査」データ（以下，東大朝日データと略称）である。これは朝日新聞社と東京大学の間で2003年総選挙前より3回にわたって行われたパネル調査に基づくサーヴェイ・データで，その第3回調査（郵送調査）が2004年参院選をカバーしている[6]。このデータは本稿執筆時点では，2004年参院選をカバーする唯一利用可能なサーヴェイ・データである。

本稿は以下のような構成をとる。まず，第2節において参院選集計データから，比例区投票における自民党得票率のスウィングを確認する。第3

節，第4節では東大朝日データを用いて，2004年参院選比例区における自民党からの離反ならびに自民党への投票，自民党および小泉に対する評価の指標としての感情温度を分析する。最後に，本稿の分析結果をまとめ，その政治学的な意義を論じるとともに，今後の課題について論じる。

2　参議院比例区投票に見られる自民党得票のスウィング

　川人貞史は政党得票率のネットの変化をその政党のスウィングとして定義し，そのスウィングが全国的な得票変化として現れてくる場合，それをナショナル・スウィングと呼んでいる[7]。ここでは特に比例区における自民党の得票について，1998年参院選から2001年参院選にかけてのスウィングと，2001年から2004年にかけてのスウィングに注目する。表1は集計データ分析の結果をまとめたものである[8]。

　まず，1998年から2001年にかけてのスウィングを見ていこう。全国を1つの単位とすると，自民党は相対得票率を13.40％ポイント，絶対得票率を6.58％ポイント増加させている。これを都道府県単位で見ると，全国平均で相対得票率が12.33％ポイント（標準偏差は3.75％ポイント），絶対得票率にしても6.07％ポイント（同じく2.28％ポイント）の増加であった。実際に各都道府県の得票率の変動を見ると，沖縄県以外は一様に得票率を上昇させている[9]。次に2001年から2004年にかけてのスウィングを見ておこう。全国単位の集計によれば自民党はその相対得票率を8.54％ポイント減少させ，それは絶対得票率に換算すれば4.47％ポイントの減少となっている。都道府県を集計単位として見ると，相対得票率で8.15％ポイントの減少，絶対得票率では4.41％ポイントの減少で，ここでもやはり沖縄県以外は一律に得票率を（相対，絶対ともに）減少させている[10]。

　表2と表3は，都道府県単位で測定した相対得票率と絶対得票率のスウィングを5％ポイント刻みで度数分布表にしたものである。ナショナル・

表1　参院選比例区におけるナショナル・スウィング

単位(％)	1998→2001		2001→2004	
	相対スウィング	絶対スウィング	相対スウィング	絶対スウィング
全国単位	13.40	6.58	−8.54	−4.47
都道府県平均	12.33	6.07	−8.15	−4.41
標準偏差	3.75	2.28	3.29	1.83

表2　相対得票率のスウィング度数分布

%ポイント (以上，未満)			1998年～ 2001年	2001年～ 2004年
−15	～	−10	0	14
−10	～	−5	1	26
−5	～	0	0	6
0	～	5	0	0
5	～	10	8	1
10	～	15	27	0
15	～	20	11	0
計			47	

表3　絶対得票率のスウィング度数分布

%ポイント (以上，未満)			1998年～ 2001年	2001年～ 2004年
−10	～	−5	1	22
−5	～	0	0	24
0	～	5	6	1
5	～	10	38	0
10	～	15	2	0
計			47	

スウィングを明快な形で見ることができる。表2を見ると98年→01年の相対得票率スウィングと01年→04年のそれが向きは正反対だがほぼ同じような規模で動いていることがわかる。これに対して絶対得票率を用いた表3を見れば，かなり大きな集票力の落ち込みを自民党が経験し，それは98年→01年のスウィングにおけるプラスを吐き出したことが看取できる。

いずれにせよこれら3つの表から1998年から2001年，2001年から2004年にかけての一律な全国的変化の方向性が観測された。1998年参院選において自民党は橋本龍太郎内閣の下で苦戦を強いられ，敗北の責任を取る形で橋本首相は退陣した。一方，2001年参院選では小泉首相の下で自民党は良好な選挙結果を得たが，それが特定の地域の変動ではなく全国的なものであったことが，上の分析から明らかである。また，2004年の参議院比例区についても同様に，全国的に自民党得票率が落ち込んでいることがわかる。2001年参院選の好結果が小泉ブームであるとするならば，2004年の落ち込みはブームが去ったことをうかがわせる。もっとも集計データからは有権者の心理を直接に理解することは難しい。よって次にわれわれは2004年の投票行動を，サーヴェイ・データを用いて分析することにしよう。

3　サーヴェイ・データ分析(1)：
条件付ロジット・モデルによる自民党からの離反分析

本節では2004年参院選比例区における自民党への投票を分析の対象とする。データは前述のように東大朝日データである。このデータは前述のように3回の調査からなるパネル・データである。第1回調査（2003年9月15，16日実施）は有権者3000人を対象とする面接調査であるが，第2回

(同年11月8，9日実施)と第3回(2004年7月10日実施)の調査はいずれも第1回調査の有効回答者を対象とする郵送調査である。有効回答数はそれぞれ1978名(第1回),1233名(第2回),987名(第3回)となっている。本稿の分析対象は第3回調査に回答した987名だが,ここから回答に矛盾のあるサンプルなどを除外している。

このデータを用いてわれわれが知りたいのは,前節に見られたような2001年から2004年にかけての自民党得票におけるスウィングが,どのような有権者の心理に支えられたものであるかということである。

まず,投票行動の変化について見よう。表4を参照していただきたい。これは2001年の投票行動と2004年の投票行動について比較したクロス表である[11]。われわれがここで注目するのは当然,自民党投票のスウィングである。たとえば,2001年の参院選比例区において自民党に投票した有権者のうち,2004年にも自民党に投票したのは62.2%に過ぎない。他の21.0%は民主党に投票し,さらに9.6%は棄権している。自民党の退潮はこの表からも明白である。対する民主党は2001年投票者のうち74.3%が2004年も民主党に投票し,吸収した自由党への投票者も73.1%が民主党に投票している。さらに共産党,社民党への投票者からも票を集めている。

なお表4の下段2行には絶対得票率のデータを掲載した。下から2段目

表4　参院比例区投票行動：2001年と2004年の比較

		比例区投票政党 (04年7月)							%	n
		自民	民主	公明	共産	社民	その他	棄権・白票・無効票		
01年参院選比例区投票政党	自民	*62.2*	21.0	3.9	1.3	0.5	1.6	9.6	100.0	386
	民主	7.0	*74.6*	1.5	2.5	2.0	2.0	10.4	100.0	201
	公明	1.8	5.4	*76.8*	5.4	0.0	0.0	10.7	100.0	56
	共産	2.3	20.5	0.0	*56.8*	9.1	2.3	9.1	100.0	44
	社民	2.2	34.8	0.0	6.5	*45.7*	2.2	8.7	100.0	46
	自由	3.8	73.1	0.0	7.7	3.8	3.8	7.7	100.0	26
	保守	0.0	50.0	50.0	0.0	0.0	0.0	0.0	100.0	2
	その他	13.0	22.1	13.0	5.2	10.4	5.2	31.2	100.0	77
	選挙権がなかった	16.7	50.0	0.0	0.0	0.0	0.0	33.3	100.0	6
	棄権・白票・無効票	12.5	17.5	2.5	3.8	5.0	1.3	57.5	100.0	5
n		279	313	74	50	44	18	146		924
標本内絶対得票率		30.2	33.9	8.0	5.4	4.8	1.9	15.8	100.0	
白票・無効票を除く絶対得票率(実数)		16.4	20.6	8.4	4.3	2.9	2.0	45.5	100.0	

の行は朝日東大データにおける絶対得票率であり，最下段の値は実際の絶対得票率である。これを見てわかるように，朝日東大データでは自民党と民主党の得票率が実際よりもかなり高めに現れている。逆に棄権率は15.9％で実際の棄権率45.5％の3分の1となっている。サーヴェイ・データにはありがちなことだが，棄権者の多くを捕捉できず，逆に自民党と民主党への投票者を多く取り込んだ標本になっていることがわかる。

次に2001年に自民党に投票しながら，2004年において離反した有権者を分析することで，集計データで観測したナショナル・スウィングを生んだ要因を明らかにしよう。自民党から票が逃げる場合，その行き先は自民党以外の政党か棄権ということになる。したがって従属変数を，(1)離反せずそのまま自民党へ投票，(2)自民党以外の野党へ流出，(3)棄権，という3つの値をとる変数として操作化した[12]。この変数の作成には東大朝日データ第3回調査問1（2004年参院選投票をしたか否か），問3（比例区での投票政党），問9（2001年参院選比例区における投票政党）を用いている[13]。ただし，表4で見たとおり，実際の得票率と標本上の得票率にかなり乖離があるので，解析に当たっては（実際の得票率）／（標本上の得票率）をそれぞれ選択肢（自民党，公明党，野党，棄権）ごとに求め，それをウェイトとした。なお基準カテゴリーは，最も標本数の多い(1)離反せずそのまま自民党へ投票，である。

独立変数は，各政党および各政治家への評価（同じく第3回調査の問11における政党や政治家に対する感情温度），首相および内閣の業績評価（問12），争点態度（問13および問14），政治満足度（問19），暮らし向き（問20），生活満足度（問21）などである。感情温度は0から100までの整数値をとり，50度が好悪いずれでもない中立点である。対象となる政党は自民党，民主党，公明党，共産党，社民党，政治家は小泉純一郎，岡田克也，安倍晋三，小沢一郎，菅直人，田中真紀子である。

内閣業績評価は全19項目について，(1)大いに評価する，(2)やや評価する，(3)どちらともいえない，(4)あまり評価しない，(5)まったく評価できない，の5点尺度で回答者の反応を測定している。争点態度も同様に5点尺度で，北朝鮮との国交正常化，北朝鮮への経済制裁，イラクへの自衛隊派遣，イラク多国籍軍への自衛隊の参加などの7項目について，いずれも(1)賛成，(2)どちらかといえば賛成，(3)どちらともいえない，(4)どちらかといえば反

対，(5)反対，のいずれかを選択させる形式である。

　政治満足度と生活満足度はともに(1)かなり満足，(2)やや満足，(3)普通，(4)やや不満，(5)かなり不満の5点尺度である。また暮らし向きは(1)かなりよくなった，(2)少しよくなった，(3)変わらない，(4)少し悪くなった，(5)かなり悪くなった，のやはり5点尺度である。

　そのほかに組織加入（問24）の6変数，年齢（70代以上を基準カテゴリーとした10歳代刻みのダミー変数），職業（自営か否かのダミー変数），学歴（義務教育を基準カテゴリーとしたダミー変数），居住年数（20年以上の居住を基準カテゴリーとしたダミー変数），居住形態（賃貸か否かのダミー変数）を独立変数として投入した。

　これだけの数の独立変数を用いると当然ながら，1問でも「わからない」ないし「答えない」という標本をすべて排除すると分析対象標本が極端に少なくなるだけではなく，推定に大きなバイアスが生まれる恐れが生じる。このため分析対象標本の分析に関連する変数に対して SPSS に含まれている Missing Value Analysis によって欠損値分析を行い，EM algorithm による最尤推定法によってデータの欠損を補完した[14]。

　分析手法は従属変数が3点尺度であることから条件付ロジット・モデル（conditional logit model）を採用し，解析にはSTATA9.0を用いた。分析結果を表5に記す。条件付ロジット・モデルは「無関係な選択肢からの独立性（Independence from Irrelevant Alternatives, IIA）」の仮定に依存しないが，独立変数の中に選択肢固有の変数を含める必要がある[15]。我々の分析では投票政党に対する感情温度を選択肢固有の変数として設定した。棄権の場合は一律に50度とした。また分析に当たっては，先ほど作成したウェイトを，各選択肢（自民，野党，棄権）を選択した標本の重要性を示す指標として投入した[16]。具体的には自民党投票の標本群には約0.51，野党投票を選択した標本群には約0.64，棄権標本群には約3.32がウェイトとしてかけられている。

　分析の結果は表5にまとめた。分析標本数が903となっているのは，条件付ロジットは分析に際して標本×選択肢数という形で分析事例を設定するためである。つまり301名の回答者についてそれぞれ自民への投票，野党への投票，棄権という3つの選択肢があり，その選択肢が分析における観測データとしてカウントされているのである[17]。このため独立変数も選

表5　自民党離反の分析（条件付ロジット・モデルによる分析）

	野党投票		棄権	
	回帰係数	有意確率	回帰係数	有意確率
感情温度変数群				
投票政党に対する感情温度＊	*0.630*	*0.000*		
棄権（50度）＊			0.552	0.073
感情温度：小泉純一郎	0.052	0.399	*−0.199*	*0.038*
感情温度：岡田克也	−0.043	0.625	−0.120	0.107
感情温度：安倍晋三	−0.093	0.097	−0.046	0.454
感情温度：小沢一郎	−0.022	0.715	*−0.283*	*0.002*
感情温度：菅直人	0.022	0.736	*0.397*	*0.002*
感情温度：田中真紀子	−0.041	0.385	−0.132	0.070
首相・内閣評価変数群				
「自民党をぶっ壊す」発言に対する評価	*−2.133*	*0.012*	1.087	0.194
田中外相起用に対する評価	*−2.589*	*0.015*	*−4.009*	*0.011*
竹中平蔵起用に対する評価	*2.668*	*0.042*	−1.131	0.387
景気対策評価	−1.648	0.059	−0.244	0.843
年金制度改革評価	*1.932*	*0.043*	1.320	0.289
対北朝鮮外交評価	0.463	0.541	−0.477	0.632
自衛隊イラク派遣評価	−1.598	0.235	0.851	0.649
多国籍軍参加評価	2.460	0.122	−1.180	0.588
道路公団改革評価	−0.177	0.819	0.089	0.906
食の安全対策評価	−0.209	0.839	−0.873	0.496
靖国神社参拝評価	−0.211	0.801	1.560	0.122
「構造改革なくして成長なし」発言評価	0.064	0.939	−0.092	0.923
「人生いろいろ」発言に対する評価	1.420	0.239	1.563	0.230
田中外相更迭に対する評価	*−2.597*	*0.028*	−0.149	0.928
犯罪対策評価	0.110	0.931	−3.074	0.066
財政改革評価	−0.380	0.742	*4.427*	*0.008*
ハンセン病和解評価	−0.761	0.547	*5.352*	*0.004*
安倍幹事長抜擢評価	0.569	0.631	*3.277*	*0.033*
内閣業績全般評価	*3.451*	*0.013*	*−4.196*	*0.032*
争点態度変数群				
北朝鮮国交正常化	1.323	0.135	−0.540	0.618
対北朝鮮経済制裁	1.142	0.102	−1.501	0.082
自衛隊イラク派遣	1.620	0.146	1.474	0.247
多国籍軍参加	−1.227	0.476	−3.206	0.171
9条改定・戦力保持	−0.531	0.637	2.918	0.112
9条改定・集団的自衛権	1.951	0.109	*−3.897*	*0.040*
一院制	−0.593	0.472	1.087	0.179
年金政策：現行か一元化か	*1.963*	*0.005*	*2.062*	*0.007*

n＝903　（実際は301）　　＊　選択肢固有の変数
擬似決定係数　0.781
P値：0
尤度比 χ^2：425.06

択肢との交互作用項の形で投入される。擬似決定係数は説明変数が多いためもあって0.7807と高い。P値が0であることから，このモデルの中に少なくとも1つは自民党からの離反を説明する変数が含まれていることになる。

次にモデルに含まれる各独立変数についてその係数と有意性を見ていこう。政治満足度，暮らし向き，生活満足度，組織加入，社会経済的属性などの独立変数については煩雑さを避けるために表から除いているが，分析モデルには投入している。これらの変数については後で言及する。

変数が多いので5％の有意水準をクリアしている変数（表中ではゴシック体イタリックで表記してある）を中心に言及する。投票政党への感情温度が高ければ高いほど，その政党に投票していることになる。先に述べたようにこの変数は棄権の場合，50度に設定されている。つまり2001年に自民党に投票した有権者は，2004年の時点で自民党以外の政党を好ましいと思えばそこに投票したということである。小泉に対する感情温度は今回棄権に回った有権者に対しては有意に負の方向へと働いている。つまり小泉に対する感情温度が高ければ，2001年参院選において自民党に投票した有権者が，2004年参院選において棄権に回る確率は少なくなり，引き続き自民党に投票しているということである。

小沢一郎に対する感情温度が小泉のそれと同じような効果を持っていることは興味深い（しかも係数が小泉より大きい）。民主党の小沢に対する高評価が自民党への継続投票を説明するということは，小沢のいる民主党が自民党のコアな支持者にとって脅威に映っているということかもしれない。一方，同じ民主党でも参院選前に年金未納問題で党首の地位を辞した菅直人に対する感情温度は，これらと逆に棄権に対して正の係数を示している。つまり前回自民党に投票した有権者の中で菅に対する感情温度が高い有権者ほど，今回は棄権に回っているということである。ただ，政治家に対する感情温度はいずれも野党への乗換えを説明していない。野党の魅力的な政治家が自民党からの離反を促したということはなさそうである。

次に表5中段にある首相及び内閣評価関連変数に注目しよう。これらの変数は値が大きくなるほど評価が低くなるように設定されている。小泉の「自民党をぶっ壊す」発言に対する評価が低ければ低いほど，野党には流れずに自民党に残る傾向が現れている。一方，今回棄権した集団はこれと逆に符号が正なので，評価が低ければ低いほど棄権に回っている傾向がある。ただし5％の有意水準は満たしていない。また田中真紀子の外務大臣起用は野党への流出，棄権いずれにおいても有意な負の係数を示している。つまり田中外相起用に対する評価が低いほど，2004年も自民党に継続して投

票している。また田中外相更迭に対する評価が低ければ低いほど，自民党への投票を継続する傾向がある。竹中平蔵を閣僚に起用したことを評価しない有権者ほど，自民党から離反して野党に投票している。

政策面では，年金制度改革に対する評価が低いほど野党へと寝返る有権者が増加している。また財政改革，ハンセン病患者との和解，安倍幹事長の抜擢への評価などが低ければ低いほど今回は棄権している。内閣業績全般の評価は，自民党に継続投票した集団と野党に寝返った集団を比較すると，正の係数を示している。つまり内閣評価が低いほど野党に寝返っている。これを自民党に継続投票した集団と今回（04年）棄権した集団で比較すると，内閣評価が低いほど，棄権せずに自民党に今回（04年）も引き続いて投票している。いわゆる「抵抗勢力」の支援者がこの中に相当数含まれていると推測される。

争点態度変数においては，憲法9条を改定して集団的自衛権を明記することへの反対が強いほど，自民党に2004年においても継続して投票した傾向が現れた。また年金政策に関していえば，制度の一元化に賛成の人ほど野党に流出するか，棄権に回っている。

なお，煩雑さを避けるために表として示さなかった変数のうち，有意水準5％をクリアしたのは，暮らし向き（回帰係数は−5.315），20代（同16.899），大卒（同−7.551）で，いずれも自民党に継続投票した集団と今回（04年）は棄権した集団との比較において有意である。暮らし向きが悪くなったと答えた前回（01年）自民党投票者は今回（04年）も継続して自民党に投票し，20代有権者が今回（04年）は棄権し，大卒以上の学歴を持つ有権者が義務教育までの有権者に比して自民党に継続して投票していることになる。

以上の分析結果を概括すると，2004年参院選で起きた全国規模での自民党の退潮は以下のように要約される。

(1)自民党からの離反は，野党（ほとんど民主党だが）に対する評価，首相や内閣に対する低い評価，年金政策の一元化要求によって起きている。政治家に対する評価は小泉に対するものを含めて，自民党から野党への寝返りを説明しない。

(2)棄権への流出は小泉と小沢に対する低い評価，菅に対する高い評価，財政改革，ハンセン病患者との和解，安倍幹事長の抜擢などに対する低い

4 サーヴェイ・データ分析(2)：
自民党への投票，自民党評価と小泉評価

　本節では確認の意味も込めて，2004年参院選における自民党への投票，自民党評価，そして小泉評価との関係について分析しておこう。分析の対象は比例区での自民党投票である[18]。独立変数は既出のものから自民党以外の政党と政治家についての感情温度を除外し（ただし田中真紀子は残した），さらに性別を表すダミー変数を加えた。分析結果をまとめたものが表6である。政治満足度，暮らし向き，生活満足度および社会経済的変数はここでも表からは除いているが，分析のモデルには含まれている。

　この表からまずわかることは，2004年参院選における自民党への投票を説明する上で，自民党系の政治家に対する感情温度は全く有意でないということである。特に，小泉を評価するから自民党に投票するという行動は見られない。2004年の参院選比例区において小泉効果は希薄であったということになる。一方，自民党に対する感情温度は期待通り有意に正の方向に働いている。首相および内閣評価変数としては田中外相起用に対する評価が低いほど，自民党への投票確率を上昇させている。また，財政改革ならびに安倍幹事長抜擢に対する低い評価は自民党への投票確率を低下させる。争点で有意な効果を持っているのは年金問題で，一元化を志向する有権者において自民党への投票確率は相対的に低い。

　次に自民党評価と小泉評価のギャップを確認するために，自民党および小泉への感情温度を従属変数とし，同様の独立変数を用いて重回帰分析を行った[19]。結果は表7にまとめてある。この表7から，自民党への感情温度と小泉への感情温度それぞれの回帰分析において共通する独立変数とそうでない変数があることがわかる。安倍晋三に対する感情温度はともに正の係数を持つ。対照的に「自民党をぶっ壊す」発言に対する評価が低いほど自民党に好感情を持つ傾向があるが，小泉評価については逆で，評価が低いほど小泉への感情温度も低くなる。年金制度改革への評価が低いと小泉感情温度を下げるが，自民党に対してはこのような関連はない。道路公団改革も自民党評価と小泉評価で逆方向に働いている。

　道路公団改革への評価が低いと自民党への感情温度は下がるが，小泉へ

表6 2004年参院選比例区における自民党への投票
（ロジスティック回帰分析による分析）

	回帰係数	有意確率
感情温度変数群		
感情温度：自民党	*0.040*	*0.001*
感情温度：小泉純一郎	0.013	0.285
感情温度：安倍晋三	−0.010	0.318
感情温度：田中真紀子	0.006	0.436
首相・内閣評価変数群		
「自民党をぶっ壊す」発言に対する評価	0.165	0.194
田中外相起用に対する評価	*0.676*	*0.000*
竹中平蔵起用に対する評価	−0.028	0.866
景気対策評価	0.027	0.885
年金制度改革評価	0.176	0.313
対北朝鮮外交評価	−0.219	0.137
自衛隊イラク派遣評価	−0.211	0.362
多国籍軍参加評価	0.447	0.071
道路公団改革評価	−0.243	0.095
食の安全対策評価	0.261	0.135
靖国神社参拝評価	0.054	0.714
「構造改革なくして成長なし」発言評価	−0.107	0.509
「人生いろいろ」発言に対する評価	0.048	0.758
田中外相更迭に対する評価	0.248	0.127
犯罪対策評価	0.233	0.249
財政改革評価	*−0.545*	*0.018*
ハンセン病和解評価	0.126	0.486
安倍幹事長抜擢評価	*−0.709*	*0.001*
内閣業績全般評価	−0.144	0.522
争点態度変数群		
北朝鮮国交正常化	0.136	0.314
対北朝鮮経済制裁	0.204	0.112
自衛隊イラク派遣	−0.249	0.315
多国籍軍参加	−0.123	0.618
9条改定・戦力保持	−0.284	0.226
9条改定・集団的自衛権	0.087	0.731
一院制	−0.232	0.062
年金政策：現行か一元化か	*−0.235*	*0.024*

n ＝887　擬似決定係数　0.341　P値：0　尤度比 χ^2：247.16

の感情温度は上がる。靖国神社参拝についての評価が低いほど自民党への感情温度は低いが，小泉への感情温度とは関連が希薄である。「構造改革なくして成長なし」発言に対する評価は小泉への感情温度にのみ関連があり，評価が低いほど小泉への感情温度は下がる。「人生いろいろ」発言ならびにハンセン病患者との和解についても同様である。また安倍幹事長抜擢への評価が低いほど，小泉への感情温度は高い。内閣の業績全般についてはいずれに対しても負の効果を持つが，係数の絶対値は当然ながら小泉に対する感情温度の方がより大きい。争点態度においては北朝鮮との国交正常化に反対する有権者ほど，小泉への感情温度が低い傾向になっている。

表7 自民党評価と小泉評価

独立変数	従属変数: 自民党感情温度		従属変数: 小泉感情温度	
	回帰係数	有意確率	回帰係数	有意確率
感情温度変数群				
感情温度：小泉純一郎／自民党 *	0.532	0.000	0.540	0.000
感情温度：安倍晋三	0.166	0.000	0.240	0.000
感情温度：田中真紀子	−0.035	0.120	0.036	0.104
首相・内閣評価変数群				
「自民党をぶっ壊す」発言に対する評価	2.910	0.000	−1.855	0.000
田中外相起用に対する評価	−1.475	0.001	0.532	0.232
竹中平蔵起用に対する評価	−0.398	0.389	−0.045	0.923
景気対策評価	0.472	0.384	−0.487	0.374
年金制度改革評価	0.133	0.800	−1.579	0.003
対北朝鮮外交評価	−0.209	0.601	−0.294	0.466
自衛隊イラク派遣評価	−0.744	0.309	−0.481	0.515
多国籍軍参加評価	0.165	0.833	−0.569	0.472
道路公団改革評価	−1.295	0.003	1.245	0.004
食の安全対策評価	0.549	0.284	0.320	0.536
靖国神社参拝評価	−0.951	0.023	−0.182	0.665
「構造改革なくして成長なし」発言評価	0.553	0.214	−0.969	0.031
「人生いろいろ」発言に対する評価	0.369	0.438	−1.349	0.005
田中外相更迭に対する評価	−0.539	0.257	−0.597	0.213
犯罪対策評価	0.267	0.668	0.499	0.425
財政改革評価	−0.230	0.738	−0.201	0.771
ハンセン病和解評価	−0.234	0.645	−1.770	0.001
安倍幹事長抜擢評価	0.560	0.325	1.758	0.002
内閣業績全般評価	−1.529	0.014	−3.176	0.000
争点態度変数群				
北朝鮮国交正常化	0.191	0.609	−0.782	0.038
対北朝鮮経済制裁	−0.372	0.324	0.161	0.673
自衛隊イラク派遣	−0.786	0.286	1.243	0.094
多国籍軍参加	−0.272	0.715	−1.304	0.082
9条改定・戦力保持	0.006	0.992	−1.142	0.051
9条改定・集団的自衛権	−0.509	0.430	−0.084	0.897
一院制	0.290	0.412	0.034	0.924
年金政策：現行か一元化か	−0.543	0.090	−0.188	0.561
政治満足度	−2.208	0.000	−0.284	0.611
暮らし向き	0.123	0.841	0.159	0.797
生活満足度	0.948	0.070	−0.967	0.067
社会経済的変数群				
20代	2.175	0.190	−1.027	0.539
30代	1.735	0.261	−0.667	0.668
40代	3.771	0.019	−0.477	0.770
50代	3.191	0.028	−2.430	0.097
60代	2.211	0.120	−1.160	0.419
自営	0.127	0.909	−2.176	0.051
高卒	−3.929	0.001	1.795	0.138
短大	−4.668	0.001	1.054	0.466
大卒以上	−3.210	0.027	0.607	0.679
賃貸住宅	−1.803	0.089	−2.035	0.057
居住（10年以上20年未満）	1.652	0.094	−1.331	0.180
居住（3年以上10年未満）	0.488	0.670	1.640	0.155
居住（3年未満）	0.713	0.642	−2.553	0.098
性別（男）	0.637	0.438	−0.654	0.429
後援会	0.189	0.916	−1.214	0.503
労働組合	2.242	0.080	0.368	0.776
業界団体	2.348	0.153	−5.520	0.001
趣味の団体	1.706	0.080	−0.744	0.448
宗教団体	−3.301	0.047	−4.314	0.010
市民団体	0.428	0.873	−1.451	0.589
定数	32.238	0.000	52.095	0.000
n	883		883	
自由度修正済み決定係数	0.726		0.782	
回帰式の標準誤差	10.690		10.776	
P値	0.000		0.000	

* 従属変数が自民党感情温度のときは小泉感情温度．従属変数が小泉感情温度のときは自民党感情温度．

また政治満足度は自民党への感情温度とのみ関連し，不満が強いほど自民党に対する感情は下がる。社会経済的変数については自民党感情温度とは強い関連があるが，小泉感情温度とはさほどでない。小泉感情温度との関連で興味深いのは業界団体加入者ほど，小泉への感情温度が低いことで，他の条件が同じなら業界団体加入者はそうでない人よりおおよそ5.5度ほど低いことになる。

以上の結果から自民党評価と首相評価のギャップは明らかであろう。自民党に好意的な有権者が必ずしも小泉に好意的であるわけではなく，小泉への好意が比例区での自民票に結びついていないことから，2004年参院選比例区における自民投票には少なからず「抵抗勢力」の支援者，すなわち

表8　自民党感情温度と小泉感情温度の回帰分析（2SLS）

	従属変数			
	感情温度：自民党		感情温度：小泉純一郎	
	回帰係数	有意確率	回帰係数	有意確率
内生変数				
感情温度：自民党			0.706	0.000
感情温度：小泉純一郎	0.582	0.000		
外生変数				
感情温度：安倍晋三	0.150	0.005	0.189	0.000
「自民党をぶっ壊す」発言に対する評価	2.159	0.000	−2.263	0.000
田中外相起用に対する評価	−0.691	0.033		
道路公団改革評価	−1.072	0.005	0.899	0.044
「構造改革なくして成長なし」発言評価			−0.926	0.031
「人生いろいろ」発言に対する評価			−1.963	0.000
靖国神社参拝評価	−1.252	0.002		
ハンセン病和解評価			−1.256	0.012
安倍幹事長抜擢評価			1.360	0.015
内閣業績全般評価	−0.941	0.406	−3.808	0.000
北朝鮮国交正常化			−0.847	0.016
政治満足度	−2.343	0.000		
20代	−1.385	0.426		
30代	−0.635	0.661		
40代	2.175	0.125		
50代	1.183	0.377		
60代	0.275	0.830		
高卒	−1.809	0.113		
短大	−1.556	0.261		
大卒以上	−1.424	0.284		
業界団体			−6.241	0.000
宗教団体	−1.016	0.519	−1.610	0.342
定数	28.086	0.002	33.238	0.000
自由度修正済み決定係数	0.755		0.767	
回帰式の標準誤差	10.976		11.156	
P値	0		0	

旧来の自民党支持層が含まれていると推測される[20]。なおこの結果を踏まえて，2段階最小自乗法（2 stage least square, 2SLS）により自民党感情温度と小泉感情温度をそれぞれ従属変数とする推定を行った結果を表8にまとめた。係数の値や有意確率に若干の変化はあるが，係数の符号などに大きな変化はなく．表7の解釈と大差ない。

5　結論と今後の課題

　以上の分析結果が示しているとおり，2004年参院選比例区において全国的かつ均質的な得票の変動が自民党からの離反という形で観測された。その原因は政党や政治家に対する感情温度の他に，首相や内閣に対する評価，そして年金制度や憲法9条改定といった争点の効果であった。また，2004年参院選比例区における自民党票を分析することで，小泉に対する感情温度が自民党への投票に結びついていないことも明らかとなった。さらに自民党に対する感情温度と小泉に対する感情温度の分析から，両者の間に大きなギャップが存在することも明らかとなった。

　小泉の政治的なスタイルは前述したように「ポピュリズム」の一類型として理解されている。大嶽秀夫は特に現代の「ポピュリズム」が本来の善悪二元論的な性格に加えて，特定個人への信頼，アイドル化，ショービジネス化を伴っていると指摘した[21]。民主制において政治とはどうしてもある種の人気取りと無縁ではいられない。小泉が党内に反対勢力を抱えながら首相の座を今に至るまで維持していられるのは，与党得票率をはるかに超える内閣支持率の所産である。

　しかしながら本稿の分析結果を見る限り，そして本稿の序盤においてレビューした池田論文や平野論文を読む限り，有権者はそれなりに業績評価を行っており，それに基づいて投票行動を以前とは変えている。むろん，ある種のポピュリストが業績評価によって駆逐された後に政権の座につくのが，別のポピュリストに過ぎないという可能性はありうる。また，ポピュリスト的な政治手法が有効であることの背景に反知性主義の匂いを感じ，それを憂慮する点については筆者も共感する部分がある。ただ，政治家のアイドル化が有権者による業績評価をどの程度損ねるのかについて，実証的な裏づけのある議論はまだない。業績評価が機能しているという条件の下でなら，われわれはポピュリストをさほど恐れる必要はないのかもしれ

ない。ただ認知的に吝嗇な一般有権者に適切な業績評価が可能であるかどうか，どのような条件の下でなら一般的な有権者に適切な業績評価が可能であるのか，適切な業績評価のためにどのような手がかり（cues）や近道情報（information shortcuts）が用いられるべきかは，今後問われるべき疑問であろう[22]。

　この疑問との関連で，本稿から派生する方法論的な課題を述べて本稿を締めくくることとしたい。それは「わからない」という回答（いわゆる「DK」回答）の扱いである。本稿の分析に限らず世論調査データの分析においては，重要な変数に関して「わからない」という回答をした標本は分析から排除されるか，本稿で行ったように一定の方法に基づいて推定値を計算し，それを外挿するといった手法がとられる。しかしながら，これらの手法は極めて重要な問題を孕んでいる。上記の方法ではわれわれは，情報をあまり持っていない有権者をそのまま分析に含めてはいない。特定の標本が相対的に乏しい情報量しか持っていないこと，すなわち "less-informed voter" であるということ自体を，換言すれば有権者の情報のなさそのものを変数として分析の射程に収めた上で，そのような投票者がどのような基準で投票選択を行っているのか，どのような手がかりや近道情報を用いているのかを，われわれはあらためて分析する必要があるだろう[23]。まずはどのような設問において DK 回答率が高いのか，どのような質問項目間に DK 回答率に関して関連性が見られるかなどを確認し，情報量の多寡と投票方向選択との関連について分析を深めていくべきだろう。

　付記：本稿は，2004年10月2，3日に札幌大学において開催された分科会F「日韓交流セッション」（Populism as a world phenomenon?）に提出した拙稿 "Effectiveness of Adopting Populist Strategy and the Importance of Trust." ならびに2005年5月14，15日に愛知学院大学において開催された，日本選挙学会研究会分科会J国政部会「2004年参院選の分析」における報告論文，山田真裕「動員戦略としてのポピュリズム―2001年，2004年参院選の比較」を土台とし，大幅に修正したものである。各セッション参加者，特に討論者の大嶽秀夫氏（政治学会における討論者），小林良彰氏（選挙学会における討論者）に謝意を表する。また朝日東大調査データの利用については菅原琢氏（東京大学大学院）のお世話になった。論文を修正する過程では相田真彦，谷口尚子の両氏から有益な助言と支援を得た。さらに2005年度

政治学会年報編集委員会メンバーの各氏からも、年報編集のための研究会において有益なコメントやご教示を頂いている。以上の方々に心からの感謝を捧げたい。

（1）　池田謙一「2001年参議院選挙と「小泉効果」」『選挙研究』No. 19（2004年），pp. 29-50。
（2）　2005年日本選挙学会研究会分科会J国政部会「2004年参院選の分析」において，池田謙一「ネットワークとリアリティ―JESⅢ2001-2004による小泉効果の分析」，平野浩「2004年参院選における業績評価投票」，山田真裕「動員戦略としてのポピュリズム―2001年，2004年参院選の比較」の3本の論文が提出されたが，いずれの分析もこの点では共通していた。なお，池田論文，平野論文とも依拠するデータセットはJESⅢ調査（「21世紀初頭の投票行動の全国的・時系列的調査研究」文部科学省科学研究費・特別推進研究，代表者：池田謙一東京大学大学院人文社会系研究科教授）である。
（3）　川人貞史『選挙制度と政党システム』（木鐸社，2004年）第5章「90年総選挙とナショナル・スウィング」，pp. 155-167。
（4）　大嶽秀夫『日本型ポピュリズム　政治への期待と幻滅』中公新書1708（中央公論新社，2003年）。
（5）　威光効果による投票（coattail voting）については Jeffery J. Mondak, *Nothing to Read: Newspapers and Elections in a Social Experiment*,（University of Michigan Press, 1995）を参照。
（6）　データは http://politics.j.u-tokyo.ac.jp/data/data01.html において公開されている。また，コードブックは『日本政治研究』第2巻第1号，pp. 190-208に掲載されている。関係者のご努力に謝意と敬意を表する。
（7）　川人前掲書 p. 156。
（8）　データは総務省ウェブサイト http://www.soumu.go.jp/senkyo/index.html より入手した。
（9）　沖縄県において自民党は相対得票率を5.74％ポイント，絶対得票率を3.47％ポイント減少させた。
（10）　沖縄県で自民党は相対得票率を5.28％ポイント，絶対得票率を1.86％ポイント伸ばしている。
（11）　前述のように2001年参院選より比例区は非拘束名簿式となっている。ここでは比例区における政党の候補者名による投票も，政党の得票としてカウントしている。
（12）　2001年に自民党に投票し，2004年に公明党に投票した標本は少数であったので分析から除外した。

(13) 回答標本の中に問1において棄権と答えていながら，問3において比例区での投票政党を回答していたものが4件あったため，これらを分析から除外した。
(14) 分析に用いたSPSSのヴァージョンは13.0Jである。欠損データの分析については岩﨑学『不完全データの統計解析』（エコノミスト社，2002年），浅野正彦「欠損データの分析法」『選挙学会紀要』No. 1 （2003），pp. 101-123を参照。
(15) IIAについての明快な邦文による解説として，堀内勇作「非序列化離散変数を従属変数とする統計モデルの比較」『選挙研究』No. 16 （2001），pp. 101-113。
(16) iweightコマンドを用いている。
(17) STATAにおける条件付ロジット・モデルで分析する際のデータの形式については，J. Scott Long and Jeremy Freese, *Regression Models for Categorical Dependent Variables Using STATA Revised Edition*, (STATA Press, 2003), pp. 236-237を参照。また1件のデータが1人の回答者を意味する通常のデータ形式を，条件付ロジット・モデルで分析する形式に変換する上で，mclgenというコマンドが便利である。mclgenはSTATAにはデフォルトでは含まれておらず，ネットを通じてインストールする。
(18) 自民党への投票が1，それ以外への投票が0で棄権は除外されている。
(19) いずれの分析においても先に説明したのと同様のやり方でウェイトをかけている。
(20) 池田前掲論文「ネットワークとリアリティ―JES Ⅲ 2001-2004による小泉効果の分析」はJES Ⅲ データにより同様の結論を得ている。
(21) 大嶽前掲書 p. 120。
(22) 近道情報に基づく投票行動の分析としてSamuel L. Popkin, *The Reasoning Voter: Communication and Persuasion in Presidential Campaigns*, (University of Chicago Press, 1991)。また必ずしも十分な知識を持たない市民であって，他者からの学習によって適切な選択が可能であるという議論としてArthur Lupia and Mathew McCubbins, *The Democratic Dilemma: Can Citizens Learn What They Need To Know?* (Cambridge University Press, 1998), 山田真裕訳『民主制のディレンマ』（木鐸社，2005年）。
(23) 政治的関心と選挙キャンペーンの効果についての分析として，境家史郎「政治的情報と有権者の選挙行動―日本の選挙におけるキャンペーンの効果」『日本政治研究』第2巻第1号（2005年），pp. 74-110。

政党支持と投票行動におよぼすソーシャル・ネットワークとマスメディアの影響

―JEDS96データの分析―

白崎　護

1　研究の目的

　本稿の目的は，1996年総選挙時における調査回答者の投票行動および党派性を規定する要因としての，外的な刺激の影響の解明である。外的な刺激とは対人接触とマスメディア接触を指すが，就中，対人接触を中心にとりあげる。家族や知人と個人が結ぶインフォーマルなネットワークの構造を解明すると共に，そのネットワークが個人の心理的態様や行動におよぼす影響を解明する研究をソーシャル・ネットワーク研究と総称する。本稿は，政治に関する有権者の心理的態様と行動に関心を抱くソーシャル・ネットワーク研究の一種である。同時に本稿は，対人接触と並ぶ情報源となるマスメディアが有権者におよぼす影響にも関心を抱く。そこで，まず「ソーシャル・ネットワークの視点」において政治学におけるソーシャル・ネットワーク研究の先行知見を概観し，内外における研究の到達点を確認する。その際にとりあげる研究は，主としてマスメディアの影響にも言及した研究となる。

　続く「分析」では，現代日本を対象とした計量的な実証分析を行う。投票におよぼす外的な刺激の影響を解明するためには，当然ながらそれら変数の影響の計測を目的に採取されたデータの使用が望ましい。現在においてこの条件を充足し，かつ無料で利用できるデータは，93年度から96年度におけるJESⅡデータ，93年度におけるCNEPデータ，2000年度におけるJEDS2000データのみである。JESⅡは政界再編期における有権者の政治意識・投票行動の変化の解明を，CNEPはソーシャル・ネットワークとマスメディア視聴の影響の解明を，JEDS2000は社会関係資本の影響の解明をそれぞれ目的とする。これらのデータを使用してソーシャル・ネットワー

クやマスメディア視聴の影響を解明する研究は，既に複数存在する。2.3に見る通り，これら先行研究は対人接触とマスメディア接触の相互作用の解明という点で課題を残しつつも，会話の頻度と投票行動の関係や，ネットワークにおける党派一貫性の確認などの成果を挙げた。そこで，これら先行研究の論点を含め，対人接触の影響についての実証分析例に欠ける96年総選挙を分析対象とする。このため，外的刺激の影響解明には必ずしも十分な質問項目を備えてはいないが，利用が容易で，かつJEDS2000データを除いて最近のデータであるJEDS96データを使用し，可能な範囲の2次分析を行う。

94年，細川内閣により政治改革関連法案が成立した結果，衆議院議員選挙が小選挙区比例代表並立制へ移行すると共に，政治広告や政見放送，はがきやビラの配布などに関しても政党の裁量余地が大幅に拡大した（川上，1998，102-103）。このため96年総選挙に関する計量分析の話題は，候補者と政党という2つの投票基準の比較，また政治広告やマスメディア報道の内容および量に関する調査が従来よりも多く見られた。三宅によると，政策に関しては消費税増税が争点となったが，その影響力は小選挙区に関して候補者評価，比例区に関して政党評価に劣り，政権交代を招く程度の規模ではなかった（三宅，1999，60-61）。また大嶽は，有権者にとって新党の争点態度やイデオロギーが明確に認識し難い内容であったと分析する（大嶽，1998，24-25）。一方でマスメディアを扱う計量分析を見ると，その大半は「送り手側」に関する内容であり，マスメディアに接触した有権者の反応を扱う分析は限定される。そして，前段に指摘した質問項目の制約もあり，ソーシャル・ネットワークの影響の分析はほとんど実施されていない。96年のJESⅡデータを使用して比例代表制における自民党への投票の要因を分析した三宅は，「知人からの投票依頼」・「集会への参加や政見放送の視聴など選挙運動への接触」・「自分や社会の大切なことを話し合う間柄の人の小選挙区における投票行動」という尺度化された3つの変数全ての有意性を確認している（三宅，1999，53-54）。だが，ソーシャル・ネットワークに関わるそれら尺度化以前の各変数の影響の解明を主眼とした研究例は不在である。

以上の事情から，外的な刺激がおよぼした96年総選挙への影響に関するサーベイデータを使用しての分析には意義があると思われる。アメリカに

おけるソーシャル・ネットワーク研究の隆盛から影響を受け，日本の投票行動研究においても同様の研究の必要性が認識されたのは80年代後半であった。この結果，93年および2000年の総選挙に関してはソーシャル・ネットワーク研究に有用なサーベイデータが採取され，これに基づく著作が相次いだ。これらの研究成果をふまえた上で，関連する質問項目が極めて限定される96年のサーベイデータをあえて使用し，可能な範囲で93年と2000年の選挙分析の間隙を埋めたい。

2　ソーシャル・ネットワーク研究の視点

2.1　コロンビア学派の遺産

　対人接触とマスメディア接触がおよぼす投票行動への影響につき1940年代半ばにはじめて数量的な実証を試みたのは，ラザースフェルドらコロンビア学派であった（Berelson, Lazarsfeld, and Gaudet, 1948）。彼らは広告への接触がブランド選択におよぼす影響に関心を抱き，これをパネル調査によって実証しようとしていた。しかし資金の問題から，ロックフェラー基金より援助が得られた1940年のアメリカ大統領選挙に関してパネル調査を実施する。さて，マスメディアは直接に人々へ多大な影響力をおよぼすという「皮下注射効果論」が当時におけるマスメディア研究の通説であった。しかし，ラジオ・新聞・雑誌の影響を調査したラザースフェルドらは，マスメディアへ直接に接するオピニオンリーダーからマスメディアと接触を持たぬフォロワーへの情報提供こそがフォロワーの投票行動に影響するとの結論を得た。対人接触の影響力の発見は，有権者の政治意識や政治行動におよぼす対人接触の影響解明へとコロンビア学派を導く。『ピープルズ・チョイス』では，政治的に活発な個人の影響が他者に浸透するため，日常生活を共にする者は政治意識や政治行動が類似していくとの仮説が提示される。また，このような長期的な影響過程以外にも，他者より仄聞した情報や投票直前における投票依頼など，対人接触の多様な影響過程が報告される。就中，何らかの理由により投票の意思決定が遅延する者に関して，対人的な投票依頼が効果的であったという。

　『ピープルズ・チョイス』以降，1955年刊行の『パーソナル・インフルエンス』（Katz and Lazarsfeld, 1955）に至るまで，政治意識におよぼす対人

接触とマスメディア接触の影響解明がコロンビア学派の課題となる。同学派は，有権者の政治行動の規定因として政党帰属意識や投票履歴をも考慮するが，対人環境とマスメディアという外的な刺激を政治行動の説明変数として重視する点で特徴がある。選挙運動期間など，ある一定期間における有権者の心理的態様の形成と変化に関心を寄せるコロンビア学派なればこそ（Berelson et al., 1948, ix-xi），心理的態様の形成と変化を導く原因として外的刺激に着目したのだ。同学派の特徴は，50年代半ばに台頭したミシガン学派との比較に明らかである。外的刺激に対する有権者の心理的反応が個人ごとに異なる点を理由に，ミシガン学派は説明変数としての外的刺激をミシガンモデルの考慮の外に置く（Campbell, Converse, Miller, and Stokes, 1960, 23-37, 64-66）。代わりに，政党帰属意識や争点態度などの心理的変数を説明変数として扱うミシガンモデルは，投票直前の有権者の心理的態様こそ投票行動を直接に説明できると考える。定期的な全国世論調査の実施とそのデータの公開を背景に，ミシガン学派以降の投票行動研究は心理的態様の重視が主潮となる（田中, 2000, 84-85）。しかし，投票行動に影響する心理的態様自体を知ると共に，その心理的態様に対する外的刺激の影響を解明してこそ，政治的な態度・行動の総体的な理解が可能となろう（白崎, 2005a, 129-141）。このような観点より，本稿の「分析」では心理的態様と外的刺激の双方の影響を論じる。

　マスメディア視聴が有権者の政治意識や政治行動におよぼす影響に関しては，投票行動研究ではなく議題設定効果論などマスメディア研究の一部門として60年代以降も考察が盛んであった。他方，対人環境のおよぼす影響に関してはミシガン学派の隆盛の陰で研究は一旦途絶する[1]。だが，対人環境の影響に関するハックフェルトの研究は，外的刺激の効果解明というコロンビア学派の問題関心を80年代の投票行動研究において甦らせた（Huckfeldt, 1986；池田・安野, 1997, 35-36）。ハックフェルトらは，コロンビア学派の扱う対人接触の態様が，説得など直接の対面的接触を伴うと考える。一方，自らの扱う対人接触の態様は，特定の政党支持を示す他者の行為の観察など，直接の対面的接触を伴わない場合をも含むと主張した。ハックフェルトらは，コロンビア学派が体系化しなかった対人接触の多様な態様に注目することで同学派との差異を強調すると共に，それら態様ごとの接触効果を計測する手法を提案した（Huckfeldt and Sprague, 1995,

159-190)。

　さて90年代になると，対人接触とマスメディア接触の両効果を考察する投票行動研究が相次ぐ。レナートは，テレビの報道番組を実験参加者に視聴させた上で番組に関する討論を行わせ，候補者に関する知識や評価の形成と変化の過程を観察した。有権者の政治的態度におよぼすマスメディアの影響を扱う今日の研究から対人接触の視点が脱落している点を批判する彼は，現代における限定効果論の有効性を否定しつつも，対人接触過程を考慮したコロンビア学派を評価する（Lenart, 1994, 23, 42-43）。またモンダックは，選挙に関する情報不足が地方紙のストライキによって生じた地域における投票行動の規定因を調査した。彼は，テレビなど代替メディアに対する情報探索行動ならびにそれら代替メディアの効果，そして他者との議論の効果につき，大統領選・上院選・下院選という各級選挙での差異，およびストが生じていない地域との差異を解明した。レナートと同じくモンダックも現代における限定効果論の有効性の低下を認めるが，同時に，全国世論調査に基づく投票行動研究ではマスメディア接触効果と対人接触効果のいずれも検出し難い点を指摘する（Mondak, 1995, 125, 150-153）。さらにマッツは，コロンビア学派が対人接触の影響を重視する一方，世論が有権者におよぼす影響に関しての洞察を欠いたと批判する。彼女は実験参加者に対して候補者に関する架空の世論支持の状況を提示し，候補者に対する参加者の評価の変化を調査した。彼女は実験結果に基づき，実験参加者の政治的な洗練度により世論に影響される程度が異なると結論した（Mutz, 1998, 215-216）。これらを含め，投票行動におよぼすマスメディアの影響に関する近年の実証研究の特徴として，マスメディア接触と対人接触の効果をあわせて扱う点，サーベイデータの分析と実験の両方を扱う点，外的刺激による政治知識の増加に関心を持つ点が挙げられる。

　マスメディア接触の効果をあわせて扱う場合も含め，有権者の政治的な心理と行動におよぼす対人接触の影響を考察する研究を，本稿ではソーシャル・ネットワーク研究と呼称する[2]。コロンビア学派に淵源を持つ近年のソーシャル・ネットワーク研究は，投票行動の規定因として心理的態様を重視した投票行動研究の主潮に対する反省という意を含む（飽戸, 2000, 9）。今後は，心理的態様を重視した投票行動研究と，心理的態様の形成・変化を導く外的刺激を考慮したソーシャル・ネットワーク研究との

補完が期待される（Flanagan, 1991a, 145）。

2.2　日本に関するソーシャル・ネットワーク研究の開始

　日本での最も早い時期における計量的なソーシャル・ネットワーク研究として，1970年代後半におけるリチャードソンらの著作が挙げられる。彼らは，凍結仮説に現れる伝統的な社会集団が政党支持を規定するヨーロッパ，そして家族内の世代間で伝達される政党帰属意識が政党支持を規定するアメリカと，日本を比較する。日本の場合，家族のみならず友人・隣人・同僚という小集団および労組などの社会集団が，長期間の態度形成のみならず短期間の投票選択にも多大な影響を与えると彼らは主張する。そして，これらの集団の織り成すネットワークが個人に影響を与えるとの視点は，コロンビア学派の問題関心への回帰を意味すると指摘する（Flanagan and Richardson, 1977, 4-8, 82-89）。67年総選挙におけるサーベイデータを使用した77年の著作は，実際に凍結仮説やミシガンモデルとの比較で自説を実証する内容ではないが，労組加入年数や居住年数などをネットワークの変数と捉えて投票行動を説明する。この手法は，居住地・宗派・社会経済的地位をネットワークの変数と捉えて投票行動を予測したラザースフェルドらの手法に類似する。

　リチャードソンらの77年の著作は，政党帰属意識や伝統的な社会集団など長期的な投票規定因ではなく，より短期的な投票規定因によってこそ日本での投票行動を説明できると考える点に特徴がある。政党帰属意識に関しては，アメリカと比較した場合に初期政治的社会化の影響が日本において限定的である点は三宅も指摘している。三宅はその理由として，政党制が過去50年にわたり不安定であった点，家庭内での世代間における職業・地域の移動が大きな点，保守的な旧世代と革新的な新世代という世代間の価値観対立が存在した点を挙げる。また，マスメディアは党派性が低いために政治的社会化の媒体にならないと指摘する（Miyake, 1991, 198-199, 222）。

　ヨーロッパ・アメリカと比較した場合，日本では投票行動の説明変数としてネットワークが有効であるとの主張は，91年のフラナガンの著作においても反復される。また同年の著作では，76年総選挙におけるサーベイデータを使用し，77年の著作と同様の手法を用いて投票行動におよぼすネッ

トワークの影響を示した。そして，メディアキャンペーンが盛んでないからマスメディアの影響は小さい点，互酬の一環として投票依頼や投票が実施される点3，イデオロギーや国策争点ではなく候補者との個人的・感情的紐帯がキャンペーンで重視される点を指摘し，これらが殊に日本においてネットワーク分析を有効ならしめる理由とする（Flanagan, 1991a, 152-153, 158）。彼は，マスメディアの影響力が限定的である理由として，マスメディアの中立性，アメリカに比して狭い選挙区，そして政党や候補者のマスメディア利用に関する法規制を挙げる。76年のサーベイデータを分析した彼は，団体やコミュニティへの統合度が低い有権者ほどテレビ視聴頻度は高い点，団体やコミュニティへの統合度が高い有権者ほど新聞・雑誌の講読頻度は高い点を指摘する。だが，調査方法の問題から現代においてもマスメディア接触の長期的効果は検出し難いと指摘するフラナガンは，限定効果論の妥当性に関する判断を留保する。そして，争点やイデオロギーよりもイメージを重視した投票がなされる場合にマスメディアは大きな短期的効果を発揮し，その好例が新党への投票だと結論する（Flanagan, 1991b, 300-302, 305-306, 321）。

　他方，60年代から80年代にわたるサーベイデータによって所属団体や友人・同僚など周囲からの投票依頼数の増加を確認したリチャードソンは，都市化が進行する中でも選挙におけるネットワークの重要性が保たれていると指摘する。また，ネットワークを介した投票依頼が国政選挙よりも地方選挙においてより多く認識されるという変化があわせて紹介される。ただこれらの現象は，日常的な人的紐帯が認識されにくい都市部で，選挙において一時的にコミュニケーションチャネルが活性化しているに過ぎないと，リチャードソンは推測する。そして，これらの変化は社会における流動性の向上に伴うコミュニティの崩壊に面した候補者が，多様なネットワークを介して得票を図ろうとしたためと結論する（Richardson, 1991, 341-345, 349-350）。地方よりも都市部において投票依頼がより認識されるとの知見は，所属する団体やコミュニティへの統合度が高い有権者においては，それらの団体やコミュニティから投票依頼を得たとの認識自体が希薄なのだというフラナガンの指摘とも適合する（Flanagan, 1991a, 182-185）。

　リチャードソンとフラナガンのソーシャル・ネットワーク研究は，候補者と候補者に結びついた団体が人的紐帯に基づき集票活動を実施する伝統

的な日本の選挙を念頭に置いて開始された（若田，1981，148-184）。ヨーロッパの強固な柱状社会あるいは階級社会が投票を規定すると考える凍結仮説，そして政党帰属意識を中心とする心理的態様が投票を規定すると考えるアメリカのミシガンモデルは，70年代の投票行動研究において主流の地位を占めていたと言える。リチャードソンとフラナガンの著作は各国の投票行動を規定する政治文化に配慮し，それら2つの投票行動モデルと比較しつつ，日本に適合する投票行動モデルとしてのネットワーク研究の端緒となった。しかし，ネットワークの影響力への関心はコロンビア学派と共通すると彼らも認める通り，日常的なネットワークが政治的な態度や行動におよぼす影響自体はいかなる政治文化の下でも考察の対象となりうる[4]。つまり，モデル自体の一般性を前提としつつ，結果を各国間で比較する手法も可能である。近年の日本を対象とした日本人研究者によるネットワーク研究は，むしろこのような手法が一般である。

2.3 近年の日本における研究動向

近年の日本におけるソーシャル・ネットワーク研究の第一人者は池田である。1993年総選挙の際の全国データ（JESⅡ）を用いた著作では，知人からの投票依頼が投票におよぼす影響は比較的小さい点，認識される周囲の党派性は一貫性が高い点，周囲の党派性に沿った投票がなされやすい点，政治的会話の頻度は投票にほとんど影響しない点，対人接触の効果がマスメディア接触の効果を大きく凌ぐ点などが確認される（池田，1997，109-114，121-122，192-193）。同じく93年総選挙に関するCNEP全国データを使用して日米比較を実施した著作では，ネットワークの党派一貫性が高い点，周囲の党派性に沿った投票が顕著な点，政治的会話の頻度は投票にほとんど影響しない点が両国に共通して観察された（池田，2000，26-40）。投票におよぼす周囲の党派性の影響は，社会関係資本に関するJEDS2000データの分析（池田，2002，15-16），および2001年における参議院選の際の全国データ（JESⅢ）の分析にも明白である。またJESⅢデータの分析では，周囲からの同調圧力ではなく均質的な情報環境が周囲の党派性に沿った政党支持の原因だと指摘する（池田，2004，45-48）。池田以外の研究では，ネットワークの構成員の特性を分析した山田（山田，2000，47-64），ネットワーク規模や接触相手への認識に関する日米比較を実施した木村（木村，

2000, 80-93)、所属団体に対する認識や参加態度が政治参加におよぼす影響を分析した平野（平野, 2002, 19-30）らが挙げられる。

　これら近年の研究には3つの特徴が見られる。第1に、ハックフェルト・スプラーグからの影響を強く被っている。対人環境から影響を被る経路として、特定の個人から説得を受ける場合と、偶然に周囲の党派性を認知する場合の2つを分類して考察する点はその最たる例である（池田, 1997, 98-103）。また、ハックフェルトらはマスメディアの影響力を否定しており、その研究は対人接触に関する事項に限定される（Huckfeldt and Sprague, 1987, 1200；1988, 467-468；1995, 249）。ハックフェルトらの研究手法に影響されたためだろうか、日本でも対人接触とマスメディア接触を各個に考察する研究は多いが、両者の因果関係にまで踏み込んで考察する研究は稀覯である[5]。しばしばコロンビア学派への言及もなされるが、同学派は周囲の説得が投票におよぼす影響に関心を抱いた、という観点からの言及にとどまる場合が多い（池田, 1997, 98-101；山田, 2000, 56）。この結果、マスメディア接触と対人接触との関係の解明というコロンビア学派の問題意識に基づく追試はいまだ不活発である。そして、このような問題意識への言及がある場合にも、両接触の関係を解明するというよりは、むしろ対人接触の効果に論点を設定する目的での言及である（池田, 2000, 19-23）。第2に、政治的な会話の頻度が投票に影響をおよぼしたか否かに関心を抱く。政治的な会話には特定の個人からの説得が含まれるため、この第2の特徴は第1の特徴とも関係する（池田, 1997, 121-122；2000, 39-41）。第3に、昨今隆盛を迎えた社会関係資本論と関連させつつソーシャル・ネットワーク論を考察する（山田, 2000, 45-46）。民主主義を底辺で支えるインフォーマルな人間関係の考察は、それら人間関係が政治的な態度と行動におよぼす影響を考察するソーシャル・ネットワーク論に重なると考えられるのだろう（鹿毛, 2002, 110-111）。事実、社会関係資本の調査を目的として採取されるデータは、ソーシャル・ネットワーク研究にも有効である（平野, 2002, 19-30；池田, 2002, 5-8）。社会関係資本に関するJEDS2000データは、周囲の他者に関して調査回答者が抱く種々の感情を含む。同データを使用した白崎は、それら他者への感情と日常の党派性の関係を調査する。その結果、相手との政治的会話や政治知識よりも、相手との親密度がおよぼす党派性への影響こそ重要との知見を得

た（白崎，2005b，164-175）。他方，本稿の「分析」にて扱う JEDS96 データは，周囲の他者への感情に関するデータに欠けるものの，マスメディア視聴の印象に関する媒体ごとのデータを含む。そこで，政治的会話の頻度に基づきデータを分割した上で，周囲の投票行動とマスメディア接触に関するデータを独立変数として同時に投入する。これにより，相手との日常的な関係とマスメディア接触の相互関係の一端を解明したい。

1987年には，日米英独における有権者の政治的な態度と行動におよぼすソーシャル・ネットワークとマスメディアの影響についての比較研究を目的に，各国共通の理論枠組と調査票を用いた「投票行動の国際比較研究（CNEP）」が発足した（飽戸，2000，8-13）。今後の日本におけるソーシャル・ネットワーク研究の発展には，心理的変数や社会学的属性変数に加え，ソーシャル・ネットワークとマスメディア視聴に関する十分な質問項目を備えた調査の蓄積が必要である。

3 分析

3.1 使用するデータ

JEDS96は，衆議院議員選挙制度の変化や政党再編過程が有権者におよぼす影響を解明する目的で実施された。調査対象は，層化2段無作為抽出法により抽出された満20歳以上の有権者である。調査地域は，全国の市区121地点，町村33地点から成る合計154地点である。データは，面接による2波のパネル調査，および4問のみの追加的なはがき調査から成る。第1波のパネル調査（選挙前調査）は1996年10月9日から19日に，第2波のパネル調査（選挙後調査）は同年10月21日から11月6日に実施された。はがき調査は同年11月21日に投函，翌月1日が締切であった。サンプル数2100名のうち，有効回答数は第1波調査が1452名（有効回収率は69.1％），第2波調査が1327名（有効回収率は63.2％），両調査が1244名（有効回収率は59.2％）である。はがき調査は前後調査いずれかの回答者1338名に対して実施され，有効回答数は663名（有効回収率は49.6％）であった。本稿では，両パネルデータを使用する。

次に，使用する質問項目を挙げる。本稿では，分析可能なサンプル数が得られた自民党と新進党に対する支持・投票を従属変数として扱う。共産

党に関しては従属変数として扱わないが，支持・投票に関して三番目に多数のサンプルが得られた。そこで，共産党についての支持・投票を独立変数としてとりあげるほか，クロス表分析およびカテゴリカル主成分分析にも使用する。具体的には，「選挙のことは別にして，ふだんあなたは何党を支持していますか。」との質問により日常の政党支持を名義尺度で捉え，「各政党の好き嫌いを0点から10点までの点数でお答えください。」との質問により各政党への好悪を順序尺度で捉える[6]。投票は，政党基準での投票がなされやすい比例代表制での投票政党をとりあげる。日常の支持態度および各政党への好悪は，分析に応じて独立変数としても使用する。

　これらの支持・投票を規定する独立変数は，社会学的属性，心理的態様，外的な刺激という3種類に分類される。社会学的属性として，性別・年齢・職業・学歴・収入をとりあげる[7]。

　心理的態様として，党首評価[8]，無党派に対する感情温度[9]，保革イデオロギー[10]，橋本内閣に対する全般的な評価，調査回答者にとって最重要の政治課題に対する橋本内閣の取り組みへの評価，日本の民主主義のあり方に対する満足度，現在の日本の景気に対する評価，1年前と比較した場合における日本の景気動向への評価，現在のくらしむきに対する満足度，1年前と比較した場合におけるくらしむきの動向への評価[11]をとりあげる。

　外的な刺激として，まず周囲の人々の投票政党に関する調査回答者の推測をとりあげる。この変数は，調査回答者に対して日常的な会話の頻度が高い周囲の有権者との関係を質問した上での，「その方は，今回の選挙ではどの候補者や政党に投票したと思いますか。」との質問項目に基づく。従って，調査回答者が周囲の有権者の投票政党につき確実に存知している場合と，推測にとどまる場合の両方を含む。また，質問票では候補者名と政党名の両方を回答できるが，小選挙区投票と比例代表投票の区別がない。このため回答された政党名は，小選挙区において投票されたと調査回答者が推測する候補者の所属政党の場合と，比例代表制において投票されたと調査回答者の推測する政党の場合がありうると思われる。いずれにせよ，投票の推測される政党は，周囲の人々が支持していると調査回答者が推測する政党である。そこで，調査回答者の政党支持および比例代表制での投票行動を従属変数とする本稿では，周囲の人々の政党支持の影響を考察するために政党名での回答をとりあげる。周囲の人々として配偶者，「配偶者・

父母」以外の家族（以下では「家人」と記す），同僚，友人の4者をとりあげる。自民・新進の各党につき，その政党に投票したと推測されれば「1」，それ以外の政党に投票したか，あるいは棄権したと推測されれば「0」とリコードする。「わからない」場合にも「0」とした[12]。そして，政治的内容の会話の頻度が調査回答者へ影響するか否かを確認するため，同変数が「1」値をとる場合に政治的内容の会話の頻度を乗じて尺度化した変数を用意する[13]。このように尺度化された変数は，「0」から「4」の値をとる。0とは，会話の頻度に関わりなく相手が当該政党に投票したと推測されない場合である。会話の頻度の影響に関心を抱く本稿では，「1」と「2」の値の場合に政治的な会話の頻度が低く，「3」と「4」の値の場合には会話の頻度が高いと認定する。表4から表6の上部に記された「高」・「低」の表記は，この区分を示す。

第2にとりあげる外的な刺激は，周囲の人々からの特定の政党に対する投票依頼である。サンプル数の制約から，配偶者，「配偶者・父母」以外の家族，同僚，友人に限らず，それ以外の知己も含め，依頼があれば「1」，なければ「0」とリコードする。第3にとりあげる外的な刺激は，マスメディア接触である。とりあげるマスメディアは，2党各自についてのテレビ政見放送・テレビニュース・テレビCM・新聞記事の4つである。これら各マスメディアと接触した有権者の反応に関して，「良い印象」，「悪い印象」，「わからない」という3値の名義尺度を設ける[14]。

3.2 周囲の人々との関係

本稿では，複数の範疇の外的な刺激を扱う[15]。その中心は，ソーシャル・ネットワーク論の主題たる周囲の人々との接触である。そこで，3.1に挙げた全ての独立変数を投入しての分析を実施する前に，周囲の人々のみをとりあげた個別の分析を試みる。

まず，周囲の人々と調査回答者の間における投票の一致度を表1と表2で確認する。

表1で確認できる3党共通の特徴として，周囲4者のうちでは配偶者との一致度が他の3者を20％から30％程度上回って圧倒する点，配偶者の次に家人と友人が類似した一致度で並ぶ点を挙げられる。周囲からの影響を考察する場合には，周囲と自分の投票政党が一致するか否かという以前に，

表1　調査回答者と周囲の人々の投票政党　その1

		推測される周囲の人々の投票政党				計
		配偶者	家人	同僚	友人	
調査回答者の投票政党	自民 (407)	211 (51.8%)	82 (20.1%)	58 (14.3%)	68 (16.7%)	419
	新進 (260)	105 (40.4%)	36 (13.8%)	27 (10.4%)	38 (14.6%)	206
	共産 (90)	25 (27.8%)	6 (6.7%)	4 (4.4%)	6 (6.7%)	41
	計	341	124	89	112	666

第1列の（　）内は1015名の有効な調査回答者数のうち，その政党に投票した数。例えば，自民党に投票した調査回答者は407名であり，彼らの周囲のうち，少なくとも配偶者が同じく自民党に投票したと推測する調査回答者は211名であることを示す。（　）内の％は，周囲の人々の投票行動が自分と同様であると調査回答者に推測された割合。例えば，彼らの周囲のうち，少なくとも配偶者が同じく自民党に投票したと推測される割合は，211を407で除して51.8％を得る（小数第2位を四捨五入）。

表2　調査回答者と周囲の人々の投票政党　その2

		推測される周囲の人々の投票政党						計
		配・家	配・友	配・同	家・友	友・同	家・同	
調査回答者の投票政党	自民 (407)	63 (15.5%)	48 (11.8%)	43 (10.6%)	25 (6.1%)	31 (7.6%)	20 (4.9%)	230
	新進 (260)	23 (8.8%)	25 (9.6%)	16 (6.2%)	13 (5.0%)	12 (4.6%)	8 (3.1%)	97
	共産 (90)	5 (5.6%)	3 (3.3%)	3 (3.3%)	0 (0%)	1 (1.1%)	0 (0%)	12
	計	91	76	62	38	44	8	339

（　）内は1015名の有効な調査回答者数のうち，その政党に投票した数。「配」は配偶者，「家」は家人，「同」は同僚，「友」は友人を指す。例えば，自民党に投票した調査回答者は407名であり，彼らの周囲のうち，少なくとも配偶者と家人の2者が同じく自民党に投票したと推測する調査回答者は63名であることを示す。（　）内の％は，周囲の人々の投票行動が自分と同様であると調査回答者に推測された割合。例えば，彼らの周囲のうち，少なくとも配偶者と家人が同じく自民党に投票したと推測される割合は，63を407で除して15.5％を得る（小数第2位を四捨五入）。

周囲の党派性が認知されねばならない。相手の党派性を認知する可能性は，相手との接触機会に恵まれるほど高いと思われるので，配偶者との一致が推測される確率の高さは首肯できる。事実，周囲の人々のうちで投票政党を推測，あるいは棄権を推測できた割合は，配偶者で47％，家人で18.8％，同僚で14.2％，友人で18.3％であった。ソーシャル・ネットワークにおける配偶者の重要性は，先行研究にも明らかである。自己や社会・政治について重要性の高い会話をもつ他者を質問した93年のCNEP日本調査においても，配偶者が第2位の友人を7％上回っている。一方，92年のCNEPアメリカ調査では友人が配偶者を20％をも上回っている（池田，2000，24-26；

山田, 2000, 47-49)。周囲と調査回答者との投票の一致度に関してより詳細に知るため，周囲の4者のうちで少なくとも2者と一致する場合を表2に示す。「配偶者と家人」，「配偶者と友人」における一致度が最も高く，「配偶者と同僚」がこれに次ぐ。もちろん，投票行動を推測できた他者として配偶者の挙げられる頻度が最高であること，そして，自身の投票行動との一致の程度において周囲の人々の中で配偶者が最高であることの結果であり，3党に共通する。

しかし，投票行動を推測できることと，推測された投票行動に調査回答者自身も従うこととは異なる。95年の参議院議員選挙に関するJESⅡデータを使用した池田のクラスター分析によると，対人的な縁は「配偶者中心」，「配偶者と友人」，「同僚中心」のクラスターに分離される。そして，各クラスター間で政治的会話の頻度に差異はないが，「同僚中心」のクラスターでは他のクラスターに比して党派性の認知される程度が10％高い。それにもかかわらず，各クラスター間で投票への影響を比較したところ，「配偶者中心」と「配偶者と友人」のクラスターと比較した場合における「同僚中心」のクラスターの影響力が明確に低い（池田, 1997, 122-124）。

本稿も，周囲4者のうちにおける投票行動の類似性に関してさらに知見を得るため，推測される投票行動ごとにカテゴリカル主成分分析を実施した。表3が，その結果である。「自民党」に関する欄を例にすると，4者のうちで自民党に投票したと推測される者を「1」，それ以外を「0」とした2値の名義尺度変数を分析に投入した。第1次元に関して3党に共通する明確な特徴は認められないが，第2次元の結果は3党に共通する。すなわち，配偶者と家人が近接したカテゴリポイントを構成する一方，同僚と友人は互いにやや距離をおく。従って，政党支持の等質性（一貫性）は家族の内と外で異なる要因より形成されるようだ。前段のクラスター分析を実

表3　周囲の人々の推測される投票政党に関するカテゴリカル主成分分析

	自民党 N=1535		新進党 N=1535		共産党 N=1535	
	1	2	1	2	1	2
配偶者	.697	−.389	.655	−.445	.841	−.117
家人	.700	−.361	.676	−.395	.652	−.606
同僚	.445	.807	.567	.693	.446	.550
友人	.709	.232	.697	.238	.393	.631

施するにあたり，池田は以下の対立する仮説を立てた。
(a)同僚や友人の場合と異なり，党派性が家族選択の基準とならないので（非選択縁），家族の党派性がおよぼす調査回答者の投票行動への影響は小さい。
(b)党派性が家族選択の基準とならずとも，一般に家族は高い同調圧力を発揮するので，家族の党派性がおよぼす調査回答者の投票行動への影響は大きい。

クラスター分析の結果は，(a)(b)いずれの仮説も明確には支持せず，ただ「同僚中心」のクラスターの影響力が明確に低い点を示した。表1と表2を見る限り，同僚と調査回答者の投票の一致度が低い点で本稿の知見は池田の報告と一般である。また，配偶者と家人に関して調査回答者との投票の一致度が高いという表1と表2の結果からは，仮説(b)の採択が予想される。しかし3.4に示す通り，政治的な会話の頻度で計測される同調圧力の存否を考慮した場合の分析結果は，池田の仮説や知見をそのまま受容する内容ではなかった。3.4では，家族の内外で異なるソーシャル・ネットワークの影響について詳述し，池田の仮説を検証する。

次に，周囲と調査回答者との投票の一致度に関して，3党間での差異を確認しよう。

表1によると，自己の投票政党と周囲の投票政党の一致を推測する調査回答者の比率は自民党で最も高く，自民党と比較した場合には共産党で顕著に低い。また表2によると，周囲の4者のうちで少なくとも2者と一致する場合の割合は，自民党で28.7%，（117名）新進党で19.6%（51名），共産党で11.1%（10名）である。さらに，周囲の4者のうちで少なくとも3者と一致する場合の割合は，自民党で10.6%（43名），新進党で6.5%（17名），共産党で1.1%（7名）である[16]。但し，表1と表2の第1列に記した各党の支持者数を考慮すると，共産党支持者はその勢力に比して周囲との高い党派一致性を認識していると言える。ここからは，自身の党派性と一致する周囲の人々への選択的な接触・認知の存在が推定されよう。

周囲の人々の間での政党支持の等質性に関する計測手法は研究ごとに様々なので，本稿の結果を他の研究と一概に比較はできない。さらに，選挙制度が変化した点，本稿では調査回答者の比例代表制での投票政党のみを扱う点に鑑みると，先行研究との比較はなお困難である。95年のJESⅡデ

ータを使用して周囲の党派性に関するクラスター析出を試みた池田の報告とあえて比較すれば，本稿で扱った周囲の4者のうちで少なくとも3者と一致する場合における各党の割合の比（10.6：6.5：1.1）は，自民支持・新進支持・共産支持の各クラスターが出現する割合の比（18.1：12.4：2.3）に類似する（池田，1997，113，117-119）。

3.3 投票行動と政党支持に関する分析 その1：分析の枠組

3.4と3.5では，3.1で挙げた独立変数が調査回答者の政党支持・投票・政党評価におよぼす影響を考察する。この考察では，対人接触の影響に関してより詳細な情報を得るため，周囲との政治的な会話の頻度の高低に着目する。2.3に述べた通り，会話の頻度が持つ影響への関心は，近年における本邦のソーシャル・ネットワーク研究の一特徴である。そして，先行研究の多くは投票への影響に否定的である。仮に相手と政治的な会話をもつ機会が希少であっても，相手の投票政党を推測さえできれば，調査回答者の投票行動に影響をおよぼすという池田の「偶発的接触仮説」は本研究にも妥当するだろうか（Mondak，1995，115-118；池田，1997，121-122；2000，39-40）。以下に，政党支持・投票・政党評価を従属変数とする分析を行うが，その際，政治的な会話の頻度の高低に従いサンプルを分割する。

自民党に関する分析を例にすると，まず「政治的な会話の頻度が高い」サンプルに含まれるのは，以下の(a)(b)である。

(a) 政治的な会話の頻度が高い周囲の4者のうち，自民党に投票したと推測される相手のデータ。自民党に投票したと推測されるが，政治的な会話の頻度が低い相手のデータは分析から外す。このデータにカテゴリ「1」を与える。

(b) 政治的な会話の頻度に関わらず，新進党あるいは共産党に投票したと推測されるか，もしくは棄権したと推測される相手のデータ。このデータにカテゴリ「0」を与える。

他方，「政治的な会話の頻度が低い」サンプルに含まれるのは，以下の(c)(d)である。

(c) 政治的な会話の頻度が低い周囲の4者のうち，自民党に投票したと推測される相手のデータ。自民党に投票したと推測されるが，政治的な会話の頻度が高い相手のデータは分析から外す。このデータに

カテゴリ「1」を与える。
(d)政治的な会話の頻度に関わらず，新進党あるいは共産党に投票したと推測されるか，もしくは棄権したと推測される相手のデータ。このデータにカテゴリ「0」を与える。

第1の分析は，投票政党を従属変数とする2項ロジスティック回帰分析である。調査回答者の投票政党ごとに分析を実施する。その際，独立変数として使用する「外的な刺激」は，当該投票政党に関する変数のみとする。例として，調査回答者が自民党に投票したか否かを従属変数にする場合を考える。独立変数として使用するのは，周囲4者のそれぞれにつき「自民党に投票したと推測されるか否か」，家族や知人一般など「周囲の人々から自民党への投票依頼を受けたか否か」，マスメディアへの接触に関して「自民党のテレビ政見放送を見て受けた印象」・「自民党関連のテレビニュースを見て受けた印象」・「自民党のテレビCMを見て受けた印象」・「自民党関連の新聞記事を見て受けた印象」となる。「外的な刺激」以外の独立変数は，各政党につき共通する。

さて，投票行動を従属変数とする分析では，「ふだんの支持政党」あるいは「ふだん支持する政党に関する感情温度」の有意性が極めて高くなると予想される（西澤，1998，7）。そこで，「ふだんの支持政党」を従属変数とした2項ロジスティック回帰分析，および「各政党に対する感情温度」を従属変数とした順序プロビット分析をあわせて実施する[17]。「ふだんの支持政党」を従属変数とした分析においては，その政党への感情温度が極めて高い有意性を持つと予想される点からも，この順序プロビット分析を実施する意義がある。「ふだんの支持政党」を従属変数とした分析に使用する独立変数は，前段と同様である[18]。「各政党に対する感情温度」を従属変数とした分析に使用する独立変数は，「ふだんの支持政党」を除く点，および「その政党の党首に対する感情温度」を除く点以外は前段と同様である[19]。「投票政党」，「ふだんの支持政党」を従属変数とした各党の分析結果を表4と表5に，「各政党に対する感情温度」を従属変数とする分析結果を表6に示す。

いずれの政党に関しても予想通り，「投票政党」を従属変数とする場合には当該政党についてのふだんの支持と評価が，「支持政党」を従属変数とする場合には当該政党についての評価が高い有意性を持つ。従って，「各政

党に対する感情温度」を説明する変数が，当該政党に対する支持と投票をも間接的に説明すると考えられる。同様に，「支持政党」を説明する変数が，当該政党に対する投票をも間接的に説明すると考えられる。以上を念頭に置き，個別の分析結果を以下に記す。

3.4 投票行動と政党支持に関する分析　その2：外的な刺激の影響

ここでは，「外的な刺激」に属す変数の影響を中心に結果を考察する。「外的な刺激」の第1として，周囲の人々の影響から論じる。まず，投票政党・支持政党・政党評価のいずれを従属変数とした分析においても，両政党につき配偶者の強い影響力が認められる。会話頻度に着目すると，自民党についてはいずれを従属変数とする分析においても，概ね頻度に関わらず同様の影響力が認められる。新進党については投票政党・支持政党を従属変数とする分析において会話頻度に基づく大きな格差を認める。他方で新進党に関する順序プロビット分析では会話頻度に関わらず配偶者の大きな影響力を認めるため，一概に偶発的接触仮説を否定できないが，投票・支持に対する直接効果に鑑みると同仮説は留保される。次に，家人に関しては自民党への投票に対して会話頻度の低い場合に投票を促進する影響が認められる。自民党への投票に関する直接効果では，配偶者についても同様の結果を得ている。配偶者や家人のように同居する相手であり，かつ結党後に年月を経ている自民党への投票の場合，あえて会話せずとも自民党への評価や支持を伴わない状態での直接効果が生じるようだ。次に同僚に関しては，新進党への支持において会話頻度の高い場合に支持を促進する影響が認められるのみであるから，偶発的接触仮説は妥当しない。新進党において特に同僚の影響が顕現した背景として，同党が民間労組（友愛会）の支持を得ていた点を挙げられよう（大嶽，1998, 19-20；田永，1998, 59, 70)[20]。最後に友人に関しては，自民党への評価，新進党への支持と投票において会話頻度の高い場合にそれらを促進する影響が認められる。従って，この場合も偶発的接触仮説は妥当しない。配偶者や家人と異なり，ふだん生活を共にしない同僚や友人に関しては，政党支持を顕示する機会が確保されてこそ調査回答者に影響をおよぼすのだろう。政党支持の等質性が家族の内と外で異なる要因より形成されるというカテゴリカル主成分分析の結果の背景には，偶発的接触仮説の当否につき家族の内と外で異なる事情

表4 政治的な会話の頻度の高低で区分した自民党の支持と投票に関するロジスティック回帰分析

表5 政治的な会話の頻度の高...の支持と投票に関するロ...

(表中の数字は B)

	支持		投票			支持	
	高 (N=420)	低 (N=388)	高 (N=316)	低 (N=287)		高 (N=471)	低 (N=455)
定数	−1.634	.004	−.458	−2.687	定数	−2.650	−7.075*
性別	.397	−.113	−.123	−.067	性別	.382	−.128
年齢	−.002	.142	−.277	−.247	年齢	.076	.035
収入	−.085	−.240	−.301	−.546	収入	−.082	−.238
学歴	−.087	−.125	−.216	−.033	学歴	−1.111	−.445
企業勤務	−1.282	−2.239*	.215	.070	企業勤務	.783	1.362
自営業	−.729	−2.776*	.851	.385	自営業	1.321	1.159
主婦	−.286	−2.605*	−.644	−1.403	主婦	.003	.509
無職	−1.075	−2.667*	−.057	.168	無職	−.305	.039
自民評価	.634*	1.144***	1.181*	1.505**	自民評価	−.943**	−1.043**
新進評価	−.013	−.033	−.007	−.350	新進評価	1.615***	1.267**
共産評価	.095	−.222	.155	.285	共産評価	−.027	.173
無党評価	−.073	−.050	−.101	−.194	無党評価	−.476	−.209
橋本評価	.640*	.342	.837	.754	橋本評価	−.791*	−.599
小沢評価	−.225	−.340	−.750	−.431	小沢評価	.977**	1.042**
不破評価	−.447	−.437	−.942*	−.946*	不破評価	−.528	−.419
保革	.750***	.626***	−.029	−.064	保革	.026	.394
内閣総評	.229	.302	.351	.671	内閣総評	−.010	.213
重要課題	.370	.546	.396	.222	重要課題	−.048	−.031
民主主義	−.304	−.246	−.002	.373	民主主義	.138	.280
現景気	−.141	−.230	−.209	−.284	現景気	.056	.084
景気回復	.083	.368	.173	−.055	景気回復	−.059	−.136
現家計	−.024	.212	−.226	−.311	現家計	−.038	.054
家計回復	−.736*	−1.035**	−.401	.002	家計回復	−.388	.206
配偶者	1.520***	1.525***	.895	1.933*	配偶者	1.733**	1.338
家人	1.471	.093	.332	2.957*	家人	.239	.933
同僚	.068	−1.279	1.157	−.851	同僚	1.950*	−.729
友人	.799	.560	−.100	−1.181	友人	2.912*	.798
周囲依頼	.366	.210	−1.120	−.633	周囲依頼	.305	.018
政見(良)	−.153	.396	−.066	−.296	政見(良)	1.199	.971
政見(悪)	2.012	2.205	−12.955	−10.104	政見(悪)	2.335	2.300
News(良)	1.851*	1.578	.820	.734	News(良)	−1.846	−.367
News(悪)	−8.927	−7.850	−5.188	−6.538	News(悪)	1.412	.945
CM(良)	−.613	−.820	1.745	.938	CM(良)	−1.477	−1.651
CM(悪)	−.040	.098	−1.997	.363	CM(悪)	.758	.381
記事(良)	−.290	−.138	1.306	1.640	記事(良)	1.408	.297
記事(悪)	−.748	−.427	.141	.392	記事(悪)	−1.733	−5.592
自民支持			2.268***	2.151***	自民支持		
新進支持			−9.764	−9.582	新進支持		
共産支持			−7.261	−8.728	共産支持		
カイ2乗	244.454	196.582	266.318	223.572	カイ2乗	167.984	98.036
有意確率	.000	.000	.000	.000	有意確率	.000	.000
−2対数	270.356	233.074	138.230	116.101	−2対数	171.555	168.147
Cox&Snell	.441	.397	.569	.541	Cox&Snell	.300	.194
的中率	.860	.871	.911	.906	的中率	.943	.943

* < .05　** < .01　*** < .001

・「−2対数」は、−2対数尤度を示す（表4から表6まで同様）。
・独立変数について、以下の注意がある（表4から表6まで同様）。
1.「配偶者」「家人」「同僚」「友人」は、彼らが当該政党へ投票したと推測されるか否かを示す変数。
2.「周囲依頼」は、家族や知人から当該政党への投票依頼を得たか否かを示す変数。
3.「政見(良)」は、当該政党の政見放送に好印象を抱いたか否かを示す変数。逆に、「政見(悪)」は、当該政党の政見放送に悪印象を抱いたか否かを示す変数。「News」「CM」「記事」も同様の変数。

* < .05　** < .01　*** < .001

表6 政治的な会話の頻度の高低で区分した各党の評価に関する順序プロビット分析

(表中の数字は B)

	自民党 高 (N=425)	自民党 低 (N=395)	新進党 高 (N=481)	新進党 低 (N=464)
性別	.100	.069	−.077	−.037
年齢	.073	.099	−.085	−.082
収入	.063	.039	.002	.047
学歴	−.094	−.062	.078	.008
企業勤務	.194	.328	−.594*	−.507
自営業	.270	.444	−.441	−.223
主婦	−.264	−.011	−.463	−.371
無職	.094	.017	−.239	−.163
自民評価			.129	.094
新進評価	.155	.169		
共産評価	−.090	−.079	−.145	−.070
無党評価	−.102	−.082	.153**	.109
橋本評価			.250***	.263***
小沢評価	.090	.003		
不破評価	.080	.059	.156	.084
保革	.314***	.313***	.051	.052
内閣総評	.297***	.278***	−.182*	−.123
重要課題	.275***	.312***	.010	−.004
民主主義	−.187**	−.263***	.071	.018
現景気	−.001	.015	−.069	−.048
景気回復	.083	.200*	−.006	−.060
現家計	−.032	.026	−.119*	−.084
家計回復	−.155	−.162	.031	.002
配偶者	.421*	.470*	.675***	1.190***
家人	.463	−.266	.644	−.153
同僚	.041	−.149	.647	.076
友人	.559*	−.402	.775	.102
周囲依頼	.006	.060	.128	−.011
政見(良)	−.226	−.151	.264	.275
政見(悪)	.171	.476	−.316	−.039
News(良)	.541	.254	.024	−.028
News(悪)	−1.018*	−1.093*	−.471	−.529
CM(良)	.323	.270	.479*	.383
CM(悪)	−.331	−.397	−.406	−.490*
記事(良)	−.200	−.197	.298	.041
記事(悪)	−.258	−.384	.231	.136
Cut 1	−1.336	−1.599	.681	.164
Cut 2	−.371	−.661	1.530	1.012
Cut 3	1.364	1.091	3.249**	2.752*
Cut 4	3.221**	2.795*	4.697***	4.083***
カイ2乗	263.613	200.499	115.083	85.18
有意確率	.000	.000	.000	.000
−2対数	862.522	824.815	1073.030	1039.477
Cox&Snell	.462	.398	.213	.168

* <.05　** <.01　*** <.001

・「Cut 1～4」は，4つのカットポイントを示す。

(承前) 低で区分した新進党ロジスティック回帰分析

(表中の数字は B)

投票 高 (N=358)	投票 低 (N=340)
−5.449	−5.090
−.352	−.570
−.174	−.583*
−.250	−.725*
−.957	−.663
−.736	−1.064
−1.082	−.522
−.009	−.795
.973	.799
−.500	−.698
1.782***	2.271***
−.365	−.010
−.269	−.649*
−.386	−.279
1.028*	.681
.744	.400
−.084	.282
−.737*	−.573
−.240	−.582
−.092	−.298
.221	.149
−.186	−.085
.481	.298
−.157	.276
3.099***	−.721
3.161	1.523
3.431	2.875
1.564*	1.686
−.375	.717
.213	.000
1.002	−.164
−1.123	.672
−4.133	−6.094
.064	.758
.714	1.364
−1.091	−1.044
.297	−1.407
−.790	−1.357
4.320***	4.716***
−7.695	−9.195
251.887	201.405
.000	.000
140.552	124.538
.505	.447
.919	.935

があると思われる。

　次に,「外的な刺激」の第2としてマスメディアの影響を論じる。自民党に関しては，政党評価において会話頻度に関わらず悪印象のニュースが評価を抑制する影響を認める。他方，自民党への支持に関しては会話頻度が高い場合に好印象のニュースの影響を認める。新進党に関しては，好印象のCMについて会話頻度の高い場合に政党評価を向上させる影響が，悪印象のCMについて会話頻度の低い場合に政党評価を抑制する影響が認められる。以上の所見からは，好印象をもたらすニュースやCMに有権者が接した場合にも，その印象が当該政党を利するためには政治的な会話を伴わねばならないと言える。川上によると，新進党は消費税増税反対を前面に押し出したマスメディア戦略を展開するが,「新進党首脳も消費税増税を容認する発言をしていた」との自民党の反撃が消費税問題の脱争点化をなしえたという（川上，1998，104-105）。本稿の分析結果は，新進党がCM以外のマスメディアにおいて印象操作に奏功しなかったこと，そして会話頻度の低い有権者にはCMについても訴求力がなかったことを示す。だが，自民党のなしえなかったCMによる印象操作に一部成功しており，大都市において自民党の倍額に迫るテレビスポットの出稿の成果と言えよう（川上，1998，107-108）。また河野の実証分析によると，93年総選挙における「椿発言」問題を背景として，96年総選挙時には郵政省から放送局各社に対し慎重な報道を求める要請がなされたため，特定の政党を擁護あるいは非難する内容のニュース報道は前回総選挙と比較して激減したという（河野，1998，85-86）。93年総選挙時のニュース報道から新党が被った恩恵を新進党が享受できなかった事実は，本稿の分析結果とも符合する。それにもかかわらず，ニュースが自民党への評価と支持を左右した結果は，視聴者における選択的な認知を示唆するのかも知れない。川上も政見放送に関して強い選択的認知の傾向を報告している（川上，1998，107-108）。政党支持をコントロールした場合にマスメディアの影響を検出できなかった表4の結果は，川上の知見と符合する。

3.5　投票行動と政党支持に関する分析　その3：社会学的属性と心理的態様の影響

　3.4では外的刺激の影響に関して論じたが，もちろん他の変数の影響も

存在する。3.5では，それら社会学的属性と心理的態様に関する変数につき論じる。まず，会話頻度に関わらない各党での共通点を指摘すれば，投票に対して最大の影響力を持つ変数が当該政党に対するふだんの支持であり，当該政党への評価がこれに続く点である。政党支持に対して当該政党への評価が大きな影響をおよぼす点も両党共通だが，会話頻度が高い場合には，自民党支持へおよぼす同変数の影響力を凌ぐ変数が他に存在する。他の変数に関しては両党の間で多くの差異が見出せるため，これを各党別に確認する。

　自民党への投票に関しては，両会話頻度において不破に対する評価が同方向の影響をおよぼしている。自民党への支持に関しては，両会話頻度において「保革」が同方向の影響をおよぼしており，また，「家計回復」も類似した傾向を示す。自民党への評価に関しては，両会話頻度において「保革」・「内閣総評」・「重要課題」・「民主主義」の各変数が同方向の影響をおよぼしている。両会話頻度の間で明らかな差異が見出せるのは，自民党支持におよぼす「橋本評価」と各種の職業，自民党評価におよぼす「景気回復」のみである。すなわち，会話頻度別に基づく差異の小さな点が自民党に関する特徴と言える。争点あるいは内閣業績に関連した変数について付言すると，96年総選挙では消費税増税が最大の争点であったと言われるが，JEDS96データでは当争点が投票基準となったか否かを問う質問項目がない[21]。このため本稿では個別の争点の説明変数としての採用を断念し，代わりに「橋本内閣に対する全般的な評価」，「調査回答者にとって最重要の政治課題に対する橋本内閣の取り組みへの評価」を説明変数とした。表4と表6に見た通り，この変数は自民党に対する支持・投票に間接的な影響を持つと思われる。だが，比例代表制における自民党への投票におよぼす争点や内閣業績の有意性が政党支持態度や党首評価よりも低いとの知見は，96年のJESⅡデータを使用した三宅の報告と類似する（三宅，1999，57-58）。

　新進党への支持・投票に関しては，会話頻度の低い場合の投票を除き，「小沢評価」の直接効果が認められる。この点で，自党の党首への評価の持つ影響が自民党の場合よりも大きい。新進党への支持に関しては，会話の頻度に関わらず「自民評価」の向上が新進党への支持を抑制する。会話頻度に基づく差異を指摘するならば，会話頻度の高い場合に新進党への評価と投票に関して「内閣総評」が有意な負の係数を持つ点は特徴的である。同

じく会話頻度の高い場合,「橋本評価」の向上が新進党への支持を抑制する。他方,重要課題や経済状況に関する論点については,「現家計」が新進党への評価に一部影響するのみである。従って,個別争点に関する期待や不満というよりも,むしろ反自民・反橋本という心情,それとうらはらの親小沢という心情が周囲との政治的な会話によって増幅された結果,新進党への支持・投票がもたらされたと言えるかも知れない。また,自民党への評価・支持に強い影響を与えたイデオロギー態度も新進党については影響をおよぼしたと言えず,「研究の目的」で言及した「有権者にとって新党のイデオロギーは不明確であった」との大嶽の指摘を裏付ける。

4 結論

本稿では,ソーシャル・ネットワークとマスメディア接触という外的刺激が有権者の政党支持態度と投票行動へおよぼす影響を中心に,JEDS96データを分析した。改めて96年総選挙時のデータを扱う意義は「研究の目的」に記したが,同選挙に関して社会学的変数や心理的態様ではなく外的刺激を分析の中心に据え,かつ外的刺激を総合的に扱った点が本稿の独自性である。以下に,本稿での主な実証知見4点を示す。

第1に,配偶者がソーシャル・ネットワークの枢要と再確認された。投票行動が推測される率,調査回答者との投票行動の一致度の両面において,配偶者は他の周囲3者を圧倒する。また,ソーシャル・ネットワークの枢要たる配偶者は,政党支持態度と投票行動の両面においても説明変数の枢要と判明した。すなわち,投票行動と政党への評価に対して配偶者の影響力は政党支持に次ぐ。政党支持に関して直接効果を伴わずとも対人環境により投票が促される現象は,2.1に言及した『ピープルズ・チョイス』の知見にも沿う。

さて,カテゴリカル主成分分析の結果として,高い近接性を持つ「配偶者と家人」というカテゴリが検出された。ここから,ソーシャル・ネットワークが家の「内」と「外」で異なる要因より構成されると考えられる。3.4の分析の結果,その影響力の発現に際して家の「外」のネットワークを構成する「同僚」・「友人」には高い会話頻度が要求されると判明した。他方,家の「内」のネットワークを構成する「配偶者」・「家人」に関しては,低い会話頻度でも直接・間接の影響力を発揮すると判明した。ネットワー

クの内外区分を検出すると共に，その一因は，影響力の発現において会話頻度が作用するか否かに求めうるとの指摘を本稿第2の知見とする。第2の知見は，2.3に見た日本でのソーシャル・ネットワーク研究における通説たる偶発的接触仮説の一般性に疑義を提起する。すなわち，調査回答者本人との関係によっては，会話頻度が相手の影響力を左右しうる。通説の修正を迫る点で，第2の知見の意義は大きい。以上が，対人接触の影響力に関する知見である。

次に，法改正と郵政省の要請という，従来の選挙と異なる条件下で耳目を集めたマスメディアの影響力を論じる。政党のテレビ利用に関する規制緩和や政党助成を背景として，従来にない規模のメディアキャンペーンがなされた点では，かつてフラナガンが指摘したメディアキャンペーンの不振という状態を脱したと言える。他方，郵政省の要請は93年総選挙に比して報道の不偏性を高め，かつてフラナガンや三宅がマスメディアの影響力を減殺する原因として指摘した状況を再発させた。本稿の分析枠組に照らせば，政見放送とCMが政党によるマスメディアの活用の場であり，ニュースと記事が報道各局による中立な報道の場である。ニュースにのみ影響力を見出した自民党に関しては，メディアキャンペーンの戦略に失敗したと言えよう。他方，CMにのみ影響力を見出した新進党に関しては，有権者に具体的な政策が評価されたと言うよりも，むしろ政党や党首のイメージのみが先行した感を否めない。この結果は，重要課題に取り組む内閣への評価や景気状況が，新進党への支持や投票へさしたる影響を示さなかった結果と符合する。2.2で見た通り，争点やイデオロギーではなくイメージが投票を規定する場合にマスメディアは影響力を発揮するとフラナガンは指摘した。本稿の結果はこの指摘の妥当性を認めるものの，マスメディアの導くイメージが新党への投票を促すという彼の展望は，新進党の場合に必ずしも妥当しなかった。但し，翻って政策や出自の面において新進党がどこまで新党と言えるのかは議論があろう。96年総選挙時においてマスメディア接触が政党支持態度や投票へおよぼした影響につき，初めて媒体ごとの効果を解明した点が本稿第3の知見である。

第4の知見として，たとえマスメディアの番組や報道の内容に有権者が好印象を抱いたとしても，その感情を支持や投票へ結実させるには周囲との会話が必要との結果を得た。この結果は，2.3に指摘したマスメディア

接触と対人接触との相互関係に関わる重大な知見である。同時に，マスメディア接触をも分析対象に含める場合において，第3段に言及した偶発的接触仮説のさらなる再検討を求める点でも，この知見は画期的である。

謝辞 本稿では，東京大学社会科学研究所附属日本社会研究情報センターSSJデータアーカイブから「衆議院選挙に関する世論調査（JEDS96）」の個票データの提供を受けた。データを寄託された「選挙とデモクラシー研究会」をはじめとする関係者の方々に感謝申し上げる。

(1) 例外は，後述するリチャードソンらの研究である（Flanagan and Richardson, 1977）。
(2) ソーシャル・ネットワークは社会学や社会心理学の領域でも研究が進展しているが，本稿では政治学に関するソーシャル・ネットワークに限定して論じる。
(3) この点は，若田も指摘している（若田, 1982, 34-38）。
(4) 同様に，心理的態様が投票行動におよぼす影響も，いかなる政治文化の下でも考察の対象となりうる。
(5) 政治学関連の研究ではないが，石黒はテレビ視聴に対する対人環境の影響を実証した（石黒, 1999, 165-174）。
(6) 数字が大きなほど，好感度は高い。「0」と「1」を「1」，「2」と「3」を「2」，「4」～「6」を「3」，「7」と「8」を「4」，「9」と「10」を「5」にリコードした。分析表での表記は「（党名）評価」である。
(7) 年齢は，20～29, 30～39, 40～49, 50～59, 60～69, 70歳以上，という6値の順序尺度に分割し，順に「1」から「6」の値へリコードした。職業は，会社勤務，自営・自由業，家族従業，主婦，無職，という5値の名義尺度である。回帰分析では家族従業を基準カテゴリとする。学歴は，「戦後の短大・高専卒まで，それ以前の時期の旧制中学・女学校卒まで」に対して「0」，「戦後の大卒以上，それ以前の時期の旧制高専および旧制高校卒以上」に対して「1」をとる2値の名義尺度である。回帰分析では「0」を基準カテゴリとする。性別は，女性を基準カテゴリとする。収入は，年収で400万円未満，400万円以上～800万円未満，800万円以上～1200万円未満，1200万円以上という4値の順序尺度である。
(8) 3党の党首に関し，注(6)と同様の順序尺度を使用する。
(9) 100点満点で無党派への評価値を質問する。0点から20点刻みで尺度を構成し，それぞれの区分に対して順に「1」から「5」という5値の順序尺度にリコードした。分析表での表記は「無党評価」である。

(10) 質問では保革イデオロギーを11値で質問し，数字が大きなほど保守的である。「0」～「2」を「1」，「3」と「4」を「2」，「5」と「6」を「3」，「7」と「8」を「4」，「9」～「10」を「5」という5値の順序尺度にリコードした。
(11) 「橋本内閣に対する全般的な評価」から「1年前と比較した場合におけるくらしむきの動向への評価」のうち，「日本の民主主義のあり方への満足度」のみ4値の順序尺度で，他は5値の順序尺度である。数字が大きなほど，評価は高い。分析表での表記は，それぞれ「内閣総評」・「重要課題」・「民主主義」・「現景気」・「景気回復」・「現家計」・「家計回復」である。
(12) 周囲の人々の投票政党を確実に存知する場合を除き，あくまでも調査回答者の推測である点は注意を要する。モンダックは，仮に投映が生じたとしても議論の効果自体は有効であると主張する（Mondak, 1995, 110-111）。他方でハックフェルトらの調査によると，相手の党派性を正確に認知した場合に相手からの影響力が高まるという（Huckfeldt and Sprague, 1991, 135-138）。
(13) 頻度は4値の順序尺度で質問された。会話頻度の影響を考察するためのこのような尺度化の例として，レナートの研究が挙げられる（Lenart, 1994, 56-57）。
(14) 回帰分析を実施する場合，「わからない」を基準カテゴリとする。
(15) 周囲の人々の範疇，接触したマスメディアの範疇に関しては，それぞれ本文でとりあげた以外の選択肢を質問票に含む。だが，サンプル数の制約から分析可能な範疇のみをとりあげる。
(16) 本文に記した割合と人数を確認するには，投票政党ごとに15の領域に区分したベン図を使用するとわかりやすい。しかし，紙幅の制約から図を略した。
(17) ネットワークの影響に関して政党支持態度と投票行動を区別して分析する例として，1995年参議院選挙に関する久保田の業績が挙げられる（久保田，2000）。
(18) もちろん，「ふだんの支持政党」は独立変数から外される。
(19) もちろん，従属変数とする政党への感情温度は独立変数から外される。その政党の党首への感情温度を独立変数から外す理由は，同変数を独立変数へ含めた場合にWald統計値が100を超え，推定値が不安定化するためである。
(20) 但し，新進党を支持した当時の民間労組は選挙を戦える状況になかったと大嶽は指摘する（大嶽，1998, 20）。彼の指摘は，新進党への投票に関して「同僚」変数が直接効果を発揮しなかった事実と符合する。
(21) 「選挙後の政府に特に力を入れてほしい政策課題は何か」，「自分にと

って特に大切な政策課題は何か」との質問に対する回答選択肢の中には「税制改革」が含まれる。しかし，「税制改革」の内容あるいは方向に関しての質問はない。

参考文献（アルファベット順）

飽戸弘（2000）「インターメディアリーの理論－歴史的瞬間をとらえたCNEP調査－」飽戸弘（編）『ソーシャル・ネットワークと投票行動』木鐸社。

Campbell, Angus, Philip E. Converse, Warren E. Miller, and Donald E. Stokes. 1960. *The American Voter*, New York and London: John Wiley & Sons Inc.

Flanagan, Scott C. and Bradley M. Richardson. 1977. *Japanese Electoral Behavior*, London and Beverly Hills: Sage. 中川融（監訳）. 1980.『現代日本の政治』敬文堂。

Flanagan, Scott C. 1991a. "Mechanisms of Social Network Influence in Japanese Voting Behavior." In Scott C. Flanagan, Bradley M. Richardson, Shinsaku Kohei, Joji Watanuki, and Ichiro Miyake (eds.), *The Japanese Voter*, Yale University Press.

Flanagan, Scott C. 1991b. "Media Influences and Voting Behavior." In Scott C. Flanagan, Bradley M. Richardson, Shinsaku Kohei, Joji Watanuki, and Ichiro Miyake (eds.), *The Japanese Voter*, Yale University Press.

平野浩（2002）「社会関係資本と政治参加－団体・グループ加入の効果を中心に－」『選挙研究』第17号。

Huckfeldt, Robert. 1986. *Politics in Context: Assimilation and Conflict in Urban Neighborhoods*, New York: Agathon Press, Inc.

Huckfeldt, Robert and John Sprague. 1987. "Networks in Context: The Social Flow of Political Information." *American Political Science Review* 81.

Huckfeldt, Robert and John Sprague. 1988. "Choice, Social Structure, and Political Information: The Informational Coercion of Minorities." *American Journal of Political Science* 32.

Huckfeldt, Robert and John Sprague. 1991. "Discussant Effects on Vote Choice: Intimacy, Structure, and Interdependence." *Journal of Politics* 53.

Huckfeldt, Robert and John Sprague. 1995. *Citizens, Politics, and Social Communication*, Cambridge University Press.

池田謙一・安野智子（1997）「投票行動の社会心理学―九〇年代の展開から―」『選挙研究』第12号。

池田謙一（1997）『転変する政治のリアリティ』木鐸社。

池田謙一（2000）「ネットワークの中のリアリティ，そして投票」飽戸弘（編）『ソーシャル・ネットワークと投票行動』木鐸社。

池田謙一（2002）「2000年衆議院選挙における社会関係資本とコミュニケーション」『選挙研究』第17号。

池田謙一（2004）「2001年参議院選挙と『小泉効果』」『選挙研究』第19号。

石黒格（1999）「テレビ番組の視聴行動に対人的な要因が与える影響」『社会心理学研究』第14巻3号。

鹿毛利枝子（2002）「『ソーシャル・キャピタル』をめぐる研究動向－アメリカ社会科学における三つの『ソーシャル・キャピタル』－（一）」『法学論叢』第151巻3号。

Katz, Elihu and Paul F. Lazarsfeld. 1955. *Personal Influence: The Part Played by People in the Flow of Mass Communications*, Glencoe: The Free Press.

川上和久（1998）「日本におけるメディア・ポリティクス－1996年総選挙におけるメディアの影響－」『選挙研究』第13号。

木村純（2000）「対人ネットワークの『副産物』としての政治」飽戸弘（編）『ソーシャル・ネットワークと投票行動』木鐸社。

河野武司（1998）「第40回および41回総選挙に関するテレビ報道の比較内容分析」『選挙研究』第13号。

久保田滋（2000）「政党支持・投票行動とパーソナルネットワーク」森岡清志（編）『都市社会のパーソナルネットワーク』東京大学出版会。

Lazarsfeld, Paul F., Bernard R. Berelson, and Hazel Gaudet. 1948. *The People's Choice* (Second edition), Columbia University Press.

Lenart, Silvo. 1994. *Shaping Political Attitudes*, Thousand Oaks London and New Delhi: Sage.

Long, Scott J., and Jeremy Freese. 2003. *Regression Models for Categorical Dependent Variables Using Stata* (Revised edition), Stata Press.

三宅一郎（1999）「中途半端に終わった政策投票－1996年衆議院議員総選挙の場合－」『選挙研究』第14号。

Miyake, Ichiro. 1991. "Agents of Partisan Socialization in Japan." In Scott C. Flanagan, Bradley M. Richardson, Shinsaku Kohei, Joji Watanuki, and Ichiro Miyake (eds.), *The Japanese Voter*, Yale University Press.

Mondak, Jeffery J. 1995. *Nothing to Read*, The University of Michigan Press.

Mutz, Diana C. 1998. *Impersonal Influence*, Cambridge University Press.

西澤由隆（1998）「選挙研究における『政党支持』の現状と課題」『選挙研究』第13号。

大嶽秀夫（1998）「政界再編と政策対立－新党による政策対立軸再構築の模索」『レヴァイアサン』臨時増刊号。

Richardson, Bradley M. 1991. "Social Networks, Influence Communications, and the Vote." In Scott C. Flanagan, Bradley M. Richardson, Shinsaku Kohei, Joji

Watanuki, and Ichiro Miyake (eds.), *The Japanese Voter*, Yale University Press.

白崎護（2005a）「社会学モデルにおける『集団』」『年報政治学』2004年度号。

白崎護（2005b）「政党支持の規定因としての対人接触　－JEDS2000データの分析－」『選挙研究』第20号。

田永啓樹（1998）「新進党解説」蒲島郁夫ゼミ（編）『「新党」全記録　第一巻』木鐸社。

田中愛治（2000）「選挙研究におけるパラダイムの変遷」『選挙研究』第15号。

堤英敬（1998）「1996年衆議院選挙における候補者の公約と投票行動」『選挙研究』第13号。

若田恭二（1981）『現代日本の政治と風土』ミネルヴァ書房。

若田恭二（1982）「政治における社会的交換」『関大法学』第32巻2号。

山田一成（2000）「ネットワーク認知の非対称性」飽戸弘（編）『ソーシャル・ネットワークと投票行動』木鐸社。

投票参加の低下
―― 90年代における衆議院選挙投票率低下の分析 ――

三船　毅

1　はじめに

　本稿の目的は，1990年から96年に亙る衆議院選挙投票率低下の基因を検証することである。戦後日本の衆議院選挙投票率は，上昇と下降を繰り返しつつ推移してきたが，大きく4つの期間に分けて特徴をみることができる（図1参照）。第1期（1947-58年）は，投票率の上昇・安定傾向を示し，第2期（1958-72年）では低下傾向を示す。第3期（1972-90年）は安定推移を示し，第4期（1990年-96年）で急激な低下を示す。これらの特徴は，日本社会・政治の大きな変動を表している。第1期は，戦後の民主化過程において日本の民主主義が発展・安定したことを示す。第2期の低下傾向は，高度経済成長に伴う人口移動・都市化の影響を示す[1]。第3期の安定推移は，高度経済成長の終焉により人口移動・都市化が緩やかになり，投票率への影響が縮小したことを示す。第4期で投票率は急激に低下し，低水準で推移する。第4期には急激な人口移動などの社会変動は存在せず，社会構造的要因は少ない。しかし，投票率は急激に低下しており，有権者の政治意識の大きな変化とその起因となる政治状況の存在が推測される。

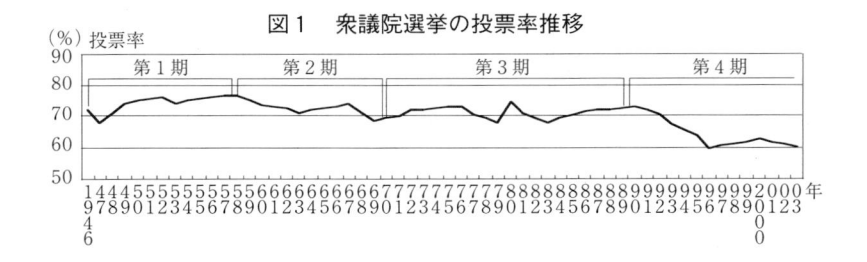

図1　衆議院選挙の投票率推移

本稿は，第4期で「なぜ投票率は急激に低下したのか」を問題意識として，大きく3つの分析によりその原因究明を行う。第1の分析は，1990年から96年までの各選挙におけるサーベイ・データのプロビット分析からシミュレーションを行い，有権者の政治意識と政党・候補者の動員の変化が投票率低下に及ぼした影響を検証する。第2の分析では，1994年の選挙制度変更が投票率低下に影響を及ぼしたか否かを検証する。第3の分析では，第1，第2の分析を踏まえ，有権者の政治意識を急激に変容させた原因を闡明する。投票率低下は現実であり，その原因を有権者の心理的要因だけに求めることは不十分であろう。よって，有権者の政党支持・政治関心の背後に，有権者の政治に対する厳しい評価が存在することを因果モデルから分析する。本稿は，3つの分析を通して，1990年代の日本政治に対する有権者の厳しい評価が，政党支持・政治関心を低下させ，投票率低下を生起させたことを検証する。

　本稿では，次の手順で議論を敷衍する。第2節で，先行研究を通観し分析枠組みと分析手順を示す。第3節で，第3・4期における有権者の属性・政治意識などの変化を概観する。第4節で，仮説と分析方法の技術的問題を縷説する。第5・6節で分析を行い，シミュレーションにより投票率低下の原因とその背後にある政治状況との関係を闡明する。

2　分析枠組

2.1　投票率変化の2つの視点

　投票率を時系列的に観察する際に注意すべき点は2つある。1つはトレンドであり，もう1つは或る選挙の投票率を起点とした前後における変動である。前者のトレンドは，各選挙での個別具体的な要因に左右されず，有権者の長期的な諸意識の変化に起因する。後者の変動は，各選挙固有の要因により生起する短期的な有権者の意識変化に起因する。第1期から第3期まで，異なるトレンドが存在する。衆議院選挙の投票率は第1期まで，ほぼ一貫した上昇・安定期である。これは，日本の民主化が始動して定着することを意味している。ただし，1947年選挙の直前には制度改正があり，投票率は低下する。第2期の低下傾向は，日本の高度経済成長に伴う人口移動，産業構造・社会構造の変化，つまり都市化による有権者の諸意識の

緩やかな変化によると考えられる[2]。この期間は，高度経済成長の中で一貫した都市化が進行しており，1958年から72年までの低下傾向の主たる要因を都市化と推測することは穏当であろう。第3期の安定した推移は，高度経済成長と急激な人口移動が終焉することにより，投票率の低下傾向が終息したと推測される。

　第1期から第3期までは，投票率の変動も存在する。この変動は，各選挙固有の状況に起因する。たとえば，衆参ダブル選挙や大平正芳首相の急死であり，有権者が能動的に反応する場合である。また，有権者が受動的であり，政党・候補者の側から投票率を変動させる要因として「動員」が存在する。「疑似亥年現象[3]」がその例である。「疑似亥年現象」は1963年，79年，83年の衆議院選挙直前の数ヶ月前に統一地方選挙が行われ，参議院選挙の亥年現象と同様に動員低下により投票率が連動し低下することである。

　これらの投票率のトレンドと変動の特質を考量すると，第4期の投票率の急激な低下は，その背後に緩やかな都市化とそれに伴う有権者の諸意識の変化が存在すると仮定しても，第3期の安定傾向から大きく逸脱しており，それだけで説明できる現象ではない。1996年選挙の投票率低下は，1995年が亥年であることから「疑似亥年現象」の可能性も考えられるが，統一地方選挙から約9ヶ月の期間がありその可能性は低い。さらに，参議院選挙投票率の動向を勘考すると，1992年以降では亥年現象と合致しない投票率の低下を見せている[4]。したがって，この時期は主に有権者側に投票率を変動・低下させる要因が存在していたと考えられる。これらの状況を勘考すると，第3期の安定したトレンドから逸脱させるような有権者の政治意識の変化が，投票率を急激に低下させたと考えられる。

2.2　先行研究とシミュレーション

　アメリカでは1960年から86年にかけて，約13％・ポイントの投票率低下が存在し，多くの研究者がその解明を試みてきた。研究の契機は，Brodyによる「参加のパズル」の提起であり[5]，これ以降，多くの研究が蓄積されてきた[6]。アメリカにおける投票率の長期低落傾向に関する研究は，多様なレベルのデータにより，有権者の属性，政治・社会意識の側面から行われてきたが，最終的結論には達していない。このような状況にあって，Rosenstone & Hansen [7] は，興味深い研究を発表した。彼らは，従来の研究が有権者という選挙過程におけるアクターの一側面にしか焦点を当てていないことから，もう一方のアクターである，政党・候補者の動きに焦点を当てた。彼らは，政党・候補者の選挙過程における働きを，有権者の動員として分析に組み込み，有権者の属性・政治意識と併せて分析し「参加のパズル」の解明を試みたのである。

彼らは，分析方法でも斬新な方法を取り入れた。プロビット分析で得られた結果に異なる年代の各独立変数の平均変化量を加減してシミュレートすることにより，各独立変数の変化による投票率の変化率を算出したのである。彼らの結論は，有権者における教育水準の上昇は投票率を上昇させる効果を持つが，それ以上に党派性の低下と政党・政治家による有権者動員の低下が投票率低下をもたらしたとする[8]。彼らの方法は先行研究と異なり，精確に或る1つの独立変数がどの程度投票率の低下に影響を及ぼすのかをシミュレーションにより示し，「参加のパズル」に1つの解答を与えたのである。しかし，彼らの分析は長期低下傾向を対象としており，この間に大きな制度変更は経験していない。本稿の対象とする日本は，短期間かつ制度変更を内包しており，この方法を直接応用することはできず修正する必要がある。

2.3　分析における注意点

本稿では，Rosenstone & Hansen によるシミュレーションの方法を踏襲して，投票率低下を分析するが，以下の2点に注意する必要がある。

第1点は，分析モデルにおける変数の一般化である。日本における衆議院選挙の投票率低下に関しては，Kohno，木村，Horiuchi により論じられてきた[9]。Kohno は，1958年以降の投票率の長期低下傾向[10]と1996年の低下に関して，アグリゲート・データから分析している。木村は，1996年の投票率低下を合理的選択理論の枠組みでサーベイ・データから分析している。Horiuchi は本稿と同じく1990年代の衆議院選挙と地方選挙の投票率低下をアグリゲート・データから分析している。彼らの分析は投票率低下という問題に対して，独自の分析枠組みから解答を与えており相互補完的である。しかし，投票参加が多くの要因から成る複雑な関係により規定されることは，「投票参加の要因群[11]」を始めとする先行研究により示されている。し

たがって，投票率低下の説明は投票参加の諸要因を考慮した包括的モデルで分析する必要があり，それにより日本政治の状況変化を踏まえた包括的な議論が可能になる。

　第2点は，時系列的な分析を行うときの問題である。この問題は，シミュレーションに関する技術的問題に波及する。Rosenstone & Hansen のシミュレーションでは，或る時点の回帰式に次の時点までの各独立変数の平均変化を加減したデータを投入して，投票率の変化を算出した。だがこの方法に対しては，批判がなされてきた。彼らの分析では，2つの時点で有権者の投票参加に影響を及ぼす諸要因の効果パターンが同一であることを暗黙裏に前提とする。しかし，この前提が正しくなければ，或る時点の回帰式に，次の時点におけるデータを投入しても，その結果が正しい保証はない。2つの時点におけるプロビット分析の結果で，独立変数の効果パターンが大きく異なるのであれば，回帰式には構造変化が存在することになり，シミュレーションの正当性は失われる。したがって，シミュレーションを行う前に，第4期のデータによるプロビット分析で構造変化の有無を検証する必要がある。本稿では，この2点に留意しつつ，投票率と有権者の政治意識の対応関係をシミュレーションにより闡明する。

3　有権者の変化

　投票率低下の原因を，有権者の3つの側面（有権者の属性，有権者の政治意識・態度，政党・候補者の動員）から考察する必要性は，「投票参加の要因群」を始めとする先行研究から理解される。本稿の課題は，1990年代の衆議院選挙投票率の急激な低下の解明であり，選挙の回数は，1990年の選挙を起点として93年，96年の2回である[12]。この間に，アメリカで20年以上の経過を必要とした投票率低下と同等の約13％・ポイントの投票率低下が起きたのである。したがって，有権者の3つの側面における変化を踏まえて，分析では投票率低下の原因を，1990年以降に有権者の如何なる変化を近因として急激な投票率低下が起きたのかを精査する必要がある。そのためには，第4期とそれ以前での有権者レベルにおける，投票参加モデルの構造変化を検証する必要がある。なぜならば，第3期から第4期を通して大規模な人口移動などの社会変動要因は存在せず，それ以外の要因で投票率が低下していると考えられる。よって，投票参加の回帰式の安定性

を示すことができれば，投票参加の主因となる独立変数の変動が投票率低下の原因であることを保証することになる。

3.1 データ

分析には，第3期と第4期のサーベイ・データが必要である。この期間で同一の質問項目で行われているデータが（財）明るい選挙推進協会による衆議院選挙調査のデータ13である（以下，「明推協データ」と記す）。明推協データは，選挙年別のクロスセクショナル・データである。ただし，分析に用いることが可能な変数は少ない。また，もう1つ使用可能なデータが，JESⅡデータ14であり，1993年から96年まで同一の有権者を対象にしており，パネル・データとして利用可能である。本稿の分析では，まず，明推協データで全体的な分析を行い，1993年から96年の投票率低下の分析に関しては，JESⅡデータを併用する。まず，明推協データとJESⅡデータから，独立変数として用いる有権者の「社会的属性」，「政治意識・態度」，「動員」の変化を通観して，明推協データからミクロ・レベルにおける構造変化の有無を検証する。

3.2 社会的属性の変化

社会的属性として重要な独立変数は，性別・年齢・学歴・職業である。第4期では，性別構成に関して大きな変化はない。まず，明推協データから年齢・学歴・職業の変遷を通観する（表1参照）。年齢は60歳以上の高齢

表1　有権者の変化（社会的属性）（％）

		1972年	1976年	1979年	1980年	1983年	1986年	1990年	1993年	1996年
年齢	20歳代	20.9	20.0	15.6	16.4	13.8	11.6	10.4	10.1	9.7
	30歳代	25.2	24.5	23.8	23.7	23.7	23.8	16.3	15.2	15.0
	40歳代	22.5	22.5	24.2	23.1	22.2	22.5	22.0	24.7	23.1
	50歳代	15.8	15.4	18.7	18.5	18.2	21.1	21.0	23.6	18.6
	60歳代	15.6	11.9	11.8	11.5	13.3	13.3	19.3	18.2	20.2
	70歳以上	—	5.7	5.9	6.8	8.8	7.6	11.0	8.1	13.3
学歴	義務教育	47.4	43.9	41.7	37.6	33.2	33.8	31.4	27.3	27.9
	高校	41.9	44.9	45.2	47.9	51.3	51.2	49.4	49.1	45.8
	大学	10.6	11.2	13.1	14.5	15.5	15.0	19.2	23.6	26.3
職業	自営業	29.7	24.8	27.0	27.9	25.2	24.2	24.9	22.5	20.2
	非自営業	70.3	75.2	73.0	72.1	74.8	75.8	75.1	77.5	79.8

注：1972年の年齢は60歳代に70歳以上も含む。

者層が漸次増加している。投票参加と年齢は正の相関関係にあるが，60歳代前半までであり，60歳代後半からは負の相関関係にある。したがって，60歳以上の人口増加が投票率の増減を相殺する可能性もある。

学歴は若干の上昇傾向にある。欧米では，学歴の高い有権者の方が，投票する確率は高い。日本では学歴と投票参加の関係は認められないので，投票参加に与える影響は少ないと考えられる。職業では，1980年代から自営業の減少傾向がみられる[15]。蒲島によれば，選挙の投票に関しては自営業の方が僅かに投票する確率は高い[16]。したがって，自営業の減少傾向が投票率に影響を与える可能性は否定できない。だが，職業構成の変化率が同水準で推移するのに対して，投票率が急激に変化していることから，職業構成の変化が投票率に及ぼす影響は少ないと考えられる。

3.3 政治意識・態度，動員の変化

1990年から96年にかけて，日本政治は大きな変化を経験した。1993年の自民党一党支配の終焉，非自民党連立政権の樹立，自民党・社会党の連立政権樹立である。この時期の政界再編劇は，まさに55年体制の終焉を示していた。それは，有権者には，一時の期待を抱かせたが，政治家による政治家のための政界再編劇でしかなかった。このことは，データが如実に語る。表2に，明推協データによる有権者の政治意識・態度の変遷を示した。「政党支持」は，「支持なし」が1990年から93年にかけて増加する。また，同時に「支持強度」が弱まり，有権者の党派性が次第に希薄になる傾向が

表2　有権者の変化：政治意識（％）

		1972年	1976年	1979年	1980年	1983年	1986年	1990年	1993年	1996年
政党支持	支持あり	74.1	71.7	65.3	70.0	68.4	63.4	69.1	64.0	61.0
	支持なし	25.9	28.3	34.7	30.0	31.6	36.6	30.9	36.0	39.0
支持強度	強い	—	—	—	29.3	20.2	22.9	23.5	18.6	15.6
	中間	—	—	—	33.4	47.2	39.2	44.0	44.8	43.1
	弱い	—	—	—	37.3	32.6	37.9	32.5	36.6	41.2
政治関心	強い	—	—	19.6	19.4	22.2	25.5	46.7	36.5	19.4
	中間	—	—	47.4	49.5	47.2	53.9	42.3	47.1	52.0
	弱い	—	—	33.0	31.0	30.6	20.7	11.1	16.4	28.6
政治満足感	強い	31.1	26.3	20.9	23.5	29.2	18.5	27.3	21.3	18.5
	中間	57.4	58.4	56.5	58.2	57.3	56.9	56.2	58.2	56.9
	弱い	16.6	23.4	22.6	18.4	13.6	24.6	16.5	20.5	24.6

注：—は当該データなし

表3　有権者の変化：政治家・団体との関係（％）

	1972年	1976年	1979年	1980年	1983年	1986年	1990年	1993年	1996年
政党講演会出席	13.0	16.3	19.5	19.2	19.7	—	21.4	20.9	18.5
政党機関紙購読	23.0	29.1	32.6	32.2	28.2	—	27.8	21.6	21.3
後援会	9.5	14.0	19.7	15.1	15.6	18.2	19.3	16.8	17.2
地域団体	63.5	66.7	70.5	72.4	76.0	76.7	76.6	74.0	76.1
経済団体	15.0	13.3	14.8	15.0	17.3	14.2	16.9	12.8	9.5

注：—は当該データなし

みられる。「政治満足感」も同様に「強い」が減少している。「政治関心」は両期間で「強い」が約10％・ポイントずつ大きく低下している。

表3に，有権者の政治家・団体との関係の変化を示す。明推協データには，調査対象者に直接に投票依頼を受けたか否かを尋ねた質問項目はなく，代替として政治家との接触頻度と，有権者の動員を媒介すると考えられる諸組織への加入の変化を示す。「政党講演会出席」は，漸次減少傾向を見せている。「政党機関紙購読」は，1990年から93年にかけて大きく減少している。諸組織への加入は「地域団体」を除いて減少傾向にある[17]。よって，明推協データでは有権者の意識・態度は1990年以降投票率を低下させる方向に変化していると勘案される。

表4　有権者の変化：政治意識（％）

		1993年	1996年
政党支持	支持あり	81.7	75.4
	支持なし	18.3	24.6
支持強度	強い	19.0	14.7
	中間	59.2	64.8
	弱い	21.8	20.5
投票義務感	強い	59.4	56.5
	中間	31.6	33.5
	弱い	9.0	9.9
政治信頼感	強い	29.4	25.3
	中間	36.2	31.7
	弱い	34.4	43.0
政治有効性感覚	強い	18.5	11.6
	中間	47.6	55.3
	弱い	33.9	33.1
政治関心	強い	14.6	7.5
	中間	73.3	72.3
	弱い	12.1	20.2

表5　有権者の変化：動員（％）

	1993年	1996年
動員（個人依頼）	50.9	39.0
動員（組織依頼）	36.8	27.5
後援会	31.3	24.4

注：表4，5の値は，1993年と1996年のパネル・データによる。

次に，JES Ⅱデータから，有権者の政治意識と動員の変化を概観する。表4に，政治意識の変化を示す。「政治有効性感覚」，「投票義務感」，「政治信頼感」のいずれも低下傾向にあり，投票率を低下させる方向に推移している。「政党支持」は明推協データでも示したが，JES Ⅱデータでは「支持なし」が1993年の18.3％から1996年には24.6％と，変動が大き

くなっている[18]。表5には，動員に係わる項目[19]を示す。「動員（個人依頼）」，「動員（組織依頼）」，「後援会」のいずれも大きく減少しており，投票率低下に作用したと考えられる。

3.4 投票参加行動の構造変化

では，これらの独立変数の変遷が，有権者の投票参加に如何なる変化を生じさせたのであろうか。起こりうる変化は，次の3つのパターンである。

(1) 投票参加に影響を及ぼす諸要因（独立変数）の効果パターン（回帰式における構造）に変化が生じた。
(2) 投票参加に影響を及ぼす諸要因の効果パターンに変化は生じておらず，単に変数のカテゴリー分布が変動した。
(3) 上記の(1)(2)の変化が同時に生じた。

まず，この3つのパターンのどれが生起したのかを確認するために，投票参加の要因群に準拠したモデルで構造変化の有無を検証する。構造変化とは，投票参加に影響を及ぼす諸要因の効果パターンの変化である。モデルは投票参加を従属変数として，年齢，学歴，職業，都市規模，政党支持，政治関心，政治満足感，政党機関誌購読，政党講演会出席，後援会，地域団体，経済団体を独立変数とした[20]。分析方法はプロビット分析を用いる。構造変化の検証は，OLS回帰分析ならばチョウ検定で容易に求められるが，プロビット分析は最尤法により係数が算出されるため，ラグランジュ乗数検定（LR）・ワルド検定（W）・尤度比検定（LM）の3つの方法を用いる。また，どの時点で構造変化が生じたかを調べるために，これらの検定をス

表6 投票参加の構造変動

	LR	W	LM
1979-80年	6.845	6.850	6.840
1980-83年	168.532	171.533	165.600
1983-90年	16.274	16.303	16.246
1990-93年	8.268	8.274	8.253
1993-96年	13.261	13.278	13.226

$PRSS$：制約なし残差平方和
$URSS$：制約付き残差平方和
n：標本数

$$LR = n \log \left(\frac{RRSS}{URSS} \right)$$

$$W = \frac{(RRSS - URSS)}{URSS/n}$$

$$LM = \frac{(RRSS - URSS)}{RRSS/n}$$

テップワイズで行うことにより，構造変化が生じた時点を特定する。ただし，明推協データにおける変数の制約上，対象とする選挙年は1979年以降とする[21]。

表6が，$LR \cdot W \cdot LM$ 検定の結果である。x^2 分布（d.f. =13）有意水準 α =0.05で確認すると，構造変化が生じているのは1980-83年にかけてである[22]。この1回の構造変化を除いては投票参加の構造は安定しており，1990年以降の急激な投票率変化は投票参加の構造変化により生じた現象ではなく，投票参加に影響を及ぼす独立変数のカテゴリー分布が変動したことに起因すると推測される。

4　投票率低下の分析枠組み

4.1　分析仮説

1990年から96年の期間に，日本の政治状況は大きく変化した。55年体制という自民党一党優位体制から，自民党分裂を経た連立政権の樹立である。さらに，中選挙区制から小選挙区比例代表並立制への選挙制度変更と，急激な高齢化社会への移行がある。よって，これらの変化を併せて投票率低下の分析をする必要がある。そこで，1990年から93年までを第Ⅰ期，1993年から96年までを第Ⅱ期として2つの期間に分けて，投票率低下を分析する仮説を独立変数の変化を基軸に構築する。

第Ⅰ期の投票率低下の仮説を構築する。同時期の特徴は，「政党支持」「政治関心」「政治満足感」の低下であり，第Ⅱ期と比較しても大きな低下傾向を示す。よって，この3つの独立変数の低下が第Ⅰ期の投票率低下の主因と考えられる。政党・政治家との接触は，有権者にとって投票の動機付けになる。「政治講演会出席」の変化は小さいが，「政党機関紙購読」は大きく減少し，投票参加に負の要因となる。各団体の加入率も「地域団体」を除き低下しており，各団体が動員できる有権者も減少する可能性がある。

次に，第Ⅱ期の投票率低下の仮説を構築する。第Ⅱ期も第Ⅰ期と同様に「政党支持」と「政治満足感」の低下は続くが，第Ⅰ期と比較すると低下率は小さい。しかし，「政治関心」は両期間で大きな低下傾向を示しており，これが第Ⅱ期の投票率低下の主因と考えられる。さらに，選挙制度変更に伴う政党・候補者と有権者の混乱が要因として考えられる。候補者はそれ

までの選挙地盤が変更され，後援会などの再編を余儀なくされた。したがって，政党候補者からみれば，効果的な有権者動員は困難になったと思われる。また，選挙区の変更によりそれまで投票していた候補者が他の選挙区に移動したり，比例代表候補になることにより，有権者は投票意欲を喪失した可能性もある。

最後に，第Ⅰ・Ⅱ期の両期間の傾向として，高齢社会化がある。65歳以上の老年人口で最も伸び率が大きい[23]。この年齢層は，年齢別投票率の傾向から見れば，次第に投票率が低下し始める年齢層である。よって，高齢社会化が投票率低下に影響を及ぼす可能性もある。

4.2 分析方法

データは，1990年，93年，96年の明推協データを用いる。また，第Ⅱ期の分析に関しては，JES Ⅱデータも併用する。第3節で示したように，有権者の政治意識は，1990年選挙から96年選挙までに，その多くが投票参加に対して負の要因となる方向に急激に変化してきた。しかし，それだけでは，どの変数が投票率低下に対してどの程度の影響を有しているのかを示すことができない。ここではRosenstone & Hansenが用いたプロビット分析によるシミュレーションの方法を援用する。各年代のクロスセクショナル・データには時間的次元を示す連関性が存在せず，シミュレーションにより時間軸をつくり出すのである。彼らの分析方法の説明では，個人をケースとした個別データ[24]によるプロビット・モデルを用いて，1960年の時点における各個人の投票確率を求める。次に，1960年から1980年までの各独立変数の平均値の変化を算出し，その値を1960年の各ケースの独立変数に加減するのである。そして，再度1980年までの独立変数の平均値変化を加減した1960年の独立変数を用いてプロビット分析を行い，各個人の投票確率を算出し合計して，投票率の変化を導くのである。だが，彼らの分析方法には問題が残る。1960年時点のデータによるプロビット分析から得られた方程式に，1980年までの各変数の変化率を投入してシミュレートする正当性が保証されていないのである。よって，本稿はこの手順に関して，各プロビット分析における方程式の安定性を統計的検定により検証してから行うことにより，分析手順の正当性を確立する。まず，明推協データの分析方法を説明しておく。第Ⅰ期と第Ⅱ期の分析手法は同じであるから，

第I期の手順だけを示す。第II期に関しては，データが異なるだけである。以下の(1)から(4)の手順にしたがって行う。

(1) まず，1990年の明推協データでプロビット分析を行い，個人の投票確率を示す方程式を得る。

(2) 次に，1990年から93年にかけての各独立変数の平均値の差を求める。具体的には，もし「政治関心」という変数で，1990年の平均値が3.2であり，1993年の平均値が3.0であるならば，求める値は3.0－3.2＝－0.2となる。

(3) (1)で求めた式の各独立変数に(2)の値を加える。この式に1990年のデータを投入して得られたYの値は正規分布から取り出された値であるから，その値を累積確率に変換し，累積確立の値をさらに1または0に変換して合計を算出すれば，1993年の投票率が得られる[25]。

(4) 各変数独自の投票率低下に対する影響を測定する場合は，(3)の式で求めたい変数の平均値だけを加減する。これを全ての独立変数毎に繰り返せば，各独立変数の変化が，投票率低下にどの程度寄与したのかを知ることができる。

次に，JES IIデータの分析方法を説明する。JES IIデータはパネル・データであるから，先の(1)(2)は同様にして，(3)で平均値を加減するのでなく，個別データの各独立変数で1993年のデータと1996年のデータを入れ替えればよい。あとは(4)の手順に従う。

4.3 データの誤差

分析の前に，注意すべき点がある。サーベイ・データでは，回答者の投票・棄権について，実際の投票率と大きな差が存在することである。表7は，実際の投票率とデータの投票率を比較したものである。数値は，調査データの投票率が約15から20％・ポイント高くなっている。この現象は，投票行動のデータにおいては不可避である。データを比較すると，実際の

表7　投票率の差異

選挙年	実際の投票率(%)		データの投票率(%) (明推協データ)		データの投票率(%) (JES IIデータ)	
1990	73.31	] －6.05	89.51	] －5.02	—	
1993	67.26	] －7.61	84.49	] －5.02	91.87	] －7.20
1996	59.65		79.47		84.67	

投票率の低下は，第Ⅰ期には6.05%・ポイント，第Ⅱ期には7.61%・ポイントの低下である。明推協データの投票率では第Ⅰ期には5.02%・ポイント，第Ⅱ期には5.02%・ポイントの低下である。JESⅡデータでは，第Ⅱ期の投票率の低下は，7.20%・ポイントである。データの変動は，実際の投票率低下と同程度の低下傾向を示しており，これらのデータを用いて推定することに問題はないと考えられる。

5 投票率低下の分析

5.1 明推協データによる分析

プロビット分析の結果を，表8に示す[26]。独立変数は，3.4（表6）のモデルに準じる。結果は，いずれの年も受容できるモデルである。

問題はプロビット分析の結果から得られた方程式が，シミュレーションに耐えうる精度を有しているのか否かである。これは，単純に各係数の有意水準で測定されるものではない。このモデルで2つの期間において構造

表8　プロビット分析（明推協データ）

	1990年		1993年		1996年	
	Coefficient	Standard Error	Coefficient	Standard Error	Coefficient	Standard Error
年齢	.125	.030***	.219	.029***	.211	.028***
学歴	−.004	.068	.045	.061	.201	.057***
職業	−.098	.056	.020	.054	−.102	.054
都市規模	−.137	.035***	−.074	.032*	−.082	.031***
政党支持	.303	.087***	.312	.074***	.153	.075*
政治関心	.239	.021***	.232	.018***	.274	.018***
政治満足感	−.064	.063	.023	.057	−.036	.055
政党機関誌購読	.088	.113	.023	.104	.227	.108*
政党講演会出席	−.242	.190	.014	.183	.128	.210
後援会	.275	.134*	.201	.118	.052	.106
地域団体	.118	.296	.156	.076*	.113	.077
経済団体	−.683	.554	.027	.131	.122	.155*
定数項	−5.351	.727	−2.696	.386*	−2.906	.394***
N	2269		2301		2114	
d.f.	12		12		12	
χ^2	308.017		405.699		513.333	
Prob[Chi χ^2]	.000		.000		.000	
Efron	.177		.201		.255	
R^2_ML	.127		.162		.216	
McFadden R^2	.202		.204		.239	

＊：p<.05　＊＊：p<.01　＊＊＊：p<.005

変化が起きているのか否かを厳密にテストする必要がある。プロビット分析は最尤法により係数が算出されるため，ラグランジュ乗数検定（LM）・ワルド検定（W）・尤度比検定（LR）の3つで検定する[27]。この検定は表6の方法と同じである[28]。1990年と93年のデータに関して，$LR=8.257$，$W=8.264$，$LM=8.249$であるから，χ^2分布（d.f.=13）有意水準 $\alpha=0.05$で，両年の式の安定性は保たれる。同様に，1993年と1996年のデータに関しては，$LR=13.238$，$W=13.258$，$LM=13.219$であるからχ^2分布（d.f.=13）有意水準 $\alpha=0.05$で，両年の式の安定性は保たれる。よって，1990年の方程式（式1）と1993年の方程式（式2）を用いてシミュレーションすることに問題はない。

次の式1は1990年，式2は1993年のデータによるプロビット分析の結果から作成したシミュレーションの方程式である。

$Y = -5.351 + 0.125(年齢^t + \Delta 1^{t+1}) - 0.004(学歴^t + \Delta 2^{t+1}) + \cdots$
　　$\cdots + 0.118(地域団体^t + \Delta 11^{t+1}) - 0.683(経済団体^t + \Delta 12^{t+1})$　　（式1）
$Y = -2.696 + 0.219(年齢^{t+1} + \Delta 1^{t+2}) + 0.045(学歴^{t+1} + \Delta 2^{t+2}) + \cdots$
　　$\cdots + 0.156(地域団体^{t+1} + \Delta 12^{t+2}) + 0.027(経済団体^{t+1} + \Delta 12^{t+2})$　　（式2）

（式の中の Δ は1990と93年，または1993と96年での各変数の平均値の差である。Δ の数字は変数を識別するために便宜的に付けた数字である。添字の t は1990年，$t+1$ は1993年，$t+2$ は1996年を示す。）

では，シミュレーションによる分析を行う。まず第Ⅰ期の投票率低下の要因をシミュレーションする場合には，式1に1990年のデータを順次投入し，手順(3)に従い，投票率の変化を求める。第Ⅱ期の投票率低下をシミュレーションする場合には，式2に1993年のデータを投入して同様に行う。表9が，シミュレーシの結果である。表中に記してある「変数の効果による投票率変化」は，1つの変数だけをシミュレーションの式に投入して，算出した投票率の増減値である。次の「投票率低下の影響力」は，投票率の変化全体に対して1つの独立変数が占める割合である。つまり，或る独立変数の影響が投票率低下の何％になるのかを示している。ただし，この解釈には注意が必要である。プロビット分析の結果で有意な変数から，シミュレーションの結果を考察する必要がある。プロビット分析で有意でない変数もシミュレーションの結果として投票率を変化させているが，それについては明確に投票率を変化させたと明言できない[29]。

表9　第Ⅰ期(1990年-1993年)・第Ⅱ期(1993-年1996年)の投票率の変化

変数	1990-93 変数の効果による投票率の変化	1990-93 投票率低下の影響力（％）	1993-96 変数の効果による投票率の変化	1993-96 投票率低下の影響力（％）
年齢	−0.176	2.70	0.826	—
学歴	0.000	—	0.043	—
職業	−0.176	2.70	0.043	—
都市規模	−0.132	2.03	0.000	—
政党支持	−0.397	6.08	−0.568	9.13
政治関心	−3.261	50.00	−5.354	86.05
政治満足感	0.309	—	−0.100	1.61
政党機関誌購読	−0.132	2.03	0.043	—
政党講演会出席	0.000	—	0.043	—
後援会	−0.132	2.03	0.043	—
地域団体	1.014	—	−0.100	1.61
経済団体	−2.115	32.43	−0.100	1.61
シュミレーションによる全体の変化	−5.201	100.0	−5.180	100.0
データの投票率変化	−5.026		−5.015	

注：「データの投票率変化」は90年と93年，または93年と96年のデータを単純に比較したときの差である。

　表9の左側に第Ⅰ期の投票率低下の要因を示した。式1のシミュレーションから得られた各変数変化による投票率変化の合計は−5.201である。この値は，データの投票率変化−5.02に近い値を示す。このとき，最も投票率を低下させた要因は「政治関心」であり，−3.261ポイント変化させたことになる。ついで，「政党支持」が−0.397となる。「経済団体」は−2.115と大きい値を示すが，プロビット分析では有意でなく，その影響については確認できない。第Ⅰ期に起きた自民党分裂と新党の登場は，一部の有権者にとっては政権選択の選挙となったが，多くの有権者にとってはこの状況は混乱を招き，政治関心の低下，支持政党喪失の契機になったと考えられる。また，ここでは，「年齢」の影響が僅かにあり，高齢化社会化が投票率低下に影響を及ぼしている。

　表9の右側に第Ⅱ期の投票率低下の要因を示す。式2のシミュレーションから，得られた各変数変化による投票率変化合計は−5.180である。この値はデータの投票率変化−5.015と近い値を示す。このとき，投票率を最も低下させた要因は「政治関心」であり−5.354ポイントである。次に，「政党支持」が−0.568である。これは政党支持の「支持なし」の増加が第Ⅰ期と比較して少ないことから（表1参照），1993年の政党再編の方が有権

者には衝撃的であり，有権者は1993年以降の政党再編劇に対して，政治関心を急速に低下させたと考えられる。第Ⅱ期では,「年齢」は有意でなくその影響を確認できない。

　明推協データによる分析からは，第Ⅰ期，第Ⅱ期ともに「政治関心」,「政党支持」の低下によると考えられる。シミュレーションにおける投票率変化に占めるこの2つの独立変数のウェイトは異なるが，これは表2の変化と同じ動きを示している。表2では,「支持なし」は第Ⅰ期で5.1％・ポイント，第Ⅱ期で3.0％・ポイントの低下であるが,「政治関心」は「強い」が両方の期間で約10％・ポイント以上の低下を示す。つまり，第Ⅱ期は「支持なし」の増加が抑制された分だけ,「政治関心」の低下が投票率低下に大きな影響を与えたのである。加えて，第Ⅱ期は制度変更もあり有権者が混乱し，政党・候補者の動員にも影響が現れたとも考えられる。これに関しては次項で詳細に検討する。

5.2　JESⅡデータによる分析

　表10は，JESⅡデータによるプロビット分析の結果である[30]。データは1993年と96年のパネル・データを用いた。使用可能な変数は明推協データよりも多く，より詳細な分析が可能になる。表10から，各年ともほぼ同じ変数が有意であり，プロビット分析の式は安定している。LR, W, LM の検定では $LR=9.764$, $W=9.815$, $LM=9.716$ であり χ^2 分布（d.f.＝15）有意水準 $\alpha=0.05$ により，式の安定性は保たれる。分析結果から，シミュレーションの式を作成すると式3を得る。

Y＝－1.465＋0.486（性別）－0.056（年齢）＋…
　…＋0.246（動員：個人依頼）＋0.099（動員：組織依頼）　　　　（式3）

　この式3に1996年のデータを代入し，4.2の手順(3)から第Ⅱ期の投票率変化を得る。結果は，表11に示す。第Ⅱ期の JESⅡデータの投票率変化は－7.200ポイントであり，シミュレーションによる変化の値は－6.978であるから精度はよい。投票率を最も低下させた要因は「政党支持」であり－2.192ポイントを低下させ，全体の31.40％を占める。ついで,「政治義務感」,「政治関心」と続き，この3つの変数で投票率低下を約60％説明することになる。明推協データでは，第Ⅱ期の低下の主要因が「政治関心」であるが，これは他の変数を加えることによりその効果が分散されたことと

表10 プロビット分析（JES Ⅱデータ）

	1993年		1996年	
	Coefficient	Standard Error	Coefficient	Standard Error
性別	.486	.460***	.005	.128
年齢	.056	.164	.097	.048*
学歴	−.189	.058*	−.111	.072
職業	−.111	.088	.270	.168
都市規模	−.053	.202	−.046	.033
政党支持	.589	.041***	.739	.123***
政治満足感	.058	.153	.075	.063
政治信頼感	.053	.077*	−.012	.023
政治有効性感覚	−.027	.028	.008	.029
政治義務感	.223	.035***	.177	.038***
政治関心	.076	.045*	.133	.031***
後援会	.241	.036	.442	.163**
動員（個人依頼）	.246	.179	−.001	.005
動員（組織依頼）	.099	.168	.352	.146*
定数項	−1.465	.179***	−1.933	.373***
N	957		957	
LogL	−191.793		−299.017	
d.f.	14		14	
χ^2	132.406		209.121	
Prob[Chi χ^2]	.000		.000	
Efron	.199		.248	
R^2_ML	.129		.196	
McFadden R^2	.257		.259	

＊：p＜.05　＊＊：p＜.01　＊＊＊：p＜.005

表11 1993年から1996年にかけての投票率の変化

	変数の効果による投票率の変化	投票率低下の影響力（％）
性別	0.000	—
年齢	−0.311	4.46
学歴	0.000	—
職業	0.000	—
都市規模	0.000	—
政党支持	−2.192	31.40
政治満足感	−0.416	5.96
政治信頼感	−0.520	7.46
政治有効性感覚	−0.520	7.46
政治義務感	−1.043	14.94
政治関心	−0.938	13.44
後援会	−0.520	7.46
動員（個人依頼）	0.002	0
動員（組織依頼）	−0.520	7.46
シュミレーションによる変化	−6.978	
データの投票率変化	−7.200	

31，制度変更の要因も考えられる。動員に関しては，プロビット分析の結果を勘案すると「動員（組織依頼）」，「後援会」の低下傾向が投票率低下に僅かに影響を与えている。

よって，JES Ⅱデータからも「政党支持」，「政治義務感」，「政治関心」の低下と，「後援会」，「動員（組織依頼）」の退潮が投票率低下をもたらしたといえる。これは，明推協データの結果と矛盾するものではない。

5.3 制度変更の影響

1994年に選挙制度は，中選挙区制から小選挙区比例代表並立制へ変更された。過去に，日本の選挙で制度変更に伴い投票率が低下したと考えられるのは，衆議院で1947年，参議院では1983年である[32]。今回の制度変更における最も大きな点は，これまで1人1票であったのが小選挙区と比例代表の2票になった点と，選挙区構成が大きく変更された点である。選挙区構成の変更は，中選挙区の分割・再編であり，これにより現職候補者が選挙区を変更する必要が生じた。また，有力候補者の多くが重複立候補した。よって，これらの変化により有権者が投票方向の選択に際して混乱した可能性は排除できない。

JES Ⅱデータでは，1993年と96年の両年で比較可能な制度変更を示す同一の質問項目はない。この点が「制度変更」を独立変数としてシミュレーションに含めることができなかった理由である[33]。だが，JES Ⅱデータには，両年にわたる質問項目で回答者が選挙区で投票したい候補者の存在の有無に関する項目がある。これを選挙制度変更に伴う，有権者の候補者選択の混乱を示す変数「制度変更（候補者変化）[34]」とする。また，制度変更は候補者数にも影響を及ぼし選挙戦の状況をも変化させた。この状況をマクロ・レベルでの変化を示す変数「制度変更（接戦度）」として分析に用いる[35]。この2つの変数により，制度変更に伴う変化をミクロとマクロの両要因から分析することが可能になる。さらに，1993年と96年選挙に固有の状況を考慮する必要がある。例えば，天気・経済状況など選挙結果を左右する条件である。これらの全てをモデルに組み込んで分析しなくては，制度変更の影響と，選挙年固有の要因を峻別することはできない。そこで，1993年と96年の固有の状況を「選挙年ダミー」変数としてモデルに組み込む。分析は，JES Ⅱデータの1993年と96年をプールして用いる。分析結果

表12　制度改正の要因

	モデル1		モデル2	
	Coefficient	Standard Error	Coefficient	Standard Error
性別	.190	.098	.192	.099
年齢	.067	.036	.076	.037*
学歴	−.144	.056**	−.141	.056***
職業自営(ダミー)	.113	.128	.116	.128
都市規模	−.059	.026*	−.057	.026*
政党支持	.689	.094***	.671	.094***
政治満足感	.075	.048	.072	.048
政治信頼感	.015	.017	.014	.017
政治有効性感覚	−.007	.022	−.006	.022
投票義務感	.198	.029***	.199	.029***
政治関心	.124	.023***	.115	.023***
後援会	.352	.118**	.351	.119***
動員(個人依頼)	−.001	.004	−.001	.004
動員(組織依頼)	.275	.106**	.258	.106*
制度変更(候補者変化)	−.163	.099	−.085	.108
制度変更(接戦度)	.634	.243**	.439	.260
選挙年ダミー			−.230	.106*
定数項	−2.235	.341***	−1.925	.370***
N	1914		1914	
LogL	−499.581		−497.241	
df	16		17	
χ^2	349.972		354.653	
Prob[Chi χ^2]	0		0	
Efron	.228		.232	
R^2_ML	.167		.169	
McFadden R^2	.259		.263	

*：p<.05　**：p<.01　***：p<.005

は，表12に示す。モデル1は「制度変更（候補者変化）」「制度変更（接戦度）」の2つを新たに加えた。モデル2には，さらに「選挙年ダミー」を加えた。各変数の効果は，表9とほぼ同等である。

まず，モデル1では「制度変更（候補者変化）」の係数は負であるが有意でなく，その影響は確認されない。だが，「制度変更（接戦度）」は有意であり係数が正である。これは，接戦度の大きい方が，投票参加の確率が高いことを示す。しかし，モデル2で「選挙年ダミー」を投入すると「制度変更（接戦度）」も有意でなく，「選挙年ダミー」の係数が負で有意となる。したがって，「制度変更（接戦度）」は見かけ上は投票参加に影響を及ぼすが，「選挙年ダミー」により吸収されることから，この第Ⅱ期の投票率変化に直接の影響を及ぼしていないと推測される。ただし，「選挙年ダミー」は

制度改正を示すために投入した2つの変数を除いた1993年と96年の差異を全て含むと解されるから，2つの「制度変更」には含まれないが「選挙年ダミー」に含まれる制度変更要因が投票率低下に影響を与えた可能性は排除できない。

6 政治意識の急激な変化の原因

では，有権者の政治意識を急激に変化させた要因は何であろうか。有権者の政治意識を急激に変化させた要因を分析するためには，この期間における有権者の政治現象に対する評価に焦点を当てることが必要である。投票率低下は生々しい現実であり，この現象を一般化された政治意識レベルで説明するだけでは不十分であろう。有権者が現実の政治現象から受ける刺激，それに対する反応が政治意識を規定することの検証なくしては，投票率低下をリアルに捉えることはできない。最後に，有権者の政治現象に対する評価が，投票参加を規定する政治意識に対していかなる影響を及ぼしたのかを検証する。

第4期の政治腐敗と自社連立政権は，有権者の政治家・派閥活動・政治に対する評価に多大な影響を及ぼし，有権者の投票参加に関わる政治意識を棄権の方向に導いたと考えられる。同時に，政治的混乱が選挙争点を不明瞭にしたとも考えられる。ここでは，JESⅡデータから，1993年と96年選挙における有権者の政治に対する評価と争点認知が，投票参加を大きく規定する諸意識に及ぼした影響をパス解析[36]から検証する。図2a，2bが分析結果である。

図2aは1993年のデータによる分析である。「派閥活動評価」と「政治家の不正」が「政治信頼感」を規定し「投票義務感」を経由して「政治関心」「政党支持」を大きく規定している。また「国政評価化」が「争点認知」を経由して「政治関心」を強く規定している。これは，政治改革三法案に対する評価が有権者の争点認知に影響したのである。モデル全体の動態は「国会議員評価」，「国政評価」，「政治家の不正」が「争点認知」と「政治信頼感」と連動して，最終的に「政治関心」を低下させたと解釈できる。

図2bは1996年のデータによる分析である。分析モデルの枠組みは同じであるが，1996年に固有の変数として「連立政権評価」を加えた。各変数のパスは1993年の分析とほぼ同じである。ただし，「争点認知」への経路は

図2a　1993年の政治意識変化

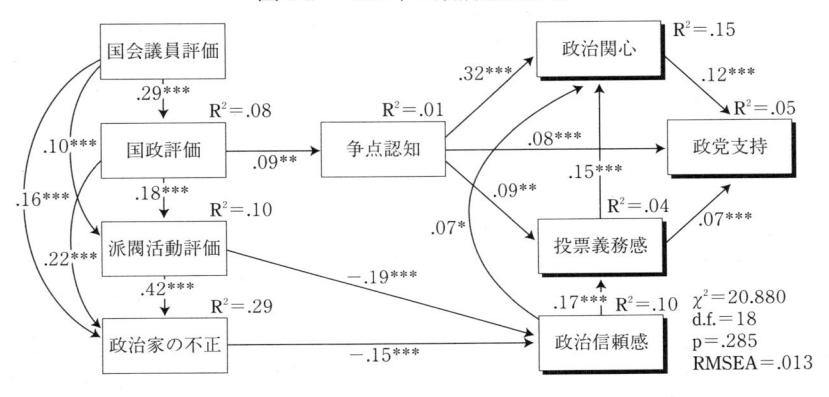

図2b　1996年の政治意識変化

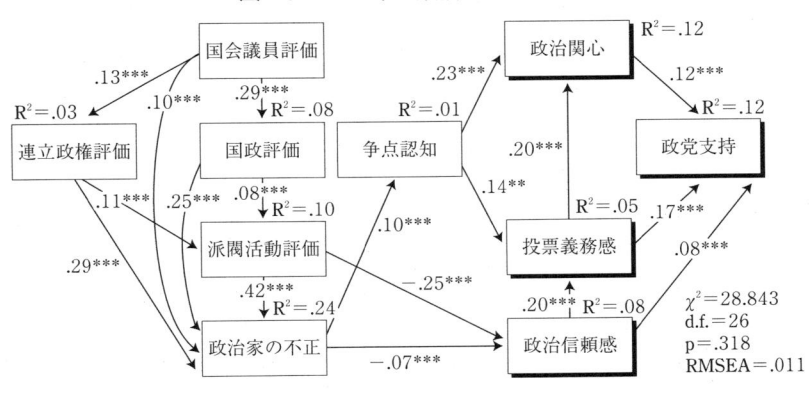

1993年とは異なる。「争点認知」には,「政治家の不正」が影響を及ぼしている。1993年の「争点認知」は,「国政評価」からパスがきており,国政に対する評価の高い有権者が争点を認知する構造になっている。さらに「争点認知」が「政党支持」を規定する。しかし,1996年におけるパスの状況は異なる。これは,1996年選挙の争点が行政改革という「難しい争点」「合意争点」であり,政党の離合集散や連立政権などの影響もあわさることにより,有権者が混乱した争点認知を行い「政治関心」を低下させたのである。モデル全体の動態は,「国会議員評価」,「政治家の不正」などの政治家への評価と「争点認知」が,「政治信頼感」を経由して「政治関心」,「政党

支持」,「投票義務感」を低下させたのである。

七　おわりに

本稿は,1990年を起点とした93年と96年の2回に互る衆議院選挙投票率の低下について,まず投票参加の構造変化を検証し,有権者の急激な意識変化が基底にあることを検証した。次に,有権者における投票参加の3つの観点(政治意識の変化,動員,制度変更)の分析,及び政治意識を変化させた政治に対する評価の影響を検証した。これらの検証から,以下の3点を結論として導出する。

第1に,有権者の政治意識の変化とその原因である。政治意識の変化を,明推協データからみると,1990年から96年までの低下は主に「政党支持」,「政治関心」の低下と推測される。1993年から1996年の変化をJESⅡデータから分析すると,「投票義務感」の低下も少なからず影響していると推測される。さらに,その背後には,1990年代の政治に対する有権者の厳しい評価が存在している。

第2に,動員の影響である。明推協データでは,有権者の投票依頼に関する変数はなく,組織加入を変数として用いたが明確に検証できなかった。JESⅡデータでは「動員(組織依頼)」「後援会」が影響を与えていることが確認された。有権者動員の変容については,谷口は動員拡大,山田は動員減少と異なる論考[37]があり,動員の効果はさらなる研究が必要であろう。

第3に,選挙制度変更の影響のないことである。JESⅡデータの分析では,有権者の混乱を見出すことはできなかった。だが,選挙年ダミー変数が有意であることから,選挙区割りの変更,候補者の変更による有権者の混乱以外による制度変更要因の可能性も存在する。ただし,ダミー変数は制度変更以外の2つの選挙の差異を全て含むことになるので,解釈には注意が必要である。

投票率は2000年から03年まで,明らかに低い水準で推移している。衆議院選挙の投票率は,今後どのように推移するか分からないが,今後も数回に互り低水準の投票率が続くのであれば,1990年から96年にかけての投票率低下は多くの有権者を投票参加から乖離させた始点であり,日本政治で重要な意味を持つであろう。

（ 1 ） Kohno, Masaru "Voter Turnout and Strategic Ticket-Splitting Under Japan's New Electoral Rules." *Asian Survey*, 37, 5, 1997, pp. 429-452.
（ 2 ） *Ibid*., p. 430
（ 3 ） 石川真澄『戦後政治史』岩波新書，1995年。
（ 4 ） 参議院選挙では，1992年にそれまでの最低投票率を更新し50.72％を記録した。その次の1995年参議院選挙は亥年であり，さらに低下して投票率は44.52％となり，再び最低投票率の記録を更新した。この状況をみると，亥年ではない1992年で前回の1989年よりも14.3％・ポイントも低下している。
（ 5 ）「参加のパズル」とは，1960年から1970年代にかけての，投票率を上昇させるであろう教育水準の上昇と，現実の投票率低下という相反する現象を Brody はパズルと名付けたのである。R. A. Brody, "The Puzzle of Participation." In A. King eds. *The New American Political System*, Washington D. C., American Enterprise Institute, 1978.
（ 6 ） M.P.Wattenberg, *Where Have All the Voters Gone?*, Cambridge: Hravard University Press, 2002. Mark N. Franklin, *Voter Turnout and the Dynamics of Electoral Competition in Established Democracies science 1945*, Cambridge: Cambridge University Press, 2004.
（ 7 ） S. J. Rosenstone and J. M. Hansen. *Mobilization, Participation, and Democracy in America* New York: Macmillan, 1993.
（ 8 ） 西澤由隆「アメリカにおける参加のパズル」『レヴァイアサン』17, 195-202頁，1995年。
（ 9 ） Kohno (*op. cit*.). 木村高宏「『退出』に関する比較の分析」『政策科学』9（2），91-98頁，2002年。Horiuchi, Yusaku, Turnout Decline in Japan during the 1990s: Did Voters Lose Interest and Faith in Politics?, Unpublished Manuscript. 2002.
（10） Kohno (*op. cit*.) は，1958年から90年までを投票率の長期低下傾向として捉えている。
（11） 投票参加に大きな影響を与える一般的要因としては，「年齢」「政党支持の有無」「政治的関心」「投票義務感」「政治有効性感覚」「投票コスト」がある。蒲島郁夫『政治参加』東京大学出版会，1988年。
（12） 1998年に公職選挙法が改正され「投票時間の延長」「不在者投票制度事由の緩和」「不在投票時間の延長」が実施された。しかし，2000年衆議院選挙の投票率は62.99％，2003年では59.80％と低い水準で推移しており，1990年の水準に回復しておらず，上昇傾向はみられない。
（13） （財）明るい選挙推進協会衆議院選挙調査のデータは，レヴァイアサン・データバンクを通じて入手した。データ使用を許可くださった，蒲島郁

夫，綿貫譲治の両氏に感謝する。
(14) JES Ⅱデータは平成5-9年度文部省科学研究費特別推進研究「投票行動の全国的・時系列的調査研究」に基づく「JES Ⅱ研究プロジェクト」参加者：三宅一郎（神戸大学名誉教授），綿貫譲治（創価大学教授），蒲島郁夫（東京大学教授），小林良彰（慶應義塾大学教授），池田謙一（東京大学教授）による研究成果である。データはweb（http//www.kh-web.org/）で公開されているものを使用させていただいた。
(15) 自営業（農業も含む）減少傾向は，総務省の「事業所・企業統計調査」からも確認できる。玄田有史・神林龍「自営業減少と創業支援策」猪木武徳・大竹文雄［編］『雇用政策の経済分析』東京大学出版会，29-74頁，2002年。
(16) 蒲島郁夫「政治参加」綿貫譲治・三宅一郎・猪口　孝・蒲島郁夫［編］『日本人の選挙行動』東京大学出版会，172-202頁，1986年。
(17) 「地域団体」は町内会・自治会，婦人会，青年団，PTA，同好会・趣味のグループである。また，「経済団体」は，地域社会における商工会，農協，漁協である。
(18) 「支持なし」が10％・ポイント前後大きくなる理由は，JES Ⅱがパネル調査であり，回答者の政治関心が高く，党派性が強いという偏りがあるためと考えられる。三宅一郎『選挙制度変革と投票行動』木鐸社，2002年。
(19) 本稿の分析では，動員に関しては，「知人から投票依頼を受けた」と「加入組織から投票依頼を受けた」の2つの変数を代替として用いた。
(20) 明推協データで用いた，変数の尺度構成は以下の通りである。年齢：6段階，学歴：3段階，職業：自営・非自営のダミー変数，都市規模：4段階，政治関心：3段階，政治満足感：3段階である。以下，政党支持，政党機関誌購読，政党講演会出席，後援会，地域団体，経済団体はダミー変数である。5.1の分析は政党支持に支持強度を加味して3段階としたが，1979年の明推協データには支持強度はないため，ここではダミー変数とした。
(21) 1972年と76年の明推協データには，政治関心を示すデータがなく1979年以降を対象とした。また，1986年も衆参同日選挙のために，変数の制約を受けて除外した。ただし，「政治関心」「政党機関誌購読」「政党講演会出席」を入れないモデルで同様に検定を行うと，1972年-79年，1983-86年，1986-90年でも構造変化は観られない。
(22) 1983年のプロビット分析の結果における各変数の係数と，他の選挙年と係数の比較をしたところ，全ての年次で有意であった「政党支持」は，1983年で係数値が大きくなる。また，他の年次では有意であった「都市規模」が有意でない。これは1983年選挙がロッキード事件判決の影響を大き

(23) 老年人口は，1990年の時点では全人口の12.0%であり，1996年には15.1%と増加している。データは，総務庁統計局「我が国人口の概観」（1997年）による。
(24) 個別データとは，個人をケースとしたデータである。浅野晢・中村二郎『計量経済学』有斐閣，2000年。
(25) W. H. Green, *ECONOMETRIC ANALYSIS Fourth Edition*, Prentice-Hall, Inc., 1993.
(26) 明推協データで用いた変数の尺度構成は，以下である。年齢：6段階，学歴：3段階，職業：自営・非自営のダミー変数，都市規模：4段階，政党支持：支持強度を加えた3段階，政治関心：3段階，政治満足感：3段階である。以下，政党機関誌購読，政党講演会出席，後援会，地域団体，経済団体はダミー変数である。
(27) 回帰モデルを推定して，それを用いてシミュレーション・予測をする場合は，パラメータは推定や予測を行う期間で固定されているとしている。このパラメータ一定（安定性）を推定するのがチョウ検定であり，LM, W, LR である。
(28) ただし，政党支持に関しては支持強度を加味して3段階とした。よって，再度 LM, W, LR 検定を行った。
(29) シミュレーションの結果については，Rosenstone & Hansen (*op. cit*) に倣って総ての変数による結果を示した。
(30) JES II データで用いた変数の尺度構成は，明推協データと同一の変数名は同じ尺度である。ただし，政治有効性感覚：3段階，政治義務感：3段階，動員（個人依頼）：(0, 1) ダミー，動員（組織依頼）：(0, 1) ダミー，とした。
(31) JES II データの回答者の党派性の高さが，「政党支持」の影響を拡大させたと考えられる。なぜならば，党派性の高い回答者のなかで「支持なし」が僅か3ポイント増加しても，プロビット分析の「政党支持」係数に鑑みれば，投票率低下に大きい影響を与えるからである。
(32) ただし，1983年の参議院選挙は「亥年現象」にあたる選挙でもあり，制度変更か亥年現象のどちらの影響かは明確ではない。
(33) 選挙制度は1993年と96年では異なる。同時に，両年の選挙ではそれ以外にも固有の条件が大きく異なる。よって，これらを明確に峻別して分析するためには，選挙年をパルスダミーとして投入する必要があるからである。よって，シミュレーションに擬似的な制度変更の変数を含めない方がよいと判断した。パルスダミーを含めたシミュレーションは不可能である。したがって，この分析では後に示すように，データをプールして，制度変

更を示す変数2つと選挙年ダミー変数を用いた分析を行った。

(34) 1993年では,「投票したい候補者が未定であり,投票したい政党が候補者を擁立していない」ケースを1として,それ以外を0とした。1996年では,「投票したい政党が小選挙区で候補者を立てていない」「投票したい政党が小選挙区でふさわしいと思える候補者を立てていない」「投票したい候補者が別の小選挙区で立候補している」に該当したケースを1とし,それ以外を0とした。

(35) 1993年の中選挙区制での接戦度は,最下位当選候補者の得票数を最高得票数当選候補者の得票数で除した値である。1996年の小選挙区制での接戦度は,次点候補者の得票数を当選候補者の得票数で除した値である。

(36) 変数の尺度は「国会議員評価」「国政評価」「政治家の不正」「連立政権評価」が3段階,「争点認知」がダミー変数である。その他の変数は表10の分析と同じ尺度である。

(37) 谷口将紀「選挙制度改革と組織票動員」レヴァイアサン,32,9-28頁,2003年。山田真裕「政党動員」樋渡展洋・三浦まり［編］『流動期の日本政治』東京大学出版会,31-49頁,2002年。

政策情報と投票参加
―フィールド実験による検証―

堀内勇作・今井耕介・谷口尚子

一　問題設定

　「マニフェスト選挙」に代表されるように，最近の日本政治では，政党や候補者が積極的に政策情報を提供し，有権者の判断を仰ぐといった流れが生じつつある。そうした中，政策情報が有権者の態度や行動に対してどのような影響を与えるか，という問題が，政治理論を深化させる上でも，現代日本政治を理解する上でも，重要になってきている。本稿では，2004年の参議院議員選挙の前後に実施したフィールド実験に基づき，政策情報が投票参加に与える効果について検証した結果を提示する。

　政策情報と投票行動の関係については，これまで多くの研究がなされてきた[1]。例えばDowns（1957）は，政府の活動や政策，政党（候補者）間競争，他の有権者の動向などに関して，有権者が十分な情報を持ち合わせていない場合，それに起因する「不確実性」から棄権が生じやすい，と指摘した[2]。しかし裏を返せば，この命題は，「情報の増加は投票決定にまつわる不確実性を減じ，投票確率を高める」ことを示唆するものであると言える。

　他方，世論調査に基づく実証研究においても，政治や選挙に関する情報の保有・接触と投票参加の関係が分析されてきた[3]。これら実証研究の多くは，情報量と投票参加確率との間の正の相関関係，すなわち情報量の多い人がより投票する傾向があることを示唆する。しかし，とりわけ一回限りの世論調査に基づく研究では，情報が投票参加を促すという因果関係と，そもそも投票意欲が高い人がより情報を求めるという逆の因果関係を識別できないという難点がある。因果関係の双方向性のため，情報増加が投票確率を高める効果を厳密に測定していないのである。

こうした問題点を回避するために用いられるのが，実験的手法である。実験は因果関係を推定する上で有効な手法であることから，自然科学のみならず，近年では社会科学においても注目されている。本稿は，実験的手法によって政策情報と投票参加の関係を検証することを通じて，日本における実験政治学の可能性を探る[4]。同時に，Horiuchi, Imai, and Taniguchi (2005) に基づき，社会科学の実験が抱える問題に幅広く対応する手法を適用する[5]。

本論文の構成は以下の通りである。次節で，実験的手法の特徴と政治学における実験研究について概説する。第三節で，本研究の実験の概要（検証仮説・実験素材・実験手続き・分析手法）を説明，分析結果を報告する。最終節で，結論と含意を述べたい。

二　実験政治学とは

前節で述べたように，因果関係の検証に有効なのが，実験的手法である。実験的手法にも種々あるが，ある要因や実験刺激の効果を測定する際には，実験条件の無作為割り当て（random assignment）を行うことが多い。仮に，被験者を無作為に2つの集団に分ければ，被験者の数が十分に大きい限り，2つの集団における被験者の性質は等しく分布すると仮定できる。したがって，一方（実験群）に実験刺激を与え，他方に（統制群）何も与えないとしたら，結果の違いは実験条件の違い（刺激を与えたか否か）に帰すことができる。こうした手続きに基づく因果関係の検証は，実験室実験，世論調査実験，フィールド実験などの形で実施される。

実験は自然科学の基本的手法であるが，近年では社会科学においても発展が著しい。例えばミクロ経済学は，伝統的に様々な前提の下にある検証可能命題を演繹的に導出すること——多くの場合，「均衡」に至る道筋を示すこと——を目的としてきた。しかしながら，実際の人間心理・行動からかけ離れた前提に基づいて立てられたモデルが，現実の人間や社会のダイナミズムを適切に描写できるとは限らない。こうした問題意識から，実験心理学や実験行動学を取り込みつつ，実際の人間の意思決定過程に踏み込んだ結果，より現実に即したモデルの構築が模索されるようになり，「実験経済学」が成立するに至った[6]。

政治学においても，アメリカの主要学術誌で確認すると，実験的手法に

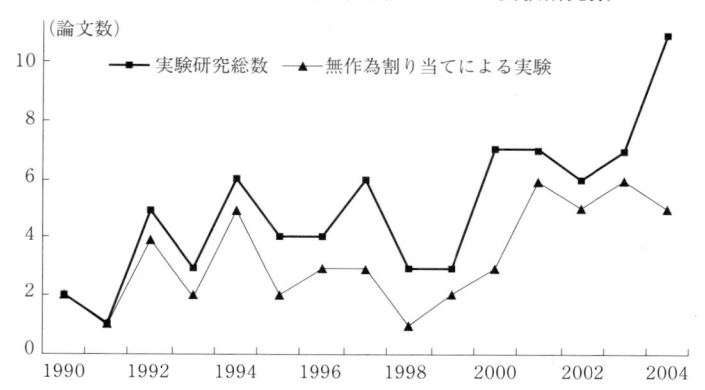

図1　アメリカ主要政治学雑誌における実験研究数

(論文数)
実験研究総数　　無作為割り当てによる実験

基づく論文数が確実に伸びていることがわかる（図1）[7]。とりわけ心理学や社会心理学に近いテーマでは，実験的手法に基づく重要研究が多く，政治的コミュニケーション，動員，政治的認知，情報処理などのトピックスが扱われている（Iyengar, et al., 1982; Sniderman et al., 1996; Mutz, 1997; Lupia and McCubbins, 1998; Clinton and Lapinski, 2004; McDermott, 2005など）[8]。また，社会調査や統計分析の方法論的問題点を，実験によって明らかにする研究もある（Bishop, et al., 1994）[9]。さらに，数学的に導かれた演繹的仮説を，実験室実験やシミュレーションによって検証する試みもある。例えば，Fiorina and Plott (1978)，Mckelvey and Ordeshook (1984)，Krehbiel (1986)は，議会や委員会における決定メカニズムを扱っている[10]。

　一方で，政治学は現実政治へのインプリケーションを重んじる学風があることから，実験によって得られた知見の現実政治への適用可能性，つまり「外的妥当性（external validity）」に対する懐疑が生じる場合がある[11]。それゆえ実験政治学においては，代表性の高いサンプルに基づく世論調査に実験処置を組み込む方法（世論調査実験）や，現実社会のイベント（選挙など）を利用して実験を行う方法（フィールド実験）による知見の方が，実験室実験によるそれに比べ，抵抗なく受け入れられている観がある。

　こうしたフィールド実験や世論調査に組み込まれた実験は，代表性の高いサンプルを対象とし，また実際のイベントを実験の舞台として設定するため，知見のリアリティが高いという長所がある。反面，実験手続き上の

統制が不完全となる問題，つまり「内的妥当性（internal validity）」の問題が発生するという短所がある。

　最も一般的な問題は，実験室実験と異なり，実験者が被験者全員を確実に実験に参加させるよう管理することが難しいことである。例えば，大規模フィールド実験の例である Gerber and Green（2000, 2001）は，それを働きかける方法（訪問面接，電話，手紙）によって，投票参加を促す効果に差があることを見出した[12]。しかしこの実験では，実際には不在や拒否などの理由により，投票参加を促す働きかけが到達しなかったサンプルが大量に生じていただけでなく，調査会社のミスにより無作為条件割り当てが正確に実施されていなかった。こうしたデータの歪みを統計的に補正し再分析すると，彼らの主張とは異なる結果が析出された（Imai 2005）[13]。また，世論調査を使った実験の場合も，全ての被験者が全質問項目に回答するとは限らず，非回答者と回答者の間に有意な属性の違いが生じる可能性がある。その場合，標本抽出の時点では被験者の属性分布を考慮して無作為条件割り当てを徹底したとしても，実際に回収されたデータは，フィールド実験同様に，非回答バイアスを抱えることになる。

　このように，実験参加や調査回答が被験者の意思に委ねられている手法では，非参加や非回答の生むバイアスが，結果の推定に深刻な影響を及ぼす場合がある。しかし，こうした問題に配慮した研究例は，政治学においてはごく一部に限られているのが現状である[14]。

三　日本におけるフィールド実験の試み

1　仮説

　それでは，我々が行った，政策情報と投票参加の関係に関する実験の試みを紹介しよう。いわゆる「合理的投票」の理論では，有権者は政党（候補者）間の政策差に基づいて効用を算出し，最大の期待効用が生じる行動を選択する，との仮定が置かれている[15]。しかし Downs は，効用算出に要する知識・情報量のレベルは有権者によって様々であり，結果的に，自身の選択に関する確信度にも強弱があるとする[16]。彼は，常に同じ政党に投票する「固定層」や常に棄権する「無関心層」など，新たな情報の追加による影響を受けにくい人々がいる一方，「……多くの市民はいかに投票す

べきかについて確信をもっていない。かれらはまだ決意を固めていないか，なんらかの決定に到達してはいるが，より多くの情報を得れば，その決定を変えるかもしれないと感じている[17]」と述べ，情報の追加によって投票行動が変わる可能性のある有権者像に触れている。

Downs が指摘するように，大抵の有権者が持つ情報は不完全であるが，それら不完全情報に基づいて，ある政党に投票することを暫定的に決定する層がいる。あるいはそうした情報から，政党間に重要な差はないと感じ，暫定的に棄権を決定する層もいる。そして，暫定的な決定にも達していない「浮動層」が存在する。最終的に彼は，新しい情報の追加が行動に影響する可能性が最も高いのは，この浮動層においてであると予測する。

この議論に触発された Matsusaka（1995）は，「情報量の増加は，最適な選択に達したという有権者の確信度を強化するため，投票確率を高める」という命題を数学的に証明した。同様に Ghirardato and Katz（2002）は，有権者を取り巻く選挙空間の曖昧さ（ambiguity）が，情報の増加によって徐々に取り払われる結果，棄権が生じにくくなることを数学的に説明した[18]。また Lassen（2005）は，natural experiment の枠組みを利用して，情報と投票率の関係を探っている[19]。

以上のような研究動向に沿って，本実験では，「情報量の増加は投票参加確率を上昇させる」との説（仮説1），及び「情報の増加が投票参加確率の上昇に与える効果は，浮動層において高い」との説（仮説2）を検証する。知見のリアリティを確保するため，実際の選挙を舞台としたフィールド実験調査の枠組みを採用する。同時に，この種の実験で生じやすい非参加（non-compliance）・非回答（non-response）バイアスの問題に対処する手法の適用を試みる。

2   実験素材

実験素材となる政策情報は，有権者にとって十分に重要な政策，かつ政党間の立場に十分に違いがある政策に関するものでなければならない。有権者の関心を引かない政策の情報は，いかにその政策に関して政党間差異があったとしても，有権者をして投票に向かわせるほどの力を持たないからである。また有権者が重要性を感じる政策であっても，政党間の立場に十分な差がない場合（例えば「合意争点」）は，やはり有権者を投票に向か

わせるに至らない。政策情報は，政策自体の重要性と政党間差異に裏付けられて初めて，有権者に棄権と投票の「閾値」を超えさせることができる。こうした閾値論は，すでにDownsによっても展開されている[20]。したがって，現実の選挙を舞台とするフィールド実験では，その選挙における政策争点が，有権者の投票決定にとって重要な意味を持つものになるか否かが，1つの鍵となる。

　2004年に行われた参議院通常選挙では，イラク問題や景気問題を押さえて，年金制度改革問題が最大の争点となった[21]。この争点には，主要な論点が3つあった。第1の論点は，選挙直前の国会で成立した，保険料負担の引き上げと給付水準の引き下げを盛り込んだ，年金制度改革法に対する評価であった。第2の論点は，長期に亘り持続可能な制度にするために，今後進めるべき改革の具体的内容（例えば並存する複数の制度を一元化するか否か，社会保険方式か税方式か，財源確保のための消費税率アップを容認するか否か，など）をどう選択するかであった。第3の論点は，一部著名人・政治家による年金未納スキャンダル，国民年金未納者の増加，年金制度に関連する諸官庁の体質問題など，制度を維持する上での人々の協力体制，ないし「モラル」の問題であった。制度改革は難解な争点になる可能性もあるが，年金制度改革問題の場合，この最後の論点が有権者の間に不平等感・不公正感を引き起こし，高い関心を招いたと思われる。

　これらの点から，本実験では年金制度改革問題に関する公約・マニフェストを素材に選び，かつ与野党の代表として自民・民主両党のそれを取り上げることにした。両者の公約内容を比較すると，自民党は国会を通過した法案の実効性を訴えるものの，有権者の不満の高い年金未納問題・社会保険庁問題などに対する対策を明確に示していなかった。一方で民主党は，議員年金の廃止，年金一元化や消費税増税による財源確保など，抜本的改革案を提起しているが，その具体的内容や手続きにまでは踏み込んでいなかった[22]。年金制度改革問題が十分に重要な争点であるならば，このような両党の政策差に関する情報の増加は，有権者の投票行動に影響を与えると考えられる。

3　実験手続き

　具体的な実験手続きは以下の通りである（図2）。実験にはインターネッ

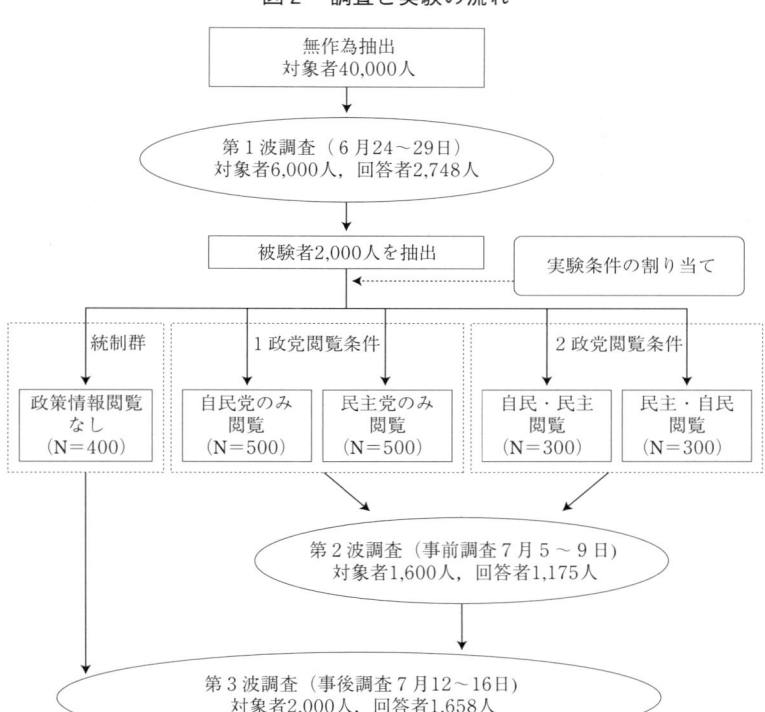

図2 調査と実験の流れ

```
           無作為抽出
          対象者40,000人
               │
               ▼
    第1波調査（6月24～29日）
    対象者6,000人，回答者2,748人
               │
               ▼
    被験者2,000人を抽出 ◄──── 実験条件の割り当て
               │
    ┌──────────┼──────────────┬──────────────┐
    │          │              │              │
  統制群    1政党閲覧条件              2政党閲覧条件
政策情報閲覧  自民党のみ  民主党のみ   自民・民主   民主・自民
  なし       閲覧       閲覧        閲覧         閲覧
 (N=400)   (N=500)    (N=500)    (N=300)      (N=300)
    │          │          │          │            │
    │          └──────────┴──────────┴────────────┘
    │                       │
    │                       ▼
    │       第2波調査（事前調査7月5～9日）
    │       対象者1,600人，回答者1,175人
    │                       │
    ▼                       ▼
    第3波調査（事後調査7月12～16日）
    対象者2,000人，回答者1,658人
```

＊Horiuchi, Imai, and Taniguchi (2005) p. 5のFigure1を編集。

ト調査を利用した。参院選の投票日（2004年7月11日）に合わせて3回のパネル調査を行うこととし，その全ての実施を日経リサーチ株式会社に委託した。サンプリング対象者は，同社にあらかじめ登録している全国約40,000人のモニターのうち，20歳以上の男女である。各回とも，同社を通じて調査対象者に調査協力の要請メールが届くと，協力の意志がある人が同社のサイト上にある調査票にアクセスして，回答する仕組みとなっている。回答の回収期間をあらかじめ数日間に限定し，期間内に集められた回答のみを有効回答とした。回答者には，調査毎に，調査会社を通じて謝品が送られた。

まず，投票日の約2週間前に，サンプリング対象者から無作為に抽出し

た6,000人を対象に，第1波調査を行った。ここでは，基本的属性（年齢，性別，教育水準），政党支持，参院選での投票意図（投票／棄権），投票予定政党，その投票決定に関する確信度などを質問した[23]。全ての項目に答えた人から2,000人の「被験者」を抽出し，被験者の属性の分布が均等となるように，5つの実験条件グループに振り分けた。5つのグループとは，①政策情報をまったく閲覧しないグループ（400人），②自民党の政策情報のみ閲覧するグループ（500人），③民主党の政策情報のみ閲覧するグループ（500人），④自民党，民主党の順で両方を閲覧するグループ（300人），⑤民主党，自民党の順で両方を閲覧するグループ（300人）である。本稿では，①を統制群，②・③を1政党閲覧条件，④・⑤を2政党閲覧条件と呼ぶ。

このうち，グループ②～⑤の被験者（1,600人）を対象に，投票日の数日前に，第2波調査（事前調査）を行った。第2波調査では，被験者は年金政策についての意見を求める質問に答えた後，調査票に貼られたリンクに従って各党のサイト上にある政策情報のページ（年金政策情報が掲載された箇所）に移動する。そこで，A4で1ページ程度の量の政策情報を読み，さらに調査票に戻って，各党のサイトと政策の内容について評価する。被験者が政策情報に確実に触れるようにするために，政策情報のページへの移動を飛ばして，次の質問に回答することができない（回答を終了できない）仕組みにした。この第2波調査では，1,175人が回答を終了した。選挙直後に行った第3波調査（事後調査）では，第1波調査の対象となった2,000人すべてに対し，投票参加の有無，投票した政党などを尋ね，1,658人の回答を得た。

さて，二節でも述べたように，実験的手法では，実験条件グループ間で被験者の性質を均等化している限り，実験後にグループ間に生じる差異は実験刺激の違いに基因すると考えることができる[24]。

つまり，適切な実験を行うには，まず実験条件の無作為割り当てが成功している必要があるのである。

そこで，無作為割り当ての精度を上げる上で有効な方法の1つであるrandomized block designを採用した[25]。具体的には，第1波調査で全ての質問に回答した2,000人を，性別（男性／女性）と投票意図（回答の選択肢は「投票に行く予定だ」／「棄権する予定だ」／「まだ決めていない」の3つ）の組み合わせから6種類（性別×投票意図）のブロックに分け，5つ

表1　各ブロックに割り当てられたサンプル数

	無作為割り当てに利用したブロック						
	I	II	III	IV	V	VI	
	投票参加予定者		棄権予定者		投票参加未定者		
	男性	女性	男性	女性	男性	女性	合計
1 政党閲覧条件							
自民党のみ閲覧	194	151	24	33	36	62	500
民主党のみ閲覧	194	151	24	33	36	62	500
2 政党閲覧条件							
自民・民主閲覧	117	91	15	20	20	37	300
民主・自民閲覧	117	91	15	20	20	37	300
統制群							
閲覧なし	156	121	19	26	29	49	400
各ブロックの人数	778	605	97	132	141	247	2000

＊　Horiuchi, Imai, and Taniguchi（2005）p.8のTable1より抜粋。

の実験条件において各ブロックの比率が等しくなるよう割り当てた（表1）。無作為割り当ての精度を確認するため、5つの実験条件において、第1波調査で得た変数（基本的属性・政党支持・投票予定政党・投票確信度など）の分布を見たところ、どの変数の分布についても、実験条件間に有意な差は見られなかった[26]。このことから、各実験条件グループに属する被験者の間に、属性や態度に関して有意な差はないと見なすことができる。

4　分析手続き

さて、実験条件の無作為割り当てのみならず、実験後のデータ処理にも、統計的な注意が必要となる。実験後のデータは、下記のとおり2つの欠損問題（non-compliance 及び non-response）を抱えている。これらに対処するため、本実験では Imbens and Rubin（1997）らによるベイズ推定による方法を適用することとした。統計的手法の詳細は別稿に譲るとして、本項ではその基本的な枠組みについて説明する[27]。

第1のタイプの問題は、実験にはその処置に従う人（complier）と、従わない人（non-complier）がいる、という点に由来する。本実験で言えば、第2波調査で実験群に割り当てられた人々の中には、調査票の指示に従って政党のホームページへアクセスして政策情報を読んだ人（complier）と、指示に従わず回答を完了しなかった人（non-complier）がいる。このとき、本実験の刺激（政策情報の閲覧）の効果を知るためには、complier と統制

群（政策情報を閲覧しない条件のグループ）を比較するだけでは不十分である。なぜなら，統制群の中にも，仮に実験群に分類され，政党のサイトを見るよう指示されていたら，指示に従うと予想されるタイプ（潜在的なcomplier）と，指示に従わず実験に参加しないタイプ（潜在的な non-complier）がいるからである。もし，第2波調査で complier の投票率が統制群全体の投票率より高かった場合，それは実際の実験処置によるものか，実験の指示に従うような人が元々持っている性質（例えば，素直さ，選挙や政策に対する関心の高さ，など）によるものか，識別できないのである。そのため，統制群の中で，「実験で政策情報閲覧を求められたら，それに応じて見るような人々（潜在的な complier）」を推定し，それらの人々の投票率と，実験群における complier の投票率を比較する必要がある。その統制群内の潜在的な complier を推定するには，第1波調査で得た被験者特性データ（基本的属性，政党支持，投票予定など）をもとに，実験群内の complier ／ non-complier を判別するプロビット・モデルを立てる。

　第2のタイプの問題は，選挙後に投票参加の有無を尋ねる第3波調査に回答しない人（non-response）がいる，という点に由来する。第3波調査の非回答者については，投票参加の有無に関する情報が入手できない。したがって，その非回答者の中に第2波調査で政策情報を見た人がいた場合，その効果は測定できないのである。したがって，第3波調査の非回答者に関して，投票に参加したか否かを推定する必要がある。これには，先程と同様，第1波調査で得た被験者特性データを使って，第3波調査の回答者（response）の中で，どのような人が投票／棄権したのかを判別するプロビット・モデルを立てる。

　以上の考え方に従い，統制群における complier ／ non-complier の推定，また非回答者の投票／棄権の推定を組み合わせたモデルを作り，ベイズ推定によって，実験データの「完全化」を図る。

5　分析結果

① 仮説1の検証

　前項の手続きに基づき，実験群全体・統制群全体の平均投票確率と，実験群・統制群それぞれにおける complier の平均投票確率を計算する。前者を比較することによって，実験条件（政策情報閲覧条件）に割り当てたこ

との効果 (ITT: intension-to-treat effect) がわかる。また後者を比較することによって，実験処置に応じて政策情報を見たことの効果 (CACE: complier average causal effect) がわかる。ITTが実験条件の全体的な効果 (実験群全体への効果) を知るための数値である一方，CACEは特定の実験処置の効果 (実験群の中のcomplierへの効果) を知るための数値であると言える。

表2の上段に1政党閲覧条件の結果，下段に2政党閲覧条件の結果を示す。いずれも基準は統制群 (政策情報を閲覧しない条件) である。上段のITTの値は，1政党閲覧条件への割り当てが，投票確率を1％ポイント (0.010) 押し上げる効果があることを示している。またCACEの値は，complierの中で比較した場合に，実験群の投票確率を1.3％ポイント (0.013) 押し上げる効果があることを示している。続いて下段のITTの値は，2政党閲覧条件への割り当てが，投票確率を3.3％ポイント (0.033) 押し上げる効果があることを示している。さらにCACEの値は，complierの中で比較した場合に，実験群の投票確率を4.7％ポイント (0.047) 押し上げる効果があることを示している。

これらの結果からわかることは，1政党の政策情報の閲覧は，投票確率向上にほとんど寄与しない，という点である。単に実験条件を割り当てた効果 (ITT) と実験処置に従った効果 (CACE) は共に小さく，また両者の差がほとんどない。しかしながら2政党の政策情報を閲覧した場合は，CACEは4.7％ポイントに達することから，政策情報の投票率向上効果があったと推測される。1つの解釈としては，実験環境 (2004年参院選の特性，

表2 政策情報の投票確率向上効果 (全体)

	効果の平均	s.d.	95％確信区間 2.5％	97.5％
1政党閲覧条件				
実験条件割り当ての効果(ITT)	0.010	0.022	−0.033	0.052
実験処置の効果(CACE)	0.013	0.029	−0.044	0.070
2政党閲覧条件				
実験条件割り当ての効果(ITT)	0.033	0.023	−0.012	0.070
実験処置の効果(CACE)	0.047	0.032	−0.017	0.110

＊ Horiuchi, Imai, and Taniguchi (2005) p. 18のTable 2を編集。効果の比較基準は統制群 (政策情報を閲覧していないグループ)。例えば2政党閲覧条件の実験処置の効果 (CACE) は，実験群の中のcomplierの投票確率が，統制群の中の潜在的なcomplierのそれより，4.7％ポイント高いことを示す。「95％確信区間」は，ベイズ推定におけるcredible intervalを指す。

年金制度改革問題の争点としての特性，自民党と民主党の公約内容）を所与とすれば，1つの政党についてのみ政策情報を得るのでは不十分で，2つの政党のそれを見比べてこそ意味がある，と理解できるかもしれない。閾値論で言うならば，1政党の政策情報では，有権者をして投票に踏み切らせることはできなかった，ということであろう。

　無論，人は数種類の情報を聞くよりも，ただ1種類の情報を聞く方が，シンプルに決断できる，という場合もあるかもしれない。しかしながら，投票行動に関して言えば，ある1つの政党の情報で十分だと感じるような人は，党派性，過去の習慣，動員などによって，暫定的に投票政党が決まっている人なのではないだろうか。Downsが言うように，こうした人にはもともと追加的情報の効果は小さいのである。

② 仮説2の検証

　では，投票行動を事前に決定していなかった人に対して，政策情報の閲覧はどのような効果を与えただろうか。そこで，投票日約2週間前の時点における投票参加の決定（投票に行くか否か）と，投票選択の決定（何党に投票するか）でサンプルを分け，分析を行った。ただし前項の分析と異なり，サブ・グループ内に分けた上での分析はサンプル数が減少するため，1政党・2政党条件の効果を分けて分析することができない。そこで，少なくとも1つ以上の政党の政策情報を見た場合と，まったく見ない場合とで，効果の比較を行うことにした。また投票参加の決定についての回答の選択肢は「投票に行く予定である」「まだ決めていない」「行かない予定である」の3種類であるが，これもサンプル数不足により，「まだ決めていない」と「行かない予定である」のカテゴリーを統合し，「投票に行く予定である」人と比較することにした。つまり，少なくともまだ「投票する」という結論に達していない人と，達している人の投票確率を比較することになる。

　表3は，「投票に行く予定である」と答えた人（投票参加予定者）と「まだ決めていない・行かない予定である」と答えた人（未決定者・棄権予定者）における効果（上2段），「投票したい政党がある」と答えた人（投票政党決定者）と「投票したい政党がない」（投票政党未決定者）と答えた人における効果（下2段）を示したものである。まず上2段を見ると，政策

表3 政策情報の投票確率向上効果（投票参加・投票選択の決定／未決定）

	効果の平均	s.d.	95%確信区間 2.5%	97.5%
投票参加予定者				
実験条件割り当ての効果(ITT)	0.026	0.023	−0.018	0.072
実験処置の効果(CACE)	0.035	0.031	−0.024	0.096
未決定者・棄権予定者				
実験条件割り当ての効果(ITT)	0.004	0.049	−0.095	0.099
実験処置の効果(CACE)	0.006	0.072	−0.138	0.143
投票政党決定者				
実験条件割り当ての効果(ITT)	−0.025	0.026	−0.070	0.030
実験処置の効果(CACE)	−0.033	0.034	−0.092	0.039
投票政党未決定者				
実験条件割り当ての効果(ITT)	0.042	0.030	−0.017	0.101
実験処置の効果(CACE)	0.059	0.043	−0.024	0.142

＊ Horiuchi, Imai, and Taniguchi (2005) p. 23のTable 3を編集。効果の比較基準は統制群（政策情報を閲覧していないグループ）。例えば，投票政党未決定者における実験処置の効果（CACE）は，実験群の中のcomplierの投票確率が，統制群の中の潜在的なcomplierのそれより，5.9％ポイント高いことを示す。「95％確信区間」は，ベイズ推定におけるcredible intervalを指す。

情報閲覧条件への割り当てが，投票確率を2.6％ポイント（0.026）押し上げる効果があることを示している。またCACEの値は，complierの中で比較した場合に，実験群の投票確率を3.5％ポイント（0.035）押し上げる効果があることを示している。一方，未決定者・棄権予定者については，政策情報閲覧条件への割り当てが，投票確率を0.4％ポイント（0.004）押し上げる効果があることを示している。またCACEの値は，complierの中で比較した場合に，実験群の投票確率を0.6％ポイント（0.006）押し上げる効果があることを示している。

　上記の結果から言えるのは，政策情報を与えることによって，そもそも投票に行くつもりであった人の投票がより確実になる，ということである。投票日2週間前に「投票に行く」と言っても，実際には投票に行かない人も少なくない。つまり政策情報は，そのような脱落を押し留める効果を持つと解釈できるかもしれない。一方，政党の政策情報の付与が投票参加未決定者・棄権予定者の投票確率に与える効果は，非常に小さかった。ただし，これは投票参加未決定者・棄権予定者を同じカテゴリーにまとめた分析の結果である。両者を分けて効果を確認するためには，より多くのサンプル数が必要となるため，これについては今後の課題としたい[28]。

最後に,表3の下2段から,投票選択の決定度と情報効果の関係を見ていきたい。投票日2週間前の時点で「投票したい政党がある」と答えた人（投票政党決定者）と「投票したい政党がない」（投票政党未決定者）とに分けて効果を確認すると,投票政党決定者では,投票確率に対する情報効果はむしろマイナスに振れていることがわかる。しかし投票政党未決定者の中では,政策情報閲覧条件への割り当てが,投票確率を4.2％ポイント（0.042）押し上げる効果があることを示している。またCACEの値は,complierの中で比較した場合に,実験群の投票確率を5.9％ポイント（0.059）押し上げる効果があることを示している。

これらの結果から,選挙前にどの政党に投票するか決めていなかった人については,政党の政策情報はその投票参加を促進する傾向があることがわかった。この点については,「浮動層で情報効果が高い」とのDownsの説に,うまく合致しているように見える。

四　結論と含意

本研究は,実験政治学を紹介すると共に,2004年の参議院選挙を対象として,政策情報が投票参加に与える影響について,実際にフィールド実験を行った結果を報告した。Downsらの議論から導いた2種類の仮説（「情報量の増加は投票参加確率を上昇させる」「情報の増加が投票参加確率の上昇に与える効果は,浮動層において高い」）に沿って分析を行った結果,以下の2つの知見が見出された。第一に,今回の実験枠組みにおいては,1政党の政策情報を閲覧しただけでは投票確率上昇に与える効果は小さいが,2政党の政策情報を閲覧した場合は,その効果が大きくなることがわかった。つまり,政策情報を見比べるという行為が,投票参加を促進する可能性が示唆された。第二に,政策情報はそもそも投票参加を予定していた人の投票確率を上げる（ないし,「脱落」を防ぐ）ことに寄与するのに対し,投票参加未定者・棄権予定者に対する効果は明らかとならなかった。そして,最も強い効果は,投票日約2週間前の時点で投票政党を決めていない人において見出された。したがって以上の分析結果は2つの仮説を支持する傾向を示すものであったと考えられる。

従来,「情報が増えれば投票率が上がる」という仮説は,「投票に行くような人ほど情報を持っている（求める）」という逆方向の因果的予測の影に

隠れて，厳密に測定されることがほとんどなかった。本研究の分析結果は上記仮説を支持するものであるが，この結果は現実の政治や選挙にとってどのような意味を持つか。1つには，公約，マニフェスト，その他の選挙に関する情報を有権者に届けようとするあらゆる努力は，投票率の上昇に対して効果がある，ということである。既存の社会集団の統合力（政治的社会化，利益の集約など）が弱化する傾向にある現代社会においては，「情報」がどのように流通するかが，政治参加の活性化の鍵となることは間違いないであろう。その意味では，政党のサイト上にある公約・マニフェストの閲覧が投票参加を促した，という本研究の知見は，インターネットという新しい政治的コミュニケーション・メディアの可能性を示唆したとも言える[29]。

　最後に，本研究の方法論的意義と今後の課題について述べたい。本研究では，実験的手法を単純に政治学研究へ応用することに留まらず，それを可能な限り正確に行うことで，実験政治学における先端的な研究課題を紹介することを重視した。実験研究が如何に魅力的な仮説を実証しようとも，方法論が間違っていればその研究価値は下がる。本研究は，とりわけ実験手続き上の統制が不完全となるフィールド実験，世論調査実験に起こりやすい問題に取り組んだ。まず，無作為条件割り当てを効率化する方法（randomized block design）を採用した。また，実験処置に従わない人が出ること（non-compliance），及び調査に回答しない人が出ること（non-response）によるデータの歪みに対処するため，ベイズ推定を利用して分析を行った。分析の精度を高めるためには，被験者が実験処置に従うか否か，調査で回答するか否か，最終的にどのような行動／回答を行うか，などを推定するために有用な情報を，あらかじめ得ておくこと，被験者が実験処置に従ったか否かについて，可能な限り正確に記録すること，が重要であることも付記したい。

　こうした手法は様々な分野，トピックの実験研究に応用可能である。その意味で，本研究が新たな実験研究の登場を促すことを願いたい。

　　謝辞：本研究は，㈶電気通信普及財団の研究助成を受けて行われた。実験・
　　　調査の実施にあたっては，㈱日経リサーチ社の協力を得た。また，小林良
　　　彰，大浦宏邦，谷口将紀，安野智子の各氏，そしてオーストラリア国立大

学，プリンストン大学，ハーバード大学，ミシガン大学，カリフォルニア大学サンディエゴ校の研究会の参加者から，多くの有益なコメントを頂いた。本研究並びに本論文の執筆にご協力下さったすべての方々に，記して感謝を申し上げる。

（1） 例えば，Grofman, B., ed. 1993. *Information, Participation, and Choice: An Economic Theory of Democracy in Perspective*. University of Michigan Press, Ann Arbor, MI; Huckfeldt, R. R. and Sprague, J. 1995. *Citizens, Politics, and Social Communication: Information and Influence in An Election Campaign*. Cambridge University Press, New York, NY; Alvarez, R. M. 1998. *Information and Elections: Revised to Include the 1996 Presidential Election*. University of Michigan Press, Ann Arbor, MI など。

（2） Downs, A. 1957. *An Economic Theory of Democracy*. Harper, New York, NY. 古田精司監訳，1980年，『民主主義の経済理論』成文堂，79-83頁（第5章「不確実性の意味」），及び270-286頁（第14章「合理的棄権の原因と効果」）。

（3） 例えば，Rosenstone, S. J. and Hansen, J. M. 1993. *Mobilization, Participation, and Democracy in America*. Macmillan, New York, NY; Bartels, L. M. 1996. Uninformed Votes: Information Effects in Presidential Elections. *American Journal of Political Science* 40: 194-230; Larcinese, V. 2002. Information Acquisition, Ideology, and Turnout: Theory and Evidence from Britain. Unpublished manuscript, LSE など。

（4） 日本の政治学における他の実験研究例に，鬼塚尚子，2000年，「市民参加のジレンマ：市民組織の選挙運動におけるフリーライダーの発生」『選挙研究』第15号139-151頁，若尾信也，2004年，「『公的熟慮』の意義と可能性：年金制度を巡る実証分析」『選挙学会紀要』第3号，71-87頁がある。

（5） Horiuchi, Y., Imai, K. and Taniguchi, N. 2005. Designing and Analyzing Randomized Experiments: "Manifesto" and Voter Turnout in Japan. Presented at the Annual Meeting of the American Political Science Association, Washington D.C., September.

（6） 実験経済学については，以下などに解説がある。Friedman, D. and Sunder, S. 1994. *Experimental Methods: A Primer for Economists*. Cambridge University Press, New York, NY; Kagel, J. H. and Roth, A. E. eds. 1995. *The Handbook of Experimental Economics*, Princeton University Press, Princeton, NJ.

（7） *American Political Science Review*, *American Journal of Political Science*, *Journal of Politics* の3誌に，1990年以降に掲載された論文のタイトル及び

要約から，実験研究を検索し，図を作成した。もちろんこれより前にも実験研究はいくつか存在するが，検索の都合上，3誌の要約が電子化された90年以降の研究に限定した。また，政治学における実験研究については，Kinder, D. R. and Palfrey, T. R., eds. 1993. *Experimental Foundations of Political Science*. University of Michigan Press, Ann Arbor, MI; McDermott, R. 2002. Experimental Methods in Political Science. *Annual Review of Political Science* 5:31-61.

(8) Iyengar, S., Peters, M., and Kinder, D. 1982. Experimental Demonstrations of the Not-So-Minimal Consequences of Television-News Programs. *American Political Science Review* 76:848-858; Sniderman, P. Carmines, E., Layman, G., and Carter, M. 1996. Beyond Race: Social Justice as a Race Neutral Ideal. *American Journal of Political Science* 40:33-55; Mutz, D. 1997. Mechanisms of Momentum: Does Thinking Make It So? *Journal of Politics* 59:104-125; Lupia, A. and McCubbins, M. D. 1998. *The Democratic Dilemma : Can Citizens Learn What They Really Need to Know?* Cambridge University Press, New York, NY（山田真裕訳，2005年，『民主制のディレンマ』木鐸社）; Clinton, J. and Lapinski, J. 2004. Targeted Advertising and Voter Turnout: An Experimental Study of The 2000 Presidential Election. *Journal of Politics* 66:69-96; McDermott, M. 2005. Candidate Occupations and Voter Information Shortcuts. *Journal of Politics* 67:201-219.

(9) Bishop, G. Tuchefarber, A., Smith, A., Abramson, P., and Ostrom, C. 1994. Question Form and Context Effects in The Measurement of Partisanship: Experimental Tests of the Artifact Hypothesis. *American Political Science Review* 88:945-958.

(10) Fiorina, M. and Plott, C. 1978. Committee Decisions under Majority-Rule: Experimental Study. *American Political Science Review* 72:575-598; Mckelvey, R. and Ordeshook, P. 1984. An Experimental-Study of The Effects of Procedural Rules on Committee Behavior. *Journal of Politics* 46:182-205; Krehbiel, K. 1986. Sophisticated and Myopic Behavior in Legislative Committees: An Experimental Study. *American Journal of Political Science* 30:542-561.

(11) 実験政治学が直面する問題については，Lupia, A. 2002. New Ideas in Experimental Political Science. *Political Analysis* 10:319-324.

(12) Gerber, A. S. and Green, D. P. 2000. The Effects of Canvassing, Direct Mail, and Telephone Contact on Voter Turnout: A Field Experiment. *American Political Science Review* 94:653-663; Gerber, A. S. and Green, D. P. 2001. Do Phone Calls Increase Voter Turnout? A Field Experiment. *Public Opinion*

Quarterly 65:75-85.
(13) Imai, K. 2005. Do Get-Out-the-Vote Calls Reduce Turnout? The Importance of Statistical Methods for Field Experiments. *American Political Science Review* 99:283-300.
(14) 従来の調査実験では，分析を回答者だけに限り，回答者の属性その他の情報でコントロールする多変量解析を行うなどして，欠損問題に対処することが多かった。こうした方法は世論調査解析一般に見られるものの，不完全なデータで分析することの問題性は，実験データの解析において一層深刻かもしれない。実験研究では，説明変数となる実験処置の効果の出方のみによって，研究価値が決まるからである。なお，政治学の調査実験研究で欠損問題を考慮した例としては，Mutz, D. C. 2002. Cross-Cutting Social Networks: Testing Democratic Theory in Practice. *American Political Science Review*. 96:111-126。
(15) Downs, 1957, 前掲訳書，37-38頁（第3章「投票の基本的論理」）。
(16) この段落の議論は，Downs, 1957, 前掲訳書，84-98頁（第6章「政府の意思決定に与える不確実性の影響」）を参照。
(17) Downs, 1957, 前掲訳書，87頁。
(18) Matsusaka, J. G. 1995. Explaining Voter Turnout Patterns: An Information Theory. *Public Choice* 84:91-117; Ghirardato, P. and Katz, J. N. 2002. Indecision Theory: Quality of Information and Voting Behavior. *Social Science Working Paper* 1106R, California Institute of Technology.
(19) Lassen, D. 2005. The effect of information on voter turnout: Evidence from a natural experiment. *American Journal of Political Science* 49: 103-118.
(20) Downs, 1957, 前掲訳書，88-89頁（Ⅲ「閾の役割」）。
(21) 東京大学・朝日新聞共同世論調査によると，有権者がもっとも重視する争点は「年金（47％）」で，次いで「景気（24％）」，「イラク（12％）」，「憲法（10％）」，「郵政（3％）」であった（2004年6月24日朝日新聞夕刊）。
(22) 同争点の詳細，及び本調査における有権者の反応については，谷口尚子，2005年，「2004年参院選における政策争点と有権者意識」小林良彰編『日本における有権者意識の動態』所収，慶応義塾大学出版会を参照されたい。
(23) 本稿の分析で用いる変数，コーディングは，以下の通りである。＜第1波調査＞「S1. あなたの性別をお聞かせください：1＝男性，2＝女性」「S2. あなたの年齢をお聞かせください」「S4. あなたの最終学歴をお聞かせください：1＝中学，2＝高校，3＝専門学校，4＝短大・高専，5＝大学，6＝大学院」「S5. 今年7月11日に行われる参議院通常選挙について，あなたのお考えに最もあてはまるものを1つずつお選びください（S5SQ1から

S5SQ6まで，以下の4点尺度からそれぞれ1つ選択。ただし分析では，4点尺度を逆転化，もしくは4つのカテゴリーを2つのカテゴリーに統合化して使用している場合もある。1＝あてはまる，2＝ややあてはまる，3＝あまりあてはまらない，4＝あてはまらない）」「S5SQ1. 投票したい政党（候補者）がある」「S5SQ2. 自民党は，『好ましい政党』だと思う」「S5SQ3. 民主党は，『好ましい政党』だと思う」「S5SQ4. 公明党は，『好ましい政党』だと思う」「S5SQ5. 共産党は，『好ましい政党』だと思う」「S5SQ6. 社民党は，『好ましい政党』だと思う」「S6. 同じく今年の参議院通常選挙について，おうかがいします。あなたはこの選挙で投票しますか，しませんか：1＝投票する予定である，2＝投票しない予定である，3＝まだ決めていない」（S6で「1＝投票する予定である」と答えた人に対し）「S6SQ1. まず，比例区で投票する予定の政党（もしくは候補者の所属政党）を教えてください」「S6SQ2. 比例区で投票する予定の政党（もしくは候補者の所属政党）は，『自分にとって最適な政党（候補者）である』と，今の時点で，どの程度『確信』していますか？：1＝強く確信している，2＝まあ確信している，3＝あまり確信していない，4＝確信していない」「S6SQ3. 次に，選挙区で投票する予定の候補者の所属政党を教えてください」「S6SQ4. 選挙区で投票する予定の候補者は，『自分にとって最適な政党（候補者）である』と，今の時点で，どの程度『確信』していますか？：1＝強く確信している，2＝まあ確信している，3＝あまり確信していない，4＝確信していない」＜第3波調査＞「Q1. 7月11日に行われた参議院通常選挙では，投票しましたか，しませんでしたか：1＝投票した，0＝投票しなかった」

(24) 無論，無作為割り当てに基づく実験であっても，そもそも被験者サンプルの代表性が低い場合，結果の一般性には限界がある。本実験のように，インターネット調査を利用する場合，インターネット・ユーザーの持つ特徴が反映される可能性は否定できない。関連文献として，石生義人，2004年，「インターネット選挙情報接触者の政治的特殊性：多変量解析による検証」『社会科学ジャーナル』52：31-52；川上和久，2003年，「2000年総選挙におけるインターネットユーザーの投票行動」『明治学院論叢法学研究』75：27-52。こうした問題については，インターネット調査の結果を，より代表性の高い調査の結果に「外挿」する，といった試みもあり得る。関連文献として，鈴木文雄，2005年，「インターネット調査の現状と課題：学術調査への導入可能性」日本選挙学会研究会分科会F方法論部会I報告論文。

(25) Cox, D. R. and Reid, N. 2000. *The Theory of the Design of Experiments*. Chapman & Hall, New York, NY, 及び Horiuchi et al., 2005, pp. 9-11 を参照。

(26) Horiuchi et al., 2005, pp. 30 を参照。．

(27) Imbens, G. W. and Rubin, D. B. 1997. Bayesian Inference for Causal Ef-

fects in Randomized Experiments with Noncompliance. *Annals of Statistics* 25:305-327. また本実験への適用の詳細は, Horiuchi et al., 2005, pp. 10-17 を参照。
(28) この問題については, 被験者の異質性 (heterogeneity) をモデルに組み込むことで対応することもできる。Horiuchi et al., 2005, pp. 20-27 を参照。
(29) 同種の関心から実証を行ったものとして, Weber, L. Loumakis, A. and Bergman, J. 2003. Who Participates and Why? An Analysis of Citizens on the Internet and the Mass Public. *Social Science Computer Review* 21: 26-42.

権力融合と権力分立の立法過程的帰結

川人貞史・増山幹高

はじめに

　欧米の政治学において議会が新制度論による理論的・実証的研究の主たる分析対象であるのに対して，日本の政治学において国会研究が中心的な地位を占めてこなかったことは著しい対照をなしている。これには理念的な議会制度観から国会に的はずれの期待を寄せるという学問的な「伝統」があり，行動論的な分析アプローチが説明すべき事象を適切に把握してこなかったことに多く由来している。それは権力分立制における立法機関としての国会が議員立法を推進し，政府立法に対抗するという理念的な議会観が一般に支配的であったためである。しかしながら，議院内閣制における「議院」である国会は，多数を占める与党が内閣を支持し，議事運営権を掌握して，主として内閣提出法案を可決成立させるという意味において多数主義的であり，与党に影響力を行使させることを制度的に保障している（川人2005，増山2000，2003）。すなわち，議院内閣制の憲法的帰結とは，法案の成否が与党による権力行使のあり方に依存するということにある。

　権力分立制を強調する従来の研究では，国会は唯一の立法機関として議員立法を推進すべきであり，内閣提出法案に対しても内閣に対峙する野党が影響力を行使する場と捉えられてきた。国会の制度的特徴の1つは会期が比較的短く限定されていることである。国会の開会期間は年度ごとの総予算を審議する通常国会といくつかの臨時国会に分割され，国会の慣例や規則によって実質的な稼働日数は限られたものとなっている。また会期内に成立しなかった法案は後会に継続しないという「会期不継続の原則」があり，国会における立法過程の時間的制約を一層厳しくしている。こうした時間的制約を課す制度は主として野党に影響力を行使させるように機能

するものとして理解されてきた。すなわち，野党が審議の引き延ばしや妨害を通じて法案の生殺与奪を左右し，また政策的譲歩を勝ち取っているものとみなされている。

こうした従来の研究に対して，議院内閣制における「議院」という観点から，国会を内閣の依拠する与党が影響力を行使する場と捉える増山(2003)は，内閣提出法案の立法過程における時間的次元の把握を試み，与党にとって好ましい法案の成立が推進されるという意味において，「議事運営権」の立法的帰結を計量的に分析している。また川人(2004，2005)は議院内閣制において閣法と比較すると議員立法が内閣にとって好ましくないものであるため，戦後初期にはきわめて多かった与党提出の議員立法が徐々に衰退したことを理論的・実証的に分析している。

国会において，提出法案の大部分を占める閣法と比較的少数の議員立法とが並存しているのは，それらが2つの異なる立法形式として相互補完的な機能を果たしているからであると推測される。そこで，本稿は，議院内閣制における権力の融合と分立が立法に及ぼす帰結として，閣法と議員立法がどのように異なる立法過程をたどるのかという問題を検証していく。特に閣法と対比したとき，議員立法はどのような立法過程をたどり，どのような時間的制約と議事運営権の下にあるのかということを計量的に分析していく。

本稿で検証しようとする仮説は，与党・内閣が議事運営権と議題設定権を通常保持する議院内閣制において，議員立法という立法形式が閣法の補完的な機能を果たし，閣法とは異なる立法過程をたどるのではないかというものである。こうした仮説検証を通じて，本稿では，いかに議員立法や野党の立法的影響力行使が閣法を主とする議会制度的条件と整合的な形において促進されるのかを明らかにし，国会における制度と行動の相互作用を包括的に把握することを試みる。

論文の構成は以下のとおりである。まず会期制による時間的制約が内閣提出法案の立法過程に及ぼす作用について従来の議論を概観し，議院内閣制において議員立法が促される可能性は内閣の議題設定権が及ばない場合や議事運営権が与野党で共有される場合に高まるという仮説を提起する。次いで，戦後の国会で審議された法案に生存分析を応用することによって立法個々の成立確率を推定し，議員立法の提出形態や時期的な相違から上

記の仮説を検証する。最後に，本稿の分析結果をまとめ，議会制度および日本政治に関する本稿の意義を検討する。

時間的制約の立法的帰結

従来の国会に関する見解を大別すると，多くは国会が行政機関の推進する立法活動を形式的に裁可するに過ぎないものとみなしており，国会が憲法上，国権の最高機関としての地位を与えられていることに留意するものは僅かである。ただし，このような国会無能論に対して，国会は制度的に政党間の協調を促進し，立法過程を見かけ以上に「粘着的」にしているという反論もなされている。国会の機能を見直す端緒となったのは，議会研究における行動論的な実証主義を国会に応用したマイク・モチヅキやエリス・クラウスの研究であり（Mochizuki 1982, Krauss 1984），例えば，モチヅキは国会の制度が立法活動を時間的に制約することによって，与党の立法能力を抑制するように機能するという主張を展開している。

モチヅキらの研究に端を発する一連の実証的研究は国会の実態を解明するうえで多大な貢献をなしてきたものの，例えば，ある「国会」における成立法案数の提出法案数に占める割合である法案成立率といった集計的なレベルにおける分析を典型としており，そうした集計的指標の解釈には疑問がある。内閣提出法案の成立率が高いという事実は，しばしば行政機関が意のままに法案を国会に認めさせ得ることの証拠として言及されている。しかし，それは国会における審議の難航を予測し，行政機関が物議を醸す法案の提出を戦略的に控えるという可能性がある限り，行政機関の意向が実現されていることを意味するものとして一義的に捉えることは難しい。すなわち，日本政治を官僚支配と捉える研究者は内閣提出法案の高い成立率に言及し，国会は官僚的立法を追認する単なるゴム印のようなものに過ぎないと論じる一方，政官関係を官僚支配とは全く逆の代理委任関係として捉える研究者の観点からは，内閣提出法案の高い成立率は効率的な権限委譲の証拠とみなされるのである（Ramseyer and Rosenbulth 1993）。またモチヅキらのように，国会の機能を評価しようと試みる研究者も立法過程における与野党対立といった観察可能な事象に着目するが，それらの国会における対立がせいぜい野党の反対する法案の提出された割合を示すに過ぎないことは認識されていない。つまり，そうした「見える形」の対立が

ない場合，通説的に野党が無力であるのか，あるいは国会の意向が内閣提出法案にすでに盛り込まれており，そもそも野党に反対する理由がないのかは一概に判断できない。

　国会研究における「実証主義」は，立法活動の失敗や与野党の対立が観察された事例から「論争的立法」を事後的に定義し，そうした事例に分析の焦点を置くことによって，国会研究の視野を非常に限られたものにしてきたことは否めない。すなわち，可視的な現象に着目するアプローチは国会自体を研究対象として魅力のないものにするだけでなく，研究者の関心を法案の作成や利害の調整が「見える形」において活発である国会以前の段階に集中させ，官僚支配論を意図的にしろ，意図的でないにしろ，過大評価させる傾向を生み出している。また自民党が戦後の長期間に及んで政治体制における優位な位置を占めてきたことから，実証主義的な帰結として，自民党の組織や政治家の果たす役割に研究者の関心が向けられてきている。自民党の政務調査会といった政策審議機関において法案の国会提出を左右する与党の事前審査が定着し，また「族」議員と呼ばれる政治家が政調活動を通じて特定分野で影響力を持つようになってきたと言われる[1]。しかし，国会以前の行政省庁や与党が主として関与する段階において，「見える形」における影響力の行使が活発となるのも，議院内閣制という国会の制度に立法過程が構造化されているためであり，立法に関する議会制度的制約を適切に把握することなくして，行政省庁や与党が潜在的に繰り広げている立法の戦略的行動を理解することは不可能である。

　特に，従来の研究において，国会の時間的制約が与党の立法能力を制度的に抑制するという国会運営における与野党協調論が唱えられている（Mochizuki 1982, Krauss 1984）。具体的には，日米安保条約改定をめぐる議会政治の混乱を経て，政党間の相互作用が制度化し，国会運営において与野党が協調関係を築いてきたとされる。ただし，クラウスは1970年代の伯仲国会の出現を強調する一方，モチヅキは与野党協調を国会において人間関係が徐々に制度化した結果と考える。しかし，こうした国会の制度的機能を野党の影響力行使にあるとする議会観には論理的な問題があり，多数決を採用する国会において，なぜ多数派は少数派への譲歩を強いられる議会制度を変更することなく，さらに維持し続けてきたのかという疑問に答えられないという限界がある[2]。

川人（2004, 2005）は国会が議院内閣制と国会中心主義という2つの異なる理念を内包していると主張する。川人によれば，国会はイギリスにおけるような議会主権とは異なり，国権の最高機関性が権力分立制のために他の二権に制約され，相対化される。その結果，議院内閣制から切り離された国会中心主義が，戦前からの制度遺産も預って，内閣の関与を排除して政府に対する国会の優越を確保する理念となったと論じている。こうした国会における異なる制度原理を反映するのが，全会一致あるいは特別多数を目指す与野党協調による国会中心主義の立法（＝議員立法）と多数決に基づく内閣・与党主導の立法（＝閣法）である。川人は2つの制度原理が立法にいかなる帰結をもたらすのかを空間モデルを用いて解明し，議院内閣制と国会中心主義の制度的帰結として，2つの命題を導き出している。

　　命題1：議院内閣制においては，内閣および首相は，国会中心主義的議事運営によってもたらされる手続的帰結を基本的に好まない。
　　命題2：議院内閣制においては，内閣および首相は，議員提出法案が可決成立することによってもたらされる政策的帰結を，内閣提出法案の成立によってもたらされる政策的帰結より，基本的に好まない。

　こうした命題から経験的に期待されることは，国会中心主義の手続的帰結および政策的帰結が内閣にとって立法的効用を低下させるということである。すなわち，議院内閣制においては，与党の信任を得た内閣が立法の主導権を握り，内閣の選好を強く反映した内閣提出法案が与党の賛成により可決成立する。これに対して，国会中心主義的議事運営は内閣提出法案の成立を遅らせ，また成立させないといった手続的帰結をもたらし，内閣に政策的譲歩を余儀なくさせることもある。国会中心主義の立法である議員立法は，国会が政府の関与を排除して，国会が国権の最高機関として自己完結的に立法を行うものである。川人（2005）は，与野党協調のための交渉コストの大きさが法案採決にまで至る可能性を左右し，採決に至った場合には法案賛成比率が高くなる傾向のあることを計量的に明らかにしている。

本稿においても，国会の制度的機能を議院内閣制における与党の権力行使という意味の「権力融合」と，国会独自の立法過程を制度化するという国会中心主義に根づいた「権力分立」が並存していると捉える。議院内閣制の制度的な立法の均衡状態は閣法が主となり，与党の政策選好に合致する限りにおいて議員立法が促される。川人の理論的，実証的分析から派生する仮説として，内閣による議題設定権および与党による議事運営権の掌握が議院内閣制における閣法の立法過程を特徴づける一方，国会中心主義の帰結として内閣・与党による議題設定権・議事運営権の掌握が完全でない場合には議員立法が促されると考えることができる。議員立法においては，議事運営権を与党が独占する場合もあれば，与野党が共有する場合もある。与党が議事運営権を独占する議員立法は，法案の成立形態としては閣法と変わらないであろう。しかし，議事運営権が与野党で共有される場合の議員立法は，与野党の支持に基づく法案の成立形態となるため，閣法とは異なる立法過程となることが予想される。また成立見込みのある議員立法としては，内閣を支える持続的多数派と異なる一時的多数派が形成されたか，あるいは内閣の許容する範囲において法案提出が多数派に委任されたことを意味する。

　こうした仮説を検証するために，本稿では，法案個々に生存分析を応用することによって，国会の制度的な時間制約が及ぼす立法的作用を解明しつつ，与党の権力行使という多数主義と与野党が権力を共有する国会中心主義が戦後の国会においてどのように並存してきたのかということを検証していく。なぜ多数決を決定のルールとする議会において，多数派にとって立法的な権限を制約するような手続きやルールが選択されるのかという問題は，一連の議会制度をめぐる合理的選択論の中心的な論争点であり，こうした問題意識を共有する本稿の分析は，日本の国会における制度と行動の相互作用を明らかにするだけでなく，立法手続きの比較制度論としても貢献することが期待される。

「立法時間」の比較

　国会における法案としての存続期間を理解するには，会期という国会の制度による「打ち切り」の問題を考慮する必要がある。生存分析はある事象の継続期間とその状態の終了確率を同時に分析する統計的手法であり，

「打ち切り」の問題に対処することを可能にする。治療効果の分析など，医学や生物学の分野において開発・応用が進んでいるため，通常，ある事象の発生までを「生存期間」とし，ある事象の発生確率をある事象が生じる「危険」に晒されているという意味において「危険率」と呼んでいる。この節では，戦後の国会に提出された法案に関して，それらが国会において法案である状態を終了し，法律となる確率という意味での「立法危険率」を推定していく。

具体的には，1949年の第5回国会から2001年の第151回国会までの「予算国会」における新規提出の閣法と衆議院議員の提出した「衆法」を分析対象とする[3]。予算国会とは各年度の一般会計予算を審議する国会である[4]。予算国会に限定するのは，法案個々の審議過程に関して予算国会と非予算国会では本質的な違いがあると予想されるためであり，これによって非予算国会における会期日数との相違と総予算審議の有無を制御している[5]。言いかえれば，非予算国会が予算国会を補完するものである程度に応じて，予算国会と非予算国会の立法過程を同等に扱うことには問題が生じ，また議員立法が閣法を中核とする立法の残余部分に位置づけられるならば，非予算国会における議員立法の意味は過大評価されてしまうことになる。

ここでは法案が国会において成立するまでに要する時間を「立法時間」と定義する。具体的には，法案が成立した場合には，会期初日から後議院本会議における可決日までの日数とし，不成立の場合には，法案としての存続期間が会期終了によって人為的に打ち切られたものとみなし，「立法時間」には会期日数をあてている。分析対象法案中，閣法930本，衆法246本が会期内に成立せず，集計的な意味において不成立率は閣法で約14.4％，衆法で約25.3％となる[6]。また法案は国会に提出されるまで，法案が法律になるという「危険」に晒されることはなく，法案の国会への「入場」時点までを「提出時間」として，会期初日から法案が提出されるまでの日数をあてている[7]。

次に「立法時間」を規定していると考えられる外生的要因を検討していくこととしよう。まず「会期」を各予算国会の会期日数として，国会ごとの時間的枠組みにおける相違を制御するものとして変数化する。ただし，会期の相違とは，総選挙後の特別国会が予算国会となる場合や時々の政治情勢から国会が延長されたり，解散されることによって生じるものである。

したがって，こうした会期日数は「立法時間」の時間変量的（time-varying）な外生変数とする必要がある。つまり，会期延長のあった国会において，ある法案が当初会期を越えて存続することもあり，その場合，法案個々の観点からすると，当初会期中と延長後の「会期」は異なるものとなる。生存分析においては，ある状態の継続する期間において変化する外生的要因を時間変量的外生変数とし，存続期間を通じて一定である時間不変的（time-constant）変数とは区別している。

具体的には，「会期」は，当初会期内に「立法時間」が終了した（つまり，法案が成立した）場合，その法案に関して当初会期日数をあてる。また「立法時間」が当初会期を越えた（つまり，当初会期内には成立しなかった）場合，その「立法時間」は当初会期延長議決時に「打ち切られた」ことになる。言いかえれば，その「立法時間」の終了は当初会期日数が一定である間には観察されなかったものとして処理される。さらに，延長後の会期において法案として存続する期間は別個の「立法時間」として考慮されることになり，この場合に「会期」は延長会期日数を加えた新たな数値をとる。

こうした当初会期内に成立しなかった法案の第2の「立法時間」については，当初会期中には成立する「危険」に晒されていたわけではなく（その期間には第1の「立法時間」があるのだから），当初会期後に初めて成立する「危険」に晒されるようになったものとして捉える必要があり，第2の「立法時間」については「提出時間」を当初会期日数として変数化する。このような「立法時間」の「複製」は，会期が延長されるたびに，その時点において成立していない法案に関して繰り返される必要がある[8]。

また総選挙後に召集された特別国会が予算国会となっている特殊な事情を制御するために，予算国会が特別国会である場合を1，その他の場合を0とするダミー変数「特別国会」を「立法時間」の説明変数に加える。さらに，先にも触れたように，与野党の国会運営に関してはモチヅキとクラウスに代表される2つの捉え方がある。本稿では，そうした政治的要因が「立法時間」に及ぼす影響を検討するために，「与党議席」を各予算国会の衆議院における与党の議席割合百分率とし[9]，また1945年8月15日から各国会初日までの日数を対数化したものを「社会化」として，モチヅキ流の人間関係の長期的な制度化を反映する指標とする。

こうした国会単位のマクロな要因とともに，法案の運命をより直接的に規定していると考えられるのが法案個々のレベルにおける議事運営である。時間的制約の下で効率的な法案審議を実現するためには，法案個々の議事運営における優先度を判断していく必要がある。国会における立法は委員会審議を経由することが一般的であり，法案の議事序列としては委員会付託法案中の法案提出順序に着目する。生存分析においては，ある事象が発生するか否かとそれが発生するまでにどれくらい時間がかかるのかということは同時に処理され，ある事象の発生確率はその発生までの時間が延びるほどに低くなるという関係にあり，本稿では法案の議事序列の作用を法案の成立ないしは会期末の「打ち切り」までに要する時間の関係（＝議事序列と法案である状態の終了する「危険率」の関係）に集約されるものとして分析していく。

　具体的には，内閣提出法案各々について，その法案が付託された衆議院委員会の付託法案における法案提出日順位を「法案序列」と定義する。この「法案序列」は，最も順位の高い法案において０となり，法案提出日の委員会別付託法案中順位が下がるに応じて，－１，－２，－３と減少する変数として操作化され，「法案序列」の数値が大きいほど，法案の議事運営における優先度は高いものとなる。ただし，こうした「法案序列」は委員会ごとの付託法案数によって異なる意味を持つ可能性があり10，ここでは「付託法案」を各法案が付託された衆議院委員会の付託法案総数と定義し，政策分野ごとの立法需要の相違を制御する変数とする。衆法の場合，委員会で原案作成後，委員会審査が省略されるものについては所管委員会を付託委員会に相当するものとする。

　また国会の委員会における議事運営権に着目し，法案が付託される委員会の委員長が与党議員であるか否かが立法的な効率性にいかなる作用を及ぼすのかを検討する。具体的には，衆参のいずれかの院において内閣提出法案が付託される委員会の委員長が野党議員であるということを示すダミー変数を「野党委員長」とし，また，それと「法案序列」の積変数を「法案序列＊野党委員長」とし，これらによって与党が委員会における議事運営権を掌握できない場合，法案の議事序列による立法的作用にいかなる変化が生じるのかということを検証する。

　さらに，マクロな政治的要因としては，従来の与野党協調論の適否をミ

クロな立法の効率性において検討するために，与野党の議席割合と人間関係の制度化を変数化しているが，これらとは独立に内閣・与党の立法的権限のあり方が「立法危険率」に及ぼす作用を検証するために，時期区分を示すダミー変数を推定モデルに加える。具体的には，

　　第1期（1949～1955年：吉田政権）
　　第2期（1956～1960年：鳩山－岸政権）
　　第3期（1961～1972年：池田－佐藤政権）
　　第4期（1973～1980年：田中－大平政権）
　　第5期（1981～1989年：鈴木－宇野政権）
　　第6期（1990年以降：海部－小泉政権）

とし，比較的に長期安定政権であった第3期を参照基準に，第1期，第2期，第4期以降の法案を示すダミーを変数化する。また衆法に関しては，提出者の相違を考慮するために，委員長提出，与党単独提出，与野党共同提出の3つを区別し，与野党共同提出を参照基準に，委員長提出と与党単独の各々を示すダミー変数を追加する。

「立法時間」のような連続時間の生存分析には，その生存時間と経過時間の依存関係をいかに把握するのかが問題となる。そうした時間依存を何らかのパラメーターによってモデル化する必要があるが，その選択は恣意的であることを免れず，危険率と時間の関係が単調なものでない場合には適切なパラメーターを選ぶことは難しい。こうした問題を回避する手段として一般的に利用されているのがコックスによる比例危険モデルの部分尤度推定である（Cox, 1972）。コックス・モデルは個体間における危険率の比率が時間に依存しないという「比例危険」の仮定を利用し，個体間に共通な危険率の時間依存部分を相殺し，危険率と時間に特定の媒介変数を設定することなく，外生変数の効果を推定することを可能にする手法である[11]。ここでの分析も立法時間の時間依存を明らかにすることに主眼があるわけではなく，コックス・モデルによる推定結果に基づいて議論を進めていくこととする。

まず表1は閣法に関するコックス・モデルによる「立法危険率」の推定結果をまとめている[12]。具体的には，危険率推定係数を指数化した「危険比率」とその標準誤差を報告している。「危険比率」から1を引いたものは外生変数1単位の増加によって個体間に共通な「基礎的危険率」が増減す

表 1　内閣提出法案の危険比率推定

	危険比率	標準誤差	有意確率
法案序列	1.055	0.003	0.000
付託法案	1.021	0.002	0.000
会期	0.983	0.001	0.000
特別国会	0.747	0.037	0.000
社会化	0.436	0.042	0.000
与党議席	1.006	0.003	0.083
野党委員長	0.930	0.034	0.045
法案序列＊野党委員長	0.981	0.004	0.000
第 1 期	0.556	0.072	0.000
第 2 期	0.988	0.064	0.846
第 4 期	1.046	0.067	0.475
第 5 期	1.918	0.147	0.000
第 6 期	4.667	0.429	0.000
対数尤度		−41375.592	

注：分析対象法案6,444中，930法案が会期内に成立していない。「会期」の時間変量的変数化によって延べ法案数は8,874となる。「提出時間」を生存期間が観察可能となるまでに要する日数とする。コックス・モデルによる部分尤度推定であり，同値はエフロン法によって処理している。外生変数を含まないモデルの対数尤度は−42146.681である。

る割合を意味する。例えば，「法案序列」の危険比率は1.055であり，この推定結果はある委員会の付託法案のなかで法案提出順位が1つ上がることによって，法案が成立するという意味における「立法危険率」はおよそ5.5％増加することを意味している。また「付託法案」の危険比率は1.021であり，付託法案数の多い委員会に対応する政策分野ほど，「立法危険率」としての法案個々の成立確率は高いことがわかる。

こうした連続的な数値をとる外生変数に対して，ダミー変数の場合，「危険比率」は2集団間の「基礎的危険率」の比率を意味する。「特別国会」の危険比率は0.747であり，総選挙後の特別国会において総予算が審議される場合，そうした国会における法案個々の成立確率は通常国会における法案の約75％となることを意味している。また「会期」は「立法危険率」に関してマイナスに作用する要因であり，国会の会期が1日長くなるほど「立法危険率」は減少していく。

国会のマクロな政治的要因に関しては，まず「社会化」に関する推定結果は戦後の早い時期に閣法の立法的な生産性が急速に悪化し，以後比較的に安定していることを示唆しており，モチヅキ流の人間関係の制度化によ

って国会運営が「粘着的」になるという主張を確認するものと言えるかも知れない。一方,「与党議席」は「立法危険率」に関してプラスに作用するようであるが,その効果は統計的に有意な水準のものではない。

また議事運営権の作用に目を向けると,「野党委員長」と「法案序列＊野党委員長」のいずれの危険比率も統計的に有意な水準のものである。具体的には,少なくとも衆参のいずれかの院の委員会において委員長が野党議員である委員会に法案が付託される場合,与党議員が委員長である委員会に付託される法案と比べて約93％となる。また法案序列の効果は与党委員長でない場合には成立確率を2％弱引き下げるので,差し引き約3.5％の増加にとどまる[13]。したがって,こうした推定結果は,閣法に関して,委員長ポストを与党議員によって占めることができず,与党が委員会における議事運営権を掌握できない場合,法案の議事序列と成立確率の関係が相対的に緩やかなものとなることを意味している。

閣法に関して残るは時期区分の検討である。第1期ダミーは統計的に有意なマイナスの作用があることを示しており,具体的には,第1期の閣法全般は第3期と比べて立法危険率は約56％に過ぎないことになる。第2期と第4期のダミー変数は統計的に有意な作用のないものであり,このことは第2期から第4期までは時期区分ごとの変化はあまり実質的でないこと

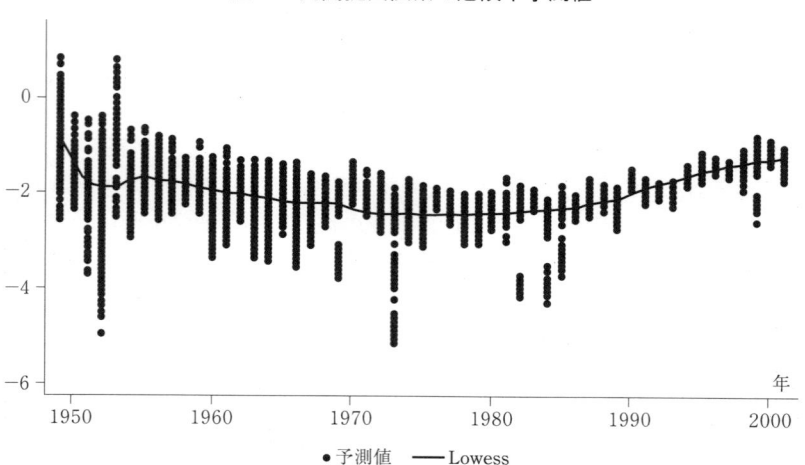

図1　内閣提出法案の危険率予測値

● 予測値　──Lowess

を意味している。これに対して、第5期と第6期の危険比率は統計的に有意な水準のものであり、第5期の法案は第3期の法案の2倍弱、第6期の法案は5倍弱の「立法危険率」となっている。ただし、これらは「社会化」という時間的趨勢を考慮したうえでの作用であり、少なくとも時系列的な動向を把握するには両者の総合的な作用を考える必要がある。図1は危険率予測値を年毎にプロットしたものであり、Lowessによって導かれた曲線は、閣法の危険率が戦後の早い時期に急激に減少し、その後徐々に下降してきたが、1980年代に上昇に転じ、1990年代には一段高い水準にあることを示している[14]。

表2は衆法に関するコックス・モデルによる「立法危険率」の推定結果をまとめており、閣法と同様、危険比率とその標準誤差を報告している。具体的には、「会期」と「野党委員長」およびその「法案序列」との積変数を除いて、閣法の推定に含まれる外生変数は衆法の立法危険率に統計的に有意な作用を及ぼしていない。閣法の場合と同様、「会期」と「野党委員長」およびその「法案序列」との積変数は衆法の立法危険率に関してマイナスに作用する要因である。したがって、「法案序列」自体の危険率に及ぼすプラスの作用は統計的に有意な水準のものではないが、

表2　議員提出法案の危険比率推定

	危険比率	標準誤差	有意確率
法案序列	0.980	0.043	0.641
付託法案	0.958	0.022	0.068
会期	0.979	0.003	0.000
特別国会	0.889	0.137	0.444
社会化	0.951	0.242	0.844
与党議席	0.997	0.009	0.733
野党委員長	0.747	0.070	0.002
法案序列＊野党委員長	0.861	0.040	0.001
第1期	0.747	0.293	0.457
第2期	1.066	0.325	0.835
第4期	1.883	0.992	0.230
第5期	0.480	0.309	0.254
第6期	0.568	0.248	0.195
委員長提出	2.282	0.548	0.001
与党単独	0.084	0.035	0.000
委員長提出＊第1期	0.781	0.232	0.405
与党単独＊第1期	9.033	4.017	0.000
委員長提出＊第2期	0.768	0.277	0.463
与党単独＊第2期	2.269	1.310	0.156
委員長提出＊第4期	0.868	0.468	0.793
与党単独＊第4期	0.806	0.642	0.786
委員長提出＊第5期	3.842	2.463	0.036
与党単独＊第5期	3.691	3.116	0.122
委員長提出＊第6期	2.651	1.072	0.016
与党単独＊第6期	5.674	3.280	0.003
対数尤度		−3050.354	

注：分析対象法案972中、246法案が会期内に成立していない。「会期」の時間変量的変数化によって延べ法案数は1,360となる。「提出時間」を生存期間が観察可能となるまでに要する日数とする。コックス・モデルによる部分尤度推定であり、同値はエフロン法によって処理している。外生変数を含まないモデルの対数尤度は−3409.129である。

図2　与党提出法案の危険率予測値

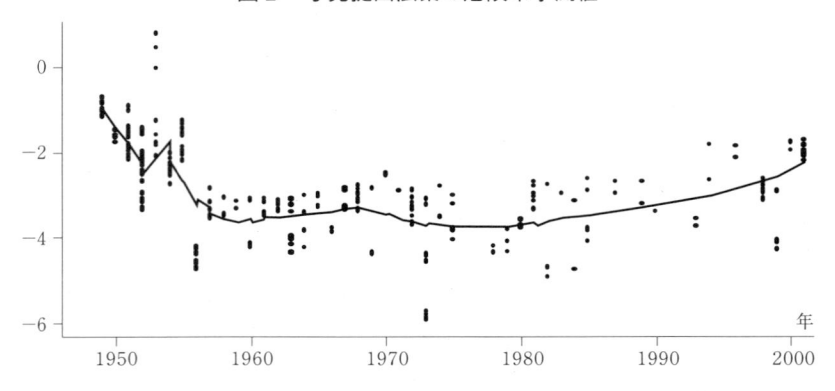

図3　委員長提出法案の危険率予測値

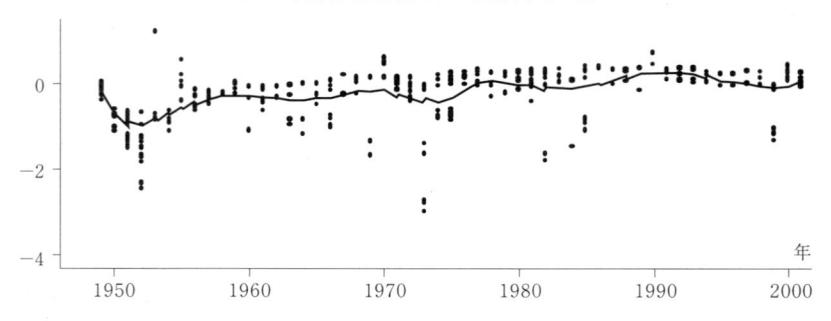

図4　与野党共同提出法案の危険率予測値

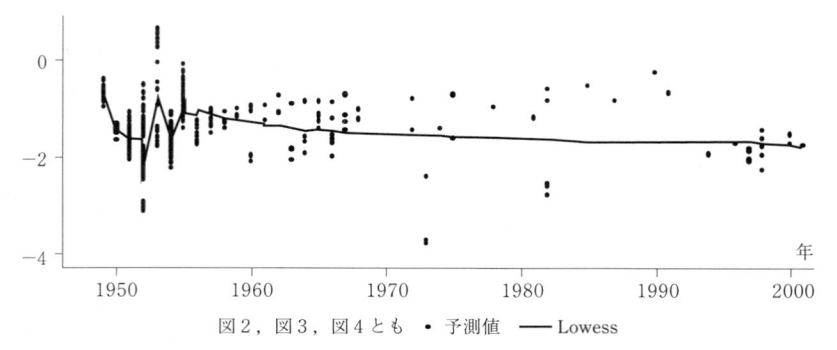

図2，図3，図4とも　●予測値　── Lowess

衆法に関しても与党が委員会における議事運営権を掌握できない場合，議事運営の立法的作用が緩和され，むしろ法案の委員会における議事序列が低いほど成立確率を高めるという水準にまで達している。

また衆法の危険率は法案提出者の相違に大きく規定されている。「委員長提出」と「与党単独」を示すいずれのダミー変数も統計的に有意な水準の作用を及ぼしており，具体的には，参照基準である与野党共同提出との比較から，平均的な意味において，委員長提出の衆法の危険率は2倍強である一方，与党単独提出の衆法は1割を下回る。ただし，法案提出者による相違には時系列的な変化があり，推定結果によれば，与党単独提出の法案は第1期と第6期において危険率が各々9倍弱，6倍弱となり，委員長提出の法案は第5期と第6期において各々4倍弱，3倍弱となる。時期区分ダミーのいずれの危険比率も統計的に有意な水準のものではなく，このことは参照基準である与野党共同提出の法案には実質的な時系列的変化のないことを意味している。

図2～4は，閣法の分析と同様，法案提出者別に衆法に関する危険率予測値を年毎にプロットしている。これらの図から明らかなように，与党単独提出の衆法は1970年代を前後に危険率が下降から上昇に転じる閣法と似た傾向にある。また委員長提出の衆法に関しては，1950年の前後を除けば，その危険率は概ね上昇傾向にあるが，与野党共同提出の衆法に関しては，1950年代前半の流動期を経て，法案数自体が衰退しつつあり，危険率もあまり明瞭な傾向ではないが，低い水準にとどまることがわかる[15]。

結論

国会の制度的特徴の1つは会期が比較的短く限定されていることである。従来の研究では，時間的制約は主として野党に影響力を行使させるように機能するものとして理解されてきた。こうした従来の見解に対して，本稿は国会の制度的な多数主義性と時間的制約の帰結を法案個々の成立確率に及ぼす作用において検証し，議院内閣制において閣法が支配的になるという制度的条件と議員立法や野党の立法的影響力行使を整合的に把握することを通じて，国会における制度と行動の相互作用を包括的に理解することを試みてきた。

具体的には，国会における法案個々の時間的次元を把握するために，国

会内「時間」の終了に関わる制度的条件を考慮する方法として，生存分析の考え方を立法過程に応用し，個々の法案が国会に提出され，審議され，法律となるまでの時間的推移を「立法時間」として操作化した。そして，議院内閣制において議員立法が促される可能性が内閣の議題設定権および与党による議事運営権の掌握に依存するという仮説を提起し，そうした仮説を戦後の国会で審議された法案に生存分析を応用することによって検証してきた。

閣法に関しては，国会における議事運営上の優先度が高い法案ほど，立法に要する時間は短縮され，法案が法律となる「危険」に晒される度合いという意味において法案個々の成立確率は高くなる。また，ミクロなレベルにおける立法の生産性もマクロな政治要因に規定され，1970年代を前後に法案個々の成立確率は相対的に下降から上昇に転じるようである。

衆法個々の成立確率を実質的に規定しているのは法案提出の形態と時期的な相違であり，与党単独提出の動向が閣法のそれと類似するという結果は，そうした法案が内閣の議題設定を補完し，あるいは与党に法案提出が委任されたものとして機能することを示唆している。また委員長提出と与野党共同提出の動向も与党・内閣によって立法的権限が掌握されることを促す権力融合の多数主義と国会独自の立法を促す権力分立の国会中心主義に整合的である。すなわち，委員長提出に比較的一貫した成立確率の上昇傾向がみられることは，全会一致となるような争点に関しては国会が議院内閣制の制度的な枠組みの外延において独自の立法過程を定着させてきたことを反映し，また与野党共同提出の凋落傾向は内閣・与党主導による多数主義と委員長提出による全会一致主義の狭間にある立法過程が制度的には排除されてきたことを示している。

このような閣法と衆法の生存分析の比較からは，戦後の国会における議会政治を比較代議制度論の視点から捉えると，それが内閣に権力を集中させる多数主義と与野党に権力を分散させる比例主義の相克として展開し[16]，前者が支配的となる一方，後者も補完的なものとして部分的に定着してきたこととして理解される。従来の国会研究では，立法における時間の制度的制約を審議の引き延ばしや妨害によって主として野党に影響力を行使させるものと捉え，そうした国会の制度的帰結として立法過程の「粘着化」による与野党協調に着目してきた。ただし，議院内閣制という国会の制度

構造を正しく理解すれば，国会において多数主義的な議事運営が議会制度として保障され，国会の多数を占める与党が存在する限り，野党は議事の引き延ばしや妨害といった手段に訴えるしかないことは明らかである。したがって，野党による抵抗を国会の制度的な機能の主たる帰結とみなすのか，それとも国会の多数主義的な制度構造の瑣末な部分的帰結とみなすのかには大きな違いがある。

言いかえれば，与党は法案審議において強硬路線を採る場合の立法的・非立法的コストを勘案して国会を運営するのであり，観察可能な均衡状態として限定的に野党に譲歩することは国会の制度構造を多数主義的に解釈することと相容れないものではない。全会一致であることが一般的な委員長提出による議員立法は内閣・与党主導を促す議院内閣制と制度的に並存し得るのであり，与野党の妥協があることをもって，与野党協調を国会の主たる制度的な機能と結論づけることはできない。つまり，会期制による時間的制約という国会の制度は，一方において野党に戦略的な立法活動や態度表明の機会を保障するとともに，他方において法案の成否をひとえに議事運営の問題に帰着させることによって，議事運営権を掌握する与党の政策選好を行政省庁における法案作成に戦略的に反映させることを可能にするのであり，国会の多数主義的な機能を促すものとして理解されるべきである[17]。

国会の制度原理は議院内閣制における権力の集中にあるが，国会は理念的な権力集中を体現しているわけではなく，戦前からの制度遺産や憲法，国会法などの法体系によって分権的な立法過程が制度化され，権力の集中度は緩和されている。代議制度の根幹をなす権力の集中と分散がどのように促進され，調和されるのかという問題は，川人(2004, 2005)に始まり，本稿も加えて，その検証が緒に就いたばかりである。こうした民主主義の2原理がいかに機能しているのかを理論的，実証的に解明していくことは，市民社会の意向を政府運営に反映させる議会の役割を考えるにあたって決定的に重要である。

 (1) 佐藤・松崎 (1986)，猪口・岩井 (1987)，Ramseyer and Rosenbluth (1993)，建林 (2004)。
 (2) 川人 (2002, 2005) は55年体制初期において議事運営の与野党協調が

見られ，むしろ保革伯仲期に見られないことを明らかにしている．
（3） 資料は衆議院・参議院（1990）を参議院議事部議案課のまとめる各国会の「議案審議表」で補足している．第2回国会（1947年12月10日～1948年7月5日）は新憲法下最初の通常国会であるが，戦後初期の流動期における連立政権下の予算国会であり，ここでの分析の範囲には含めていない．分析対象とする閣法は6,444本，衆法は972本である．
（4） 厳密には，一般会計予算の衆議院における採決のあった国会としている．
（5） 詳しくは増山（2003）巻末資料参照．
（6） 変数の基礎統計は付表にまとめている．
（7） 生存分析においては，ある事象の終了が観察できない場合を「右側打ち切り」と呼ぶのに対して，ある事象が終了し得る状態になる時点が観察できない場合を「左側打ち切り」と呼んで区別している．
（8） 詳しくは増山（2003）119-120頁．1958年の国会法改正により，会期延長は通常国会においては1回，その他の国会においては2回と制限されるようになっている．それ以前は会期の延長回数について制限はなかった．ただし，延長会期の日数には制限はない．
（9） 与党は内閣に閣僚を出している政党と定義する．詳しくは増山（2003）巻末資料参照．
（10） 提出予定の内閣提出法案は法制局に届け出ることになっており，付託法案総数は概ね事前に想定されているものとして時間不変的変数とすることに実質的な問題はないであろう．福元（2000，136-139頁）は提出法案数の削減が1960年代初頭から制度化していると論じている．
（11） 詳しくは増山（2003）「計量分析概論」参照．
（12） 同値はエフロン（Efron）法によって処理している．
（13） 「法案序列」と「法案序列＊野党委員長」の危険率比率は各々1.055と0.981であり，両者の積1.055×0.981＝1.035が衆参のいずれかの院において野党議員が委員長である委員会に付託された法案について「法案序列」1単位が増加することの「危険比率」となる．
（14） Lowessはlocally weighted scatterplot smoothingの略である．一定の範囲で縦軸の数値を横軸の数値に加重回帰させ，当該データが最も重く加重されるようにするものであり，ここではデータ全体の20％となるよう範囲を設定している．
（15） 1950年代前半には内閣が形式的に与党議員に法案提出を依頼するだけのものがあり，それらは議員立法として捉えるべきものでないとも言える．ただし，そうした「依頼立法」を示すダミー変数を推定に加えてみたが，本稿で解説した推定結果を実質的に変更することはなかった．

(16) 代議制度における民主主義的な原理として，Powell (2000) は多数主義と比例主義の2つを論じている。
(17) 川人 (1999) は議員立法の制限についても，1955年の国会法改正自体ではなく，予算と議員立法の不一致問題が自民党における予算編成手続きの確立によって解消されたことを強調している。福元 (2000, 133-139頁) も「与野党関係の制度化」とともに「政府・与党内の制度化」について論じている。与野党関係は議長の事実上の権限として制度化される一方，与党内関係は法案提出に関する予算上の優先順位づけとそれに応じた政府内審査過程の制度化にみられ，福元はこうした変化が1950年代末からの国会における慣行や政府・自民党における機関決定を通じて漸次的に定着してきたものとしている。ただし，福元はこれを国会における「粘着性」の作用と捉え，モチヅキらの主張に沿った解釈をしている。

参考文献

Cox, D. R. 1972. "Regression Models and Life Table." *Journal of the Royal Statistical Society* Series B 34: 187-220.
福元健太郎 (2000)『日本の国会政治－全政府立法の分析－』東京大学出版会。
猪口孝・岩井奉信 (1987)『「族議員」の研究－自民党政権を牛耳る主役たち－』日本経済新聞社。
川人貞史 (1999)「1950年代議員立法と国会法改正」『法学』63巻4号481-518頁。
川人貞史 (2002)「議院運営委員会と多数決採決」『レヴァイアサン』30号7-40頁。
川人貞史 (2004)「国会中心主義と議院内閣制」『レヴァイアサン』35号131-145頁。
川人貞史 (2005)『日本の国会制度と政党政治』東京大学出版会。
Krauss, Ellis. 1984. "Conflict in the Diet: Toward Conflict Management in Parliamentary Politics." in *Conflict in Japan*, eds. Ellis Krauss, Thomas Rohlen and Patricia Steinhoff, 243-293. Honolulu: University of Hawaii Press.
増山幹高 (2000)「立法時間の研究」『レヴァイアサン』26号150-167頁。
増山幹高 (2003)『議会制度と日本政治－議事運営の計量政治学－』木鐸社。
Mochizuki, Mike. 1982. "Managing and Influencing the Japanese Legislative Process: The Role of the Parties and the National Diet." Doctoral Dissertation. Harvard University.
Powell, G. Bingham. 2000. *Elections as Instruments of Democracy: Majoritarian and Proportional Visions*. New Haven: Yale University Press.
Ramseyer, Mark and Frances Rosenbluth. 1993. *Japan's Political Marketplace*.

Cambridge: Harvard University Press.(加藤寛監訳『日本政治の経済学-政権政党の合理的選択-』弘文堂, 1995年)
佐藤誠三郎・松崎哲久 (1986)『自民党政権』中央公論社。
衆議院・参議院 (1990)『議会制度百年史-国会議案件名録-』大蔵省印刷局。
建林正彦 (2004)『議員行動の政治経済学-自民党支配の制度分析-』有斐閣。

付表

変数	内閣提出法案				議員提出法案			
	平均	標準偏差	最小	最大	平均	標準偏差	最小	最大
立法時間	133.737	40.858	2	280	144.638	46.739	2	280
提出時間	89.013	47.229	0	273	128.861	47.202	0	274
会期	151.477	30.638	60	280	161.022	32.839	60	280
特別国会	0.194	0.396	0	1	0.188	0.390	0	1
社会化	8.777	0.783	7.152	9.916	8.587	0.850	7.152	9.916
与党議席	58.081	6.107	37.573	71.200	58.382	6.891	37.573	71.200
法案序列	－7.642	9.968	－64	0	－1.256	1.833	－10	0
付託法案	16.277	14.473	1	67	3.880	2.646	1	12
野党委員長	0.413	0.492	0	1	0.413	0.492	0	1
第1期	0.256	0.437	0	1	0.419	0.494	0	1
第2期	0.111	0.315	0	1	0.088	0.283	0	1
第4期	0.120	0.325	0	1	0.099	0.299	0	1
第5期	0.104	0.306	0	1	0.093	0.291	0	1
第6期	0.138	0.345	0	1	0.130	0.337	0	1
委員長提出	－	－	－	－	0.377	0.485	0	1
与党単独	－	－	－	－	0.310	0.463	0	1

注:「会期」を時間変量的変数とする予算国会における新規提出法案を分析単位とし, 1949~2001立法年の延べ法案数は内閣提出法案8,874, 議員提出法案1,360である。実際の法案数はそれぞれ6,444, 972であり, 内閣提出法案930, 議員提出法案246が会期内に成立せず, 打ち切り割合はそれぞれ14.4%, 25.3%である。

官僚の政治的コントロールに関する
数量分析の試み

建林正彦

はじめに

　本稿は，政権党を本人とし，官僚をその代理人と捉えるプリンシパル・エージェントモデルの分析枠組みを用いつつ，戦後日本政治において，政権党の官僚に対するコントロールがいかに機能してきたのかを論じる。これについて本稿は，自民党の官僚支配は，プリンシパル・エージェントモデルで言うところの「事前のコントロール（ex ante control）」をかなりの程度有効に用いたものであった，と主張する。具体的には採用，昇進などの人事政策を通じて，自民党は自らの政策選好に近い官僚を選別することにある程度成功してきたと思われる。エージェントの選好をプリンシパルのそれと予めかなり近いものにすることができれば，エージェントの「事後のコントロール（ex post control）」，すなわちエージェントの政策活動を監視し，その内容如何に応じて彼らに賞罰を加えるという手段は，それほど重要なものではなくなるだろう。実際の政策活動の局面で，エージェントの裁量を大きく認めたとしても，エージェントはプリンシパルの望む結果をもたらすことが予想されるからである。本稿は，こうした主張を1976年から77年と2001年から02年に行われた国会議員と官僚に対するサーベイ調査データ（以下1977年調査，2002年調査と呼ぶ）をもとに，検証しようとするものである[1]。

一．理論的検討

1.「官僚優位論」対「政党優位論」

　このような本稿の分析は，戦後日本政治の文脈における官僚制の裁量，

政官関係に対する新たな見方を提起することになると考える。実質的に政党と官僚のいずれが日本政治を統治しているのかという問い，またその具体的な顕れとして，官僚制の持つ裁量はどの程度大きいと言えるのかという問題は，現代日本政治分析における中心的な課題のひとつであった。「官僚優位論」として整理される一方の捉え方によれば，戦後日本における実質的な統治者は官僚制であったとされる。そこでは法律案や予算案の作成が，官僚によってなされてきたことが重視され，官僚こそが「神経中枢」であったと指摘されてきた（辻，1969）。行政指導に象徴される官僚制の裁量は非常に広いものであり，官僚制は，指導に従わなかったものに対する既得の利益の剥奪や，指導に従ったものに対する補助金，融資などの選別的供与という「事実上の強制力」を伴った「指導」によって柔軟な統治能力を保持してきたとされたのである。他方，「政党優位論」は，戦後日本の憲法体制においては，国会の正統性を背景にした多数党が，単なる名目以上の実質的な統治者であったとして，官僚に対する政党のコントロールを重視した（村松，1981）。このような見方からは，官僚制の行使する裁量はそれほど大きなものではなかったという解釈が導かれたのであり，行政指導についても指導が受け手の同意に基づいて効力を発揮する側面が強調された。たとえばヘイリーは「国家は社会に介入する『権威』を持つが，実際に決定を強制する『権力』を欠いた統治過程」として行政指導を特徴づけたのである（Haley, 1991）。

　このように官僚制の裁量の大きさは，従来の「官僚優位論」対「政党優位論」という対抗図式の中では，対立的に捉えられてきた。すなわち官僚優位論はそれを大きいと見なし，政党優位論はそれを小さいと見なしたのである。しかしながら政権党をプリンシパル，官僚をエージェントとするプリンシパル・エージェントの枠組みを当てはめた場合には，われわれは全く異なった解釈を導くことができる。そこでは行政裁量の大きさそれ自体がプリンシパルたる政権党の選択の結果と見なされるからである。もし行政裁量の大きさが，政治家の選択であるならば，政治家はどのような場合に官僚に大きな裁量を与えるだろうか。それは官僚が非常に有能であり，また政治家に対して忠実である場合だろう。すなわち官僚が忠実なエージェントである場合にこそ，より大きな裁量が与えられ，政策の形成と執行においてより重要な役割を委任されることになるのである。言い換えれば

プリンシパル・エージェントモデルが提起した問題は，行政の広い裁量，活発な活動という同じ事実（観測値）が，「官僚優位」モデルと「政党優位」モデルという正反対のモデルから同時に導かれるという「観察同値(observational equivalence)」の問題なのであった。

ではどのようにすればどちらの解釈がより妥当かを見分けることができるだろうか。既存のプリンシパル・エージェントモデルに依拠する官僚制研究では，主に二つの方法が取られてきたようである。第一に，官僚が形成執行しようとした政策に対して，政治家が介入して政策内容を修正させたり，事後に官僚に制裁を加えたりする事例を見いだすことである。すなわち官僚が充分に忠実なエージェントとして働いている場合には，政治家はこれを放置するが，官僚が政治家の政策選好から大きく逸脱しようとするときには，これを見つけ出し，適切な対応を取るというのである。そしてこのような事例が見いだされた場合には，官僚が広範な裁量を持って活動するように見える局面と，政治家が介入する局面を同時に説明しうる「政党優位」モデルが，より強い説明力を持つことになるというのである[2]。第二に，官僚が形成執行した政策的帰結を，政権党の政策選好と照らし合わせるという方法があり得る。官僚が政権党のエージェントとして働いている限り，それによって導かれる結果は，政権党の選好に沿うものになっているはずである。ラムゼイヤーとローゼンブルースは，戦後日本において，政治家が官僚をコントロールしうる様々な手段を保持していたことを指摘した。また金融制度改革の事例，中小企業政策の事例などから，政治家の介入と官僚操作の実態を描写しつつ，政策的帰結が自民党政権の選好と適合的なものであったことを示し，政党優位，すなわち日本の文脈におけるプリンシパル・エージェントモデルの設定の正当さを主張したのである（Ramseyer and Rosenbluth, 1993）。しかしながらこうした二つの検証方法は，必ずしも充分なものではなかったように思われる。第一の方法については，政治家が官僚の適切な操作に失敗した事例，あるいは官僚の自由な政策活動という「観察同値」から逸脱する事例から，モデルの妥当性を検証しようという逆説的な方法であり，モデル自体とある種の矛盾を孕んだ検証方法となっているように思われる。プリンシパル・エージェントモデルの想定と予測に完全に沿う形で，忠実な官僚に広い裁量が与えられ，その官僚が政治家の思惑通りの政策結果をもたらしていた場合には，この

方法は成立しないからである。また第二の方法については，官僚のもともとの政策選好が政権党のそれと類似したものである可能性が問題となるだろう。官僚は政治家の思惑を実現したのかも知れないが，単に官僚自身の目的を実現しただけだったかも知れないのである。

2. 政治家の選択としての行政裁量

　プリンシパル・エージェントモデルにおける行政裁量論の要点は，それをプリンシパルたる政治家の主体的な選択と見なす点にあると思われる。そしてこの点に注目するならば，既存研究の方法とは別の形（レベル）でプリンシパル・エージェントモデルにもとづく想定の妥当性を検証し，観察同値の問題を克服することが可能になるだろう。すなわちもし行政裁量の付与が政治家の選択ならば，行政裁量に伴って，政治家のそうした選択を合理的たらしめるような環境条件が観察されるはずである。そして行政裁量と特定の環境条件との関係を具体的に検証することができれば，それはプリンシパル・エージェントモデルの想定の妥当性を裏付ける証拠となるだろう。

　こうした観点からの代表的な業績であるフーバーとシッパンの研究を例に，もう少し具体的に説明しよう（Huber and Shipan, 2002）。彼らは，行政裁量の大きさをその逆数としての法律条文の詳細さによって量的に測定した上で[3]，それが，第一に政治家と官僚の政策選好の差，第二に政治家の側の詳細な法条文を書く能力，第三に拒否権や両院間の対立状況などの交渉をめぐる環境，そして第四に政治家の持つ法条文以外のコントロール力といった諸要因によって規定されると主張した。また技術的な難しさから，官僚制研究においては従来敬遠されがちであった数量的手法を独特の工夫によって適用し，こうした主張をアメリカ各州や議院内閣制の国々の比較によって実証したのである。彼らの研究は，行政裁量の大きさが政治家の合理的選択の帰結であることを裏付けるものとなっており，プリンシパル・エージェントモデルにもとづく実証的官僚制研究の方向性を示す画期的な業績だと評価できよう。

　本稿は以上のような先行研究の流れを受けて，政治家の選択としての行政裁量に焦点を当て，またその選択を規定する環境条件を戦後日本政治の文脈で明らかにしようとするものである。その際，特に注目するのは，行

政裁量の大きさと他の官僚コントロール手段との代替的関係である。政治家をプリンシパル，官僚をエージェントとし，フーバー・シッパンと同様に，行政裁量を法制定などによって政治家が官僚に付与するものという前提に立つならば，他の何らかの官僚コントロール手段の機能によって，より忠実となった官僚にこそ，より多くの裁量が与えられているはずである。すなわちプリンシパル・エージェントモデルの設定が妥当であるならば，複数の官僚コントロール手段には代替性が存在するはずなのである。したがって本稿では，そうした代替性の有無を戦後日本の文脈で確認しようとする。

3. 複数の官僚コントロール手段

では政治家はどのような官僚コントロール手段を持っていたのだろうか。政治家の選択とは，一体いかなるものだと考えられるのだろうか。

官僚の政治的コントロールについては，①採用，昇進（政治的任用）などによって官僚個々人の選好を操作する。②組織デザインを行う。③個々の政策活動に関して法律を制定し，意思決定，執行の手続き（関連団体等，第三者の関与も含め）を指示し，予算等の資源を付与し，個別政策活動の授権を行う。すなわち行政裁量の大きさを決める。④官僚の政策活動を監視し，結果に応じて賞罰を与える，という4つに整理することが出来るだろう[4]。②の組織デザインとは，③の個別政策に関するコントロールを，一般的な形で法的制約として付与したものということができる。組織内の権限配分（垂直的分業）や管轄業務の割り当て（水平的分業）などがこれに相当するだろう（Horn, 1995）。

そしてこれら4つの行政コントロール手段は，基本的には時間の流れを伴う，すなわち①〜④の順に進むものと考えられる[5]。またこれらの手段を，政治家の選択肢として，時間軸の上で捉えるならば，その互換性，代替性が浮かび上がるだろう。すなわち仮に官僚個々の政策選好を何らかの方法で政治家のそれと全く同じにすることが出来れば（①），②〜④のコントロールは取る必要がない。もし個別法によって意思決定手続きをうまく操作（③）できれば，事後に積極的な監視や賞罰の付与を行う（④）必要はなくなるのである（McCubbins and Schwartz, 1984；McCubbins, Noll, and Weingast, 1987）。複数のコントロール手段を併せて利用する状況も想像

されるが、過剰なコントロールはプリンシパルにとって不利益をもたらすだろう。政治家の選好と極めて近い選好を持つ忠実な官僚の行動を、様々な形で拘束し監視することは、余分なコストというべきであり非効率的な選択なのである。一般的には、複数コントロール手段の間には代替的関係が想定されるだろう。

4. 官僚コントロール手段の代替性と制度的条件

ただ官僚コントロール手段の代替性を実証的に検証しようとする場合には、いくつかの制度条件についても検討する必要があるだろう。一般的に、複数のコントロール手段間に互換性、代替性が存在するとしても、その顕在化を妨げる（促す）ような条件が存在すると思われる。以下ではそうした条件として、プリンシパルのインセンティブに関わる制度的条件と、各選択肢の実現可能性を規定する制度的条件の二つを取り上げる。またそれぞれの制度条件と官僚コントロール手段との関係について、一般的な仮説を提起する。

(1)プリンシパルのインセンティブ──二重プリンシパルの問題

すでに述べたように、プリンシパルにとって、官僚制に過剰なコントロールを加えることは合理的な選択とは思われない。あるコントロール手段によって充分に制御されたエージェントには活動の自由を与えることが望ましいのである。しかしながら特定の状況下では、政治家は官僚を何重にも縛ろうとするだろう。ここではそうした状況の一つとして二重プリンシパルと、政権の不安定性（潜在的二重プリンシパル）の問題を取り上げる。

すなわち民主的統治システムの下では、官僚制をコントロールするプリンシパルはしばしば複数存在する。この状況（特にプリンシパルが2者の場合）を二重プリンシパルと呼ぶが、そうした場合には、プリンシパルの官僚コントロール手段に関する選択は、他方のプリンシパルとの競争関係に規定されることになる。プリンシパルはライバルの官僚コントロールを抑止することを考えねばならず、過剰なコントロールに至りがちとなる。それぞれのプリンシパルが、それぞれに得意な官僚コントロール手段を競って行使するために、結果的には複数コントロール手段の代替関係は表れず、コントロール手段の濫用が見られることになるのである。

二重プリンシパルの典型は、大統領制である。大統領制においては大統

領と議会がそれぞれに自らの政策目標を実現しようとして，官僚制をコントロールしようとするのである（Ramseyer and Rosenbluth, 1993；Hammond and Knott, 1996）[6]。他方，議院内閣制においては行政の長と議会とは一体であるが，連立政権の場合，不安定政権の場合には大統領制と同様の状況が生じることになるだろう。まず異なる政策選好を持つ複数の政党が連立を組んだ場合には，政権与党はそれぞれに連立パートナーとの競争関係の中で官僚をコントロールしようとするだろう。次に不安定政権とは，二重プリンシパルの問題を時間軸上に展開したものと言うことができるだろう。議院内閣制における単独政権のように，単一のプリンシパルが想定される場合においても，短期的に政権交代が予想される状況下では，与党は将来の与党とのライバル関係の中で戦略的に官僚コントロール手段を選択することになるだろう。たとえばこうした潜在的二重プリンシパルの状況では，事前のコントロールがより強く指向される可能性があるだろう。事前のコントロール手段は，一般的には，より持続性が強く，事後に変更の困難な選択肢であると思われる。現在の政権党は，事後に変更しがたい制度を埋め込むことで，将来の政権党の政策選択を拘束しようとするだろう。あるいは現政権が官僚制を中立化し，短期的な政治的コントロールを受け難くするという，一見非合理的とも思える選択肢をとることも考えられる。短期的に政権を失う可能性がある場合には，官僚制を中立化し，政治から隔離することがむしろ長期的な利益にかなう場合があり得るのである（Geddes, 1994）。いずれにせよ潜在（将来）的なライバルとの競争関係も二重プリンシパルの問題同様に，複数のコントロール手段の代替性を顕れにくくするだろう。

　以上の検討から，議院内閣制における政権党の官僚コントロール手段選択について，以下の戦後日本の政官関係分析において検証すべき，次のような仮説を一般的な形で導くことができると考える。

　　〔一般仮説1〕単独政権であり，安定政権である（短期的な政権交代が予期されない）場合には，複数の行政コントロール手段には代替的関係が生じる。他方，連立政権，もしくは不安定政権（短期的な政権交代が予期される）である場合には，プリンシパルの間にライバルとの対抗関係があるために，複数の行政コントロール手段間に代替関係は生じにくい。

(2)コントロール手段の利用可能性——閉鎖型任用制の制度文脈

　前述した4つの官僚コントロール手段の類型は，あくまでも理念型としてのそれであり，実際にはすべての選択肢がすべての政治家に同じ程度に開かれているわけではないだろう。たとえば大統領制の下では，大統領と議会でとりうる選択肢は異なってくるだろう。大統領は採用，昇進という手段を，議会は法律による授権という手段をある程度排他的に用いることができる。また組織デザインや監視・賞罰は，大統領と議会が共有する手段と見ることができよう。またボーンは，アメリカ連邦議会議員について，監視・賞罰という事後コントロールの利用可能性は，関係する委員会のメンバーと，当該委員会に所属しない一般議員とでは異なるとして，後者のグループが法制定を通じた事前コントロールへの指向性をより強く持つことを示した（Bawn, 1997）。

　このように選択肢の利用可能性の違いは，プリンシパルの行う選択に強く影響を与えるだろう。またこのような利用可能性の違いは，実際に用いられる官僚コントロール手段に，アクター（の特性）間ばかりでなく，国ごと，あるいは制度環境ごとに，かなりの程度異なるパターンを生じさせると思われる。

　具体的に，4つの官僚コントロール手段の利用可能性を規定する制度としては，次のようなものを挙げることができる。すなわち②制度デザインという選択肢については，省庁内部組織をどの程度法律によらずに改変できるか，という制度等，③の法制定によるコントロールは，フーバー・シッパンが指摘した議員が法律を実際に作成しうる能力の程度等に依存しているといえるだろう。また④の監視・賞罰というコントロールの利用可能性については，政治家が官僚に賞罰を付与する制度的権限を持つことや，裁判所や団体など，政治家に代わって行政を監視する第三者機関の能力，制度配置が重要な規定要因となるだろう。

　本稿が以下の検証において注目するのは，①採用，昇進を通じた官僚の選好操作についてであるが，これについても制度や環境条件でその利用可能性にかなりの違いが生じるものと思われる。たとえば官僚の中途採用が多く，政治的任用が広く認められている開放型任用制に比べて，政治的任用の適応範囲が限定されており，組織内部での人材育成，登用を基本原則とする閉鎖型任用制の下では，官僚の選好操作は一般的により難しいコン

トロール手段だといえるだろう7。またそうした手段の利用可能性は，単に公務員任用制度のみならず，外部労働市場の性格にも依存しているだろう。

日本が閉鎖型任用制を取り，開放型任用制に比べて官僚の選好操作を行いにくい状況にあることは言うまでもないが，本稿では閉鎖型に，議院内閣制における「単独政権」「安定政権」という条件が伴う場合には，開放型の場合に匹敵する選好操作が機能しうると主張する。すなわち本稿では，単一の安定的なプリンシパルのもとでは，官僚というエージェントは「自己選択」と「相互選別」というメカニズムを働かせ，政権党の政策選好に近づいてくると考えるのである。より詳しく説明しよう。「自己選択」とは，政権党と自らの政策選好に隔たりがあると認知した学生が，官僚という職業選択を自主的に敬遠するメカニズムを指す。学生本人には，仮に採用されたとしても，将来的には政権党の政策選好とのギャップに悩む，あるいは事後にそれが露見することで，出世を阻まれる危険性が事前に察知できるからである。またこれはいったん採用された官僚についても当てはまるだろう。官僚としてのキャリアを積む過程で，自らの政策選好と政権党のそれとのズレを認識した場合には，官僚は早期退職を自ら希望し，第二の人生を選択するかもしれない。他方，官僚の「相互選別」とは，仮に「自己選択」が行われず，異なる政策選好を持った官僚や受験生が紛れ込んだ場合にも，省庁官僚が「相互監視」によってそうした異端分子を見つけ出し，排除する傾向を持つということである。仮にそうした官僚が昇進し，幹部として政策活動に関与した場合には，省庁組織が政権党による制裁を受ける可能性がある。所属官僚にとっての省庁はある種の公共財だと思われるが，「相互選別」とは官僚が，そうした公共財を守ろうとする行為である。「自己選択」「相互選別」を経て内部昇進を遂げた省庁の幹部は，政権党のそれと近い政策選好を持つことになると思われる。

このように「自己選択」や「相互選別」は，採用や昇進の局面で頻繁に発生する可能性の高い，極端な情報の非対称性を克服するメカニズムであると言えよう。官僚や官僚志望学生にとって，その政策選好は秘匿情報であるが，ある種の条件が整えば，彼らはそれを自らすすんで提供するのである。すなわち「自己選択」「相互選別」を可能にする条件とは，第一に，プリンシパルの選好が明確であることである。プリンシパルの選好が明確

でなければ，官僚あるいは学生がそれを基準に職業選択を行うことは期待できないだろう。「単独政権」かどうかという条件は，プリンシパルの選好の明確さを操作化したものである。第二に，プリンシパルが将来的にも変わらないという期待である。長期的な「安定政権」が予測される場合に，はじめて官僚は自己と政権党の将来を重ね合わせ，戦略的に行動するようになると考えられる。政権が将来的に不安定であれば，内心の政策選好を隠して採用され，将来の政権交代に賭けるという戦略も，また十分に魅力的なものとなるのである。

　さて以上の検討から，本稿の注目する採用，昇進という事前コントロール手段の利用可能性を規定する条件とその行使の特徴について，次のような仮説を一般的な形で導くことができるだろう。

　　〔一般仮説2〕閉鎖型任用制において，単独政権であり，安定政権である場合には，「自己選択」「相互選別」のメカニズムが機能し，事前のコントロールが働きやすい。他方，連立政権，もしくは不安定政権である場合には，「自己選択」「相互選別」のメカニズムが機能しにくいために，事前のコントロールは働きにくい。

　　〔一般仮説3〕閉鎖型任用制において，単独政権であり，安定政権である場合には，「自己選択」「相互選別」のメカニズムが機能しやすくなるために，幹部官僚になるほど，その政策選好は，政権党のそれに近いものとなる。

二．データの分析

1. 政策距離
(1)1977年調査

　官僚と自民党との間の政策選好の距離を測定するに当たっては，二度のエリート・サーベイ調査を利用した。官僚と政治家に向けられた同一の質問項目から両者の政策距離を算出したのである。具体的には，1977年調査の質問項目に「日本国民にとって，今重要であると考えておられる問題を次の中から3つあげていただけませんか。……」というものがある。回答は「近代社会の病理を明らかにし，これに対処すること」「国家と民衆の新しい関係のもち方」など，16の項目から選択する形式である[8]。そこでこ

の質問に対するそれぞれの回答について，まず第一番目に選択された回答に3点，第二の選択に2点，第三の選択に1点を与え，当該質問への回答を点数化した。表1と図1は，所属政党，所属省庁というグループごとの平均得点を示したものである。図1では，総平均点（官僚と政治家）の低い項目から順に左から右へと並べている[9]。

個別の項目については，自民党と社会党の位置取りなどが注目される。両党は⑬安全保障，⑧教育などでは大きく隔たっているが，⑭経済活動，①近代社会，⑥エネルギー，などについては類似した平均言及得点を示している。また労働省が，④公共政策，①近代社会，②国家と民衆，などといった項目について，自民党の平均値から大きく乖離していることも注目される。こうした各グループの位置取りは，われわれの直感的な認識にも合致するものであり，ここで扱う政策得点が実態をある程度反映したものとなっていることを示しているように思われる。

次に自民党からの「政策距離」であるが，まず本稿では，各項目における自民党議員の平均得点を，自民党全体の政策選好（政策理想点）を示すポイントと考え，個々の議員や官僚の言及得点と，自民党の平均得点との隔たりを求めた。その上で，各項目毎に求められる自民党平均点からの乖離の絶対値を全16項目について合計したものを自民党からの「政策距離」得点として算出した[10]。したがってこの「政策距離」は，個々の議員，官僚ごとに求められる変数である。表2と図2は，政党や省庁が集団としてどの程度自民党の政策選好（平均値）に近いのか，あるいは遠いのかについて見るために，この自民党からの「政策距離」を所属政党，省庁ごとに平均値として求め，表示したものである。自民党の近くに，自治省，経企庁，大蔵省，通産省といわゆる主要官庁が並んでいることは興味深い。

(2) 2002年調査

次に2002年調査の結果を見よう。設問形式は1977年調査の場合とほぼ同じだが，選択肢の内容，数，記述方法が変わっていることには注意せねばならない[11]。77年調査同様，このデータをもとに各グループの平均言及点を求めたのが表3と図3である。なお2002年調査における各官僚の所属省庁については，77年調査との対応関係を見るために，すべて省庁再編以前の旧所属省庁で表示している（さらに表記上は「旧」も省略している）。

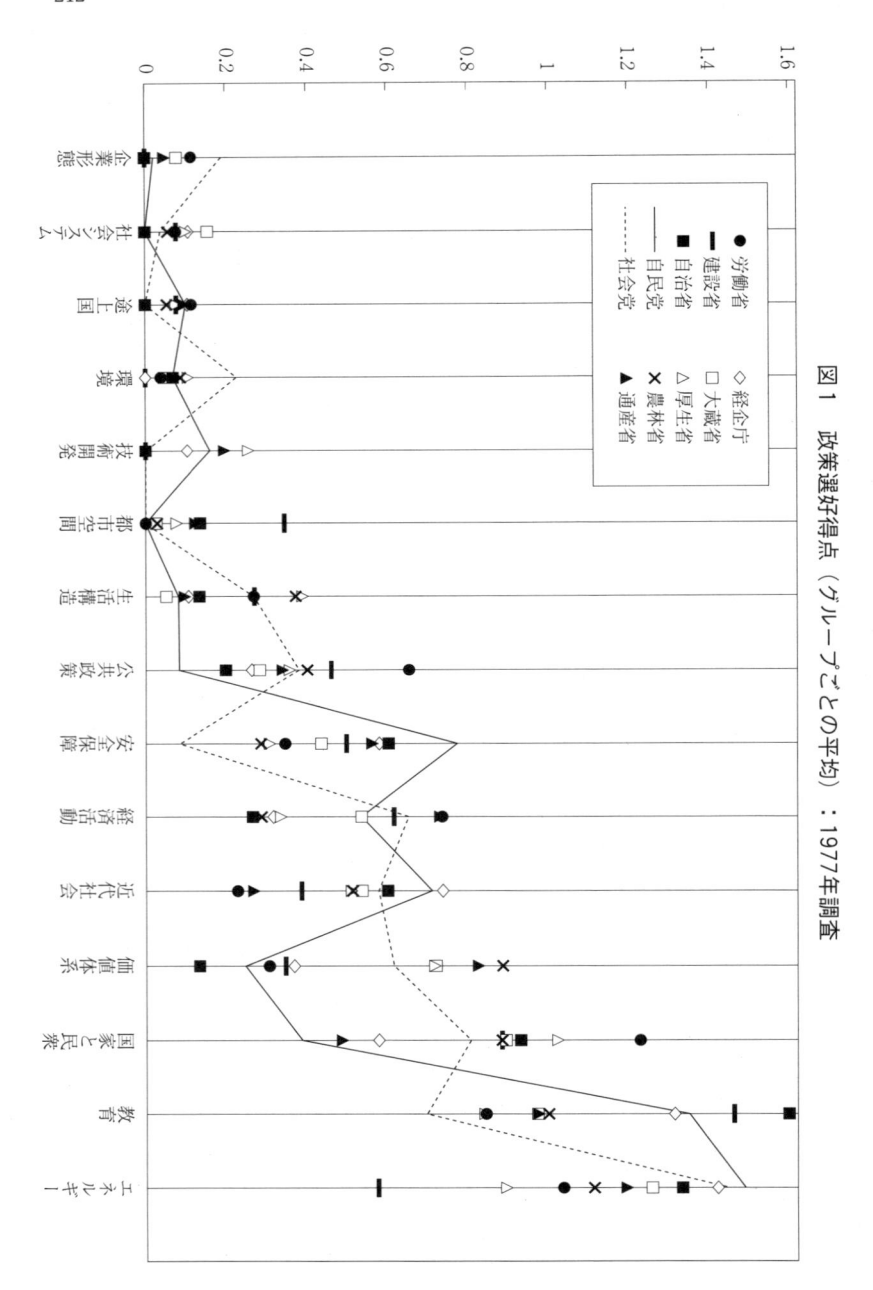

図1 政策選好得点（グループごとの平均）：1977年調査

表4と図4は，表2図2と同様に，以上の言及得点から，自民党議員の平均得点を基準にそこからの「政策距離」を求め，政党，省庁ごとに「政策距離」の平均値を求めたものである。77年調査と対比すると，興味深い結果が浮かび上がる。第一に，野党第一党の位置は劇的に変化している。自民党の政策選好（理想点）（実際には自民党議員の平均得点）からの民主党議員の平均距離は，自民党議員のそれよりも小さい。このような一般的な設問項目を通じて導き出した，潜在的な選好を基準とする限り，自民党議員と民主党議員の選好の近接性が示されているといえるだろう。第二に，2回の調査を通じて，経済企画庁と大蔵省は，自民党に比較的近く位置づけているのに対し，厚生省，建設省，農林省の3省は，自民党から離れた位置にある。第三に，自治省は，自民党から遠くへ，逆に通産省と労働省は，自民党の近くへとその位置取りを変化させている。

2. 行政裁量

行政裁量については，やはり前述のサーベイ調査から関連する質問項目を拾い，それによって行政裁量の数量的把握を試みた。行政裁量を主観的な認知データによって把握することにはやや問題があろうと思われる。そもそも主観的認知が実態を反映していない可能性は十分に考えられる。また以下で紹介するように，ここで利用するサーベイ調査の質問項目はすべて，特定の政策領域，あるいは一般的に官僚制の影響力や裁量を問うものとなっている。個々の官僚が，全体としての官僚の影響力をいかに評価するか，というデータなのである。しかしながら本稿では，これを官僚個々に与えられた影響力や裁量に対する自己認識を示すデータとして利用している。両者が別の意味内容を持つことは明白だが，官僚制全体に対して個々の官僚が抱く評価は，潜在的な変数としての「個々の官僚の自己評価」を反映している（と正の相関を持つ）はずであり，充分に後者の代替値として利用しうるという仮定にもとづいて，こうしたデータ利用を行っている[12]。

2回の官僚調査から「行政裁量」のレベルに関わると思われる質問項目として本稿で取り上げたのは，以下の2種類のものである。

第一は，一般的に，各アクターとの相対比較によって影響力の所在を尋ねる設問である。すなわち「現代の日本において，国の政策を決める場合

表1　政策選好得点（グループごとの平均）：1977年調査

	企業形態	社会シス	途上国	環境	技術開発	都市空間	生活構造	公共政策	安全保障	経済活動	近代社会	価値体系
経企庁	0.000	0.105	0.105	0.000	0.105	0.000	0.105	0.263	0.579	0.316	0.737	0.368
大蔵省	0.077	0.154	0.000	0.051	0.000	0.026	0.051	0.282	0.436	0.538	0.538	0.718
厚生省	0.000	0.103	0.077	0.103	0.256	0.077	0.385	0.359	0.308	0.333	0.513	0.718
農林省	0.000	0.057	0.057	0.086	0.000	0.029	0.371	0.400	0.286	0.286	0.514	0.886
通産省	0.049	0.000	0.098	0.049	0.195	0.122	0.098	0.341	0.561	0.732	0.268	0.829
労働省	0.115	0.077	0.115	0.038	0.000	0.000	0.269	0.654	0.346	0.731	0.231	0.308
建設省	0.000	0.077	0.077	0.000	0.000	0.346	0.269	0.462	0.500	0.615	0.385	0.346
自治省	0.000	0.000	0.000	0.067	0.000	0.133	0.133	0.200	0.600	0.267	0.600	0.133
自民党	0.020	0.000	0.102	0.061	0.163	0.000	0.082	0.082	0.776	0.531	0.714	0.245
社会党	0.192	0.038	0.000	0.231	0.000	0.000	0.269	0.385	0.077	0.654	0.577	0.615
議員平均	0.071	0.010	0.051	0.121	0.091	0.010	0.152	0.152	0.535	0.525	0.828	0.343
官僚平均	0.033	0.075	0.067	0.054	0.083	0.088	0.217	0.375	0.433	0.496	0.454	0.613

に，最も力をもっているのは，次の中どれだと思われますか。……」という問いに対し，「政党」「行政官僚」「裁判所」など11の選択肢の中から3つを選ぶ設問が設定されているが[13]，この回答から「行政官僚」を第一順位として選んだものに3点，第二順位に2点，第三順位に1点，無選択に0点を与えて点数化したものを，「政策決定における官僚影響力」得点とした。

　第二は，政策領域ごとに，行政官僚の影響力を問う設問である。具体的には，「産業政策（独禁政策を含む）」「農業政策（米価決定を含む）」「医療政策（健保問題を含む）」という「3つの国政の重要問題に対して，行政官僚がどの程度影響力を持っているとお考えですか。」との質問に対して，7段階の尺度で回答を与える形式である[14]。ただし第一の設問が77年，02年の調査いずれにも置かれているのに対して政策領域ごとの設問は，77年調査においてのみ設定されている。図5は，それぞれの回答を示したもので

表3　政策選好得点（グループごとの平均）：2002年調査

	都市問題	資源	国際経済	防衛	科学技術	福祉	教育	国内経済		都市問題	資源
経企庁	0.059	0.000	0.529	0.235	0.412	1.000	1.824	1.941	建設省	0.449	0.306
大蔵省	0.218	0.091	0.509	0.364	0.473	0.873	1.691	1.782	自治省	0.316	0.316
厚生省	0.122	0.220	0.390	0.439	0.463	1.268	1.537	1.561	自民党	0.183	0.200
農林省	0.103	0.828	0.448	0.655	0.448	0.276	1.552	1.690	民主党	0.140	0.256
通産省	0.302	0.279	0.349	0.442	0.698	0.349	1.512	2.070	議員平均	0.145	0.199
労働省	0.286	0.107	0.250	0.250	0.286	1.250	1.179	2.393	官僚平均	0.249	0.263

表2　自民党からの政策距離：1977年調査

	平均距離	ケース数		平均距離	ケース数
自民党	6.671	49	農林省	7.765	35
自治省	6.920	15	社会党	7.846	26
経企庁	7.201	19	労働省	7.965	26
大蔵省	7.524	39	建設省	8.085	26
通産省	7.721	41	厚生省	8.266	39

国家民衆	教育	エネルギ
0.579	1.316	1.421
0.897	0.974	1.256
1.026	0.846	0.897
0.886	1.000	1.114
0.488	0.976	1.195
1.231	0.846	1.038
0.885	1.462	0.577
0.933	1.600	1.333
0.388	1.347	1.490
0.808	0.692	1.462
0.495	1.152	1.465
0.858	1.063	1.088

図2　自民党からの政策距離・グループごとの平均値（1977年）

```
                                    農林
  自民党    自治    経企    大蔵  通産 社会党 労働 建設  厚生
6.5                              7.5                         8.5
```

ある。いずれの政策分野においても，官僚は，行政がある程度の影響力を持っていると考えているようであるが，政策領域ごとの違いも顕著である。すなわち産業政策では，行政の影響力をより高く評価しているのに対し，医療政策においては最も低く，農業政策においては両者の中間的な評価となっている。

3. 作業仮説

以上のサーベイデータを下に，本稿では一・4節で導かれた3つの一般仮説を検証していきたい。具体的には，前述の一般仮説をこれらの「政策距離」「行政裁量」データと照らし合わせた場合には，次のような作業仮説が導かれるものと思われる。

〔作業仮説1〕単独政権，安定政権（1977年調査）においては，「政策距離」が近いほど「行政裁

国際経済	防衛	科学技術	福祉	教育	国内経済
0.776	0.592	0.306	0.531	1.245	1.796
0.368	0.211	0.579	0.895	1.737	1.579
0.300	0.783	0.450	0.333	1.867	1.883
0.093	0.209	0.349	0.884	1.884	2.186
0.237	0.595	0.336	0.634	1.802	2.053
0.473	0.427	0.459	0.776	1.509	1.843

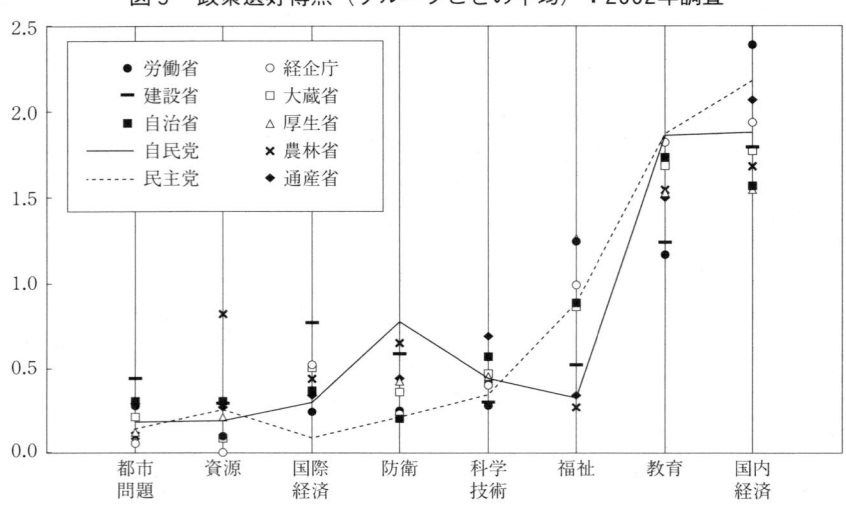

図3 政策選好得点（グループごとの平均）：2002年調査

凡例：
● 労働省　○ 経企庁
― 建設省　□ 大蔵省
■ 自治省　△ 厚生省
― 自民党　× 農林省
‑‑‑ 民主党　◆ 通産省

横軸：都市問題、資源、国際経済、防衛、科学技術、福祉、教育、国内経済

表4　自民党からの距離平均：2002年調査

	平均距離	ケース数		平均距離	ケース数
民主党	5.119	43	大蔵省	5.638	55
自民党	5.134	60	自治省	5.970	19
経企庁	5.390	17	農林省	6.024	29
通産省	5.441	43	厚生省	6.053	41
労働省	5.624	28	建設省	6.184	49

図4　自民党からの政策距離・グループごとの平均値（2002年）

自民党・民主党　通産・経企　大蔵・労働　農林・自治　厚生　建設
5　　　　　　5.5　　　　　　　　　　6　　　　　　　6.5

量」が大きいという関係（負の係数）が予想される。他方，連立政権であり，政権が不安定化した状況においては（2002年調査），「政権距離」と「行政裁量」は，関係を持たない（一般仮説1より）。
〔作業仮説2〕単独政権，安定政権（1977年調査）においては，「事前のコントロール」と「事後のコントロール」に代替性が予想される（一般仮説1より）。また「事前のコントロール」がよりよく機能する

図5　政策領域ごとの官僚の影響力評価（パーセント）

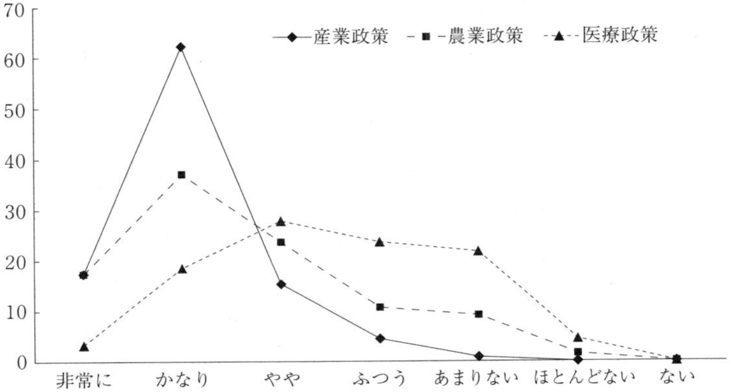

（縦軸：0〜70、凡例：産業政策、農業政策、医療政策、横軸：非常に／かなり／やや／ふつう／あまりない／ほとんどない／ない）

と考えられるので（一般仮説2より），相対的に「事後のコントロール」が弱まるものと思われる。したがって単独政権，安定政権（1977年）の方が，連立政権，不安定政権（2002年）におけるよりも相対的に「行政裁量」が大きいものと予想される。

〔作業仮説3〕単独政権，安定政権（1977年）においては，「自己選択」「相互選別」が働く結果，省庁の幹部になればなるほど，政権党との「政策距離」が近づくものと思われる（一般仮説3より）。

4．分析とその結果

まず作業仮説1については，これらを検証すべく，「行政裁量」の近似値としての5つの変数，すなわち「政策決定における官僚影響力」（77年，02年），「産業政策における官僚影響力」（77年），「農業政策における官僚影響力」（77年），「医療政策における官僚影響力」（77年）のそれぞれを従属変数とし，自民党との「政策距離」を独立変数とする回帰分析を行った。分析モデルとしては，従属変数が絶対量に特段の意味がない順序変数であるために順序プロビットモデルを用いた。

またその他の独立変数として，「政策決定における官僚影響力」の分析に際しては，「幹部」という地位に関するダミー変数（「次官」「局長」「審議官」に1，「課長」に0を与える）と，「東大法学部」出身ダミー変数，自ら

の管轄する業務における行政指導の必要度評価を示す「政策領域特性」変数（ただし77年調査のみ利用可能）15を加えている。他方政策領域毎の影響力に関する分析では，「幹部」という地位変数と，当該政策を所管する省庁に所属する官僚を示す「所管省庁ダミー」変数と，「政策距離×所管省庁ダミー」という交差項変数をモデルに加えている。当該政策を実際に担当する官僚と，担当しない官僚とでは，「官僚制全体の裁量評価」と「各自の裁量の自己評価」の近似の程度が異なる可能性がある。すなわち当該省庁では，より強く「自己の裁量」を反映したものになる可能性がある。また影響力認知そのものの大きさが異なることもあるだろう。二つの所属省庁に関する変数は，こうしたことを考慮して組み込まれている16。

表5と表6は，分析結果を整理したものである。「政策決定における官僚影響力」については，77年調査については，モデルは有意な結果を導いたが，02年調査については全く説明力を持たなかった。77年調査については，中心的な関心対象である「政策距離」は，負の係数を示したが，有意水準には及ばないものであった。他の説明変数については，概ね直感的な予想に沿う結果が得られた。すなわち幹部ほど行政裁量を大きく，東大法学部出身者ほど小さく捉えており，また自らが管轄する事務における行政指導の必要性を高く評価するほど，実際の行政裁量を大きく捉えがちであることも示された。

次に77年調査における政策領域毎の官僚制の影響力であるが，「産業政策」（77年調査）については，自民党との「政策距離」が，予想通り負の係数を示した。交差項は有意ではないが，負の係数を示しており，政策距離の大きさと行政裁量の大きさの負の関係は，通産省所属官僚において，より強い傾向が示されて

表5　政策決定における官僚の影響力に関する順序プロビット分析：1977年調査と2002年調査

	1977年調査	2002年調査
自民との距離	−0.030	−0.006
	0.050	0.041
	0.543	0.881
幹部	0.388	0.109
	0.172	0.157
	0.024	0.490
東大法学部	−0.303	−0.155
	0.157	0.135
	0.054	0.253
政策領域特性	0.170	
	0.086	
	0.049	
N	215	267
LRchi2(1)	12.170	1.570
Prob>chi2	0.016	0.666
Pseudo R^2	0.025	0.002

（注）1行目は回帰係数，2行目は標準誤差，3行目は有意確率である。

表6 政策分野ごとの官僚影響力に関する順序プロビット分析：1977年調査

	産業政策			農業政策			医療政策		
自民との距離	-0.107	-0.095	-0.089	-0.036	-0.007	-0.017	-0.091	-0.077	-0.140
	0.046	0.047	0.050	0.042	0.043	0.045	0.042	0.043	0.049
	0.019	0.041	0.073	0.390	0.864	0.711	0.031	0.077	0.005
幹部		0.179	0.203		0.442	0.478		0.220	0.288
		0.161	0.162		0.152	0.154		0.148	0.150
		0.265	0.210		0.004	0.002		0.138	0.055
政策距離×所管省庁ダミー			-0.100			0.136			0.148
			0.318			0.176			0.108
			0.753			0.440			0.172
所管省庁ダミー			0.717			0.246			-0.210
			1.038			1.378			0.901
			0.490			0.858			0.816
N	239	239	239	239	239	239	238	238	238
LRchi2(1)	5.540	6.790	11.010	0.740	9.250	48.220	4.650	6.850	35.900
Prob > chi2	0.019	0.034	0.027	0.390	0.010	0.000	0.031	0.033	0.000
PseudoR²	0.011	0.014	0.022	0.001	0.013	0.066	0.006	0.009	0.047

（注）1行目は回帰係数，2行目は標準誤差，3行目は有意確率。

いる。

「医療政策」についても，「産業政策」同様，「政策距離」について仮説に沿う負の結果が示されている。一方，「医療政策」については，交差項は有意ではないものの正の係数を示しており，厚生官僚については他の省庁の官僚とは異なって，政策距離と影響力認知にほとんど関係がないことが示されている。すなわち産業政策については，すべての官僚について，医療政策については，厚生官僚を除く官僚について，自民党との政策距離が近い者ほど，行政裁量を大きいと認識していたといえるだろう。「農業政策」に関しては，自民党との政策距離という本稿の中心的な変数については，有意な結果を見出すことができなかった。ただ「幹部」が課長よりも，農業政策における官僚の影響力を高く評価する傾向が確認された。

作業仮説2については，前述の「政策決定における官僚影響力」というデータを77年と02年について比較し，予想通りの結果を得た。図6では，官僚の影響力認知が2002年調査において低下していることが示されている。「政策決定における官僚影響力」については，第一順位として官僚をあげた者の割合が77年の水準からほぼ半減している。「事前のコントロール」がより機能しやすかった，自民党単独安定政権のもとでは，官僚制により大きな裁量を与えることが可能だったと思われる。

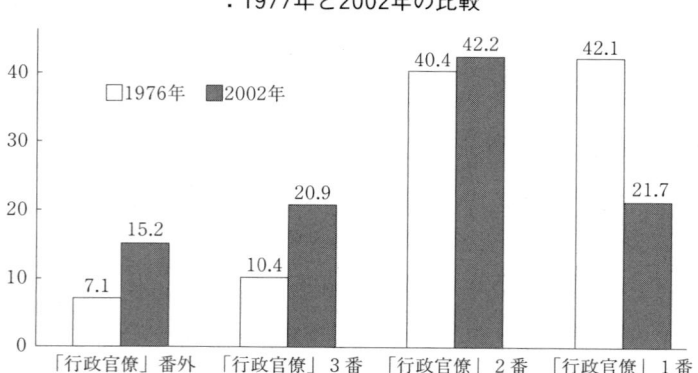

図6　「行政官僚」に対する影響力評価（パーセント）
：1977年と2002年の比較

｜1976年　■2002年

「行政官僚」番外　7.1 / 15.2
「行政官僚」3番　10.4 / 20.9
「行政官僚」2番　40.4 / 42.2
「行政官僚」1番　42.1 / 21.7

　最後に作業仮説3について検討しよう。表7は「幹部（次官・局長・審議官幹部）」と「課長」というグループについて，自民党との「政策距離」平均を比較したものである。77年調査については幹部官僚の方が明らかに自民党により近い政策選好を持つことが示されている（p<0.001）。他方，02年調査については，そうした違いは見いだされない。「政策距離」変数を作成するための元データが異なっており，測定誤差が同水準とは言えないので単純な比較は難しいが，「自己選択」「相互選別」にもとづく政策選好のコントロールは，かつてはうまく機能したが，現在ではあまりうまく機能していないようである。また表8と表9はこのような解釈を補強するだろう。支持政党として自民党を選択する官僚は，77年調査においては課長よりも幹部官僚に多いが，02年調査では両グループにほとんど違いが見られない。なお「政策距離」と「自民党支持」との間には，直接的には有意な相関関係は見られず，二つの数値は別の意味内容を表していると思われる[17]。安定的な自民党政権のもとでは，官僚は出世に伴って，潜在的にも

表7　自民党との政策距離のポスト別平均値比較

	1977年			2002年		
	平均値	度数	標準偏差	平均値	度数	標準偏差
次官・局長・審議官	7.2035	76	1.4359	5.8443	67	1.6332
課　長	8.0158	164	1.6252	5.7984	214	1.6515
合　計	7.7586	240	1.6099	5.8094	281	1.6444

表8　政党支持とポスト（1977年調査）

	自民党	社会党	民社党	その他	支持なし	NA	合計
次官・局長・審議官	56	0	2	2	7	10	77
	(72.7%)	(0.0%)	(2.6%)	(2.6%)	(9.1%)	(13.0%)	(100.0%)
課　長	82	2	10	2	44	34	174
	(47.1%)	(1.1%)	(5.7%)	(1.1%)	(25.3%)	(19.5%)	(100.0%)
合　計	138	2	12	4	51	44	251
	(55.0%)	(0.8%)	(4.8%)	(1.6%)	(20.3%)	(17.5%)	(100.0%)

表9　政党支持とポスト（2002年調査）

	自民党	民主党	自由党	社民党	支持なし	NA	合計
次官・局長・審議官	32	1	0	0	30	8	71
	(45.1%)	(1.4%)	(0.0%)	(0.0%)	(42.3%)	(11.3%)	(100.0%)
課　長	98	2	5	1	99	14	219
	(44.7%)	(0.9%)	(2.3%)	(0.5%)	(45.2%)	(6.4%)	(100.0%)
合　計	130	3	5	1	129	22	290
	(44.8%)	(1.0%)	(1.7%)	(0.3%)	(44.5%)	(7.6%)	(100.0%)

表10　自民党からの政策距離分析（1977年）

幹部	−0.759
	0.250
	0.003
15歳時居住県	−0.278
	0.413
	0.502
東大法学部	−0.093
	0.235
	0.693
自民党支持	−0.132
	0.247
	0.594
定数	7.794
	0.579
	0.000
N	195
Prob > F	0.015
R 2	0.063

（注）　1行目は回帰係数，2行目は標準誤差，3行目は有意確率である。

（政策距離），顕在的にも（自民党支持），自民党へと近づいていったのである。最後にこの関係を確認するために，77年調査についてそれぞれの官僚の自民党との「政策距離」を従属変数とする重回帰分析を行った。独立変数としては「幹部」ダミー以外に，見かけの相関をもたらしうる第三の説明変数の候補として「15歳時の居住都道府県（第一次産業就業者人口比の自然対数）」「東大法学部」ダミー「自民党支持」ダミーを加えた。表10は結果を示している。ポスト以外の変数に関する係数の符号は，それぞれ直感的な予想に沿うものであると思われるがいずれも有意水準に遠く及ばない。全体の説明力が低いため変数無視のバイアスの可能性が残るものの，地位と「政策距離」の関係がここでも確認されたといえよう。

結論と課題

　本稿は，プリンシパル・エージェントモデルに依拠して，日本の官僚制における行政裁量の問題を新たな角度から分析しようとした。行政裁量の問題を官僚支配の程度を示す証拠と見るのではなく，政治家の選択と捉え，複数の行政コントロールの中で選択される手段として捉えなおす視角を提起した。さらにこのような視角の妥当性をサーベイデータによって裏付けようとした。

　77年調査からは，人事を通じた官僚の選好操作という事前のコントロールが機能していたことがある程度示されていたように思われる。政策形成における官僚制の影響力を一般的に問う質問項目では，予想された分析結果が得られなかったが，政策領域毎の官僚影響力を尋ねた質問については，自民党との政策距離が近い官僚ほど官僚が強い影響力を持つと答える傾向が見出された。また幹部官僚ほど，自民党の選好に近い政策選好を持ち，自民党を支持する傾向が見られることは，こうした事前コントロールが機能してきたことの間接的な証拠だと思われた。

　また連立政権となり，政権が不安定化した2002年調査においては，事前のコントロールが機能しにくくなることが予想されたが，図8に示された「官僚の政策形成における影響力」認知の減少は，事後のコントロールへのより強い依存を示唆する結果だと解釈できよう。77年調査に見られた，幹部の方がより自民党の選好に近く，自民党を支持する傾向が，2002年調査では失われたという事実も，事前コントロールの機能低下を物語っていると言えるだろう。

　このような政権党の選択としての行政裁量を裏付ける証拠は，プリンシパル・エージェントモデルのそもそもの設定の妥当性，すなわち政権党を本人とし，官僚を代理人とする設定が十分に適当な設定であることを示唆しているだろう。またこのような行政裁量の理解は，日本の政治過程にも新たな見方を提供することになるだろう。たとえば「政党優位論」「官僚優位論」の対抗関係の中で，両者をいわば折衷する形で政策類型論が展開されてきた（真渕，1981；山口，1987；Okimoto，1989）。すなわち官僚と政党のいずれが優位かは政策領域ごとに異なるのであり，通産省や大蔵省などの管轄する経済政策領域では前者が，農林省や建設省などの国内政策領

域では後者がより優位であると指摘されてきた。こうした日本政治理解は比較的多くの論者に支持されるところであったが，プリンシパル・エージェントの枠組みにもとづけば，やや異なる解釈が導かれることになる。すなわちそこで見られる政策領域ごとの違いは，影響力の大きさの違いではなく，コントロール手段の違いということになる。経済官庁に関しては，事前のコントロールが機能し，より忠実な代理人となって広範な裁量が与えられがちであったのに対し，国内政策分野の諸官庁については，より事後的なコントロールが行われ，裁量が狭められたのである。

このようにプリンシパル・エージェントモデルの枠組みは，日本政治に様々な新たな解釈を提起することになろうと思われる。また政治家の選択として行政のコントロール手段を捉え，環境条件との関係からその選択を説明する試みは，フーバーとシッパンの研究がそうであったように，単に日本一国の研究に留まらず，比較政治分析へと広がりを持つ課題である。様々なレベルでの比較にもとづく官僚制コントロールの分析は，比較政治研究全体への貢献につながることにもなるだろう。多様なデータの利用を試みつつ，取り組むべき課題であると思われる。

付記：本稿は「政治行動論研究会」(2005年4月16日)，「公共選択学会第9回全国大会」(2005年7月9日) における報告に修正を加えたものである。これらの研究会でコメントを頂戴した参加者の方々と，様々な局面において修正のアドバイスを頂戴した2005年度政治学会年報編集委員会のメンバー各氏に御礼申し上げたい。また官僚と国会議員に対するサーベイ調査について，データの利用を認めていただいた村松岐夫教授に感謝したい。

(1) 本稿で使用するサーベイデータは，村松岐夫教授を中心とする三次のエリート調査によるものである（官僚調査については，第1回1976年～77年，第2回1986年，第3回2001年から02年，また議員調査については，第1回1978年，第二回1987年，第3回2002年）。このうち本稿で利用したのは，第1回と第3回の官僚調査，議員調査データである。詳しくは後述するが，本稿では政治家と官僚に対する共通の質問項目を利用する都合から，そうした項目が設定されていなかった第2回調査については利用できなかった。

官僚のサンプルは，大蔵省 (41〔77年〕59〔02年〕)，通産省 (42〔77年〕43〔02年〕)，経済企画庁 (19〔77年〕17〔02年〕)，農林省 (35〔77年〕29〔02年〕)，建設省 (〔77年〕53〔02年〕)，労働省 (27〔77年〕28〔02年〕)，

厚生省（42〔77年〕41〔02年〕），自治省（19〔77年〕20〔02年〕）の8省庁について，本省課長以上のポストを担当する幹部官僚から選ばれている（計251〔77年〕290〔02年〕）。省庁再編後については，第1回，第2回に調査対象としたポストの移転先ポストの任にある者を調査対象としている。

議員のサンプルは，1978年については自民党（50），社会党（26），公明党（12），民社党（5），共産党（4），新自由クラブ（4）であり（計101），2002年については，自民党（61），公明党（7），保守党（2），民主党（46），自由党（7），共産党（6），社民党（5），無所属の会（2）である（計136）。

（2）「官僚優位」モデルの場合には，前者のケースは説明できるが，後者のケースが説明できないということになる。

（3）すなわち法律条文が詳細であれば，それは行政への裁量を少なくして，個別の指示を政治家が与えているということを示しており，他方法律条文が曖昧であれば，細部の決定を行政へ委任していることになる。

（4）官僚の政治的コントロールをこのように4つの段階に区分する上では，曽我（2005）を参考にした。

（5）但し①と②はしばしば同時進行し，あるいは前後関係が逆転するものと思われる。また既存のプリンシパル・エージェントモデルによる官僚制研究においては，政策の具体的執行のタイミングを挟んで，通常④を「事後のコントロール」と呼び，①②③までを「事前のコントロール」と呼ぶようである。しかしながら本稿では，複数のコントロール手段の関係を時間軸に沿って見ることが重要だと考えており，「事前」と「事後」はすべての段階の相対的な前後関係を意味するものと見なしている。

（6）既存のプリンシパル・エージェントモデルを適用した官僚制研究においては，官僚コントロール手段の代替的関係についての実証分析は，ボーンやエプスタインとオハラハンの研究，フーバーとシッパンによる研究など少数の重要な例外はあるものの，充分に蓄積されてきたとは言い難い。そうした実証研究の未開拓の一つの大きな要因は，プリンシパル・エージェントモデルによる官僚制研究が，主にアメリカを対象にして発展してきたことだと思われる。大統領制において必然的に生じる二重プリンシパルが，複数コントロール手段間の代替性を顕在化させなかったのである（Bawn, 1997；Epstein and O'Halloran, 1999；曽我, 2005）。

（7）閉鎖型任用制と開放型任用制の対比については，西尾, 2001を参照。

（8）①「近代社会の病理を明らかにし，これに対処すること」②「国家と民衆の新しい関係のもち方」③「日本の社会システムの特質を明らかにすること」④「公共政策の意思決定の探究」⑤「将来の望ましい企業形態（産業組織のあり方）」⑥「資源・エネルギー問題」⑦「日本の技術開発戦

略」⑧「教育の新しい目標と制度の改革」⑨「都市空間利用の総合計画」⑩「将来の生活構造のあり方の探究」⑪「新しい価値体系の探究」⑫「環境の質と生態系の管理」⑬「日本の安全保障」⑭「経済活動の国際的適応」⑮「開発途上国との交流」⑯「先進産業国との交流」

（9）　たとえば16項目中，最も言及率の低いのは「先進産業国との交流」である。但しこの項目については，すべてのサンプルについて言及がゼロのため，図表からは省略されている。他方，最も言及率が高いのは「資源・エネルギーの問題」である。

（10）　自民党からの距離得点については，分析の過程において，各項目における差の2乗を足し合わせ，平方根を取るいわゆる多次元空間距離値も算出し，以下の回帰分析等に当てはめたが，結果に大きな違いが見られなかったため，より単純な絶対値合計の値を取ることとした。

（11）　すなわち「日本国民にとって，今重要であると考えておられる問題を，次の中から重要な順に3つあげていただけませんか。」という質問に対して，①「都市問題」②「科学技術の開発」③「防衛問題」④「国際経済」⑤「資源・エネルギー」⑥「教育」⑦「福祉問題」⑧「国内経済」という8つの項目から選択する形式となっている。

（12）　このようなある種のデータ操作を行わざるを得ないのは，ここで利用する調査がそもそも本稿とは異なる目的のためにデザインされているためである。行政裁量をサーベイデータによって把握する場合にも，そのためにデザインされた新たな調査を利用すべきかもしれない。またフーバーとシッパンが試みたように，行政裁量は客観的データをもとに測定可能であるとも思われる。行政裁量の量的把握については，今後より一層改善を重ねていく必要があると思われる。

（13）　「政党」「行政官僚」「裁判所」「財界・大企業」「労働組合」「農業団体，医師会等の利益団体」「マスコミ（新聞，テレビ等）」「学者・知識人」「宗教団体」「市民運動・住民運動等」「その他」

（14）　選択肢は，「非常に」「かなり」「やや」「ふつう」「あまりない」「ほとんどない」「ない」の7段階。

（15）　「あなたの所管する行政事務について，おたずねします。それらの事務の効果をあげるためには，次にあげる手段のうち，どれが1番重要だと思われますか。2番目はどれですか。」との質問に対し，①行政指導②行政手段③法的規制④政治的手段⑤マスコミ対策等⑥その他（具体的に記入），という選択肢が与えられているが，「政策領域特性」変数は，これについて行政指導を第一位としたものに2点，第二位としたものに1点を与えて作成したものである（0～2点）。ただしこの質問項目は77年調査にのみ含まれている。

(16) なお「東大法学部」変数,「政策領域特性」変数を含むモデルについても分析を試みたが,個別の政策毎の影響力に関しては,ほとんど説明力を持たなかった。
(17) たとえば「自民党支持」「その他」というようにグループ分けして「政策距離」の平均点を比較しても有意差は確認できない。

参考文献

曽我謙悟（2005）『ゲームとしての官僚制』東京大学出版会。
辻清明（1969）『日本官僚制の研究（新版）』東京大学出版会。
西尾勝（2001）『行政学〔新版〕』有斐閣。
真渕勝（1991）「再分配の政治過程」高坂正堯編『高度産業国家の利益政治過程と政策―日本』トヨタ財団助成研究報告書。
村松岐夫（1981）『戦後日本の官僚制』東洋経済新報社。
山口二郎（1987）『大蔵官僚支配の終焉』岩波書店。

Bawn Kathleen, 1997. "Choosing Strategies to Control the Bureaucracy: Statutory Constraints, Oversight, and the Committee System," *Journal of Law, Economics, and Organization* 13: 101-126.

Geddes, Barbara, 1994. *Politician's Dilemma: Building State Capacity in Latin America*, University of California Press.

Haley, O. John, 1991. *Authority without Power: Law and the Japanese Paradox*, Oxford University Press.

Huber, John, and Charles Shipan, 2002. *Deliberate Discretion: the Institutional Foundations of Bureaucratic Autonomy*, Cambridge University Press.

Epstein, David, and Sharyn O'Halloran, 1999. *Delegating Powers: A Transaction Cost Politics Approach to Policymaking Under Separate Powers*, Cambridge University Press.

Hammond, Thomas H., and Jack H. Knott, 1996, "Who Controls the Bureaucracy? : Presidential Power, Congressional Dominance, Legal Constraints, and Bureaucratic Autonomy in a Model of Multi-Institutional Policy-Making," *Journal of Law, Economics, and Organization* 12: 119-166.

Horn, Murray J. 1995, *The Political Economy of Public Administration*, Cambridge University Press.

McCubbins, Mathew D., Roger G. Noll, and Barry R. Weingast, 1987, "Administrative Procedures as Instruments of Political Control," *Journal of Law, Economics, and Organization* 3(2): 243-277.

McCubbins, Mathew D., and Thomas Schwartz, 1984, ―Congressional Oversight Overlooked: Policy Patrols v. Fire Alarms," *American Journal of Political*

Science 28: 165-179.

Okimoto, Daniel I. 1989, *Between MITI and the Market: Japanese Industrial Policy for High Technology*, Stanford University Press（渡辺敏訳，1991『通産省とハイテク産業―日本の競争力を生むメカニズム』サイマル出版会）.

Ramseyer, J. Mark, and Frances McCall Rosenbluth, 1993. *Japan's Political Marketplace*, Harvard University Press（加藤寛監訳／川野辺裕幸・細野助博訳，1995，『日本政治の経済学』弘文堂）.

分権改革期における市町村教育行政の変容とその政治行政要因

青木栄一

1　教育行政の地方分権

　なぜ第一次分権改革1が，これまで「集権的様相」2とされてきた地方政府の教育行政に変容をもたらしたのか，この変容した部分をこれまで抑制していたものは何か。これらについて地方政府に着目した分析を行うのが本稿の課題である。本稿は教育行政の中でもきわめて集権的であったとされる学級編制・カリキュラムの領域について検討する。

1　集権説のレビュー

　「集権的様相」とは，端的に言えば全国画一のアウトプットが成立している状況である。たとえば，40人学級編制の遵守，教員給与水準の均一性，北側片廊下南向き教室の学校建築がその象徴である。戦後改革により教育委員の公選制などの分権化が進められたものの，1950年代の戦後体制の再編過程では教育行政は再集権化された（市川喜崇，1991-93）。また現在も教育長を含む教育委員会の事務局職員の多くが教職経験者であり，教育委員の多くも退職校長であるほか，実際の政策実施には各地方政府の校長会の果たす役割も無視できない。教育行政関係者の高い同質性のゆえに「教育行政孤島」とでもいうべき状況が見受けられ，学校の不祥事に対する身内意識による隠蔽体質なども指摘される（新藤，1997）。こうした「教員文化」と文部科学省による指導行政が有機的に結合した結果，横並び体質，前例主義が根付くこととなる（伊藤正次，2002:48）。しかし，かりにこうした「集権的様相」という見方が事実を捉えたものだとしても，とくに分権改革後の地方政府の行動，地方政府内部の政治行政，水平的政府間関係を視野に入れた分析は必要である。

教育行政の政府間関係は教育行政学者たちによって集権的行政の典型と批判されてきた。そこでは文部省の地方支配の意図（教職員組合対策，教育の正常化）を強調する傾向があった（荻原，1996）。たしかに，当時は，分権改革の進められている現在よりも，公式制度や運用あるいは関係者の意識は「集権的」だったかもしれない。ただ，その要因については上で述べたようにあまりにも単純化していたように思われる。

　このような見方の典型は教育委員会法から地方教育行政法への改正について，文部省の地方支配の意図を強調するものである[3]。教育委員会法では教育委員は公選制であったが，地方教育行政法では首長による任命制となった（旧地方教育行政法第4条第1項）。このほか次のような規定が集権論の根拠として指摘された。第1に，いわゆる指導行政とよばれる行政手法が明文化された（同法第48条）[4]。第2に，県の基準設定権である（同法第49条）。第3に，措置要求規定である（同法第52条）。以上のような教育委員会法の改正による地方教育行政法の成立を文部省による教育行政の集権化戦略の画期をなすものとして理解するスタイルが教育行政学者に共有された。つまり，ある法制度（ここでは地方教育行政法）の存在をもって，ある行政現象（集権化・管理強化）の要因と見なすのである。

　地方教育行政法の成立を一つの契機とする思考スタイルの他にも，財政制度に着目する論者もいる。教育行政の地方自治原則が戦後改革で示されたが，この原則を変容させるようにして，国庫補助負担金制度が次々と創設された。これについては，古くは「新しい集権化」として肯定的に把握する論者が存在したが少数説である（市川昭午，1975）。たしかにナショナルミニマムの達成には中央政府が一定程度のプレゼンスを保持する必要がある。しかし，多くの研究者は政府間財政関係を構成するこれらの国庫補助負担金制度を集権化の手段として批判してきた（三輪編著，1993）。また，国庫補助負担金制度は，ナショナルミニマムの達成には有効な仕組みである反面，地方政府の中央政府依存の要因となっているとする論者もいる（白石，2000:131）。いずれにせよ，これらの説明は基本的には地方政府の内部に視点をおくものではない。従来指摘されるような「集権的様相」がかりに観察されるにしても，地方政府内部を観察しなければその説明力は限定的である。

　公式制度の存在を前提としつつも，文部省の行政手法・行動・意図に着

目する論者もいる。「指導助言」という教育行政に特有な行政スタイルを通じて，教育行政の集権的様相が生み出される過程を教員の勤務評定導入を事例として分析した研究がある（荻原，1996）。しかし，これも地方政府の行動が中央政府＝文部省の行動に対する受動的なものとして描かれている。集権的様相を生み出す要因が文部省の意図による側面があったとはいえ，地方政府が自発的にそういう状況を選択した可能性を否定する程の説明力があるとは言い難い。

2　今次の地方分権改革への評価のレビュー

さて，今次の分権改革に関する教育行政学者の評価はおおむね否定的・消極的な評価であった[5]。そのような評価の論拠は以下のようにまとめられる。

第1に，行政委員会としての教育委員会という機構原理が修正されなかったことである。分権推進委員会の第一次勧告においても教育長の任命承認制の廃止，地方教育行政法における関与の一般ルール化等が指摘されているだけであり，教育委員会制度についての見直し論議は浮上しなかったし，当時の中教審の議論も同様であった（村松，2000）。

第2に，義務教育費に関する国庫補助負担金が存続したことである。もちろん，第二次分権改革の嚆矢というべき三位一体の改革では義務教育費国庫負担金制度の一般財源化が焦点となっているが，第一次分権改革では補助負担金の事務手続きの簡素化が第一次勧告で言及されているに止まっていた。

第3に，教育行政における機関委任事務の位置づけに関する教育行政学界の伝統的な評価があった。教育行政領域は機関委任事務等の「ハード」な行政手段が少なく，指導行政という「ソフト」な行政手段による行政運営がなされるところにその特徴があると指摘されてきた（荻原，1996）。しかし，機関委任事務と分権改革への影響に関する上記の見解には疑問がある。それは機関委任事務の量的側面に着目しすぎてしまい，いわば「質」の面に関する考察がなされていないからである（荻原，2000）。かりに機関委任事務の本数が少なくても，その少数の事務が戦略的に重要な部分を押さえているものであるならば，地方政府の行動に対して大きな影響を与えうると考えることができる。たとえば，第一次勧告で機関委任事務を自治

事務とするものに「学級編制の基準の設定・認可に関する事務」があげられている。学級編制は教職員配置事務と密接な関連を持つ事務であり、さらに学校の施設面積、教員給与費とも関連する。また学級編制は従来「集権的様相」の典型例として指摘されてきた領域でもある。学級編制という基幹的事務が機関委任事務とされてきたことの意味を問う必要があると思われる。

3 分権改革の具体像

本稿に関する範囲で分権一括法によって実現した教育行政の分権改革の概要を示しておく。大きく分けて地方教育行政法に関するものと、学級編制・カリキュラムに関するものがある。前者については次の3点が見直された。第1に、上位政府による教育長の任命承認制が廃止された。都道府県教育委員会による承認は機関委任事務とされ、人事を通じた教育行政の集権的制度の典型として長らく批判されてきたものである。第2に、文部省の権限を関与の一般ルールの考え方に沿って見直したことである。機関委任事務に係る文部大臣の教育委員会に対する指揮監督（旧地方教育行政法第55条）、文部大臣による首長・教育委員会に対する措置要求（同52条）を見直した。第3に、「集権的様相」の元凶ともされた指導助言も見直しの方向が示され、その後中教審の審議を経て「指導、助言又は援助を行うものとする。」から「～することができる。」へと見直された。

次に本稿で扱う学級編制とカリキュラムの分権改革についてまとめる。

第1に、分権一括法において「公立義務教育諸学校の学級編制及び教職員定数の標準に関する法律（以下、義務標準法）」が改正され、地方政府の学級編制が分権化された[6]。分権一括法以外では次の見直しがあった。まず平成13年改正では、特に必要と認める場合のみ、都道府県教育委員会は国の標準である40人を下回る特例的基準を定めることが可能となった[7]。これは国の標準と都道府県の基準が一致しなくてもよいことを明示した改正である。平成15年には学級編制弾力化通知が出され40人を下回る一般基準を都道府県が定めてもよいとされた。つまり域内全域全学年を対象とする少人数学級編制が可能となった[8]。

第2に、カリキュラムでは、従来学習指導要領が「最高基準かつ最低基準」として把握・運用されてきたが、新学習指導要領で「最低基準」性が

明確となり，発展的な内容を適宜教授することが可能とされた。学力低下論をうけて遠山文部科学大臣は「確かな学力の向上のための2002アピール（学びのすすめ）」で「学習指導要領は最低基準であり，理解の進んでいる子どもは，発展的な学習で力をより伸ばす」と表明した。また，平成15年の学習指導要領の一部改訂で「総則」に最低基準性を明記する内容が盛り込まれ，選択教科について発展的な内容を教授することが可能であることなどが付け加えられた[9]。

4 分析枠組・分析課題

分権改革後に近時の地方政府の教育行政の変化が引き起こされているという点で，分権改革は変化の起動因であると考えて差し支えない。しかし先進的地方政府（以下，先進政府）以外では大きな変化が観察されていないのも事実である。そこで，本稿の課題は先進政府の登場の要因を当該政府の政治行政に着目して明らかにすることと設定される。

上記の課題を明らかにするための鍵となる概念が「独自施策」である。以前「上乗せ・横出し」と呼ばれる行政手法が革新自治体期に注目されたが，これはそれとほぼ同義である。あえて異なる用語法を採用したのは，後者がどちらかといえば要綱行政等にみられるように法令の不備を補完する性格が強かったのに対して，前者がある領域におけるナショナルミニマムの達成・維持をふまえた上で採用されるものであることを強調するためである。従来実施不可能だった独自施策が分権改革によって可能となったことが教育行政の変化の主要因だと本稿は考える。本稿の理論的主張は，独自施策が可能となったことではじめて首長の教育行政におけるプレゼンスが高まり，予算編成と人事を通じて首長が教育行政に影響力を発揮することが可能となったというものである。分権改革前に教育行政改革を志向する首長が存在していたかもしれないが，実際には首長の影響力を発揮するには政策の選択肢が限られていたと思われる。

以下，地方政府（市区町村に焦点を当てる）について，変化が表れていると思われる局面を指摘する。第1に地方政府内部の政治行政である[10]。とくに首長，議会，教育委員会の会議，教育委員会事務局について検討する。まず首長・議会が教育行政に対する関心を高め，独自施策を発案するなどして影響力を発揮し始めたと考えられる。これに伴い教育委員会でも

議論が活発化し，教育委員会事務局では事務量が増加したことも想定できる。第2に政府間関係である。一つ目は垂直的政府間関係である。ここでは市町村教育委員会と都道府県教育委員会との関係に変化が生じたと考えられる。二つ目は水平的政府間関係である。独自施策を立案することのできる地方政府は少数であると予想されるため，先進政府への視察が増加していると考えられる（伊藤修一郎，2002）。

なお，筆者は以前地方分権改革によって教育行政領域で先進政府が登場した要因を，都道府県の学級編制基準の弾力化を事例にして明らかにしたことがある（青木，2005）。この論文は分権改革のインパクトを地方政府の教育行政において析出し，その要因を明らかにするという点では本稿と共通した問題関心を有する。ただし，本稿は市町村レベルを対象にしている点（対象となる地方政府のレベルの相違），また議会の質問に占める教育関連質問の割合や他自治体からの視察受入数の推移等の指標を新たに使用している点（分析手法の相違）等において，前出論文とは異なるものである。

2　市町村の教育改革の態様

まず筆者が関わった二つの全国調査から分権改革による教育行政の変化を概観する。

第1に，日本都市センター調査である[11]。独自施策については，「独自教材の作成」「市区費負担教員の採用（非常勤含む）」「その他教職員（学校司書等）」について，それぞれ4割，3割，2.5割の都市自治体で実施済みである。「学級編制の独自の設定」は4.6％，「教育長・教育委員の公募制」は3.1％であり，ごく少数の都市自治体で実施していることがわかる。また独自施策について「学校教育行政で新しい施策（例：少人数学級等）を行う際に，教育委員会主導で行う場合と，首長主導で行う場合のどちらが多いですか」という質問をした。「教育委員会主導」「どちらかといえば教育委員会主導」が合わせて8割の回答がある一方で，「どちらかといえば首長主導」「首長主導」が合わせて15％あった。一部の都市自治体では首長が教育行政に影響力を行使し始めていることが看取できる。

次に，回答した都市自治体が視察した地方政府のデータである。回答数が上位の地方政府は，仙台市，金沢市，品川区，京都市，志木市である。志木市以外はいずれも都市規模が大きいのに対して，志木市は人口が10万人

未満であることに留意したい。視察目的の施策として最も多いのは「独自の学期設定」であり，次に「学区設定の弾力化」「学級編制の独自の設定」となる。「独自の学期設定」とは二学期制の導入のことを指しており，仙台市，金沢市，京都市がこれに当たる。「学区設定の弾力化」は品川区が該当する。「学級編制の独自の設定」は志木市が該当する。

第2に，東大COE調査である[12]。この調査では学力向上を目的とした市区町村の独自施策をたずねている。独自に学力調査を実施した市区町村は3割である。6割の市区町村で非常勤講師を自主財源で雇用している。少人数指導目的の雇用は非常勤講師を雇用した市区町村の3割でみられる。さらに少人数学級編制のための雇用は非常勤講師を雇用している市区町村の1割で行われている。独自教材（副教本）を作成しているのは4分の1の市区町村である。

以上のことから，教育行政においても独自施策が展開されはじめており，首長による教育改革が一部で進みつつあること，水平的政府間関係を通じた政策情報の流通が確認できる。次に，後の実証研究の対象である志木市（埼玉県），犬山市（愛知県）の教育改革の概要を紹介する。この2市を分析対象としたのは独自施策をそれぞれ全国に先駆けて実施したからである。

3　教育改革の事例分析

1　志木市[13]

[1]　概要

志木市の教育改革は平成13年7月に穂坂市長（当時）が無投票で当選した後[14]，14年度から少人数学級編制を市町村段階で初めて実現してから全国に知られるようになった。学級編制の分権改革により，法制度上は市町村段階での独自の学級編制は可能となってはいたが，県教委の同意が必要であり，県内市町村の学級編制に格差を生じさせるこの取り組みに対しては県教委が抑制的に行動することが十分予測された。かりに県教委の同意を得られても，少人数学級実施に伴う教員増への財政負担については，市町村独自に賄うことを余儀なくされるとも予測され，当該市町村内の住民世論の同意を取り付けることも必要な政策案であった。さて，志木市の少人数学級政策＝「ハタザクラプラン」は1クラス25人程度の学級編制を行

表1　志木市予算

年度	総額 (a)	教育費 (b)	講師 (c)	(c/a)	(c/b)
15	16,204,000	2,367,995	41,467	0.3%	1.8%
14	17,332,000	4,249,255	40,818	0.2%	1.0%
13	17,160,000	3,681,711	2,534	0.0%	0.1%

単位：千円　　出典：志木市予算書より筆者作成

うという構成となり，平成14年度に小学校1・2年生に導入された[15]。表1は少人数学級編制のために雇用する非常勤教員の人件費等を示したものである。平成14年度からこの人件費が急増していることが指摘できる。ただし，教育費に占める割合は学校建設のなくなった平成15年度でも2％未満であり，少額予算であるにもかかわらず全国的な注目を集めたことに留意したい。つまり，導入のための予算上の制約はさほどない施策であるにもかかわらず，一般に市町村段階の少人数学級編制が行われなかったことから，別の抑制要因と志木市固有の促進要因が存在していたと推測できる。

［2］　政策過程
①　市議会における市長提案と市議会の反応

　市長は，平成13年第2回市議会定例会の就任演説では明示的に少人数学級については触れていないが，一般質問への答弁で少人数学級に関して言及している[16]。これが市議会議事録での市長による政策案の初出である。さて先ほど市議会での教育行政に関する議論が活発となると予測したが，独自施策提案前の志木市議会の一般質問を青木（2004b）にもとづき次のように類型化しておく。第1に，ナショナルレベルの政策課題について見解を問うものである。たとえば国旗・国歌や地域に根ざした教育の在り方についてである。第2に，ナショナルレベルで注目されている教育問題について，自市の現状を問うものである。たとえばいじめ・不登校の報道を参照しつつ当該自治体の現況をたずねる質問である[17]。第3に，ローカルレベルの質問である。通学路，学校建築といった議員にとっては「地元問題」に関する質問である。これらをみるかぎり，独自施策提案前の一般質問は議員自ら調査すれば事足りるようなものであり，議事録に敢えて記録させるという意図を除けば，議員に求められている調査機能を発揮していないばかりか，答弁者に負担を強いる結果となっているといえる。

　ところが，独自施策提案後は一般質問が量的にも質的にも変化した。図

1は志木市議会の定例会における一般質問のうち教育関連の質問の割合の推移を示したものである。平成12年2回と13年3回でピークを示している。前者は志木小学校（複合施設）建設、後者は少人数学級が政策課題となった時期である。これらのうち、小学校建設は従来議員の関心も高い領域である。これに対して、少人数学級は従来革新政党の主張ではあったものの、実現可能性がなく政策課題となるものではなかった。事実、志木市でも穂坂市長の提案以前は少人数学級を求めるのは革新政党の議員だけであり、教育委員会事務局の答弁でも少人数学級を検討していないことが裏付けられる（次の議事録抜粋の下線部参照）。

　平成13年第1回市議会定例会（以下、質問・答弁は抜粋。下線は強調のため筆者が付した。）

　議員：きめ細かく教えられるような30人学級への前進、教員の増員と教育予算の増額が本当に求められています。そこで、<u>30人学級の実施について</u>。ア、<u>文部科学省の方針と対応について</u>。イ、<u>志木市の方針と対応</u>について教育長にお伺いをいたします。

　教育長：本市では平成13年度から市独自の事業、小学校教育想像力開発促進事業といたしまして、<u>情操教科の授業を複数で指導して</u>[18]、児童の想像力の開発を促進するための非常勤講師派遣制度を導入するものでございます。その予算を本会議でお願いしているところでございます。

市長の提案後、市議会における少人数学級関連の質問が急増した。13年2回議会では少人数学級関連の質問は全質問者14名のうち2名であったが、

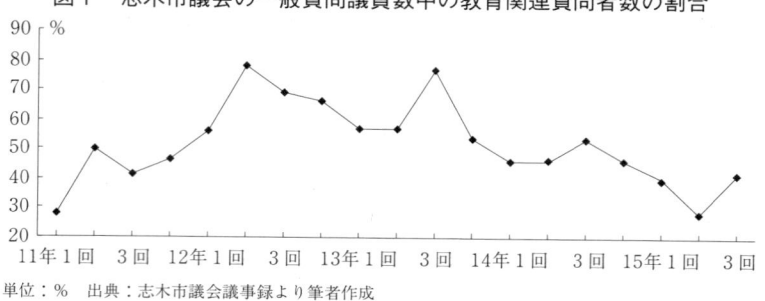

図1　志木市議会の一般質問議員数中の教育関連質問者数の割合

単位：%　出典：志木市議会議事録より筆者作成

13年3回には13名中6名が少人数学級関連の質問を行っている。この回は教育関連の質問の割合がピークを迎えており，その多くが少人数学級関連の質問だったことになる。また，質問の内容は地方議会に期待されているチェック機能を果たしつつあることがうかがえる。当時市町村が少人数学級を導入する場合には，独自に学級担任を雇用することが不可能であったため，志木市の少人数学級編制は非常勤教員を専科指導に充て，専科の県費負担教職員を学級担任に充てるという構成であった。そこで非常勤教員の待遇が質問されたほか，次のように導入後の指導方法の改善，効果の確保・課題への対応等も質問されるようになった。

平成13年第4回市議会定例会
議員：3点教育行政の責任者である教育長にお尋ねいたします。
(1)<u>25人程度学級の指導方法</u>について。<u>人数が40人から25人程度に大きく減るわけですから，より児童一人ひとりに目の行き届いた指導に変えていくべきであります。少人数学級の指導方法はどのようにするのか，お尋ねをいたします。</u>(2)3年進級後の人数格差解消策について。1，2年生は25人程度学級であったのが，3年生に進級すると40人学級に戻ります。この人数ギャップは大変大きいものがありますので，このギャップを埋める緩和策が必要であると考えますが，教育委員会のお考えをお聞きいたします。(3)教職員の研修，意識改革について。<u>25人程度学級導入に当たって教職員の研修</u>，また<u>意識改革が必要である</u>と考えますが，教育委員会のお考えをお聞きいたします。

② 教育委員会の会議

上記のように市議会では少人数学級に関する質疑が展開されたが，教育委員会の会議ではこの政策課題はどのように扱われたのか。教育委員会の会議では以下にみるとおり，議案としてではなく教育長報告の形で取り扱われた19。平成13年8月定例会で初めて教育長からの報告がなされた。9月定例会では9月議会での論議が紹介され，25人学級についての質問に対しては市長が答弁した旨の報告があった。その後11月定例会では県教委の同意方針決定（11月21日）をうけて具体的な施策内容についての質疑が行われた。とくに市費によって雇用する非常勤教員の身分・待遇について教育委員からの発言があった。いずれにしても教育委員は教育長報告に対して質問するにとどまっている。

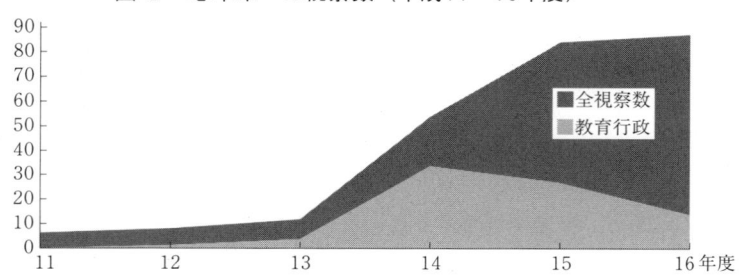

図 2　志木市への視察数（平成11～16年度）

出典：志木市議会資料より筆者作成
注：1．都道府県は全視察数から除いた。2．複数の地方政府（議員団，議会関係者等）の合同視察は全視察数から除いた。3．全視察数は当該年度に志木市市議会事務局を通じて視察を行った地方政府の数である。4．「教育行政」の値は当該年度に上記視察を行った地方政府のうち，志木市の教育改革（少人数学級，不登校対策，教育委員会廃止）について視察を行った地方政府の数である。教育委員会制度廃止に関しては地方自治解放特区の視察とされているものについてはカウントしていない。

③　志木市教委－埼玉県教委

志木市独自の学級編制を実現するためには埼玉県教育委員会の同意が必要である。そこで市長らは埼玉県教委への働きかけを行った。平成13年3回議会では市長答弁から県教委への「要望書」の内容が紹介された[20]。増加する教員の給与負担については市と県で折半することを要望し，それが不可能である場合には市単独で負担することを要望した。この定例会では全会一致で県知事，県教育長あての「埼玉県の義務教育課程における特例的な学級編制基準（小学校1・2年生における少人数学級）の導入を求める意見書」が採択された。その後11月26日に埼玉県の学級編制の同意に関する方針変更が表明された[21]。

④　他自治体の視察

図2は平成11年度から16年度において志木市を視察した市町村議会の数の推移である。少人数学級編制が導入された14年度に視察数が急増し，なかでも教育行政関連の視察が急増していることがわかる。少人数学級編制が導入された14年度には54件中34件が教育行政関連であった。15年度は84件中27件，16年度は87件中14件が教育行政関連である。

2　犬山市

[1] 概要

　犬山市も志木市と並んで市町村段階の教育改革をリードするフロントランナーである。犬山市が全国で注目されたのは副教本の作成によってである。副教本は平成13年度に小学校の算数に導入され，14年度に小学校理科，15年度に小学校国語について導入された。また市は13年度から多くの非常勤講師を市費で雇用し少人数授業を導入してきた。石田市長（平成16年度現在）は3期目であり県議出身である。現教育長は元県職員で2期目であり現市長に請われて就任した。また教育委員の1人は教育行政学の専門家である（12年就任）。また少人数指導の専門家である大学教授を14年度から校長に登用しようとしたが，県教委に阻まれた。この教授は客員職員として教委事務局に勤務している。

　表2は非常勤講師の人件費の推移等を示したものである。志木市と比較して教育費に占める割合も高いことがわかる。志木市は少人数学級編制という制度形態で注目を集めたが，犬山市はそれよりも「地味」な少人数授業という制度形態ではあるものの，多額の財政資源を投入していることが指摘できる。

表2　犬山市予算

年度	総額(a)	教育費(b)	講師(小)	講師(中)	講師(計)(c)	(c/a)	(c/b)
16	20,008,745	2,249,059	129,173	64,841	194,014	1.0%	8.6%
15	18,512,104	2,199,210	104,994	52,383	157,377	0.9%	7.2%
14	18,939,627	2,275,896	99,929	48,672	148,601	0.8%	6.5%
13	20,316,712	2,362,253	75,904	33,754	109,658	0.5%	4.6%
12	20,781,484	2,802,176	61,019	29,527	90,546	0.4%	3.2%

単位：千円　　出典：犬山市予算書より筆者作成

[2]　政策過程
① 教育委員会の会議

　現在注目されている副教本と少人数学級については，教育委員会の会議での議論が政策過程の発端といえる。平成13年4月の教育委員会の会議定例会で協議事項として「副教材」という名称で協議されたのが公式記録での初出である。この定例会では平成9年4月以降はじめて市長が出席したが，副教材についての発言はなかった。平成13年9月，10月の定例会では非常勤講師，副教材に関連する発言が議事録に記録されている。筆者が入

手した資料によると15年度に4回，16年度も少なくとも6回[22]市長が出席している。

　市長の教育委員会の会議に対するスタンスが明瞭に表れている発言を紹介する。平成16年1月定例会では「市長として教育について思うことがある。それを教育委員会で議論して頂きたい。これから6つのことを提案しますので折に触れ議論して実行に移せるものは実施して欲しい。」と発言し，教育委員会の会議での議論を促している。16年9月定例会では「今日の主な議題は派遣指導主事の複数配置のようです。予算を伴う議題なので市長公室長を同席させます。十分議論して態度を決めていただきたい。」と発言している。このように，市長の教育委員会への影響力の行使は自らの教育観を直接施策に反映させるのではなく，教育委員会の議論を促すに止まっている。また予算に関しては教育委員会の会議単独で決定できないことから，市長が出席することで会議での議論の正当性を高め，意思決定のスピードアップを図っている。16年11月定例会でも市長の発言を受けて教育長が引き続き少人数学級を進めていく旨の発言を行っている。志木市における教育委員会の会議と市長との関係とは異なり，教育委員会の会議での議論が施策の正当性を高めている。ただし市長主導による教育改革という意味では両市とも共通している。

　また，教育委員会の会議が「活性化」した。たとえば平成13年度の定例会は12回開催されたが，協議事項に副教本が掲げられたのが8回あり，協議事項に盛り込まれなかった4回のうち3回で副教本に関する発言が委員からあった[23]。

② 市議会

　独自施策展開以前の犬山市議会における教育行政に関する議論は志木市と類似している。11年6月定例会では全国的に注目された事項について市の対応や現状をたずねている。

　　平成11年6月定例会
　　議員：全国的な中でこの間，教育現場で不幸な事件が続いてきております。1年ほど前に防火用の扉に挟まれて死亡してしまった，こういう事件もありました。学校教育現場において，こういう危険がないのかどうか，(中略：引用者)この点でチェックをされているのかどうか。そして，そうした危険に対してはどのような対応がされているのか，

お示しをいただきたいと思います。
　ところが，外部校長任用をめぐって愛知県教委と対立したのを契機に犬山市独自の教育政策について論議が展開されはじめた。13年3月定例会ではある議員が県教委との対立に関して次のような一般質問を行った。この事例は，独自施策の必要性を提案者である市当局にたずねるものであり，これまでに教育行政に関する議論では見られなかったことである。また，市長が自ら教育行政に関して答弁を行うのも志木市と類似している[24]。

平成13年3月定例会
　議員：3月2日の県議会で，県教委がなぜ犬山市の外部校長の話を拒否したのかという質問に対し，「犬山市には外部の校長を入れなければならない特殊な事情がない」という答弁をされました。また，私は，現役の校長先生や校長OBの先生方に，この件につきましてお話を伺いしました。そうしますと，大体出てくる言葉は，「俺んたらでいかんきゃあも」という疑問の声でございます。そこで，伺います。犬山市が外部校長を必要とする特殊な事情とは一体何でしょうか。

平成13年12月定例会
　市長：（前略：引用者）少人数授業についても，私からちょっとお答えしたいと思うんですが，（中略：引用者）私の見たところ，教師に効果があらわれておるんです。（中略：引用者）非常勤の講師が入ってくることによって，常勤の教師が必ず刺激を受けているんです。（非常勤講師が：引用者補足）真剣にやりますから，かえって新しく入ってきた非常勤の講師の刺激によって，従来の教師が刺激を受ける，そういう効果を私は具体的な証言として聞いています。

　ところで，教育に関する一般質問の割合であるが，志木市と比較するとやや低い（図3）。志木市は30％を割り込むことはなかったのに対して，犬山市では高くても40％を超えることはない。ただし，副教本や少人数授業の導入を翌年度に控えた13年度の議会では増加傾向であること，志木市では少人数学級編制への質問が急増した後は低下しているのに対して犬山市ではそうなっていないことが指摘できる。これは犬山市が14年度以降も二学期制，少人数学級編制などの施策を打ち出しているからと思われる[25]。
　また市議会の教育改革に対するスタンスの変化は請願等への対応の変化としても観察される。犬山市議会では平成13年度までは30人学級に関する

図3　犬山市議会の一般質問議員数中の教育関連質問者数の割合

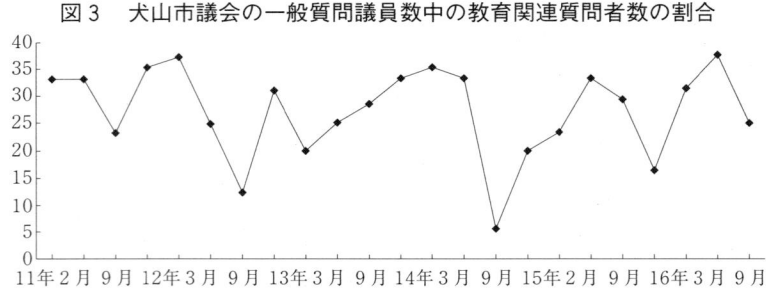

単位：％　　出典：犬山市市議会議事録より筆者作成

請願が少なくとも平成10年度以降毎年度のように提出されてきたが，不採択・継続審査とされてきた。ところが平成14年12月20日に意見書「国の責任で30人以下学級の実現をすすめるよう求める意見書」が原案可決された。

③　他市町村からの視察

　平成12年度は全視察数13件で教育行政関連は0件であったのに対して，平成14年度は全63件中40件が教育行政関連であった(図4)。志木市では他の政策領域に関する視察が増えているものの，教育行政関連は平成14年度をピークに減少しているが，犬山市の場合には平成15年度に50件中27件と減少したものの，16年度は78件中46件が教育行政関連となっている。これは市議会の議論の推移でも言及したとおり，複数の施策を順次導入していることが反映されているものと思われる。

図4　犬山市への視察数の推移（平成12～16年度）

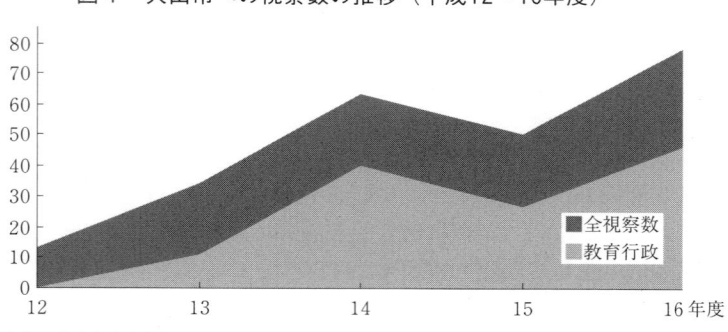

出典：犬山市議会資料より筆者作成　　注：図2と同じ。

3　小結

　志木市，犬山市における教育改革の検討からは以下のことが導かれる。
　第1に，市議会で顕著に観察されたが，教育行政がイシュー化しローカル化したということである。もちろん，これまでも通学路の安全確保や学校施設整備は当該地域を地盤とする地方議員にとっては重要なローカルイシューであった。しかし，独自施策は基本的に当該自治体全域に関わるものである。このことが一般質問を質量ともに変容させることとなったと思われる。独自施策が首長等によって提起された場合，とくに制度デザインが確定していない時期に多くの質問が集中する傾向が見受けられる。志木市の場合には少人数学級に関して，犬山市の場合には副教本，少人数授業について多くの一般質問が行われた。また独自施策の提起は議員の質問のスタンスを変化させる。つまり当該自治体の独自施策という性質を反映して，施策の正当性・必要性をたずね，さらには導入後予想される課題，導入後の検証方法等について議論が深められる。
　第2に，水平的政府間関係の活性化である。これは2市が受け入れた視察数の増加から指摘できる。ある地方政府が先進施策を導入する必要性を感じているものの，何らかの政治行政上の理由で導入に踏み切れない場合でも，先進政府を視察することで導入のメリットや施策の正当性を主張できるようになるのだろう。
　第3に，垂直的政府間関係である。いずれの市でも教育改革の初期段階で上位政府（県教委）との対立関係になっている。志木市では少人数学級編制，犬山市では民間人校長任用に関して県教委から抑制的な態度を示された。これは予測された反応であり，それを顧みずに政策を県教委に提起することができた要因は，両市の市長をはじめとする幹部が県行政に対する情報を比較的多く有していたためと思われる。
　第4に，教育委員会の会議であるが，犬山市では活発化したことが指摘できる。従来とは異なり協議事項に多くが盛り込まれ，市長も参加することで政策立案機能が発揮されるようになっている。これに対して志木市の場合，少人数学級編制について教育長からの報告事項として情報提供がなされたに止まる。
　第5に，これが最も重要な知見であるが，市長が重要な役割を果たして

いることである。

　志木市の場合は市長選の公約を発端として政策過程がスタートした。その後市議会での論議が活性化し、同時期に教育委員会の会議でも教育委員による議論が行われた。留意すべき点は市議会、教育委員会の会議いずれも市長の政策提起をうけて行動しているという点である。端的に言えば市議会、教育委員は戦略的に受動的な位置に置かれている。志木市の場合には予算を伴う施策（少人数学級）であるため、とくにこの傾向が強い。市議会、教育委員会ともに予算の発議権はないからである[26]。

　犬山市では教育委員らにより副教本作成が提起されたが、それ以前の民間人校長任用については市長と市長が任命した教育長が同じスタンスで県教委と対峙しており、いわゆる「教育界」の硬直性を打破することを目的としている。また、犬山市長は教育学者を教育委員に任命するなど教育委員（会）改革も行っている。この教育委員は副教本作成でも主要な役割を果たしている。つまり、市長が一定の意図を持って任命した教育長・教育委員によって教育改革が推進されている。さらに教育委員会の会議に市長自ら出席し、議論に方向性を与えているほか、予算の裏付けを与えてもいる。犬山市の場合も市長が教育改革の発端となっている。

　なお、関連する論点として「アウトカム」について触れておく。一般に教育政策についてはアウトカム指標をどのように設定するかは困難な問題であり、教育政策の効果は長期にわたって観察しなければならないとされている。しかし、両市ではこの困難な問題について一定の対応をしている。これは独自施策を実施する地方政府では住民や関連アクターに施策の妥当性や効果を主張する必要があると認知されているからであろう。なお、現時点では両市の調査には学力調査が含まれていない。これは地域（学校）格差が顕在化するのを避けるためではないかと思われる。

　志木市では、2004年度に「少人数学級編制研究会」が保護者、学級担任へアンケート調査を行った。これと同様の調査は2002年度にも実施され、比較可能である。担任調査では学力の代替指標として「学習習慣の確立」「授業中の集中力」等が掲げられている。前者については「かなり早くなった」「早くなった」を合わせて70.0％（前回調査46.0％）、後者については「より持続できるようになった」「持続できるようになった」を合わせて62.9％（前回調査48.0％）であり、いずれも前回調査よりも少人数学級編

制の効果を肯定的に捉える回答が増加している。

　犬山市では，現在研究者と合同で教育改革に対する評価に関するアンケート調査を実施中であり，2005年度中に公表予定である。一方，犬山市の教育改革を指導する教育心理学者は市の教育改革が児童生徒に与える影響の指標の一つとして「不登校率」を採用している（杉江，2005）。これによれば，小学校については，2000年に市で0.31，愛知県で0.35，全国で0.35であったのが，2004年にはそれぞれ0.12，0.34，0.36となっている。中学校では，2000年に市で1.84，愛知県で2.57，全国で2.45であったのが，2004年にはそれぞれ1.73，2.81，2.81となっている。いずれの結果からも犬山市の不登校率が低水準であり，かつ低下傾向であることが理解できる。なお，不登校を教育改革のアウトカム指標とする手法は山形県の少人数学級編制に関する政策評価でも採用されている。

4　考察：市町村の教育改革の条件

1　分権改革のインパクト：なぜ先進政府が登場したのか

　2つの全国調査からも，分権改革の影響が教育行政でも観察されるようになったことが指摘され，具体的には独自施策の実施が重要な変化であった。また，本稿の事例分析からみて，首長が一定の意図をもつならば，独自施策を軸とした教育改革が進展すると結論づけることができる。では，このような形で教育行政の分権改革の影響が析出されるようになったのはなぜか。志木市の少人数学級編制はこれまで県教委によって阻まれてきた施策である。犬山市の副教本作成も学習指導要領を超える発展的内容を盛り込むなど「上乗せ・横出し」の性質があるが，これも従来は学習指導要領が最低基準かつ最高基準であったために不可能な施策であった。文部科学省による分権改革の進展に伴い，学級編制，カリキュラム領域での独自施策が可能となってきた。ただし，留意すべき点がある。それは両市の教育改革が県教委との対立を経て実現していることである。つまり，制度上独自施策が可能となったとしても，自動的にいかなる地方政府でも実施されるわけではない。当該地方政府が一定の要件を満たす必要がある。前節「小結」で触れなかった点を述べる。

　第1に，上位政府との交渉能力である。本稿の事例では，両市長ともに

県議経験がある。改革の初期に県との対立を経る必要があるとすれば（あるいは少なくとも演出する必要があるとすれば），県議出身という経歴は重要な要素である。このような政治資源が県との交渉に自信を与え，また市議会や住民の説得に有利に影響を与えると思われる。ただ，県議経験が絶対条件ではないだろう。たとえば，三重県津市も教育委員会改革などで注目されているが，市長は県職員出身である[27]。これらのことから，少なくとも市町村における独自施策の展開に当たっては，県との交渉能力が重要な要素ではないかと思われる。もちろん，首長の属性と独自施策発案（とそれに付随する上位政府との交渉能力）との関連については，本稿の事例研究では十分に解き明かされておらず，今後，全国の傾向を検証するような場合には首長の経歴に着目してみたい[28]。

ところで，首長が発端となるにせよ，具体的に施策をデザインするのは教育委員会事務局職員である。そこで第2に，県教委との実務的交渉における事務局職員の重要性である。両市ともに，部長級の職員に校長経験者を登用している。この職員は両名ともに当該市で校長・事務局職員の経験を持ち，市内の学校教育に通じている。日本都市センターの調査によると人口5万人から10万人の都市自治体で校長経験のある学校教育部課長は全体の34.4％である。少ないとはいえないが決して多くもない。両市の事務局幹部にこのような人材を配置していることは，首長の改革案の具体化を進展させているといえる。

2　問題としての県教委

首長主導の教育行政の変化が観察されたが，行政委員会としての教育委員会制度はその制度原理を保持したままである。首長の予算編成権や教育委員の任命権は従来から存在していたにもかかわらず，なぜ分権改革をまつ必要があったのか。やはり文部省の意図から理解するのが適切だろうか。たしかに分権改革前には文部省（当時）は学級編制やカリキュラムについて，全国画一的なアウトプットを求めてきた。実際に地方政府の試みを抑制するような行動が記録されている。しかし，分権改革後の先進政府の観察からは，むしろ県教委の指導こそが多くの領域で独自施策を抑制してきた可能性が高いと推測できる。同質性の高い教職員集団の頂点に県教委が存在してきたと言える。独自施策はこうした共同体の秩序を乱すものであ

る。独自施策が文部科学省の改革により可能になった場合，改革を目指す市町村は県教委との交渉を経る必要がある。一般に町村ではなく，都市自治体（政令指定都市，市）で教育改革が進展しているのは，上位政府との交渉力が一定規模の地方政府に備わっているからだろう。

3　今後の分析上の課題

以上，分権改革後の教育行政の変化が独自施策を軸とした首長中心の改革であったことを明らかにした。前項でふれた抑制的な県教委の存在がかえって市町村からの改革を励起させる可能性がある。愛知県や埼玉県は県教委が主導的な役割を果たしてきた地域である。県教委と市町村の関係のバリエーションがそれぞれの地域での市町村発の改革の姿にどのような影響を与えているかは今後の課題であると自覚している。さらに，教育委員会事務局についても分析を深めたい。県教委との交渉能力，施策の具体化のために必要な人材と機構を検討する必要があるだろう。もちろん，行政委員会としての教育委員会のあり方についても検討していかなければならない。志木市長は教育委員会廃止や少人数学級など制度の枠にとらわれない「制度提案型」であるのに対して，犬山市長は教育委員会制度を活用する「制度活用型」であるといえる。教育委員会制度が地方政府の政策過程にどのような影響を与えているのか（いないのか），教育委員会がどの程度政策立案機能を発揮することができるのか，他の行政領域と比較した場合その特質は何かといった論点は今後の課題である。

　付記：本稿は，2005年度日本行政学会総会・研究会分科会B「地方自治の実証分析」（2005年5月14日・四日市大学）に筆者が提供したペーパー「第一次分権改革による政府間関係・地方政府の変化－市町村の教育行政を事例にして－」を加筆修正したものである。企画・司会をなさった北村亘先生（甲南大学），討論者をお引き受け下さった松並潤先生（神戸大学）をはじめ，コメントを下さった先生方にお礼申し上げる。
　なお本稿は平成16年度科学研究費補助金（若手研究（B），研究代表者：青木栄一，課題番号：16730401）による研究成果の一部である。本稿の意見にわたる部分は筆者の個人的見解を記したものである。

（1）　本稿での「第一次分権改革」とは分権一括法に前後して行われた90年

代以降の改革のことである。三位一体の改革とよばれる地方財政改革は第二次分権改革と捉え，除外している。この改革が着手された理由や改革の帰結に関する理論的予測については曽我（2000）が参考になる。
（2）　しかし，村松の指摘するように，それが他の行政領域よりも集権的であったかどうかは議論の余地がある。さらに，地方政府の自律的行動が全くもって不可能であったかどうかも実証分析が必要となる（村松，2000）。後者の課題については拙著で教育行政においても地方政府の自律的行動が可能な領域が存在したことを明らかにしたことがある（青木，2004a）。
（3）　これらの位置づけと問題については小川（2003）を参照。
（4）　「文部大臣は都道府県又は市町村に対し，都道府県委員会は市町村に対し，都道府県又は市町村の教育に関する事務の適正な処理を図るため，必要な指導，助言又は援助を行うものとする。」
（5）　教育行政学者の分権改革への評価については小川（2004）が簡潔にまとめている。
（6）　都道府県教育委員会が行う市町村立学校の学級編制の認可が事前協議となったほか，機関委任事務だった認可が自治事務化された。
（7）　改正前は国の学級編制「標準」にもとづき都道府県教育委員会が学級編制「基準」を定めることとされていたものの，実際には標準と全ての都道府県の基準は一致していた。その結果全都道府県が40人学級を行っていた。
（8）　平成13年改正では一部の学年で少人数学級編制を行うことを想定していたと思われる。
（9）　http://www.mext.go.jp/b_menu/shuppan/sonota/010801.htm を参照。最終アクセス日2005年5月6日。学習指導要領が最低基準性をもつとともに最高基準として捉えられてきたことについては，金井（2005）を参照。
（10）　地方政府内のアクター間の関係については，たとえば秋葉（2001），高部（2003）を参照した。
（11）　日本都市センター「地方分権改革が都市自治体に与えた影響等に関する調査研究」（平成15・16年度。質問紙調査を平成16年2月に実施）。詳細は日本都市センター（2005）を参照。
（12）　東京大学大学院教育学研究科基礎学力研究開発センター「市区町村の学力向上施策に関する調査」（調査時期2004年11月〜2005年1月）。詳細は東京大学基礎学力研究開発センター（2005）を参照。
（13）　志木市・犬山市それぞれについて，市議会会議事録（志木市はネット上でも閲覧・入手可能），教育委員会の会議議事録を入手した。また教育委員会事務局幹部へのインタビューを実施した（志木市については平成15年度に数回，犬山市については平成17年2月16日）。志木市については2004年

度の東京大学大学院教育学研究科COEプロジェクトの一環として実施した。調査結果は『分権改革下の自治体教育政策』所収の青木（2004b）にまとめた。この調査では適宜教育長，教育委員会事務局職員等へのインタビューを実施した。調査にご協力いただいた関係者に感謝申し上げる。犬山市については，2003年10月と2005年2月の犬山市調査で収集した資料をまとめる。また，両市（長）の教育施策について，埼玉新聞社（2003），犬山市教育委員会編著（2003），石田芳弘（2003）を参照。

(14) 市長は出馬に当たり少人数学級を公約（「個性をのばす『あたたかい教育の実現』」）に掲げた。

(15) 平成16年度からは小学校3・4年生に28人程度学級を導入している。

(16) また次項で検討するように，市長は少人数学級に関する一般質問に対し積極的に答弁を行っている。

(17) 第2の類型の例として「教職員の資質の向上が叫ばれております。この目的に向かって本市の教職員研修はどのように実施されておりますか，お聞かせください。」という質問が見いだせる（11年1回定例会）。

(18) 複数指導という教育方法ティームティーチング（TT）と呼ばれ，従来文部科学省が推進してきた政策である。この導入は従来から可能であった。

(19) 筆者が収集した市教育委員会議事録より。

(20) 県知事に8月23日，27日に教育長に提出された。

(21) 志木市に対する回答ではなく，県全域に対する通知であることに留意したい。

(22) 14年度は未入手，16年度のうち平成17年2，3月定例会が作成途中だったため未入手。

(23) 犬山市教委幹部によれば犬山市の教育改革が進展するにつれて教育委員会の会議が変容したとのことである。これまでは附議事項としてイベントの後援名義付与といった政策立案・決定とはかけ離れたものばかりが上程されていたのに対して，教育改革が提起されてからは市長の出席も含め，教育委員同士の議論も活発となり，たんなる追認のための議論ではなくなったという（筆者によるインタビュー）。

(24) このような市長の行動については，市長の教育に関する関心の高さを示すものとして両市の教育委員会幹部が言及している（筆者によるインタビュー）。

(25) 志木市では少人数学級編制の拡大は続いているが，その他の施策をそれほど打ち出していないために市議会での議論は低下傾向である。志木市の少人数学級の効果の検証については研究者，市民を含む外部委員会によって行われている。これに対して犬山市は新規施策を導入し続けているた

めに市議会議員の関心を引き続けているのではないだろうか。市議会というアリーナでは一般にルーティン化した施策をチェックするのではなく，新規施策について議論する傾向があるのではないか。
(26) もちろん，市議会では一般質問を通じて制度デザインに配慮を求めることは可能であるし，意見書等を採択することで政策の正当性を高める役割を果たす。教育委員会の会議でも報告・協議の相違はあるにせよ，ある程度の意思表示は可能である。
(27) 津市の場合，志木・犬山市とは異なり県庁所在市という政治的位置も合わせて考えなければならない。
(28) 田村（2003：21）によれば，県議出身市長は2001年には22.4％であり，ここ20年間は増加基調である。

引用文献

青木栄一（2005）「地方分権改革と政府間関係の変化－少人数学級導入の要因分析－」『年報行政研究40』ぎょうせい。
青木栄一（2004a）『教育行政の政府間関係』多賀出版。
青木栄一（2004b）「地方分権改革は地方政府にどのような影響を与えたか―学校教育行政・地方政治・政府間関係―」東京大学教育学部教育行政学研究室『分権改革下の自治体教育政策』東京大学教育学部教育行政学研究室。
秋葉賢也（2001）『地方議会における議員立法』文芸社。
石田芳弘（2003）『君も市長になれ』全国書籍出版。
市川昭午（1975）『教育行政の理論と構造』教育開発研究所。
市川喜崇（1991-93）「昭和前期の府県行政と府県制度－内務省－府県体制の終焉と機能的集権化の進展－(1)～(4)」『早稲田政治公法研究』37, 39, 40, 41号。
伊藤修一郎（2002）『自治体政策過程の動態－政策イノベーションと波及－』慶應義塾大学出版会。
伊藤正次（2002）「教育委員会」松下・西尾・新藤編『機構』（岩波講座自治体の構想4）岩波書店。
犬山市教育委員会編著（2003）『犬山発21世紀日本の教育改革』黎明書房。
小川正人(2004)「教育行財政制度のあり方をめぐる論議と実証的検証の必要」『教職研修』2004年9月号。
小川正人（2003）「教育委員会制度研究の総括と課題」本多正人編著『教育委員会制度再編の政治と行政』多賀出版。
荻原克男（2000）「国と地方の教育行政関係」堀内孜『地方分権と教育委員会制度』（地方分権と教育委員会1）ぎょうせい。
荻原克男（1996）『戦後日本の教育行政構造』勁草書房。

金井利之（2005）「教育におけるミニマム」『年報自治体学』18号。
埼玉新聞社（2003）『生き生きまちづくり』埼玉新聞社。
白石裕（2000）『分権・生涯学習時代の教育財政』京都大学学術出版会。
新藤宗幸（1997）「教育委員会は必要なのか」岩波書店編集部編『教育をどうする』岩波書店。
杉江修治（2005）（印刷中）「学びの授業づくりをめざす教育改革－犬山市の事例から」小川正人編著『義務教育改革』教育開発研究所。
曽我謙悟（2000）「地方分権改革をめぐる二つのなぜ」大森彌・石川一三夫・木佐茂男『地方分権改革』法律文化社。
高部正男（2003）『執行機関』（最新地方自治法講座6）ぎょうせい。
田村秀（2003）『市長の履歴書』ぎょうせい。
東京大学基礎学力研究開発センター（2005）『市区町村の学力向上施策に関する調査報告書』。
東京大学教育学部教育行政学研究室（2004）『分権改革下の自治体教育政策－市町村教育行政の可能性と改革課題－』。
日本都市センター（2005）『地方分権改革が都市自治体に与えた影響等に関する調査研究報告書』日本都市センター。
三輪定宣編著（1993）『教育行政学』八千代出版。
村松岐夫（2000）「教育行政と分権改革」西尾勝・小川正人編著『分権改革と教育行政』（分権型社会を創る10）ぎょうせい。

インターネット時代の米国における
ユニバーサル・サービスの政策過程
―― 政策類型と教育・図書館団体の政治化を中心に ――

清原聖子*

1. はじめに

　デイヴィッド・B・トルーマンは，社会の複雑性の増大に利益団体の発展因を求めたが[1]，こんにちでは急速な技術革新とインターネットの普及によって，社会の複雑性はより一層増大し，それに伴い利益の多様化も進展している。本稿の問題意識は，インターネットの登場と普及に伴うこんにちの社会的攪乱は，現代の利益団体政治にどのような影響を及ぼしているのか，ということにある。

　1990年代のアメリカ情報通信政策は，いわゆるインターネット革命と，1996年電気通信法（Telecommunications Act of 1996：以下96年通信法）の成立によって，技術的，法制度的に大きく転換した。96年通信法の内容は，公益性の観点から続いた相互参入規制や所有規制を撤廃する一方で，従来のユニバーサル・サービスを高度化するなど，非常に多岐にわたる。本稿の目的は，1990年代のユニバーサル・サービス政策の展開を中心に，現代アメリカの通信政策をめぐる政治過程がどのように変容したのか，その要因は何か，という問題の解明にある。96年通信法の成立は，1990年代後半以降，日本を含め多くの先進諸国における情報通信政策の枠組み再編に対して極めて大きな影響を及ぼした。それゆえ本稿から得られる知見は，現代アメリカの利益団体研究に対してのみならず，これまで政治学者による研究量が少ない情報通信政策領域を対象とした比較政治研究の発展に寄与し得ると考えられる。

　元来ユニバーサル・サービスは，「電話事業に固有の概念で，すべての人がどこに住んでいても，安い料金で，電話の基本サービスを受けられるこ

と」を指した[2]。ユニバーサル・サービスは電話会社のAT&Tによる独占下では企業に責任を負わせる形で維持されたが，1984年にAT&Tが分割されると，ユニバーサル・サービスを維持するために外部補助制度が必要となった。そこで設置されたのがユニバーサル・サービス基金及び低所得者向け補助金プログラムである[3]。ユニバーサル・サービスの概念は1980年代後半以降，パソコンやインターネットの普及，通信技術の向上といった技術革新によって発展した。1996年2月に成立した96年通信法では基本的な電話サービスに加え，インターネットへのアクセスがユニバーサル・サービスに加えられた。96年通信法の新たな規制体制下では貧困層と農村地域居住者だけでなく，学校や図書館，農村の医療機関という数千もの公共機関がユニバーサル・サービス政策による補助の受給者となった[4]。その中で，学校・図書館向けのユニバーサル・サービスプログラム（E-rateプログラム）は，予算規模が極めて大きく，便益受益者を大幅に拡大した，という点において新ユニバーサル・サービス政策の象徴的なプログラムと言える。

　これまで本研究では，96年通信法立法過程，連邦通信委員会（Federal Communications Commission：以下 FCC）の規則作成過程，E-rate プログラムの政策実施過程の実証研究を行ってきた。それらの実証研究から，新たなユニバーサル・サービス政策の政策過程では，公共利益団体・非営利団体及び教育・図書館団体が重要な役割を果たしていることが明らかになった。とりわけ教育・図書館団体については，通信政策領域において政治化が進み，政策実施に関して積極的な介入が見られる。これは，長年電話会社が政策過程を独占してきた通信政策の領域では新しい利益団体政治の様相である。

　また，近年アメリカ政治が保守化傾向にある点に鑑みて，E-rate プログラムの成立・実施は，その潮流に逆行するように思われる。E-rate は22億5,000万ドルの大型補助金プログラムで，低所得者や農村地域に対して優遇措置をとる。共和党は1994年の中間選挙で大勝利を収めると，民主党系のリベラルな非営利団体に対する連邦政府の資金援助を食い止めるため補助金廃止を試み始めた[5]。他方クリントン大統領自身，1996年に共和党主導の「福祉再編成法案」に署名し，ニューディール以来の民主党の象徴的な政策が見直された[6]。経済的弱者の切捨てが進む一方で，新たにE-rate

が設置，実施されている点は，近年のアメリカ政治の文脈においていかなる意味を持つのであろうか。

本稿では，これまでの実証研究に基づき1990年代のユニバーサル・サービス政策の政策過程において，新たなアクターが出現して重要な役割を果たすようになった，という点を政策類型論の観点から理論化していきたい。そして最後に，保守化するアメリカ政治の文脈において E-rate プログラムの成立が持つ含意を示唆する。

2. 先行研究と本稿における分析の視点

2－1 通信政策に関する先行研究

従来の研究では，通信政策の政策過程は課題の特殊性と巨大企業やビジネス利益の豊富な政治的資源（資金，情報入手力，ロビイストの数など）を要因として，電話会社の AT&T や業界団体の狭い利益によって独占されてきたと説明される[7]。通信は高度に技術的でメディアの可視性の低い政策課題である。さらにエネルギー，輸送，鉄道などと同様に「経済規制」の対象となる公益事業であるため，一般国民の関心問題になりにくい。

1950年代，60年代には，ネットワーク放送事業者や AT&T といった支配的なビジネス利益の反対する提案が政策になることは極めて稀であった[8]。1970年代には，1934年通信法（Communications Act of 1934：以下34年通信法）の抜本的な改正を目指す法案が議会に提出されたが，世論の関心は極めて低く，全米放送事業者連盟や AT&T など関係団体が法案成立を強力に阻止した結果，通信法は改正に至らなかった[9]。

本稿では，教育・図書館団体が通信政策の政策過程において政治化した点を重視する。教育団体の政治化は1960年代半ば以降，連邦政府が教育援助面での役割を拡大するにつれて進展した[10]。しかし，インターネットが登場する以前，電話は校長室に1台あるだけであり，教育団体にとって通信政策は重要な政策領域ではなかった。一方図書館団体は，1990年代前半に情報スーパー・ハイウェイ構想やインターネットに関連する争点が顕在化する以前，図書館への補助金問題や図書館の図書複製に関する著作権問題を除き，政治に関心を持つことはほとんどなかった[11]。したがって，本稿では教育・図書館団体の共通点として，従来通信政策については関心が

極めて低かったという点に注目する。

2－2　E-rate プログラムの概要

FCC は96年通信法第254条に基づき，1997年5月，学校・図書館向けのユニバーサル・サービス支援プログラムとして，E-rate プログラムを制定した。ユニバーサル・サービス支援プログラムには他に，高コスト地域，低所得者，農村地域の医療機関用の政策がある。E-rate は，支援対象者を学校，図書館に拡大した点，及び基金の規模から言って，全く新しいユニバーサル・サービス支援プログラムである。E-rate によって，公立・私立学校及び図書館は，インターネット接続，電気通信サービス，施設内配線サービスを割引料金で受けられる。プログラムの財源は一般財源ではなく，ユニバーサル・サービス基金である。州際通信サービスを行うすべての通信会社がユニバーサル・サービス基金への拠出義務を負う。

表1　E-rate プログラムの割引率

貧困率（全国学校給食プログラムの受給生徒数の割合に応じる）	都市部における割引率	農村地域における割引率
1％未満	20％	25％
1％～19％	40％	50％
20％～34％	50％	60％
35％～49％	60％	70％
50％～74％	80％	80％
75％～100％	90％	90％

出典：E-rate and the Digital Divide: A Preliminary Analysis From the Integrated Studies of Educational Technology 2000, *The Urban Institute*, September 2001, p.23, Exhibit II.2

表1が示すように，E-rate は，貧困地域や農村地域の学校・図書館に対し高い割引率を設定する。そのため E-rate は，所得格差や，都市部か農村部かという居住地域によって，インターネットなどの情報技術へのアクセスに格差が見られるデジタル・デバイド（情報格差）の解消に大きく貢献した，という評価が存在する[12]。

他方で E-rate には様々な問題点もある。このプログラムにおいては，学校・図書館が直接補助金を受け取るわけではない。学校・図書館の申請者は，競争入札の結果通信サービス・プロバイダーを選定する。そして，割引料金で申請者にサービスを提供した電話会社，ケーブル会社，ハイテク企業が入札価格と割引価格の差額分について連邦政府から交付を受ける。したがって一部の企業のみが実質的に E-rate の便益を大きく享受する，という批判も存在する[13]。また近年では，サービスを提供するハイテク企業

側が入札を不正に操り，独占禁止法違反に問われるなど，E-rate プログラムの悪用，不正，詐欺といった問題も顕著である。

2－3　本稿における分析の視点

本節では，政策類型論についてジョン・J・ハビックの議論の紹介を行う。ハビックの議論についてとりわけ独自の見解を付け加えるものではない。しかしハビックの議論は，よく知られるジェームズ・Q・ウィルソンの政策類型論を通信政策の争点に見られる特徴に注目して修正したものである。それゆえ，本稿が理論化を試みる上で，ハビックの修正類型論が大きな手がかりになると思われる。

ウィルソンは，ある政策が成立した場合に，その政策の認知された便益（benefit）と費用（cost）が広く多数の国民に拡散したか，それとも，特定の集団に集中したか，という組み合わせから，4つの類型に分類した。ウィルソンの類型では，表2に示すように，政策決定過程は，「多数派の政治」「顧客政治」「政策企業家の政治」「利益団体政治」に分類される。

一方，ハビックの説明によれば，ウィルソンの示す「政策企業家の政治」と「顧客政治」の政策では，インセンティブの点において政策決定過程に類似点が見られる。どちらの場合も，利益団体の便益，費用が大きくなるため，利益団体は非常に熱心に政治活動を展開する。そこで，これらの2つの政策類型を併せて，表3に示すように，ハビックは「優先的な政治」

表2　ウィルソンによる政策決定の分類

		認知された費用が	
		分散	集中
認知された便益が	分散	多数派の政治	政策企業家の政治
	集中	顧客政治	利益団体政治

出典：久保文明『国際社会研究I　現代アメリカの政治』，財団法人放送大学教育振興会，2002年，p.181，図9－4

表3　ハビックによるウィルソンの修正モデル

	費用及び便益が集中	費用と便益の配分が不公平	費用及び便益が拡散
既存の方針を延長	利益団体政治	優先的な政治	多数派の政治
新政策への鍵	政府のリーダーシップ		

出典：John J. Havick, *Communications Policy and the Political Process*, (Connecticut: Greenwood Press, 1983), p.17, Figure 1-1. A Policy Typology

と修正して類型を提示した。

以下，ハビックの説明に従い通信政策の決定過程を3類型に分類して説明する[14]。

多くの通信政策は「利益団体政治」の類型に分類される。放送免許を取得するための事業者間の競争，あるいはケーブルテレビと放送局との利益対立，といった争点が該当する。この場合，政治活動や利益対立は議会の小委員会やFCCで起き，可視性が低い。ハビックはこのような争点で政策変更が起きるためには，他行政機関が政策変更を推し進めるように介入することが重要であると言う。たとえば，大統領が予算決定や官僚の活動に影響を及ぼし，政策変更に圧力を行使する，といったことが必要となる。

「優先的な政治」に当てはまる争点には，公平原則（fairness doctrine）やイコール・タイム（equal time）など，政治・社会的論争に関わる放送事業者への番組編成規制が該当する。その場合，放送事業者に費用が集中し，一般国民に便益は広く分散される。費用と便益の配分が不公平な争点の場合，大多数が影響を受けるため，より多くの関心が集まる。しかし一般国民に対する便益と費用はそれほど大きくない。「優先的な政治」で可視性が高くなる争点は，公共利益団体や政策企業家が国民の関心を動員したものに限られる。「優先的な政治」では，「堅固な利益」に対する「対抗利益」の活動が盛んであり，且つ，多くの行政機関が政策変更を支持する場合には，新しい方向へ政策転換することが可能である。

最後に，「多数派の政治」は通信政策ではほとんど見られない。通信政策の争点は多くの場合，放送業界やAT&Tに便益が集中するからである。ただし公共放送政策のような例外もある。この場合，多くの国民が便益を享受するが，費用も広く分配された。1967年に公共放送法（Public Broadcasting Act of 1967）によって，子供テレビ番組を充実させるため，連邦政府の補助金で公共放送会社が設置された。わずかな費用を大多数の国民が分散して負担することで公共放送は開始された。その結果，多くの個人が広く薄く拡散した便益を享受できたと言える。ハビックは，公共放送の開始に対する支持は，政治指導者，民間団体，利益団体の間で共有されていたと述べる。

ハビックの議論では，「便益・費用」が「拡散するか集中するか」という点に加え，行政部内の認知，意識が政策転換に関して統一されることが重

視される。また「優先的な政治」では、「対抗利益」の活動が盛んであることも非常に重要である。次章以降では、ハビックの類型論を糸口に、1990年代のユニバーサル・サービス政策による便益と費用の配分関係、及び、行政部内の政策変更に対する支持の有無、といった点を政策過程の段階別に見ていきたい。

　ここで結論を先取りすれば、新ユニバーサル・サービス政策の政策過程は、多くの通信政策の場合とは異なり、「利益団体政治」には該当しないと思われる。そして本稿は、教育・図書館団体など新たな団体が政策過程において重要な役割を果たした根本的な要因は、ユニバーサル・サービス政策に「インターネット・アクセス」の争点が加味されたことにあると考える。インターネット・アクセスの問題は、社会福祉や教育問題と強い連関をもって政治的議論がなされる。一方、伝統的にユニバーサル・サービスの問題は都市部と農村地域の間で利益対立が見られる争点である。この二つの論点が相互作用した結果、これまで以上に広く多くの国民に便益が拡散されるという期待が様々な類型の団体から生まれ、新ユニバーサル・サービス政策課題については、従来とは異なり多くの多様な利益団体の関心が高まったと思われる。逆説的に言えば、インターネット・アクセスの争点が加わらなければ、電話会社の強固な利益に対して、教育・図書館団体が通信政策の政策過程において政治化することはなかった、と考えられる。

3. 1996年電気通信法立法過程
　　　——第254条ユニバーサル・サービスの成立——

3-1　便益と費用の配分の関係

　初めにユニバーサル・サービスに関する立法過程について概観する。1993年、民主党が多数党の第103議会において、上下両院で初めて通信法改正法案が提出された。法案の焦点はベル系地域電話会社の長距離市場への参入規制などであったが、法案にはユニバーサル・サービス条項も含まれた。しかし第103議会では、ユニバーサル・サービスを含む通信法改正法案は共和党議員の強い反対を受け、上院で廃案に追い込まれた。

　1994年の中間選挙の結果共和党が多数党となった第104議会においては、上下両院とも共和党主導の、規制緩和と巨大企業の合併をより一層推し進める形の法案が提出された。新たに提出された法案には、第103議会とは

異なり，ユニバーサル・サービスは含まれなかった。他方で上院では，長年ユニバーサル・サービスの恩恵を受けている農村州選出議員の間で，「企業は農村地域で儲けられなければ農村地域にサービスを提供しないだろう」と強い危機感が生まれた。ここにきて，都市部と農村地域の間で利益対立の構図が顕著化した。そして，ジョン・ロックフェラー（民主党・ウェストバージニア州）及びオリンピア・スノー（共和党・メーン州）上院議員が中心となって，「学校，図書館，農村地域の医療機関向けの電気通信及び情報サービスを低廉な価格で提供する」と明記したユニバーサル・サービスに関する修正法案を提出した。ジョン・マケイン（共和党・アリゾナ州）上院議員の強い反対も見られたが，上院では，「スノー＝ロックフェラー修正案」を成立させるため，上院商業委員会の農村州選出議員が「ファーム・チーム」を非公式に結成した[15]。下院ではユニバーサル・サービスを含む法案は提出されなかったが，上院においては「ファーム・チーム」を中心に少数の共和党議員が賛成票を投じたことで，同修正法案が可決された。同修正法案は両院協議会を経た後，最終的にクリントン大統領の署名を得て，96年通信法第254条ユニバーサル・サービスとして成立した。

それでは，96年通信法立法過程においてユニバーサル・サービスについては便益と費用の配分はどのように認知されたのか。結論から言えば，96年通信法の規定では，費用負担の問題は曖昧なままとなった。ただし，電話会社に費用が集中する可能性は高かった。拡大ユニバーサル・サービスの実現には，財源を電話会社の拠出するユニバーサル・サービス基金か，それとも一般財源とするのか，あるいは，政府の役割を強化するのかしないのか，といった点で大きな対立が起きた。AT&Tのアレン会長は連邦政府の市場介入を強く批判し，長距離電話会社はこれまでユニバーサル・サービスを実現するために負担してきた拠出額の大幅な引き下げを求めた。一方市内電話会社は，競争環境におけるネットワークの維持コスト負担について大きな懸念を抱いており，長距離電話会社の拠出負担による補助基金システムの維持を要求した[16]。激しい論争の末，96年通信法は，「すべての電気通信事業者によるユニバーサル・サービスへの資金的貢献」と明記したものの，原資メカニズムを決定しなかった。したがって，実のところ誰がどの程度費用を負担するのかという問題は，FCCにおける規則作成過程まで持ち越された。

一方，ユニバーサル・サービスに関する立法過程では，便益を享受できると認知する者が拡散した点に注目すべきである。従来から農村地域はユニバーサル・サービスの強い支持者であるが，ユニバーサル・サービス概念の拡大は，都市部と農村地域の利益対立という側面を一層強化した。市場メカニズムに任せておけば取り残されてしまう危険性のある農村地域の住民が，ユニバーサル・サービス概念の拡大によって，インターネットへのアクセスも可能になる。したがって，新ユニバーサル・サービス政策によって便益を享受する者は第一に，農村地域の住民であると考えられた。

また，全米に情報インフラ・ネットワークを張り巡らし，すべての国民が安い料金で情報インフラ基盤にアクセス可能となることには，基本的な電話サービスの問題に比べ，情報や政治へのアクセス，教育の充実など多様な利益が付加される。ベントン財団やメディア教育のためのセンター，といった多くの非営利団体は，通信政策の政策課題である「ユニバーサル・サービスの拡大」を教育問題化して，「教育に情報技術を導入する問題である」と強調し，議員や一般国民向けに啓蒙活動を行った。

さらに，コミュニティ・メディアのための連合，ベントン財団のような電子メディアに関して専門知識を持つ団体，そして，全米芸術連合，全米法律図書館協会，アメリカ自由人権協会といった明らかに民主党系と思われる団体など，およそ70の公共利益団体・非営利団体が1993年10月，「通信政策ラウンドテーブル」という緩やかな大連合を形成した。これらの団体は，議会の公聴会及び「公共利益サミット」などの集会やセミナー開催を通じて，学校・図書館（当初は博物館や水族館まで含む），といった公教育の場における高度な通信サービス，インターネットの接続を民間に任せるのではなく，政府が関与すべきであり，電話会社の拠出する基金から補助金を配分すべきである，という立場を強く主張した[17]。

公共利益団体や政策企業家の活動によって，「インターネット・アクセス」と「ユニバーサル・サービスの拡大」という争点は，教育問題，社会福祉政策と強く結びついて，政治的議論が行われるようになった。その結果，便益を享受できると認知する者は，教育・図書館団体，学校・図書館などの公共機関を利用する多数の国民へと広く分散した。96年通信法は，長距離，市内電話，ケーブルテレビなど様々なビジネス利益の衝突と妥協の産物とも言われる。しかし，ユニバーサル・サービスに関しては，従来

通信政策の政策過程を独占してきたAT&Tにとって，便益が集中するどころか，費用負担が集中する可能性が高いと考えられ，一方で，便益が広く分散されると認知された点が注目に値する。

3－2　行政部内の政策変更に対する支持の有無

クリントン政権は，ゴア副大統領の情報スーパー・ハイウェイ構想の実現を政権の重要な政策アジェンダと捉えた。96年通信法の立法過程においては，クリントン大統領，ゴア副大統領，商務省の情報通信庁（National Telecommunications and Information Administration：以下 NTIA）アービング長官，FCC のハント委員長の間で，ユニバーサル・サービスの拡大という政策転換を強く支持する方向で一致していた。

クリントン大統領は1993年2月，一般教書及び技術政策において初めて，情報スーパー・ハイウェイの構築が，アメリカのあらゆる分野の競争力強化と経済発展にとって不可欠であると強調した。クリントン政権は，これを機に情報ハイウェイの建設を政策として推進していく[18]。さらにクリントン政権は同年9月15日，「全米情報基盤：行動のためのアジェンダ」を発表した。このアジェンダの中で，クリントン政権は1994年末までに，34年通信法を包括的に改正する法案を成立させると目標を掲げた。そしてユニバーサル・サービスの拡大は，通信法改正に関して重要な課題と位置づけられた。

クリントン政権の代表者がしばしば先述の「通信政策ラウンドテーブル」の定例会に参加する一方，NTIA はベントン財団を「公共利益サミット」の主催者に指名した。このように，ユニバーサル・サービス政策の転換に向け，クリントン政権は，民主党の支持基盤である公共利益団体・非営利団体に「政策の窓」を開き，対話の機会を積極的に設けたのである。クリントン政権では政権発足当初から，様々な行政機関が一致してユニバーサル・サービス政策の転換を強く望んでいた，という点が特筆に価する。

4．FCCにおけるユニバーサル・サービス規則作成過程

4－1　便益と費用の配分の関係

独立行政委員会の FCC は1996年3月8日，96年通信法ユニバーサル・サ

ービス条項に基づき「連邦と州の合同委員会（Federal-State Joint Board：以下合同委員会）」の設置を公表し，ユニバーサル・サービス実施に関する規制制定案招請告示を行った。FCC の規則作成過程では，第一に，プログラム基金の規模に関する問題で，学校や図書館へのインターネット接続サービス料金を無料にするか，それとも割引料金にするか，という点，第二に，対象となるサービス範囲，第三に，財源と基金の分配算定方式が対立点となった。

　規則作成過程において，費用は電話会社に集中すると認知された。市内電話会社は，長距離電話会社にこれまでと同様にユニバーサル・サービス基金への拠出負担を強く求めた。一方長距離電話会社は，長距離だけでなく，すべての通信事業者が基金への拠出を負担すべきであると主張した[19]。さらに，基金の増大を招くため全米電話協会やベル系地域電話会社は，クリントン政権の「学校・図書館へ無料でインターネット接続サービスを行う」という提案に激しく反発した[20]。

　ハイテク企業はプログラムの政策実施段階では明らかに大きな便益を享受している。しかし規則作成過程においては，ハント元 FCC 委員長は，マイクロソフトなどハイテク企業は反対こそしなかったが，E-rate の成立に関して，彼らから有益な支持を得られなかった，と言う[21]。ハイテク企業は，学校や図書館におけるインターネットやコンピュータの利用拡大を望むものの，連邦政府が資金提供する形での普及については，積極的ではなかったように思われる。

　次に便益の配分について述べる。FCC の規則作成過程においても，96年通信法の立法過程に引き続き，ベントン財団は関連する専門的な情報をホームページ上で公開して啓蒙活動に努めた。また，コミュニティ・メディアのための連合，マイノリティ・メディアと電気通信会議，など多くの公共利益団体が FCC にパブリック・コメントを提出し，E-rate の成立を求めた。さらに，教育・図書館団体を中心に公共利益団体，非営利団体，農村地域のコミュニティ団体を含め，計37団体が E-rate の成立を目的として，EdLiNC（Education and Librarians Networks Coalition）という大連合を形成した。EdLiNC の特徴は教育・図書館団体を核とした大連合という点にある。このことからかなり便益は分散して享受されると認知されていたと考えられる。

ただし，E-rate の規則作成過程において便益を享受すると最も強く認知した団体は，教育・図書館団体に他ならない。全米学区教育委員会協議会（NSBA），全国教育委員会（NEA）や全米図書館協会（ALA）は，スノー，ロックフェラー両上院議員の協力を得て，何百万もの図書館員，PTA，教員を動員して，直接FCCや合同委員会の委員に強力に働きかけた。電話会社は長年FCCへのロビーイングに慣れているが，教育・図書館団体にとっては初めてのことであった。既述のように，教育・図書館団体はそれまで通信政策にはほとんど関心がなかったのである。それが，FCCの規則作成過程で全国的なグラスルーツを動員し，FCCに対する強力なロビー活動を行った点は，通信政策の政策過程における極めて大きな変化であったと言える。

4－2　行政部内の政策変更に対する支持の有無

　FCCの規則作成過程においては，行政機関のE-rate プログラム成立に対する支持が誠に重要であった。クリントン政権は，情報スーパー・ハイウェイを教育機関に張り巡らせることについて早くから強く支持する立場にあった。ゴア副大統領は，長年「地元テネシー州の学校の子供が情報ハイウェイに接続できるようにする」というアイディアを温めてきたが，ゴアの「技術を教育の向上に役立たせる」という政策案は，従来民主党の目標である「公教育の充実」と合致した[22]。

　1996年大統領選挙戦においては，クリントンは，情報スーパー・ハイウェイの問題を教育政策の課題とも合致させた。1996年1月の一般教書演説及び8月の民主党全国党大会においてクリントンは，「2000年までに全教室を情報スーパー・ハイウェイに接続する」ことを政治目標として言明した[23]。政権発足当初情報スーパー・ハイウェイの問題は，クリントン政権の通信政策の目玉として打ち出されたが，1996年の大統領選挙戦，すなわち，FCCの規則作成過程の時期には，この問題は教育政策と強く結びついて再定義された点が注目されよう。

　その結果クリントン政権の中でとりわけ重要な役割を果たしたのが教育省のライリー長官である。教育省は通常通信政策の職務を負わない。それゆえ，教育省がFCCの規則作成過程において重要な役割を果たしたことは特筆に価する。ライリー教育長官はE-rate を成立させるため，教育・図書

館団体やスノー，ロックフェラー両上院議員と強力な協力関係を構築した。たとえば，FCC の要請に従い，教育省と EdLiNC は E-rate の原案を作成するため作業部会を立ち上げた。また，教育・図書館団体のグラスルーツ運動を率い，合同委員会委員や FCC 委員に働きかけを行った[24]。

他方，FCC には当時 4 人の委員が存在したが，ユニバーサル・サービスの規則作成について意見が対立した。ハント委員長及び，クリントン大統領が指名したネス民主党系委員は E-rate の成立を強く望んだ。しかし，クリントン大統領が指名した共和党系のチョン委員は，「96年通信法が校内のネットワーク化に対するコスト割引を認めているかどうか疑わしい」と主張し，E-rate の成立を簡単に認めるようには思われなかった。残る FCC 委員は民主党系のクエロだが，クエロ委員は歴代共和党大統領に指名された委員である。そのため民主党の看板を背負っているものの，ハント委員長を支持するかどうか最後まで疑わしかった[25]。

以上の点を整理すると，FCC 委員については政策転換の内容について初めから意見が一致していたわけではない。だが，大統領，副大統領，教育長官，NTIA 長官，FCC 委員長は E-rate の成立に向け，極めて協力的，好意的であった。FCC 委員は最終的に，教育・図書館団体，スノー，ロックフェラー両上院議員及びクリントン政権の強力な働きかけを受け，満場一致で E-rate の成立を認める決定を下した。

5．E-rate プログラムの政策実施過程

5－1　便益と費用の配分の関係

本節では，E-rate の政策実施に対する反対運動が特に強まった1998年，1999年を例にして，便益と費用の配分がどう認知されたのか，という点を説明する。この時期には，政策実施による実質的な費用が電話会社から多くの消費者へ分散する一方で，次第に便益も学校・図書館からハイテク企業，学校・図書館の利用者へと拡散された点が大きな特徴である。

1998年には，地域電話会社 3 社が FCC の E-rate 実施を阻止するため訴訟を起こした。原告側は，E-rate の実施費用が電話会社に不公平に集中していると強調した。また，長距離電話会社 3 社は，利用者にユニバーサル・サービス料金を課し始めた[26]。それによって，大多数の国民がわずかな費

用だが分散して負担することになった。

　消費者がE-rateの実施費用を負担するという展開に対して，消費者団体から反発が強まった。反税金団体の全米納税者連合は，E-rateを実施するための基金を「ゴアの税金」と批判して，インターネット上でE-rate反対運動を強力に実施した[27]。また，コンシューマーズ・ユニオンは，E-rate及び農村地域の医療機関に対するユニバーサル・サービス支援プログラムを一時停止するようFCCに要請した[28]。

　消費者団体の強い反発を受け，ジョー・スカーボロー下院議員（共和党，フロリダ州第1選挙区）やビリー・トージン下院議員（共和党，ルイジアナ州第3選挙区），コンラッド・バーンズ上院議員（共和党，モンタナ州）を筆頭に，E-rateの廃止や規模の縮小，財源の変更などの改革に乗り出す共和党議員が続出した[29]。

　E-rateの実施に対する脅威に直面した教育団体は，全国的なグラスルーツを動員することで強力な電話会社の「堅固な利益」に対抗しようとした。全米最大規模の教員組合である全国教育協会やカトリック系の教育団体を併せ，計6団体が連合を形成し，「E-rateを救う運動」を開始した。「E-rateを救う運動」は電話会社の一連の行動に対抗して，「AT&Tなどの電話会社がE-rateプログラムを脅かしている」と新聞に広告を掲載した。この運動では，連邦議員への手紙や電話による働きかけを行う他，新聞広告やインターネットを活用して，世論に直接働きかける方法も採用した。その結果教育団体は，教育委員会の委員や教師だけでなく，何千もの父兄やこの問題に関心を持つ市民を短期間に全国的に動員することに成功した[30]。

　結局，消費者団体の強い反対や共和党多数議会の影響を受けたFCCは，基金の予算規模の大幅引き下げを決定した。これはプログラムの受給を希望した多くの学校・図書館にとって，極めて大きな打撃である。ただし，各種のE-rate廃止・改革法案が議会を通過することはなかった。そして11月には，プログラムの運営管理を行う学校図書館会社からE-rateの初年度実施決定通知が申請者へ通達された[31]。

　1999年にも下院では，トム・タンクレド議員（共和党，コロラド州第6選挙区）を筆頭に共和党議員37名が共同で，E-rate廃止法案を提出した。また，バーンズ上院議員とトージン下院議員は再び改革法案を提出した。この改革法案は，財源をユニバーサル・サービス基金から変更し，E-rate

を永続的なプログラムから5年の時限付きプログラムに縮小するものであった[32]。私立学校や宗教学校、図書館にとって、E-rateが単なる教育補助金プログラムではなく、ユニバーサル・サービス基金を財源とする点に大きな価値があった。したがってこの改革案は、学校・図書館にとって明らかに脅威となる。E-rateの廃止や縮小、財源改革につながる共和党議会の動きに対抗して、教育・図書館団体を中心とする連合のEdLiNCは具体的な対抗運動を開始した。EdLiNCは父兄や教師、図書館員を動員して議会やFCCに手紙を送り、E-rateの予算規模を引き上げるように要請した[33]。

費用負担が消費者に分散する一方で、実際に補助金の分配が実施され、数多くの学校や図書館が機器やサービスを購入し始めると、E-rateによる便益も拡散し、支持も広がった。E-rateの実施により、便益を享受できると認知する者が増加した点が前年との大きな差異である。共和党議員4名を含む33人の上院議員が、公共利益連合である「公民権に関する指導者会議」、及びハイテク企業のCEO（最高経営責任者）とともに、FCCのケナード委員長に対して書簡を送り、E-rateの予算規模の引き上げを要請した。「公民権に関する指導者会議」は、黒人団体や女性団体、労働組合や宗教団体など全米180団体から成る大連合である。この書簡は、E-rateに対する支持がかなり広範囲に拡大したことを示唆する。裁判についても、前年に提訴したベルサウスとSBCコミュニケーションズが訴訟を取りやめ、1999年にはGTEのみが係争中であった[34]。

FCCは1999年5月、基金の規模の引き上げを決定した。この決定には、世論の支持の拡大を追い風として、教育・図書館団体の強力なグラスルーツ運動が大きな役割を果たしたと考えられる。FCCの決定以降も多くの共和党議員が、E-rateの予算上限の引き上げは消費者への増税につながる、と主張して強固に反対したが、プログラムへの支持が高まったことを一つの要因として、いずれの改革・廃止要求法案も成立していない[35]。

5-2　行政部内の政策変更に対する支持の有無

政策実施段階においても、FCC委員間では党派的な対立が見られた。FCCのケナード委員長が基金の規模の引き上げをFCC委員に提案したが、民主党系のネス委員、トリスターニ委員は賛成したものの、共和党系のファーゴット・ロス委員、パウエル委員の2名は反対に回った。ただしFCC

の決定は多数決で行われるため、共和党委員の反対票がE-rateの政策実施に関して阻害要因となることはなかった。

 他方、これまでユニバーサル・サービスの拡大、情報スーパー・ハイウェイの構築を政権の重要な政策課題としてきたクリントン大統領、ゴア副大統領、さらに、通信政策に関する大統領の諮問機関であるNTIAは、FCC委員長宛に書簡を送り、E-rateプログラム予算の引き上げを強く支持した[36]。しかし政策実施段階では、立法過程や規則作成過程に比して、大統領や副大統領、あるいはNTIAのこのような支持がどれほど効果的であったのか、という点は明らかではない。

 むしろ政策実施段階において重要な点は、FCCと議会の関係、特に議会に属する会計検査院（GAO）との関係であろう。会計検査院は、FCCの行動やE-rateプログラムの政策評価について度々議会に調査報告を行っている。1997年7月のFCC命令に基づき、新たなユニバーサル・サービス支援メカニズムを管理するため、ユニバーサル・サービス管理会社（USAC）、学校図書館会社及び農村医療機関会社が設立された。それに対し会計検査院は、「FCCは議会の承諾無しに企業を設立しており、1945年政府会社統制法（Government Corporation Control Act of 1945）に違反している」と報告した。この批判が引き金になり、FCCは学校図書館会社の廃止を決定した[37]。このように、E-rateの実施に関するFCCの決定に、会計検査院の評価報告は大きな影響を及ぼし得る。したがって政策実施過程では、行政部内の意識の一致よりもむしろ、議会や会計検査院の動向に注目する必要があるように思われる。

6. 終わりに

6-1 知見のまとめ

 本稿は、ハビックの政策類型論を手がかりに新ユニバーサル・サービスの政策過程を分析した。ハビックの議論では、政策が新しい方向へ転換するためには、行政部が堅固に政策転換を支持することが重要とされる。本稿の分析から、その重要な要素は、当該政策過程においては立法過程から政策実施過程に至るまでどの段階についても存在したことが明らかになった。常に行政部がユニバーサル・サービスの拡大改革を強力に支持したこ

とが，政策転換が起きた重要な要因の一つと考えられよう。

またハビックは，「利益団体政治」に該当する政策過程は一般国民に対して可視性が低い，と指摘する。新ユニバーサル・サービスの政策過程においては，既述のように，公共利益団体，非営利団体，教育・図書館団体，さらには生徒の父兄や図書館員など大多数が巻き込まれており，争点の可視性はかなり高かったと考えられる。とりわけ教育・図書館団体が大規模なグラスルーツ運動を率いた点は，他の通信政策の政策過程に類を見ない当該政策の大きな特徴であった。これらの点を考慮すると，新ユニバーサル・サービスの政策過程は「利益団体政治」には該当しない，と言えよう。

さらに当該政策過程では，その段階に応じて政策類型が変化した点に注目したい。立法過程，規則作成過程においては電話会社に費用が集中すると認知され，「優先的な政治」の特徴が見られたが，政策実施過程では，電話会社が消費者に費用負担を転嫁したことによって，便益だけではなく費用も薄く広く分配されることになり，次第に「多数派の政治」に変化したと考えられる。

ハビックの議論を分析枠組みとしたことによって，新ユニバーサル・サービス政策の政策過程が他の多くの通信政策のそれと明らかに異なり，政策転換因子が複数存在したことが浮き彫りになった。

6－2　結論

それでは，新ユニバーサル・サービスの政策過程において，なぜ便益が広く拡散して配分されると認知され，また，行政部は一貫して政策転換を支持したのであろうか。それは「インターネット・アクセスをユニバーサル・サービス化する」という争点が，社会福祉，教育政策，農村地域の利益といった観点から見て極めて重視されたために他ならない。

1990年代のアメリカにおいては，インターネット・アクセスの有無は非常に大きな争点であった。これは，政治や情報へのアクセス，あるいは一般国民の政治過程への参加，といった民主主義の発展とも関わる広義の問題から，市民の日常生活と密接に関わる学校教育の充実，図書館におけるインターネットによる就職情報の入手など狭義のものにまで大きな影響を及ぼす。従来のユニバーサル・サービスの争点に，インターネット・アクセス問題が付加されたことによって，非営利団体，教育・図書館団体，農

村地域のコミュニティ団体など様々な類型の団体が巻き込まれ，一大連合が形成された。そこに行政部の強力な支持，という条件が加わったために，これらの団体は教育・図書館団体を核としながら，教員，図書館員，生徒の父兄を巻き込む強力な運動を展開して，ユニバーサル・サービスの改革過程において重要な役割を果したのである。

さらに，従来の通信政策の政策過程の様相と新ユニバーサル・サービス政策のそれが最も異なる点は，E-rate の政策実施によって，教育・図書館団体が通信政策の政治過程において政治化した点にある。教育・図書館団体はこんにちでは，E-rate の政策実施に関する監視機能を強める一方で，行政から「協議関係」を求められている。また，E-rate に関連する争点についても公式，非公式を問わず FCC やユニバーサル・サービス管理会社のスタッフ，あるいは議員と意見交換を頻繁に行っている。通信政策に関する教育・図書館団体の政治化は，インターネット時代のアメリカ通信政策の政治過程における大きな特徴と言える。

次に，保守化の政治潮流において E-rate プログラムの成立が示す含意について言及する。ニューディール以来の民主党の象徴的な福祉政策を見直さざるを得なかったクリントン政権が，他方で，マイノリティや貧困層に厚い優遇措置をとる E-rate プログラムの実現に漕ぎ着けた点は非常に興味深い。クリントン政権にとっては，インターネット時代に即した新しい形の経済的弱者に対する福祉政策を実施した，という解釈もできよう。

しかしユニバーサル・サービスの問題は，保守対リベラル，という視点よりも，都市部対農村地域の対立が大きな要素を占める。政策過程の各段階において，オリンピア・スノーを中心に常にごく少数の農村地域選出共和党議員が新ユニバーサル・サービスの支持に回った点に注目すべきである。したがって，E-rate の成立，実施によってクリントン政権の選挙戦における政治目標は実現されたと言えようが，これをリベラル派の勝利という捉え方はできないであろう。

最後に付言すると，本研究から得られた知見は，アメリカ政治の観点を超えて，インターネット時代の利益団体政治及び情報通信政策の国際比較研究に対しても応用可能であると思われる。いまや情報通信政策はインターネットの登場，普及によって，複雑化を極めており，日米を含む多くの先進諸国において，インターネット・アクセス問題を発端に，電子政府や

オンライン・デモクラシーなど民主主義のあるべき姿を問う新たな争点が噴出している。それに伴いアメリカでは，本稿が示したように，当該政策過程において政治化する団体の類型は多様化し，介入する団体数も増加している。果たしてこれはインターネット時代の先進諸国における利益団体政治に共通する特徴と言えるのであろうか。この点を解明するには，さらなる体系的な比較分析を行う必要があろう。インターネットの発展と利益団体政治の変容の関係について，本研究から得られた知見をより一般化する作業を筆者の今後の研究課題としたい。

* 本稿は，アメリカ学会第39回年次大会自由論題報告「ブロードバンド時代のユニバーサル・サービス政策の展開と利益集団政治の変容—新たな利益集団の台頭に関する理論的分析」(2005年6月4日，於京都大学) に加筆修正したものである。学会発表に関し，久保文明先生，待鳥聡史先生をはじめ多くの方から貴重なコメントを賜った。また，本稿執筆に際し，日本政治学会年報委員会の先生方から有益なコメントを頂いた。ここに記して深く感謝申し上げたい。

（1） David B. Truman, *The Governmental Process Political Interests and Public Opinion*, 2nd edition (New York: Knopf, 1971), p. 57.
（2） 林紘一郎，田川義博『ユニバーサル・サービス—マルチメディア時代の「公正」理念』(中公新書，1994年) 7‐8頁。
（3） ロバート・W・クランドール，レナード・ウェイバーマン著，福家秀紀，栗澤哲夫監訳『IT時代のユニバーサル・サービス 効率性と透明性』(NTT出版，2001年) 14-15頁。
（4） 同書，7頁。
（5） Jeffrey M. Berry with David F. Arons, *A Voice for Nonprofits* (Washington D. C.: Brookings Institution Press, 2003), p. 87.
（6） 吉原欽一編著『現代アメリカの政治権力構造 岐路に立つ共和党とアメリカ政治のダイナミズム』(日本評論社，2000年) 17頁。
（7） Dick W. Olufs, *The Making of Telecommunications Policy* (Colorado: Lynne Rienner Publishers, 1999); Philip M. Napoli, *Foundations of Communications Policy: Principles and Process in the Regulation of Electronic Media* (New Jersey: Hampton Press, 2001) など参照。
（8） John J. Havick, *Introduction, in Communications Policy and the Political Process* (Connecticut: Greenwood Press, 1983), p. 5.

(9) Steve Weinberg, *The Politics of Rewriting the Federal Communications Act, in Communications Policy and the Political Process* edited by John J. Havick (Connecticut: Greenwood Press, 1983), p. 84.
(10) 内田満『変貌するアメリカ圧力政治 その理論と実際』(三嶺書房, 1995年) 185-186頁, Kevin W. Hula, *Lobbying Together Interest Group Coalitions in Legislative Politics* (Washington D. C.: Georgetown University Press, 1999), p. 14.
(11) Frederick W. Weingarten 氏 (全米図書館協会情報技術政策部長・肩書きはインタビュー当時) とのインタビュー, 2003年9月3日実施。
(12) Studies Show E-rate Provides New Learning Opportunities For Nation's Disadvantaged Students, United States Department of Education NEWS, January 19, 2001.
(13) Bob Williams, Special Report, Phone fund for schools, libraries riddled with fraud, January 9, 2003 (http://www.publicintegrity.org).
(14) Havick (1983), pp. 16-20.
(15) 清原聖子「現代アメリカ通信政策の政治過程における変容―新たな連合の出現と E-rate の成立―」『東京大学大学院情報学環紀要 情報学研究』(2005年, No. 68) 97頁。
(16) 清原聖子「アメリカの通信政策決定過程における公共利益団体の役割―1996年電気通信法を事例として―」『法学政治学論究』(2003年, No. 57) 231, 237頁。
(17) 同論文, 244頁。
(18) 城所岩生『米国通信戦争―新通信法で変わる構図』(B&T ブックス 日刊工業新聞社, 1996年) 7頁及び五十嵐武士『覇権国アメリカの再編―冷戦後の変革と政治的伝統』(東京大学出版会, 2001年) 120頁。
(19) Patricia Aufderheide, *Communications Policy and the Public Interest The Telecommunications Act of 1996* (New York: Guilford Press, 1999), pp. 98-99.
(20) 清原 (2005年, 紀要) 104頁。
(21) Reed E. Hundt, *You Say You Want a Revolution a Story of Information Age Politics* (New Haven: Yale University Press, 2000), p. 195, Reed E. Hundt 元 FCC 委員長とのインタビュー, 2003年9月2日実施。
(22) Hundt 氏とのインタビュー, 2003年9月2日実施。
(23) 1996 State Of The Union Address, January 23, 1996, The White House, Office of the Press Secretary, Address By the President To The Democratic National Convention, August 29, 1996. 清原 (2005年, 紀要) 93頁。
(24) 清原 (2005年, 紀要) 101-104頁。
(25) 同論文, 102頁。

(26) 清原聖子「E-rate プログラムの政策実施過程に関する分析—教育・図書館団体の役割とロビー活動を中心に—」『InfoCom Review』（2005年，第36号）65頁。
(27) National Taxpayers Union Foundation Press Release, August 14, 1998 (http://www.nationalcenter.org/NTUInternetTax898.html).
(28) Consumers Union, May 21, 1998 (http://www.consumersunion.org/other/kennardteledc698.htm).
(29) 清原（2005年, InfoCom Review）65頁．
(30) 同論文，66頁。
(31) 同論文，67頁。
(32) 同論文，67-68頁。
(33) 同論文，68頁。
(34) 同論文，67頁。
(35) 同論文，69頁。
(36) Letter from Larry Irving to William Kennard, April 7, 1999 (http://www.techlawjournal.com/agencies/slc/19990408.htm).
(37) 清原（2005年，InfoCom Review）63頁。

地球温暖化防止京都会議に対する
オーストラリアの外交戦略
―フィールド・インタビューの結果とその分析―

本間　圭吾

序

　1997年12月の「気候変動枠組条約第三回締約国会議」(地球温暖化防止京都会議，COP3)[1]の目的は，議定書を採択し，先進国に温室効果ガスの削減目標を設定することで，国際社会が地球温暖化[2]の防止に向けた新たな道筋をつけることにあった。しかし，実際に採択された「京都議定書」では，1994年発効の「気候変動枠組条約」附属書Iに列挙された締約国，すなわち先進国[3]全体で1990年比約5％の削減率は見込めるものの，国別の数値目標は，EU（8％減）・アメリカ（7％減）・日本（6％減）から，ノルウェー（1％増）・オーストラリア（8％増）・アイスランド（10％増）まで差異化され，その間の衡平性が疑問視される結果となった。さらに，京都会議の最終局面では，議定書案から開発途上締約国の「自発的約束」条項が削除され，先進締約国側の不衡平感を一層増大させたことは，結果的にアメリカの「京都議定書」離脱表明（2001年）を招き，大きな禍根を残すこととなった。

　本稿は，オーストラリアが如何なる外交戦略を策定し，京都会議に臨んだのかを明らかにすることで，「オーストラリアの温室効果ガス『削減』目標は，なぜ8％『増加』となったのか」という疑問に答えるものである。地球温暖化防止に関する国際交渉を研究していく上で，同国は，極めて重要な締約国の一つである。それは，温室効果ガスの削減に関して，オーストラリアが開発途上国と同様の問題も抱えており，先進締約国でありながら先進国と途上国，双方の困難を併せ持つという異色の存在だからである。同国が京都会議を前に準備した戦略は，そうした国内事情を背景にしており，地球温暖化問題の解決が如何に困難であるのかを示唆している。さら

に，オーストラリアに認められた8％の増加は，京都会議の矛盾や限界をも浮き彫りにする。それらの問題点は，京都議定書が発効した今もなお，解決の糸口が見出せないまま，地球温暖化防止に関する国際交渉に混迷をもたらしているのである。

この地球温暖化問題は，我が国のオーストラリア研究において比較的新しい領域であり，本稿が持つ意義もそこにある。「日本におけるオーストラリア研究の主流は戦後一貫して経済学である」と言われてきたが[4]，21世紀の今日，オーストラリアに関する研究は，政治学・法学・社会学・教育学など広範な学問分野に拡大したばかりか，先住民，移民と文化多元主義，対アジア・オセアニア関係といった地域的特色を持った研究も推進されている[5]。地球温暖化防止に関する国際交渉とその研究の歴史は，世界的に見ても未だ四半世紀に満たないものであり，国内でのオーストラリアに関する温暖化研究も緒に就いたばかりである。本稿は，1999年11月11日より12月10日まで，キャンベラとシドニーにおいて同国の京都会議関係者に対してフィールド・インタビューを行った実証的研究であり，オーストラリア研究のみならず温暖化防止に関する国際研究の発展に貢献することを期待している。

一　二大目標

オーストラリアの地球温暖化問題に関する外交政策には，二つの重要な目標があると考えられる。すなわち，国内経済の保護と開発途上国の参加である。これらの目標は，同国のみならず，他の先進締約国の外交政策にも影響を与えており，一連の温室効果ガスの削減交渉が抱えていた問題点を解明していく上で鍵を提供する。

1　国内経済の保護

先進国・開発途上国の別なく，地球温暖化問題に関する外交政策の最大目標とは，経済成長の維持である。1991年から開始された枠組条約交渉においても，1995年に本格的にスタートした議定書交渉でも，地球温暖化防止のための国際交渉は，温室効果ガスの人為的排出を如何に抑制し，気候変動を緩和させるかが争点であった。特に，交渉における最大の難問は，産業革命以降，人為起源の温室効果ガスによる地球温暖化の影響（寄与）

度において，全体の6割を占めるとされる二酸化炭素（CO_2）の排出を如何に抑制していくかであった[6]。

　大気中のCO_2濃度の上昇は，化石燃料の燃焼や森林破壊など土地利用変化に起因していると考えられ，その増加率は，IPCCによれば「少なくとも過去2万年の間で前例がない」ものとなっている[7]。しかし，経済官僚，財界首脳，そして業界側に立つ政治家は，国民の諸活動に伴って排出されるCO_2の抑制には，膨大なコストがかかり，国内経済の成長を阻害すると主張する。かくして，各締約国は，「地球温暖化の防止」という国際的要請と，「国内経済の保護」という国内的要請との間で，如何にして調整を図っていくのかというジレンマに陥ることになる。つまり，温室効果ガスに関する何らかの排出抑制目標の受諾には，自国の経済成長が如何に担保されるかが最大の外交目標となる。

　しかし，先進国と開発途上国とでは，国内の経済成長の死活的重要性は共通していても，地球温暖化に対する経済活動の影響の仕方は大きく異なっている。図は，先進国・開発途上国の双方から，地球温暖化問題と経済活動との間の関係について分析したものである。先進国では，贅沢な生活を続けるために，物質的に豊かな社会を維持する必要がある。そうした先進地域の社会は，例外なく，物資を大量生産・大量消費・大量廃棄するこ

図　地球温暖化に関する因果関係

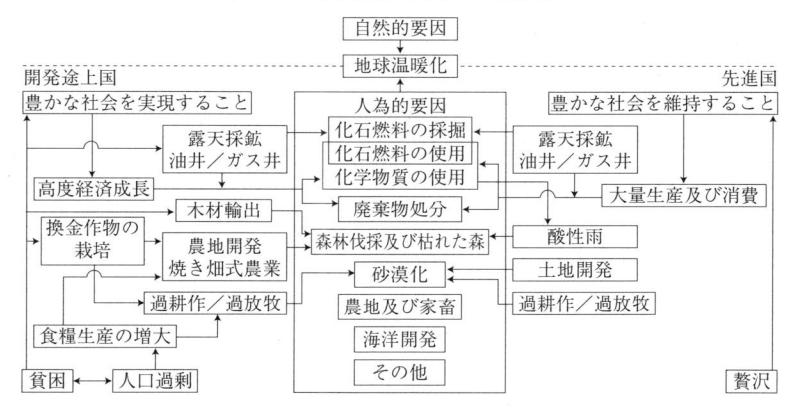

出典： Keigo Homma, "Dealing with Climate Change: Comparing Japan's and Australia's Foreign Policy Decision Making for the Kyoto Conference" (Ph.D. diss., University of New South Wales, 2001), p. 27.

とによって支えられており、生産・消費現場における化石燃料や化学物質の大量使用は、地球温暖化を加速する結果を招いている。一方、開発途上国では、貧困を克服するために、物質的に豊かな社会を実現することが必要である。そうした開発途上地域の社会は、多くが人口の過剰傾向にあり、化石燃料の採掘や森林伐採などによって温室効果ガスの放出と吸収源の減少を招いている。さらに、中国やインドなど、高度経済成長が続く開発途上国では、化石燃料や化学物質の大量使用に伴い、温室効果ガスの排出が、すでに先進国の水準にまで達しているところもある[8]。

オーストラリアは、先進国型社会が資源輸出を柱とする開発途上国型経済に基盤を置いているという構造的問題を抱えており、温室効果ガス抑制には膨大なコストがかかり、経済成長を阻害すると主張する[9]。まず、同国の経済社会は、他の化石燃料と比較してCO_2排出係数が高い石炭の輸出とその使用に大きく依存している。例えば、1994年には、一次エネルギーの40％以上が石炭によって供給されており、この割合は、OECD加盟国における平均の2倍である[10]。次に、同国では、人口が急増しており、資源・エネルギー使用の増大が予測されている。1960年から90年にかけて、EU加盟諸国の人口増加率が15.8％なのに対して、オーストラリアは、67％である[11]。また、同国経済は、豊富な国内資源を背景にして、アルミニウム産業などエネルギー・温室効果ガス集約的な製造業へのシフトが続いており、温室効果ガスの削減がますます困難となっている[12]。

2 開発途上国の参加

開発途上国の多くは、地球温暖化防止に関する国際交渉において、温室効果ガスの削減目標が課されることに強く反対している。その最大の理由としては、温室効果ガスの排出規制によって経済成長が妨げられ、貧困の克服や先進国との間の経済格差是正が一層困難になるということを挙げている。例えば、気候変動枠組条約が議論された際、開発途上国は、CO_2を排出する石炭からのエネルギー生産や、メタン（CH_4）を排出する米作・牧畜などが制約を受けることによって、開発に大きくブレーキがかけられることを危惧していた[13]。こうした温室効果ガス排出規制に対する反発の根底には、1972年の国連人間環境会議以来、国際環境会議の場で途上国が絶えず提起してきた地球環境の劣化に対するいわゆる「先進国責任論」があ

る[14]。先進国側は，これまで地球の大気を無制限に使用し，地球温暖化という結果を招いた責任があるにも拘わらず，途上国側が工業化して温室効果ガスを排出する段になると，規制しようというのは不衡平である。まず，先進国側が率先して自らの排出を規制し，途上国側には援助や技術移転を行うべきだという主張である。さらに，こうした一連の途上国側の議論は，地球上で一人当たりの大気の使用は，平等であるべきだという環境倫理的な側面も併せ持つ[15]。

地球温暖化防止に関する国際交渉において，オーストラリアが掲げる重要な外交目標の一つには，そうした開発途上国にも如何にして排出削減義務を負わせていくかということがある。前述した通り，同国は，開発途上国型の資源輸出経済に基盤を置いていることから，国際社会において経済的にも競合する途上国に対して，先進国と同様，温室効果ガスの排出削減に参加することを強く求めている。オーストラリアの場合，表向きの理由として，開発途上国からの温室効果ガスの排出が増加傾向にあることから[16]，地球温暖化防止を実効性あるものにするためには，西暦2000年以降について話し合われる議定書交渉の中に，途上国も含まれるべきであると主張する[17]。しかし，その本音は，温室効果ガスの排出に関して，開発途上国が如何なる規制も免れる一方で，附属書Ⅰ締約国としての同国が排出規制を課されることになれば，経済上，国際競争力を喪失しかねないというところにあった。議定書交渉において，開発途上国に温室効果ガス削減に関する新たな約束を課さないとする方向性が決定されたのは，1995年の「気候変動枠組条約第一回締約国会議」（COP1）であったが，このときオーストラリアは，途上国を削減目標に巻き込むことに失敗している[18]。しかし，同国は，COP1以降も開発途上国に対して，温室効果ガスの排出削減に参加することを絶えず求め続けており，これは同国にとって重要な外交目標であったことが窺える。

このように，国内経済の保護と開発途上国の参加は，オーストラリアの地球温暖化問題に関する外交政策にとって二大目標であり，同国の外交戦略策定を左右してきたのである[19]。

二　外交戦略の策定

1997年12月の京都会議を前に，オーストラリアは，これら二大目標を踏まえて次の五つの外交戦略を策定し，会議に臨んだものと考えられる[20]。

1　排出削減負担の直接的軽減戦略：差異化された目標の追求

温室効果ガスの削減目標に関して，オーストラリアにとって最も重要な戦略は，すべての先進締約国が一律の目標（uniform targets）を課されるのではなく，個々の国に差異化された目標（differentiated targets）を適用するよう求めることにあった。COP1以来，同国は，主としてEUによって提案されていた一律目標に反対し，排出削減コストに影響を及ぼす国内の諸事情に従って，各国の目標が差異化されるべきであると主張している[21]。まず，「一律目標」の導入とは，基準年の排出量と比較して，全先進締約国に共通の「削減」目標を設定するということを暗示しており，オーストラリアには，国内経済の保護という観点から，受け入れ難い提案であった。他方，「差異化された目標」の導入には，基準年の排出量と比較して，「マイナス（排出削減）」目標の設定とともに，「プラス（排出増加）」目標の許容をも包含すると解釈できることから，同国がこの提案に固執していた理由もここにあったと考えられる。

さらに，差異化された目標に関して，オーストラリアが追求していたのがプラス（排出増加）目標の獲得であったことは，疑う余地のないところである。同国の政府関係者に対するインタビューでも，その証言が得られている[22]。しかし，別の政府関係者は，オーストラリアがプラス目標の獲得を追求していたことを認めておらず，あくまでも目標の「差異化」を要求していたに過ぎないと説明している。

> 「私たちは，必ずしも，プラス目標を追求していたわけではない。私たちは，差異化を追求していたのであり，そこで他の目標がどのようなものであるにせよ交渉に備えていたのである。それで，より多くの削減があったのであれば，私たちは，その幅に関して交渉していたであろう[23]。」

両者の見解は，食い違ってはいるが，ともにオーストラリア政府の立場を示すものであろう。すなわち，温室効果ガス削減交渉において，「プラス」目標の獲得を目指していたというのは，同国の本音である。国内経済を保護するためには，マイナス目標を受け入れることができないからであ

る。しかし，そのようなことを表明すれば，温室効果ガスの削減に消極的とも受け止められかねないので，建前上，数値目標の「差異化」を主張しているのである。実際，オーストラリアは，京都会議以前に如何なる具体的な数値目標も公式的には表明していないが，環境 NGOs の関係者は，一連の京都会議準備会合（ベルリン・マンデート・アドホック・グループ）や COP3 で，同国が非公式にプラスの差異化目標を打診していた事実を明らかにしている[24]。

2　静観戦略

温室効果ガス削減交渉において，事態の成り行きを静観することは，オーストラリアによって繰り返し実行に移された戦略である[25]。産業科学資源省の関係者は，この戦略を認めており，同国の戦略が「差異化された目標の追求」及び「静観」のコンビネーションであったことを証言している。

「私たちは，京都で成り行きが見たかった。しかし，それはまた，私たちは，何が議定書に盛り込まれるのかを知りたかったということである。私たちは，最後までずっと，如何なる目標も明かさなかった。それは，交渉がどういう結果をもたらしたのかという一例である。（眼目は，）衡平な貢献をすること，そして私たちの国益のために，何がオーストラリアにとって妥当であるのかということである[26]。」

一方，オーストラリア農業資源経済局と外務貿易省の関係者は，この「静観」戦略を否定している。

「私たちは，アイスランドやノルウェーと共に差異化の提案者であったという意味において，それほど長く静観していたわけではない。私たちは，立ち上がり，この提案を押し進めたのである[27]。」

この戦略に関するインタビュー結果も，肯定と否定というように両者で食い違いを見せているが，各々は，京都における交渉過程について，異なった次元に焦点を当てているからだと考えられる。すなわち，オーストラリア政府代表団は，ある時点では「静観」する必要があったし，また別の時点では非常に積極的に差異化を提案し続ける必要があった。前者の関係者は，同国代表団が交渉の成り行きを見守っている瞬間を説明しているのに対して，後者は，他国に対して積極的に提案を行っている瞬間を強調しているわけである。

3 議定書の一部あるいは全部に対する留保戦略

　京都で採択される議定書の一部条項，あるいはその全部に留保を表明することは，オーストラリアの戦略の一つであった。ジュネーブで1996年に開催された「気候変動枠組条約第二回締約国会議」（COP2）において，同国のヒル（Robert Hill）環境相は，すでにこの「留保」カードを閣僚宣言に対して切っている[28]。インタビューでは，すべての被験者がCOP3でオーストラリアが再び留保を表明することを厭わなかったであろうと述べており，「留保」戦略の存在は，疑いのないところである。オーストラリア農業資源経済局と外務貿易省の関係者は，この点をはっきりと断言している。

　　「私たちが（交渉から）立ち去った可能性があったと，私は思う。もし，
　　私たちが好ましい扱いを受けなかったならば，私たちは立ち去ったで
　　あろう[29]。」

　産業科学資源省の関係者も，この事実を認めており，留保が議定書全部にではなく，一部条項に対して表明された可能性を示唆している[30]。環境NGOsの関係者は，もし高い数値のプラス（排出増加）目標を獲得できなかったならば，オーストラリアは京都議定書に署名しなかったであろうと考えている[31]。

4 排出削減負担の間接的軽減戦略：吸収源のための土地利用の変化及び柔軟性措置の追求

　議定書に吸収源の解釈を拡大する「土地利用の変化」を盛り込むこと，そして排出量取引，共同実施（JI: Joint Implementation），クリーン開発メカニズム（CDM: Clean Development Mechanism）といった「柔軟性措置」を挿入することは，オーストラリアが数値目標の「差異化」と共に追求した排出削減の負担を軽減するための重要戦略である。同国では，林業と農業の二つの部門が重大な温室効果ガスの排出源であり，全体の40％を占めると見積もられている。農業部門からの温室効果ガス排出は，附属書Ⅰ締約国（先進国）の平均が6％にすぎないのに，オーストラリアでは，20％にも上る。さらに，メタン（CH_4）が温室効果ガスに占める割合は，附属書Ⅰ締約国の平均が13％であるのに対して，オーストラリアは，30％にもなる[32]。そこで，もし農業土壌や土地利用の変化からの排出量を計算に加

えることができれば,「今後少し農地を改良するだけで『かなり吸収するようになった』ということができ,化石燃料を減らさなくても目標達成ができる」という見方もできるのである[33]。インタビューでは,オーストラリア農業資源経済局と外務貿易省の関係者によって,「土地利用の変化」を議定書に盛り込むことの重要性が確認されている。

> 「議定書包括案の最も重要な要素は,京都メカニズムと第3条7項,つまり土地利用変化の条項であった[34]。」

また,産業科学資源省の関係者は,同国の数値目標が,この「土地利用の変化」条項の獲得と密接に関連していたことを証言している。

> 「私たちは,どのような取り決めになるのかわからない時点で,目標を発表することには全く意味がないということがわかっていた。目標の発表は,いくつかの条項,特に土地利用変化に関する条項次第であった[35]。」

同様に,「柔軟性措置」の重要性についても,次のような証言が得られている。

> 「私たちは,効果的なCDM,効果的な排出量取引,そしてJIが必要だと信じていた[36]。」

> 「私たちは,柔軟性措置,(すなわち)排出量取引,共同実施,それからクリーン開発メカニズムに関する条項を得ることに成功した[37]。」

5 排出削減義務の枠組拡大戦略：開発途上国からの自発的約束の獲得

開発途上国から何らかの自発的約束を獲得し,温室効果ガスに関する排出削減義務の枠組拡大を目指すことは,アメリカをはじめとする他の先進国と同様,オーストラリアには不可欠の戦略であった。前述した通り,同国が開発途上国に排出削減を求める理由は,地球温暖化防止を実効性あるものにするためであると主張している。しかし,その本音としては,経済的に競合する開発途上国が如何なる排出規制も課されないことは,オーストラリアにとって見過ごし得ない問題だからである。実際,同国が一連の温室効果ガス削減交渉をどのように捉えていたかは,次の発言からも明らかである。

> 「私たちは,これらの交渉は貿易交渉であって環境交渉ではないと考えて,交渉に加わったのである[38]。」

さらに，次の証言は，オーストラリアが開発途上国の参加を京都議定書採択まで求めていたことを示唆している。

「私たちは，開発途上国から一定の目標に関して約束を取り付けることには成功しなかった[39]。」

このように，オーストラリアは，排出削減負担を直接的に軽減する戦略である「差異化された（特にプラス）目標の追求」，静観戦略，議定書の一部あるいは全部に対する留保戦略，排出削減負担を間接的に軽減する戦略である「吸収源のための土地利用の変化及び柔軟性措置の追求」，そして排出削減義務の枠組を拡大する戦略である「開発途上国からの自発的約束の獲得」など五つを事前に策定し，COP3に臨んだのである。

三　温室効果ガス削減目標の決定

1　長期の決定形成過程

地球温暖化防止京都会議を前に，オーストラリアがこれらの外交戦略を策定したのは，およそ2年間にわたる長期の決定形成過程においてであった。インタビューにおいて，オーストラリア農業資源経済局と外務貿易省の関係者は，同国がCOP1で採択されたベルリン・マンデートによって提起された諸問題の検討を開始したのは，1995年12月から1996年10月の間であったと証言している[40]。実際，差異化や柔軟性措置といったオーストラリア戦略のエッセンスを含んだ「提案書（Submission from Australia: Principal Elements of the Berlin Mandate Outcome）」は，1996年10月28日に提示されており，この証言を裏付けるものと考えられる。同国政府は，産業界や環境NGOsなどの国内利害関係者と，差異化や数値目標などに関する会合を定期的に開いていた。そして，上記「提案書」は，ハワード（John Howard）首相の承認を得た後，利益集団や各国政府に説明されたのである[41]。

長期の決定形成過程において，オーストラリアが五つの外交戦略を容易に策定できた理由としては，政府部内に一般的なコンセンサスが存在したことが挙げられる。インタビューの結果，すべての被験者は，政府部内における数値目標や京都会議に関する議論について，多くの異なった見解が存在していたことは認めたものの，深刻な対立やバーゲニングについては，

これを明確に否定している。

この政府部内のコンセンサスの背景には，オーストラリアの与野党が共に，温室効果ガスの大幅な排出削減には同意できないという国内資源部門の「労使」によって影響を受けていたことがある。同国の労働組合は，公式的にオーストラリア労働党（ALP）と提携している。経済団体は，直接的には自由党と結び付いているわけではないが，明らかな影響を及ぼしている。すなわち，自由党・国民党によるハワード保守連立政権を支えている経済団体と，現野党の労働党を支持している労働組合が共に，もし同国が大幅な削減目標を課されたならば，経済や雇用の上で，重大な結果を被るであろうと考えていたことがコンセンサスの背景にある[42]。国内で大幅な削減目標を望んでいたのは，グリーンピースやACF（Australian Conservation Foundation）など限られた団体だけであったと言われる。オーストラリア農業資源経済局と外務貿易省の関係者は，次のように結論している。

「それゆえ，官僚の内部で一つの共通の見解を持つことは，私たちにとって非常に簡単なことであった。私たちがどういう風に主張を展開するかという方法については，多くの論争があったが，私は，主張そのものには一般的合意があったと思う[43]。」

数値目標に関して，オーストラリアが決定した最も重要な基本方針の一つは，受諾できる数値の「幅」を事前に定めておくという点である。すなわち，代表団には，政府部内の長期の決定形成過程で設定された受け入れ可能な数値の幅を与えておき，京都会議で「土地利用の変化」や「柔軟性措置」といったものがどれだけ議定書に盛り込まれるかで，数値目標を最終的に受諾するか否か判断するやり方である。これについて，産業科学資源省の関係者は，次のように証言している。

「私たちは，パラメーターを決定したのであって，具体的な目標値を決めていたわけではない。私たちは，（18％から）或るところ（数値）までの一定の幅を決めたのであった。私たちは，条項の規定によって上下するその幅を待っていたのである[44]。」

2　8％増の目標獲得

オーストラリアが京都議定書に期待していたことは，温室効果ガスの削減目標に関して，基準年の排出量比でプラス（排出増加）の目標が容認さ

れることであり，排出量取引，共同実施（JI），クリーン開発メカニズム（CDM）といった各種の「柔軟性措置」や「土地利用の変化」が条項として盛り込まれること，さらに開発途上国から排出削減に対する「自発的約束」を取り付けることであった。同国は，これらの目的を達成するために，政府部内の長期の決定形成過程で事前に策定された五つの戦略をトランプの札のように駆け引きしながら，京都会議というゲームに臨んだのである。

特に，差異化された（プラス）目標の追求は，オーストラリアにとって最重要の戦略であったが，この成否には，他の戦略の成否が大きく影響していた。すなわち，京都会議中の短期の決定形成過程において，何パーセントの数値目標を受け入れるかという具体的な値は，「柔軟性措置」や「土地利用の変化」によってどれだけ削減負担が軽減されるかで判断された。別の言い方をすれば，もしこういった条項を獲得することに失敗した場合，議定書に対する「留保」もあり得たのである。実際，COP3 の最終局面では，ヒル環境相がハワード首相に対して「柔軟性措置」や「土地利用の変化」が京都議定書に盛り込まれたことを説明しており，数値目標受け入れの際の重要な判断材料になっていたことが明らかにされている。

> 「環境相は，首相に連絡を取り，その状況を説明した。彼は，議定書包括案のその他の要素を説明した。包括案の最も重要な諸要素は，京都メカニズム及び第3条7項，（すなわち）土地利用変化と林業であった。だから，私たちには十分に効果的な京都メカニズムが用意されるであろうということに基づいて，決定がなされたのである。というのは，私たちが目標に到達し得るためには，京都メカニズムが必要だと確信していたからである。私たちには，効果的な CDM，排出量取引，そして JI が必要なのである[45]。」

オーストラリアが8％増の目標を獲得できた理由は，同国が周到に準備された五つの外交戦略によって強固に結束していたことで，京都会議という短期の決定形成過程において排出削減を求める国際的圧力に対抗することができ，これらの戦略を駆使しながら，結果的に各国の妥協を引き出すことに成功したからである。欧州委員会のビャルゴー（Ritt Bjerregaard）委員は，COP3 における圧力がオーストラリアに対して十分でなかったと発言しているが[46]，これは，同国が排出削減を求める国際的圧力に晒されていたことを示唆するものである。オーストラリアは，アメリカ，ドイツ，

イギリス，日本などからCOP3までの2年間，批判を浴び続けてきており，京都会議において国際的圧力を特段に考慮することはなかった[47]。つまり，同国は，プラス目標の追求など，政府部内で準備された各種戦略で強固に結束しており，国際的圧力には屈しなかったのである。

こうしてオーストラリア代表団は，京都会議においてプラスの差異化目標に関する打診を続け，最終的に他の先進締約国より妥協を引き出すことに成功したのであった。インタビューによると，オーストラリアは，各国協議の過程で示された同国の数値目標について検討し，議定書に盛り込まれる各種の「柔軟性措置」によって，プラス8％という数値目標の受け入れ環境が整ったと判断したようである。同国の数値目標が他の締約国から提示されるまでの過程で「静観」していたことも窺える。このように，同国が強気の姿勢を崩さなかった背景には，いつでも「留保」することに躊躇しなかったことがある。最終局面において，オーストラリア代表団は，COP3の舞台裏におけるインフォーマルな会合に合流して詰めの協議を行い，8％増の目標を獲得するに至ったのである。

「私たちは，他の国々によって発表された目標について評価を行った。私たちは，その時までに協議されていた条項の規定内容を慎重に検討した。交渉を終結に導くために，テーブルの上に各自の数字を出す最終過程があった。ヒル上院議員が率いるオーストラリア代表団は，すでに他の国々の数値を検討しており，条項の規定内容を吟味しており，私たちが為さねばならない努力が，EUやアメリカと比べて法外な負担にならないのであれば，オーストラリアは署名することができるのではないかと考えたのである。ヒル上院議員は，まだギャップはあるけれども，オーストラリアは8パーセント目標を受け入れことができるという決定を下した。私たちは，そこでアンブレラ・グループ（umbrella group），すなわち，日本・カナダ・アメリカ・ロシア・ニュージーランド・ノルウェー，オーストラリアの非ヨーロッパの先進諸国による細目交渉に参加した。このアンブレラ・グループの中で，ヒル上院議員は，アメリカの代表団長や他国の同僚たちとの小さな交渉会合において，私たちはプラス8パーセントの目標に署名し，それ以上を求めることはないと述べた。すると，このことは，アンブレラ・グループの支持を得て，京都の交渉テーブルに出され，そして受諾さ

れたのである[48]。」

　オーストラリアが排出増加を許容された別の理由としては，すべての先進締約国が議定書に含まれるべきであるとの認識が，京都会議の各国代表団とエストラーダ（Raúl A. Estrada-Oyuela）全体委員会議長に共有されていたことが挙げられる。要するに，準備期間が2年以上にも及んだ京都議定書から，できるだけ「落ちこぼれ」をなくしたいという各国とエストラーダ議長との思惑が，結果的にノルウェー（1％増）・オーストラリア（8％増）・アイスランド（10％増）の3カ国に対する譲歩へと結びついたのである[49]。

3　オーストラリア外交戦略の成否と京都議定書

　京都会議において，オーストラリアの戦略の成功と失敗を如実に示したのは，排出削減負担を間接的に軽減する戦略である「吸収源のための土地利用の変化及び柔軟性措置の追求」と，排出削減義務の枠組を拡大する戦略である「開発途上国からの自発的約束の獲得」であった。まず，同国にとって最も成功を収めた戦略とは，プラスの差異化目標の獲得と共に，「土地利用の変化」を京都議定書に盛り込ませたことである。結局，COP3 では，舞台裏の日米 EU 三極会談において6％，7％，8％という削減率が合意され，柔軟性措置をはじめとする様々な問題について話し合いがなされた。すなわち，オーストラリアは，静観戦略を通じて日米 EU 三極会談の進展を見守りながら時を待ち，最終日，各国代表団が疲労困憊の中で「土地利用の変化」条項を打診し，京都議定書に盛り込むことを認めさせたのである[50]。

　次に，オーストラリアにとって失敗に終わった戦略とは，開発途上国から「自発的約束」を取り付けることであった。一連の議定書交渉において，開発途上国にも何らかの排出抑制義務を負わせるべきであるという議論は，オーストラリアが単独で推進してきたものではなく，アメリカをはじめとする主要な先進締約国が共同で取り組んできた課題であった。京都会議では，先進国側を代表してニュージーランドが，開発途上締約国の中でも開発が進んでいる国に対して自発的に排出抑制を求める「自発的約束」条項を京都議定書に盛り込むことを主張したが，途上国側の猛反発で頓挫している。開発途上国の参加は，オーストラリアの地球温暖化防止に関する外

交政策を左右する重要な目標であったが，同国は，この問題を理由にして京都議定書に対する「留保」は行わなかった。国内事情に配慮して他の先進締約国よりも優遇された8％増の数値目標が認められたこと，排出量取引，JI，CDMといった各種の「柔軟性措置」が認められたこと，そして何よりも「土地利用の変化」が議定書に盛り込まれたことで，オーストラリアは，途上国問題を一時的に諦めても，国益を損なうことはないと判断したものと考えられる[51]。

　結局，京都議定書とは，如何に地球温暖化防止に資するかではなく，交渉過程で生み出された妥協の産物であったと言っても過言ではない。オーストラリアなど一部の先進締約国に，基準年に対して排出増の目標を認めてしまったことは，温室効果ガス削減交渉の本質を問う結果ともなり，京都会議の矛盾や限界を象徴する出来事となった。また，議定書に盛り込まれた「柔軟性措置」や「土地利用の変化」条項は，排出削減の実質的な負担を軽減し，先進締約国全体で1990年比約5％の削減率が果たして意味のあるものなのかどうか疑問を投げかけている。さらに，開発途上締約国に排出抑制を求めた「自発的約束」条項を盛り込めなかったことは，地球温暖化防止の効果が危ぶまれるばかりか，アメリカの離脱をはじめ先進締約国側の反発を招き，大きな禍根を残す結果となったのである。

結論

　本稿では，地球温暖化防止京都会議において，オーストラリアの温室効果ガス「削減」目標が，なぜ8％「増加」となったのかという問題について検討した。これは，次の二つの要因の複合的な結果であったと結論できる。

　第一に，オーストラリアは，およそ2年間にわたる長期の決定形成過程において，京都会議に対処する五つの外交戦略を事前に策定していたことが挙げられる。同国が容易に戦略を策定できた理由は，政府部内におけるコンセンサスの存在である。

　第二に，オーストラリアは，京都会議における短期の決定形成過程において，五つの外交戦略で強固に結束しており，これらの戦略を駆使しながら国際的圧力に対抗し，最終的に8％増の目標を獲得することができたのである。京都議定書に対する「留保」も視野に入れた交渉は，「土地利用の

変化」条項を盛り込ませることに成功し，削減目標でありながら8％の増加という譲歩を各国から引き出したのであった。

研究の経緯及び謝辞
　　本稿は，1996年3月から2001年4月にかけて，シドニーのニューサウスウェールズ大学大学院において行った「地球温暖化防止京都会議をめぐる外交政策の決定形成に関する日豪比較研究」の一部に加筆し，修正したものである。オーストラリアと日本では，下記の方々とその所属機関からご厚情を賜り，この研究を完了することができた。皆様方に，心から厚く御礼申し上げる次第である（アルファベット順）。
　Mr. Robert R. Alderson, Senator Andrew Bartlett, Dr. Tony Beck, Dr. Lorraine Elliott, Prof. Brian Fisher, Mr. Ian Fry, Dr. Clive Hamilton, Ms. Cathy Raper, Mr. Shane Rattenbury, Ms. Anna Reynolds, and Mr. Keith Tarlo; 愛知和男氏，赤阪清隆氏，秋元直樹氏，鮎川ゆりか氏，福島安紀子氏，福山哲郎氏，畑直之氏，平田仁子氏，平田賢氏，岩永正嗣氏，川村尚永氏，岸圭介氏，北浦喜夫氏，丸山弘志氏，松本泰子氏，松永和夫氏，中井康貴氏，大林ミカ氏，大木浩氏，佐藤洋氏，島田幸司氏，鈴木人司氏，鈴木克徳氏。

（1）　本稿では，「地球温暖化防止京都会議」，「京都会議」，あるいは単に「COP3」(The Third Session of the Conference of the Parties to the United Nations Framework Convention on Climate Change) という名称を用いる。

（2）　「地球温暖化」という用語に関して，本稿は，「温室効果ガスの排出が人間の諸活動に伴って増大し，その大気中濃度が高まることに起因して地上気温が上昇すること」と定義しておく。すなわち，「地球温暖化問題」とは，この地上気温の上昇が地球環境に多大な影響をもたらすことをいう。「気候変動（変化）」(climate change) と「地球温暖化」(global warming) を同義語として扱うことには異論もあろうが，国際政治学の論文という性格上，本稿では，それほど厳密な自然科学的区別を行わない。この議論については，例えば，気候変動に関する政府間パネル（IPCC）第一作業部会『第三次評価報告書』(Intergovernmental Panel on Climate Change (IPCC), "Summary for Policymakers: A Report of Working Group I of the Intergovernmental Panel on Climate Change," p. 2. Available on the homepage of IPCC Secretariat, Geneva, Switzerland. URL http://www.ipcc.ch/2001) 等を参照されたい。

（3）　先進国には，市場経済移行国（旧ソ連・東欧諸国）と欧州共同体（Euro-

pean Community) も含まれる。
(4) 竹田いさみ「日本における最近のオーストラリア研究の動向」, 南山大学オーストラリア研究センター編『NEWS LETTER』第 1 号（1987年), 10頁。
(5) オーストラリア研究の現状については，上掲『NEWS LETTER』, 「学会設立10周年記念シンポジウム『オーストラリア研究の現状と将来』報告」, オーストラリア学会編『オーストラリア研究』第12号（1999年12月), 62-68頁を参照されたい。また，オーストラリアに関する多様な研究文献は，「オーストラリア研究学会会員　研究文献目録(1989年12月－1999年 8 月)」, 『オーストラリア研究』第12号, 69-84頁や，その続刊が詳しい。
(6) 気象庁編『地球温暖化の実態と見通し』（大蔵省印刷局, 1996年), 94頁。環境庁編『環境白書（平成13年版）』（ぎょうせい, 2001年), 121頁。
(7) IPCC, "Summary for Policymakers: A Report of Working Group I of the Intergovernmental Panel on Climate Change," p. 39.
(8) United Nations Framework Convention on Climate Change (UNFCCC) Secretariat, "Table 4: CO_2 emissions from fuel combustion, 1998, Climate Change Information Sheet 30, Climate Change Information Kit" (Available on the homepage of UNFCCC Secretariat, Bonn, Germany. URL http://www.http:// www.unfccc.de/ n.d.). 開発途上国の温室効果ガス排出は，特に中国とインドにおいて急速に増大している。1990年から2010年までの間に，両国からの排出増だけでも，全先進国の排出増を上回るという予測もある。また，2010年までに，中国とインドからの温室効果ガス排出は，開発途上国全体の50％以上を占めるという。Department of Foreign Affairs and Trade, *Australia and Climate Change Negotiations: An Issues Paper* (Canberra: n.p., September, 1997), p. 141.
(9) オーストラリアは，石炭，ボーキサイト，アルミナ，鉛，チタニウム，ジルコンの世界最大の輸出国であり，金，鉄鉱石，アルミニウム，ニッケル，亜鉛，ウラニウムの主要な輸出国の一つである。Department of Foreign Affairs and Trade, *Australia and Climate Change Negotiations*, pp. 38-39.
(10) Ibid., pp.40. CO_2 排出係数については，環境庁編『温暖化する地球・日本の取り組み』（大蔵省印刷局, 1994年), 45-47頁を参照のこと。
(11) Department of Foreign Affairs and Trade, *Australia and Climate Change Negotiations*, pp. 37-38.
(12) Ibid., pp. 41-42.
(13) Anil Agarwal and Sunita Narain, *Global Warming in an Unequal World: A Case of Environmental Colonialism* (New Delhi: Centre for Science and Environment, 1991), p. 1.

(14) すでに,「人間環境宣言」起草の際,「今日の世界の環境問題の責任は北の先進工業国にあり,したがって開発途上国における環境問題解決のために,先進工業国は種々の形で援助を供与しなければならない」といった地球環境問題に対する先進国責任論が提起されている。環境庁長官官房国際課(編)『この地球を守るために－'72／国連人間環境会議の記録－』(楓出版社,1972年), 6頁。

(15) See, Michael Grubb, "Seeking Fair Weather: Ethics and the International Debate on Climate Change," *International Affairs* (London) 71, no. 3 (July 1995): pp. 463-96.

(16) 「1990年に,開発途上国の排出は,先進国からの排出のおよそ半分であった。しかし,今の増加傾向を考慮に入れると,開発途上国は,2010年までに,工業を起源とした地球上の二酸化炭素排出の半分近くを占めるであろう。」See, Department of Foreign Affairs and Trade, *Australia and Climate Change Negotiations*, pp. 139-41.

(17) Ibid., pp. 143.

(18) *Australian* [Canberra], April 8 to 9, 1995.

(19) 「開発途上国の参加」は,「国内経済の保護」という外交目標とは切り離して議論を進めたい。途上国問題も,オーストラリアの経済的利益を背景にしていることは事実であるが,建前上は,地球温暖化防止を実効性あるものにするためという,経済よりも環境を理由に掲げているからである。

(20) 温室効果ガスの削減について,COP3は,2008年から2012年までの約束期間に関して取り決めを行ったに過ぎず,2013年以降の問題は,今後も国際交渉が続けられていく。オーストラリアが策定した五つの戦略は,京都会議以後も地球温暖化防止に関する国際交渉において,同国にとって有効なものであると考えられる。

(21) Department of Foreign Affairs and Trade, "Submission from Australia: Principal Elements of the Berlin Mandate Outcome. To the United Nations Framework Convention on Climate Change, Ad Hoc Group on the Berlin Mandate" ([Canberra]: n.p., October 28, 1996), pp.i-iii; and Department of Foreign Affairs and Trade, *Australia and Climate Change Negotiations*, p. 72.

(22) Robert R. Alderson, interview by Keigo Homma, December 7, 1999, Department of Industry, Science and Resources, Canberra. なお,本稿の翻訳については,括弧内に意味を補った箇所があることを予め断っておく。

(23) Brian Fisher and Cathy Raper, interview by Keigo Homma, December 6, 1999, Australian Bureau of Agricultural and Resource Economics (ABARE), Canberra. They were interviewed jointly.

(24) Keith Tarlo, ex-staff of Greenpeace Australia, interview by Keigo Hom-

ma, November 11, 1999, Sydney; and Anna Reynolds, interview by Keigo Homma, December 10, 1999, Australian Conservation Foundation (ACF), Canberra.
(25) 例えば，*Australian* 紙は，自国が交渉の行方を静観していることに関して，次のように報道している。「これまでの条約交渉において，オーストラリアは，『静観』アプローチをとることによって自然保護運動を落胆させている。」*Australian* [Canberra], July 15, 1996.
(26) Alderson, interview.
(27) Fisher and Raper, interview.
(28) Robert Hill, "Statement at the Second Session of the Conference of the Parties to the United Nations Framework Convention on Climate Change," Geneva, July 18, 1996. ヒル環境相は，COP2において次のように留保を表明している。「私は，オーストラリアが草案文のパラグラフ8にある諸目標に関する言辞に対して，賛同することができないということを皆様に通知しなければならない。」
(29) Fisher and Raper, interview.
(30) Alderson, interview.
(31) Ian Fry and Shane Rattenbury, interview by Keigo Homma, December 10, 1999, Pacific Bio Web and Greenpeace Australia, Canberra. They were interviewed jointly.
(32) Department of Foreign Affairs and Trade, *Australia and Climate Change Negotiations*, pp. 44-46.
(33) 竹内敬二『地球温暖化の政治学』（朝日新聞社，1998年），200-201頁。
(34) Fisher and Raper, interview.
(35) Alderson, interview.
(36) Fisher and Raper, interview.
(37) Alderson, interview.
(38) Fisher and Raper, interview.
(39) Alderson, interview.
(40) Fisher and Raper, interview.
(41) Ibid.
(42) G (lyn) Davis, J. Wanna, J. Warhurst, and P. Weller, *Public Policy in Australia* (Sydney: Allen and Unwin, 1988), p. 91. 京都会議を前に，日本政府部内では，外務・通産・環境の三省庁が数値目標をめぐって対立を繰り広げている。1997年10月6日に発表された「数値目標に関する日本政府提案」についても，その解釈をめぐり混乱が続いた。竹内，前掲書，151-73頁，Keigo Homma, "Dealing with Climate Change: Comparing Japan's and Australia's

Foreign Policy Decision Making for the Kyoto Conference" (Ph. D. diss., University of New South Wales, 2001), pp. 176-211 などを参照されたい。

(43) Fisher and Raper, interview.

(44) Alderson, interview. ヒル環境相が京都で行った記者会見は，この証言を裏付けるものである。「私たちは，18パーセントの数字から始めた。この数字を示すことができるとわかっていたからである。もし議定書の中に土地利用変化を導入できれば，私たちは，もっと大きな（削減）数字を示すことができるとわかっていた。私たちは，もし議定書が排出量取引の管理体制を創設することを規定したならば，それよりさらに少し大きな（削減）数字を示すことができるということがわかっていた。例えば，40パーセント超から始め，これを自発的なプログラムやビジネス界の努力により約28パーセントまで下げ，ハワード・プログラムのイニシアティブを用いて18パーセントまで下げ，土地利用の変化や排出量取引を用いれば，私たちは，それ以上にさえ数字を下げることができるのである。」See, Department of Foreign Affairs and Trade, "Day 12, Transcript of a Press Conference with Australia's Minister for the Environment, Senator Robert Hill," Kyoto, December 11, 1997. URL http://www.dfat.gov.au/environment/climate/cc_11dec.html

(45) Fisher and Raper, interview.

(46) *Australian* [Canberra], December 12, 1997.

(47) Clive Hamilton, interview by Keigo Homma, December 2, 1999, Australian National University, Canberra.

(48) Alderson, interview.

(49) *Australian* 紙は，エストラーダ議長の言葉を次のように報道している。「昨夜の多くの段階で，協議は決裂するという見込みが増大し，行き詰まりにはまり込んだようにも見えた状況の中で，エストラーダ氏は，この諸国家のファミリーにオーストラリアを含むことの重要性を述べた。『だれもが皆，オーストラリアが近づき易いよう最善を尽くした』と，エストラーダ氏は言う。『すべての代表団が，オーストラリアの利益に配慮するのに努力していた。同様なことは，アイスランドについても当てはまる。』」*Australian* [Canberra], December 12, 1997.

(50) Hamilton, interview.

(51) オーストラリアは，事前に受諾可能な目標について一切公表せず，40％増，28％増，18％増というように，ラフに高めの数値を挙げてきたに過ぎない（注(44)参照）。京都会議の結果である8％増は，先進締約国の中では特異なものの一つであったが，これまで同国が並べてきた数値と比較すれば，政府や国民にとって，地球温暖化防止のための大きな努力が必要

な目標を受諾したということになる。ハワード首相は，国民向けのメッセージの中で，この数値目標受諾の正当性を次のように述べている。「ジョン・ハワード首相は，気候変動（対策）の取り決めはオーストラリアにとって申し分のない結果であると述べている。ハワード氏は，喜びに満ちていた。『私たちは，オーストラリア人の職のために徹底的に闘った。その結果は，オーストラリアの立場を擁護している。』と，彼は言う。『それは，何万ものオーストラリア人の職を守ることになる結果である。』」 ABC Online News, December 11, 1997.

アメリカン・デモクラシーの逆説

徳久　恭子

はじめに

2001年9月11日のテロによりアメリカの繁栄を象徴した世界貿易センタービルは一瞬にして崩れ去った。倒壊したビルの灰塵で黄褐色に染め上がった空を揺らす無数の星条旗は、いかなる圧力にも屈しないアメリカン・マインドの象徴であり、ブッシュ大統領は、アメリカは民主主義を震撼させるいかなる勢力にも屈しないとしてアフガニスタンへの武力侵攻を決定した。こうした行動の根底には、アメリカは民主主義を擁護する警察官であり、民主主義を世界に波及させる使命をもつ選ばれた国であるというアメリカン・デモクラシーの信条があったといえる。

だがこのように、アメリカン・デモクラシーの大義が異様なまでの高揚をみせたこの時期に、アメリカ国内では、民主主義の危機がさかんに論じられ始めていたことを見落とすわけにはいかない。例えば、そうした議論を代表するものに、ロバート・D・パットナムの *Bowling Alone* がある。同書は「ソーシャル・キャピタル」の劣化という問題を通して、1960年代以降の民主主義の衰退を実証しようとした労作であり、ここに示された問題をどう受け止めるかは、アメリカ政治学の重要な争点となっている。

だが実のところ、こうした現象は、アメリカに特殊固有のものではなく、先進各国に共通するものであり、問題は普遍性を帯びている。1993年に公刊されたパットナムの *Making Democracy Work* は、この問題を考えるうえでの1つの手がかりを提示した。「民主主義を機能させる」という同書の表題は、「ソーシャル・キャピタルが民主主義をよりよく機能させる鍵となる1」というアイディアを表現して、多くの論者を惹きつけ、政治理論の一潮流を形成した。人々はパットナムの理論に、1980年代以降に支配的に

なった新自由主義的な市場の論理によって，拡大の一途をたどる不平等と社会的弱者の排除，およびそれに附随する道徳的秩序や社会的結束の崩壊を覆し，新たな協力社会モデルを創造する鍵を見出したからである。不透明なリスク社会の到来が実感される今日，パットナムの議論は様々な問題点を孕むにしても2，傾聴に値するように思われる。

本稿では，民主主義の擁護者であるはずのアメリカが自ら民主主義の危機に瀕しているというアメリカン・デモクラシーのディレンマを，その社会的な基盤，特にソーシャル・キャピタルに焦点を当てながら考察することを第一の課題としたい。分析にあたっては，ソーシャル・キャピタルの変質を長期的な視野に立ち，構造的な要因に関連づけて論じることを心がけたい。というのも，それにより，ソーシャル・キャピタルの変動を仔細なデータ分析を通じて検討したパットナムの議論をマクロな視点から補完することができると考えるからである。そして最後に，これらの議論を敷衍して，民主主義を再活性化する条件について若干の考察を加えてみたい。

1 ソーシャル・キャピタルと民主主義

まず本論に入る前に，民主主義の基盤をソーシャル・キャピタル（以下，社会関係資本）という角度から分析しようとするパットナムのアプローチを *Making Democracy Work* のレビューを通じて簡単に説明しておきたい。

同書は，制度と制度パフォーマンスの問題，さらには制度の移植とその定着に影響を与える要因を網羅的に検討することを目的に3，1970年代以降のイタリアで全国的に実施された地方分権改革，とりわけ州政府の創設を分析した労作である。州制度改革は全国で同時に実施されたが，新制度の定着度とそのパフォーマンスは，イタリア北・中部で高く，南部で低いという顕著なコントラストを示した。地域的偏差に何らかの理由があると考えたパットナムは，州制度改革の違いを社会的・経済的・文化的・政治的背景といった制度環境ないしは構造的要因に関連づけて説明しようとした。違いを測る指標としてパットナムが注目したのは，社会経済的近代性（産業革命の諸結果）と市民共同体（市民的関与と社会的連帯）の二点であり，それぞれが制度パフォーマンスに与えた影響を因果分析した結果，地域格差はイタリア北・中部のもつ共和主義的伝統と南部のもつ恩顧主義的伝統に起因すること，すなわち，文化遺産の相違が市民的関与や社会的連

帯のあり方に違いをもたらし，パフォーマンスに偏差を生じさせることを明らかにした[4]。

この分析を通じて，パットナムは，ある社会の慣習と政治的現実との間に関連がみられるというアレクシス・ド・トクヴィルの指摘がアメリカ社会に限らず適合すること，すなわち，「市民共同体」の程度と民主的な政治制度のパフォーマンスや経済発展とが相関することを確認した[5]。それでは，なぜ，市民共同体は民主主義をよりよく機能させるのであろうか。パットナムは，この問題を社会的行為のあり方と関連づけて論じている。

共有地の悲劇に示されるように，自己利益の最大化を目指す個人の行為は，時に行為者自身にとって非合理的で望ましくない結果をもたらす。集合行為のディレンマを克服し，協調解を最適とする新たなゲームを構築するためには，裏切りを制裁する制度的な保障が必要になるとも考えられるが，協調行為の多くは，制裁よりはむしろ成員のもつ規範や相互信頼，連帯などから促進される。すなわち，各成員は短期的に利他的に振舞うことで，将来，なんらかの報酬が得られるという一般化された互酬性を熟知しているのである。このことをよりよく現わしているのが，共和主義的伝統を体現する市民共同体であるという。なぜなら，そこでは，政治的平等の原則に立ち，他者に対する信頼と寛容をもち，公的諸問題への積極的な参加と社会的連帯を目指して行為することを市民の徳と捉え，その実践を市民の義務とするからである。

このように，パットナムは，集合行為のディレンマの克服を市民共同体のもつ伝統に見出し，「協調行為を促進することで社会の効率性を高めることのできる，信頼や規範，ネットワークといった社会組織の特徴[6]」を社会関係資本と呼び，それが取引費用を低減させ，公共財を潤沢にするという正の効果をもたらすことを明らかにした。そのうえで，社会関係資本の累積が民主主義のパフォーマンスを高め，人々はそのパフォーマンスの高さゆえに民主主義への信頼を増幅させ，制度を安定させると結論づけたのである[7]。

要するに，パットナムは，制度パフォーマンスの相違を文化構造に内在する社会関係資本の蓄積量から説明したわけであるが，ここには彼特有の理論的関心が示されている。すなわち，彼がとりわけ注意を払ったのは，「制度パフォーマンスに最も強い影響を与えるのは，いずれの社会的文脈

か[8]」を明らかにすることであり，この観点から構造的要因にまで射程を拡げて制度を論じたのである。このことは，パットナムの方法を理解するうえで欠かせないものだといえる。こうした方法は，新制度派経済学のダグラス・C・ノースらに通ずるものがあるので，彼の議論を簡単に紹介しておきたい。

　新制度派経済学は，自己利益の最大化を目指す合理的なアクターは，取引費用の低減と結果の予測可能性を高めるために制度を利用するという前提に立つ。したがって，制度はアクターの行為基準として機能する。ノースは，こうした制度のうち成文化され，公的に承認された一連のルールを「公式の制度」と呼ぶ一方で，習慣・慣習・伝統といった文化的諸要素を「非公式の制度」と定義する。文化的要素を制度とするノースの意図は，それが間接的に個人の行為に影響を与えるからであるが，そうした制度を「非公式」と呼ぶのは，それが世代横断的な持続性をもつのみならず，所与の条件として日常的に機能する不可視性をもつからである。それはまた，公式の制度を制約し，補完もする。なぜなら，公式の制度を抜本的に改革したとしても，それに必要な知識や技術が文化構造の蓄積から選択される限り，公式の制度は非公式の制度がもつ制約から完全に自由ではないからである[9]。

　この点を踏まえたうえで，パットナムの議論を再考すれば，市民共同体のもつ規範とネットワークといった非公式の制度が公式の制度のパフォーマンスと結びつくためには，それが機能しうる制度環境が整えられる必要があるといえる。だが同時に，ある制度は市民共同体の機能をよりよく発揮させるが，別の制度はそれを著しく阻害する可能性をもつともいえるのではないだろうか。パットナムはこの問題に直接言及していないが，社会関係資本の蓄積と公式の制度のパフォーマンスとの間に増幅的循環がみられるとするのであれば，逆の因果関係も成り立ちうるからである。つまり，公式の制度は，潜在化した文化的諸要素を顕在化し，それを再度機能させる働きをもつと考えられるのである。以下では，アメリカにおける民主主義の興廃を論じたパットナムの*Bowling Alone*をまず検討し，最後にもう一度この問題について考察することにしたい。

2　アメリカにおける社会関係資本の低下

アメリカにおけるコミュニティの崩壊と復権を描いた同書は，民主主義の危機と呼ばれる現象は，社会関係資本の侵食によって引き起こされたという仮説を，自発的結社への参加の増減から実証し，その理由を様々な側面から述べている。自発的結社が実証の指標とされたのは，それが内部に向けては構成員に協力の習慣や連帯，公共心を教え込み，外部に向けては緊密なネットワークによって利益の表出や集積を高める機能を有しており，社会関係資本の存在・蓄積を端的に表現するからである[10]。こうした理解は，トクヴィル以来のものであるが，パットナムも基本的には，アメリカ社会における市民共同体の伝統を，建国の父祖にあたるアングロ・サクソン系白人プロテスタント（WASP）のエートスとその実践に求めている[11]。またそのことから，社会関係資本の指標化に際して，参加の形態が他者との協調と結びついているかどうかを考慮する必要があるとして，自発的結社を構成員の連帯のあり方に応じて次のように類型化している。

血縁関係や人種，地縁など比較的均質な構成員からなる第一次結社は，社会的文化的な同質性の高さと日常的な対面関係（face to face）から堅固なメンバーシップを築き，「厚い信頼（thick trust）」を醸成する。だがその反面，外部に対しては閉鎖的で排他的になることもあるため，広義の社会的な連帯に負の効果を生じさせることもあるという。他方，第二次結社は，対面関係に基づく人的つながりから強いメンバーシップをもつのみならず，共通の理念や指導者という象徴的なつながりをもつことで社会的クリーヴィッジを架橋する包括的なネットワークを構築し，互酬性の期待によって維持される「薄い信頼（thin trust）」を醸成するため，社会関係資本の育成により大きく貢献するとされる。このことからパットナムは，同質性に基づく「結合型（bounding）」ではなく，より弱く，より薄いが，より横断的なつながりをもつことで社会の潤滑油となる「架橋型（bridging）」の社会関係資本の構築に期待を寄せるわけであるが，同時に，二種の結社・社会関係資本は二者択一的なものではなく相互に関連するという。両者の関係は，局面に応じて表出の度合いが異なるため，比較検討を通じて信頼や連帯の性質を知る必要があるとされる。二つのタイプの結社とは別に，象徴的つながりが第一義で，人的つながりが希薄な第三次結社も存在するが，これは社会関係資本の育成にあまり貢献しないとされる。しかしながら，これらの結社はいずれもアメリカ社会の主要な構成要素であり，それらが

社会生活を規定する限り，結社の変質と民主主義の関係を知ることが有用であるとパットナムは主張するのである[12]。

そこでパットナムは，結社の類型を念頭におきながら過去1世紀にわたるアメリカ社会の変化を調べた結果，1960年代を境に参加のトレンドと結社の性質が大きく変化したことを発見した。市民的関与の原型とされた政党活動への参加や投票率が低下する一方で，NPOをはじめとする多様な個別目的をもった小規模集団が噴出した事態は，市民参加の場にトレード・オフが生じたことを数値で示している。しかしこの事態は，より複雑な意味をもつものでもあった。なぜなら，こうした変化は，人々が他者との協働を前提とする広く組織化された共同体生活から退出し，個別利益の表出を目的とするシングル・イシュー集団への参加に比重を移したことを意味していたからである。新たに興隆した結社は，特殊利益を追求する点で結合型であるのみならず，第三次結社の性格を強く帯びていたため，総体としての社会関係資本は劣化を免れえなかった。

パットナムは，このような変化の原因を，①時間と財政的な圧力，②郊外化，長時間を要する通勤および都市のスプロール化，③テレビによる余暇時間の個人化，④世代による変化などに求めており，福祉国家や資本主義経済の進展といった制度的構造的な変化は直接的な要因ではないと結論づけている[13]。パットナムのこの議論には説得力があるが，問題がないわけではない。すなわち，パットナムは，社会関係資本を侵食した最大の犯人である世代交代を論じるうえで，市民的義務が啓発された革新主義時代に形成された価値や習慣をもつ戦前世代は，市民的徳を内面化しているがゆえに積極的な社会的関与の態度をもったが，戦後世代は前世代的な価値を共有せず，個人主義や物質主義的な価値を重視するがゆえに，公的な諸問題への関与よりも私的な関心に傾いたと述べている[14]。社会関係資本を構成する価値が変化することで市民的関与が後退するという理解は，パットナムの仮説に背くものではない。むしろ，*Making Democracy Work* の基本的な主張を継承している。ところが，*Bowling Alone* では，市民的徳という非公式の制度的制約が円滑に機能しなくなったのはなぜか，という問題を統計上確認される要因から論じるのみで，マクロな要素を捨象している嫌いがある。しかしながら，価値の変化を促したものが経済的な不確実性であることや，流動性の高まりやスプロール化の背後に産業資本主義化と

グローバル経済の進展があることを想定すれば，制度的構造的要因を捨象するのは早計であろう。

こうした観点から本稿では，以下において，民主主義の凋落と呼ばれる今日的な現象は，社会関係資本を潤沢にするはずであった市民的徳の実体的な変質によって引き起こされたという仮説を採用しながら，その変化を制度的構造的な要因と関連させて考察してみたい。

3　「心の習慣」とその変質

アメリカ社会において社会関係資本の蓄積に貢献するとされる白人中流のヒアリングを通じて，戦後社会の変質を指摘した渡辺靖は，調査対象者の多くが白人中流の「道徳的権威と社会的正当性の基盤を成していた，自分達の『居場所』に対する歴史的・地理的感覚の希薄化と脆弱化」を実感していることに着目し，「かつて社会的な関係と象徴の厚い網の目の中に編み込まれていた，集合的な『記憶』や『伝統』は求心力を失い，それは転じて，人々がますます目の前の生活に没頭するようになっていった[15]」ことを明らかにした。渡辺の指摘にある伝統的なコミュニティの動揺と個人主義の台頭は，社会関係資本の変質を知るうえで欠かせない問題である。そこでその原因を建国期にまで遡って確認しておこう。

入植の過程で形成された伝統的なコミュニティとは，地理的に閉ざされた空間のなかで，相互に結びついた家族間のネットワークを核とする社会的な相互依存関係の場であった。ただしそれは単なる集合体ではなく，構成員に「心の習慣」を体得させ，かつ実践させる場であった[16]。構成員は，そこでの生活を通じて，組織，民族，宗教，家系といった同質性と歴史的継続性を内面化させるとともに，道徳的権威を遵守しながら一般化された互酬性を維持するために積極的な社会的関与を行う存在であった[17]。

こうした理解は，トクヴィルの見た共和主義的伝統をもつコミュニティと合致するわけであるが，そこで語られた宗教倫理と市民としての権利義務を重んじる自立的市民の像は，実態と乖離したものではなかった。南北戦争以前のアメリカは，産業基盤を農業においており，その社会生活は地理的に分散したコミュニティで営まれていた。社会機能が未分化な状態にあるコミュニティの生活は，経済的な相互依存関係を前提としており，公的生活と私的生活の区分は曖昧で，日常的な交流が自治を発展させた。だ

がそうした特性は，19世紀後半に顕著となった大規模な構造転換によって蝕まれた。

　南北戦争に続く急速な西部開拓とそれを支えた交通・通信革命および産業革命は，半自律的であった地域社会の多くを全国市場へと引きずり出し，経済活動をコミュニティから切り離しつつあった。市場経済の担い手たる企業は，専門化の原則に基づいて機能的に分化された大組織であり，消費と生産の場を明確に区分した。その結果，経済的共同体としての家族やコミュニティは公的領域と私的領域とに分断され，経済活動は自由競争を前提とする市場の中で自己利益の最大化を目指す功利的個人主義的な性質を帯びるようになった[18]。これに加え，協働を前提とした労働は科学的管理の名のもとに単純化・専門化・標準化され，過度の個人化と非人格化が惹起されることで連帯は著しく阻害された。

　このように産業化の進展は共和主義的伝統を切り崩しつつあったが，それがすべてのコミュニティを破壊したわけではなく，副次的には新たなコミュニティを生み出しもした。産業化にともなう労働市場の拡大は大量の移民を吸収し，全米人口の14.7%（1890年）が外国生まれという人口構成上の変化をもたらした。新規移民の62%は工場労働者として都市部に居住し，その多くはエスニック集団別のコロニーで生活した。出身国の伝統に自らのアイデンティティを重ねる共同体の生活は連帯意識を高めはしたが，そうした結束は，経済的に低い地位しか与えられない自集団の利益を擁護するためにもたらされたものでもあり，目的を果たすためには圧力活動も辞さないという対抗的な態度に繋がることも多かった[19]。1880年代後半から90年代にかけて流入した欧州移民の多くは，カトリックやユダヤ教を信奉したことから，WASPを中心とする先住国民との間に文化的宗教的な対立を生じさせ，激しい移民排斥運動をもたらした[20]。社会不安を懸念した連邦政府は1924年に移民法を制定し，アングロ・サクソン系を中心とする社会秩序の回復に努めたわけであるが，ここにも大きな構造変化と自発的結社の変質とが示されている。

　ジョン・ロックに由来する建国理念を確立したアメリカでは，政府の介入を必要最小限にとどめるべきだとする認識が強かった。しかしながら，19世紀後半の経済的社会的な構造変化は，行政の機能を拡大させ，あらゆる問題に国家が介入し，統制する規制国家という側面を強化した。専門的

に機能分化された官僚機構からなる連邦組織の巨大ネットワークは，ニュー・ディール期にその体裁を整え，ありとあらゆる政策を実施するようになった。そのことは，自己利益の実現や社会問題の解決を地元の政治家に求めるといったパトロネイジ的な関係の有効性を著しく低下させ，連邦政府への期待を強めるようになった[21]。その結果，市民の政治的関与の形態は，コミュニティを基盤とするものから連邦政府への圧力活動を範疇に収めた広範囲なものへと変質した。換言すれば，政治制度や社会構造の変化が自発的結社のアイデンティティや組織形態およびその戦略に修正を迫ったことで，自発的結社の第一義的な目的は，自集団を政治状況に適合させ，政府から利益を引き出すことになってしまったのである[22]。排斥の対象とされたエスニック集団は，プロテスタント結社や土着の支配的な結社を模倣して自集団を刷新し，自分たちが善き市民であり，善きアメリカ人であることを強調することで共存を図ろうとした。これは本来WASP中産階級がもっていたコミュニティが新規の移民集団に，転態されつつ継承されていったものといえるだろう。

　ところがこの善き市民，善きアメリカ人という自己定義は，20世紀初頭の構造転換に直面したアメリカ社会のディレンマを象徴するものでもあった。産業資本主義の発展に起因する個人主義の台頭や，都市化と産業化を基盤とする行政機構の官僚主義化により，共和主義的伝統をもつコミュニティは徐々に蝕まれ，連帯を保証する場としての機能を失いつつあった。同時代を生きたジョン・デューイは，産業社会と市場で構成された「巨大な社会（Great Society）」は，連帯と協働からなる社会を原子化された個人に解体し，公衆を消滅させると警告した。というのも，個人主義の台頭は，公共生活を支える公衆を自己中心的な利益に囚われた視野の狭い存在に転じさせるのみならず，細分化された利益集団の一人として拡散し，私生活に埋没させる一方で，公衆から切り離された「国家（The State）」の独り歩きを許すものでしかなかったからである。機能不全に陥ったコミュニティを再生し，公衆を復権させるためには，新たな時代に即した公共精神を鼓舞する開放的かつ「偉大な共同体（Great Community）」へ舵を取る必要があるとしたデューイの主張は[23]，革新主義時代のアメリカが直面した構造転換に対処するうえで不可欠な方策であった。

　同様の指摘は，アメリカ国民がかつてもっていた本能的な同質性の代わ

りに，自覚的な社会理想にあたる，卓越した建設的な国家目的をもつ必要があるとするハーバート・クローリーによってもなされているが，同時に彼は多様性への配慮と構造的不平等の是正を欠けば，新たな社会とその安定は築けないとも主張していた[24]。しかし現実は，クローリーらの想像した「高度に社会化された民主主義」と著しく乖離するものであった。

4　アメリカニズムの限界と公共性の危機

　市場の失敗に対処すべくニュー・ディールを契機に福祉国家化したアメリカで強化されたのは，皮肉にも公正な手続きと個人の平等な権利を尊重するリベラリズムの論理であった。ここで想定される個人は，道徳的・市民的紐帯を負荷されない自由に選択する独立した存在であり，政府は競合する善き生の構想に関しては中立を保持し，個人が自己の目的を選択し追及できるような権利の枠組みを構築し，保障することが主たる機能とされた[25]。遵守すべきことは，個別性とは対極的な一般性と平等な処遇を保証する普遍性であり，市民の特殊かつ多様なアイデンティティともいえる「差異」についての配慮は軽視され，平等は同質性に矮小化された[26]。

　革新主義時代に展開されたアメリカ化運動はその最たる例であるが，そこでは，エスニック・マイノリティをWASP的価値のもとで一元的に統合し，それを実践させることが目的とされ，同質的な「善きアメリカ人」になることが強要された[27]。時を同じくして勃発した二つの大戦は，この傾向に拍車をかけた。国内統合を高めることで国家の危機に対処したい連邦政府は，地理的に分断された南北や様々なエスニック集団を架橋した。排斥を憂えるエスニック集団にしてみれば，連邦政府とパートナーシップを築くことは自組織を有利にすることから，WASP的な結社であることに努めた。このように，戦争は多数のアメリカ人に市民としての積極的参加を促す一方で，集団間の対立を周辺に押しやり，比較的均質で連邦制度を模した「アメリカ的」な結社への転換を助長した[28]。その意味で，アメリカ社会は戦争を契機に架橋型の社会関係資本を築いたともいえるが，その裏に同質性の強要と組織利益の実現という結合型の側面が並存していたことも否めない。古矢旬がアメリカ社会における同化を「社会経済的に個人の集団からの実質的離脱をおしすすめ，より広範な国民社会への同化をうながすことをとおして統合を達成しようというスキーム」と表現し，「多元的

諸集団の文化的個別性や差異をこえて個人によって獲得される普遍的な『自由，平等，機会』への開放性を，人はあるいは『アメリカ的信条』とよび，あるいは『アメリカ的普遍主義』とよぶ」としたのは[29]，この問題を端的に表している。

だがそうしたアメリカ的普遍主義は，新たな統合をもたらす求心力になりえなかった。否，むしろ戦後アメリカ社会が経済大国としての地位を得，社会福祉制度を実現させたことによって，事態は一層深刻化した。アメリカ化運動の理想とされたアメリカ的生活は，誰しもが経済的上昇の機会をもち，中産階級的生活を営むことができるという功利的個人主義の論理に取って代わられており，リベラリズムの論理は，コミュニティに残存した社会的紐帯を破壊することで，過度の個人主義を助長することはあっても，それを再構築することはなかったからである。

実際問題として，社会階層を上昇する機会を等しく得た諸個人は，成功を求めて機会の均等と結果の不平等に特徴づけられた競争社会を勝ち抜くことに専念し，階梯を登るために転職と移動を繰り返すことで社会との結びつきを不確かなものにした。客観性，効率性，機能性が支配する世界の社会関係は不可視的で抽象的なものであり，個人にとってのリアリティは，歴史的文化的文脈から切り離され，断片化された負荷なき自己にすぎず，そのなかでは経済的・官僚制的な世界の純粋に契約的な構造に基づく親密さと手続き的な協力関係しか構築できない[30]。不透明さと高度の空間的流動性に曝された個人は，アイデンティティとしての居場所感覚を失い，空虚な自己に襲われる。そこで個人は，内面的な追求に焦点を当て，愛や人間的感情や深い自己の表現を重視する「表現的個人主義」という新たな論理を見出すことになる[31]。しかし，そこには，絶対的価値や堅い道徳的義務は存在しない。個人は自己の欲求を最大限に満たし，自己の衝動を最大限に表現できるものを選択することになる。つまり，ここで重視される基準は，「善くある」ことではなく，「いい感じ」であることであり，個人がいずれの公的・集団的価値を遵守するかという問題もまた実利的な計算に基づいてなされることになる[32]。

戦後急速に発展した郊外での生活は，その好例といえる。というのも，飽くなき競争を強いられる功利主義的な仕事の世界に疲れた個人は，「好ましからざるもの」だらけの環境を脱出し，同質性の高い相性の良い隣人

たちの友愛に包まれた空間で表現主義的な暮らしを営める私的な避難所（ライフスタイルの飛び地）をそこに見出したからである。だがそのことは，市民的徳を育成したはずのコミュニティを，互いに接触するが深く交わることのない小さな世界の集合体に変質させるという皮肉な結果をもたらした[33]。功利的・表現的個人主義の論理が席巻する中，家族や宗教生活が道徳を復権させる砦と目されている。しかし，現況はそれを許すほど単純なものではない。

　コミュニティが機能した時代の家族は，市民的徳を教える第一義的な場であった。そのことは時に親子関係を権威的なものにしたが，伝統を再生産し，血縁に基づく大家族を機軸とする相互依存関係を築き上げ，地域社会に貢献する態度を継承させた。ところがそうした機能もまた，戦後期に変化を余儀なくされた。親子関係の民主化により，両親は子どもの独立独行を尊重し，対等な関係を築くことが理想とされる一方で，核家族化にともなう子育ての親密化により家族は愛情で結ばれた小宇宙と化した。功利的・表現的個人主義の侵入によって道徳的権威が弱められた状況のもとでは，子どもに価値を教え込むという親の義務の遂行は難しく，「躾」と「押しつけ」の区分はより曖昧で，主観的なものにならざるをえなくなっている[34]。構造転換にともなう理念の変化によって，個人の行為を公共の利益と両立させうる，正しく捉え直された私的利益の実現を目指すように方向づけられなくなっているというディレンマは，道徳的権威と考えられる宗教にも及んでいる[35]。なぜなら，宗教生活もまた他の結社と同様に，心地よさを感じる限りにおいて参加し，魅力を失えば退出するという利得計算から選択されるものの一つとなっているからである。

　個人の側にしてみれば，功利的・表現的個人主義の論理が支配的な状況で，包括的な社会利益を見出すことは難しく，個別の特殊利益を表出する結合型の結社に参加することで，自己利益の実現に努めることが合理的な選択だといえる。1960年代のシングル・イシュー集団の噴出は，こうした状況の反映であり，第二次結社を一層衰退させた[36]。そしてそのことは，アメリカ社会から社会関係資本を醸成する場を奪い，利益多元主義的な原理が支配する闘技場としての性質を強化させたのである。だがそうした事態は，価値の変質によってのみもたらされたわけではない。1930年代以降の連邦政府の拡大という制度変化によっても助長されたのである。

諸問題の解決が連邦政府によってなされるという現実は，自発的結社の活動領域の比重を地域から連邦に移行させたが，立法司法行政の開放性と一般市民からの接近可能性が飛躍的に高まった60年代には，自発的結社の活動内容と戦略そのものを変質させた[37]。専門的に高度に機能分化された連邦政府との交渉を通じて利益を実現するためには，結社自身も特殊専門化する必要があった。このことから，結社の運営は専門家と専従スタッフに委ねられ，効果的な争点化を行うにたる支持が得られる範囲内で動員が図られるようになった[38]。長期的な関与と連帯に基づくメンバーシップの育成が軽視されたことで匿名化された個人は，参加の動機を功利的・表現的個人主義の論理に求めるようになり，社会関係資本の醸成はますます阻まれた。ＤＭと小切手に象徴される場当たり的な関係を前提とする政策提唱型の第三次結社によって公共政策が形成されている現況を考慮すれば，参加が信頼を醸成するというパットナムの命題をそのまま支持するわけにはいかない。「市民参加の多くは，信頼を生みもしないし消費もしない（略）信頼と市民参加に有意な関係がある場合，その因果関係は，信頼から市民参加へ，というのがほとんどであり，その逆ではない[39]」として，「大きな社会的目的」をもった信頼を欠いたままで社会関係資本を蓄積することは難しいとするエリック・M・アスレイナーの指摘は[40]，こうした事態を的確に射抜いたものであり，社会関係資本の醸成はそれを支える理念によっても左右されるという本稿の主張を裏づけるものといえよう。

　総じて見れば，1960年代以降のアメリカ社会は，架橋型の結社活動を停滞させる一方で，個別利益の実現に専念する結合型の第三次結社の活動を急増させ，そのことが社会的紐帯を弱め，利益多元主義的な様相を強めたといえる。こうした事態は，リベラリズムの論理を尊重する連邦政府が，多元主義的民主主義を実現する参加の経路を制度化したことによって強化された。だがそのことは，社会関係資本を衰退させ，ローカルなレベルでの共和主義的民主主義の伝統を危機的な状況にまで陥れている。リベラリズムと共和主義的民主主義の相克は，建国史を遡れば，幾度となく見出せる。ところが，それがリベラリズムの勝利に帰着した60年代以降のアメリカ社会は，アメリカ的普遍主義が唱導されればされるほどに社会的連帯と統合が蝕まれるという病理に悩まされている。

　公民権運動を契機とする多文化主義の台頭は，その典型的な例であるが，

価値の平等化とそれを享受する機会を等しく認めるべきだとする主張は文化闘争の様相を呈し，国内の分裂と混迷を深める結果となった[41]。社会的統合が損なわれ続けることに対する憂慮は，レーガン政権以降，新保守主義者の間で幾度となく示され，WASP的な道徳観を再確認することで旧来的な市民社会を活性化させる方策が掲げられた[42]。だがこうした復古的な施策が有効に機能する可能性は極めて低い。移民に対して開かれた国であり続けたアメリカ社会の寛容性は，アメリカ的普遍主義を浸透させる一方で，価値の多様性を許容してきた。そのことは，WASP的価値を相対化させ，時には変化を生じさせもしたからである[43]。この点を考慮せずに再び支配的な価値を付与すれば，価値をめぐる対立が一層激化し，国内不安は高まるばかりであろう。皮肉にもリベラリズムを体現したアメリカの多元主義社会は，そうした紛争を可能にする土壌を兼ね備えている。

それでは，社会的な分裂や対立を回避し，統一を確保する手段はどこに見出せるのであろうか。この問題に答えることは容易ではないが，アメリカ社会が見出した答えの一つは，対外的な危機感を強めることでアメリカ的普遍主義の大義を掲げることにあったように思われる。9・11直後の異様なまでのナショナリズムの高まりはつまるところ，これを裏づけるものにほかならない。しかしそれは，国内の矛盾を解消するために「帝国」の道を選択することでしかなく，それは民主主義の名のもとで価値の多元性を否定する暴力的同質化に通ずる[44]。2004年の大統領選挙では，アメリカ国内の分裂が南北戦争やニュー・ディール期にも匹敵するほど明確になったといわれるが，これは価値の多元性を過剰な危機感と旧いWASPクリードに基づく愛国主義によって凍結しようとする力と，これに対する反発の表現にほかならなかった。ここに今日のアメリカン・デモクラシーのディレンマの深さをみることができるのではないだろうか。

おわりに

誇大なアメリカ普遍主義と表現主義的・ナルシシスト的な個人主義，そして紛争を伴うエスニックな多文化主義の間を揺れ動き，社会関係資本の蓄積をとめどもなく失った戦後のアメリカ社会の趨勢を，社会関係資本の衰弱＝デモクラシーの危機と捉えたパットナムは，正鵠を射た大局観を示したといえる。しかしその過程は，本稿で考察したように，アメリカにお

ける社会関係資本の実体・価値内容の変質・転態が複雑に織り込まれたものであった。この点に鑑みれば，復古的な方途から道徳的秩序とコミュニティの再生を求めても，建設的な打開策は見出せないように思われる。なぜなら，産業化や福祉国家の進展とともに，アメリカの政治的経済的社会的構造はリベラリズムの論理を表出するものへと転じ，それを体現する諸制度は市民共同体の機能を著しく阻害しているからである。

産業資本主義の弊害に対処した「大きな政府」も，政府の失敗を是正する「小さな政府」も，それがリベラリズムの論理を遵守する限り，社会関係資本を侵食するという現実は，事態の深刻さを表している。しかし，それを覆す方途がないわけではない。新たな制度の構築は，社会関係資本の蓄積と公式の制度のパフォーマンスとの間にある負の増幅的循環を断ち切り，民主主義を再活性化させる可能性をもつからである。それでは，社会関係資本の新たな形成を条件づける制度は，どのように設計されるべきなのであろうか。

民主主義の復権が焦眉の急とされるアメリカでは，多くの論者がその答えを見出そうと努めている。「民主主義とは注意を払うことである」とするベラーらは，現行の制度が搾取の行動様式を助長するものであることを批判し，他者への注意と配慮からなる相互信頼と市民的責任をともなう道徳的裏づけのある制度改革をすることによって，共同善と長期的展望に目を向けた市民の道徳的議論が恒常的になされる環境を整える必要があるとしている[45]。同様のことは，パットナムによっても指摘されている。パットナムは，若者と学校，職場，都市とメトロポリス地域のデザイン，宗教，芸術と文化，政治と政府という6つの要素が社会関係資本を再び増大させる鍵であるとして，関与と連帯を活性化させる空間の創造と他者への信頼と寛容を育む道徳的義務の再構築を求めている。彼は，「より多くのアメリカ人がコミュニティの公的生活に参加するためには，平等と再分配の負の効果を相殺するような制度設計を心がけながら分権化を推進する必要がある[46]」といった提言をしているが，こうした主張に，文化構造に潜在化した市民共同体の特性を顕在化しうる制度を創出することで社会関係資本の育成を助長し，民主主義のパフォーマンスを高めようとする意図を見出すこともできる。制度が社会関係資本を醸成するという因果関係は，欧州諸国を取り扱ったピーター・A・ホールやクラウス・オッフェらの事例研

究からも支持されており47，制度が民主主義を再活性化させる鍵となるという本稿の指摘もあながち間違いとはいえないであろう。

以上，本稿では，パットナムの理論を援用しながら，アメリカ社会における民主主義の凋落について一考察を加えてみた。では，我々はここから何を学ぶことができるのであろうか。「はじめに」で指摘したように，民主主義の凋落はアメリカ社会に限ったものではなく，先進国の多くが直面している問題であり，日本もその例外ではない。政治不信や凶悪犯罪の増加など，民主主義や社会的統合の危機は，枚挙に遑がないほどに高まっている。なかでもコミュニティの崩壊は深刻であり，いかなる未来社会を望むべきか，が各方面で問われている。だがその一方で，参画と協働に基づく新たな公共空間の創出が，地方自治体のなかで試みられていることも事実である。1990年代以降の分権改革や小泉政権下の三位一体改革は，そうした動きを加速させており，住民参加を制度的に保障するような改革も進められている。こうした試みは，いずれも社会関係資本を潤沢にする契機となりうるものであり，今後の動向に期待が寄せられる。だが事態を楽観することはできない。社会関係資本の増大には，細心の制度設計が要請される。というのも，社会関係資本の増減は政治的経済的社会的な制度構造と深く関連しており，包括的な視座を欠いてはその蓄積が困難だからである。この点からすれば，現代の日本社会は，民主主義をよりよく機能させる制度を創出できるかどうかという岐路に立たされているのかもしれない。こうした課題に応えるためには，制度が機能する構造的要因にまで射程を拡げて，そのあり方を問う必要があるといえよう。それでは，分権改革の時代に求められる制度設計の問題とは如何なるものであろうか。この点を具体的に検討することが今後の課題であろう。

（1） Robert D. Putnam, *Making Democracy Work: Civic Traditions in Italy*, (Princeton, N.J.: Princeton University Press, 1993), p. 185.［河田潤一訳『哲学する民主主義―伝統と改革の市民的構造』ＮＴＴ出版，2001年。］
（2） パットナムの議論について批判的考察を加えた邦文研究としては，鹿毛利枝子「『ソーシャル・キャピタル』をめぐる研究動向―アメリカ社会科学における三つの『ソーシャル・キャピタル』（1）（2・完）」『法学論叢』151巻3号，2002年，152巻1号，2002年，坂本治也「パットナム社会資本論の意義と課題―共同性回復のための新たなる試み」『阪大法学』52

巻5号，2003年，「社会関係資本の二つの『原型』とその含意」『阪大法学』53巻6号，2004年，宮川公男「ソーシャル・キャピタル論の背景と基礎」『麗澤経済研究』11巻1号，2003年，などが挙げられる。
(3)　Putnam, *Making Democracy Work*, p. 3.
(4)　Ibid., pp. 98-99.
(5)　Ibid., p. 157.
(6)　Ibid., p. 167.
(7)　Ibid., p. 182.
(8)　Ibid., p. 8.
(9)　Douglass C. North, Institutions, *Institutional Change and Economic Preference*, (Cambridge: Cambridge University Press, 1990), p. 6, pp. 36-45 & pp. 137-138.
(10)　Putnam, *Making Democracy Work*, pp. 89-90.
(11)　この指摘は，パットナムが市民共同体の定義の多くをトクヴィルに依拠している点からも支持されよう。Putnam, *Making Democracy Work*, pp. 86-91.
(12)　Robert D. Putnam, B*owling Alone: The Collapse and Revival of American Community* (Simon & Schuster, 2000), pp. 22-24, 52-53 & 136-137. ; Robert D. Putnam ed, *Democracies in Flux: The Evolution of Social Capital in Contemporary Society* (New York: Oxford University Press, 2002), Introduction.
(13)　Putnam, *Bowling Alone*, pp. 281-284 & 413.
(14)　Ibid., pp. 272-276.
(15)　渡辺靖『アフター・アメリカ―ボストニアンの軌跡と〈文化の政治学〉』慶應義塾大学出版会，2004年，239-240頁。
(16)　ロバート・N・ベラー編著，島薗進・中村圭志訳『心の習慣―アメリカ個人主義のゆくえ』みすず書房，1991年，165頁。
(17)　渡辺，前掲，88・156頁。
(18)　ベラー（1991年）48-53頁。
(19)　ジョン・ハイアム，斎藤眞・阿部齋・古矢旬訳『自由の女神のもとへ―移民とエスニシティ』平凡社，1994年，34，42-44頁。
(20)　ハイアム，前掲，69-70頁。
(21)　ロバート・N・ベラー編著，中村圭志訳『善い社会―道徳的エコロジーの制度論』みすず書房，2000年，135-136頁，渡辺，前掲，178頁。
(22)　Theda Skocpol, "How Americans Became Civic," in Theda Skocpol & Morris P. Fiorina eds., *Civic Engagement in American Democracy* (Washington, D.C.: Brooking Institution Press, 1999), pp. 47-49 & 56-57.
(23)　ジョン・デューイ，阿部斎訳『現代政治の基礎』みすず書房，1969年，

151-159頁。
(24) Herbert Croly, *The Promise of American Life* (New York; Capricon Books, 1964), pp. 23-25 & 139.
(25) マイケル・J・サンデル，中野剛充訳「公共哲学を求めて——満たされざる民主主義」『思想』904号，1999年10月，40-41頁。
(26) アイリス・M・ヤング，施光恒訳「政治体と集団の差異——普遍的シティズンシップの理念に対する批判」『思想』867号，1996年9月，99-100頁。
(27) 松本悠子「アメリカ人であること・アメリカ人にすること——20世紀初頭の『アメリカ化』運動におけるジェンダー・階級・人種」『思想』884号，1998年2月。
(28) Theda Skocpol, "How Americans Became Civic," pp. 59-60; *Diminished Democracy: From Membership to Management in American Civic Life* (Norman: University of Oklahoma Press, 2003), pp. 113-117.
(29) 古矢旬『アメリカニズム——「普遍国家」のナショナリズム』東京大学出版会，2002年，166-167頁。
(30) ベラー（1991年）155・175頁，渡辺，前掲，273頁。
(31) ベラー（1991年）39頁。
(32) ベラー（1991年）92頁。
(33) ベラー（1991年）216・218・394頁。
(34) 渡辺，前掲，114-122・230頁。
(35) ベラー（2000年）215-216頁。
(36) この問題については，Skocpol & Fiorina eds., *Civic Engagement in American Democracy*, 第三部に詳しい。
(37) Morris P. Fiorina, "Extreme Voices: A Dark Side of Civic Engagement," in *Civic Engagement in American Democracy*, pp. 406-47.
(38) Theda Skocpol, "Advocates without Members: The Recent Transformation of American Civic Life," in *Civic Engagement in American Democracy*, p. 492.
(39) エリック・M・アスレイナー「知識社会における信頼」宮川公男・大守隆編『ソーシャル・キャピタル——現代経済社会のガバナンスの基礎』東洋経済新報社，2004年，131頁。
(40) アスレイナー，148-149頁。
(41) 中村（笹本）雅子「多文化教育と『差異の政治』」『教育学研究』第64巻第3号，1997年9月，281-284頁。; Ira Katznelson and Margaret Weir, *Schooling for All: Class, Race, and the Decline of the Democratic Ideal* (New York: Basic Books, 1985).
(42) たとえば，サミュエル・ハンチントン，鈴木主税訳『分断されるアメ

リカーナショナル・アイデンティティの危機』集英社，2004年，12-14頁など。
(43) 移民と国家のアイデンティティについては，ユルゲン・ハーバーマス「民主的立憲国家における承認への闘争」（エイミー・ガットマン編著，佐々木毅・辻康夫・向山恭一訳『マルチカルチュラリズム』岩波書店，1996年）を参照した。
(44) 藤原帰一『デモクラシーの帝国－アメリカ・戦争・現代世界』岩波書店，2002年，149－150・190-192頁。
(45) ベラー（2000年）285-293頁。
(46) Putnam, *Bowling Alone*, pp. 412-413.
(47) Peter A. Hall, "Great Britain: The Role of Government and the Distribution of Social Capital"; Claus Offe and Susanne Fuchs, "A Decline of Social Capital?: The German Case," in *Democracies in Flux*.

2004年 学 界 展 望

日本政治学会文献委員会

政治学・政治理論　現実政治の変化と共に，政治学ないし政治学者の問題意識も変化しつつあることを感じさせる成果が次々と発表された一年であったように思われる。篠原一『**市民の政治学——討議デモクラシーとは何か**』（岩波書店）に代表されるように，民主主義，市民社会，社会関係資本，公共性，福祉国家，人権，ジェンダー，環境，新しい社会運動，グローバル化などが相互に関連性をもつテーマとして取り扱われている。

このような議論が世代を超えてみられるという点では，畑山敏夫・丸山仁編『**現代政治のパースペクティブ——欧州の経験に学ぶ**』（法律文化社）も注目に値する。熟議民主主義の可能性を論じた田村哲樹「民主主義の新しい可能性——熟議民主主義の多元的深化に向かって」，環境政治と民主主義の問題を熟議民主主義に言及しながら検討した丸山仁「環境政治の新世紀へ——グリーン・ポリティクスの方へ」では，deliberative democracy論を展開している。

民主主義そのものを論じたものとしては，さらに，岡﨑晴輝『**与えあいのデモクラシー——ホネットからフロムへ**』（勁草書房），山田竜作『**大衆社会とデモクラシー——大衆・階級・市民**』（風行社），遠藤雅己「デモクラシー研究の現在——コンセンサス形成型から審議重視型へ」（『神戸国際大学経済文化研究所年報』13号），ファリード・ザカリア（中谷和男訳）『**民主主義の未来——リベラリズムか独裁か拝金主義か**』（阪急コミュニケーションズ）などがある。

民主主義に関する議論と市民社会とを結びつける視点も欠かすことはできない。岩崎美紀子「デモクラシーと市民社会」（神野直彦・澤井安勇編『ソーシャル・ガバナンス——新しい分権・市民社会の構図』東洋経済新報社）は，ガバナンス論という点から民主主義と市民社会とを論じている。他にも，千葉眞「立憲主義の危機と市民政治の将来」（『法律時報』76巻7号），川原彰「現代市民社会論の構造と課題——『現代市民政治論』刊行に寄せて」（『中央大学社会科学研究所年報』8号），同「大西洋文明における革命的伝統とその失われた宝——アレントの《革命》パラダイムと現代市民社会論」（中央大学『法学新報』111巻1・2号）などもある。

市民社会を論じる際には，集団の存在に注目することが多いが，辻中豊・廉載鎬編『〔現代世界の市民社会・利益団体研究叢書II〕現代韓国の市民社会

・利益団体——日韓比較による体制移行の研究』（木鐸社）は共同研究シリーズの一部をなす労作であり，日韓の利益団体の比較に重点を置いている。それ以外に，形野清貴「現代アソシエーション論に関する一試論」（『大阪経済法科大学法学論集』60号）は，利益団体研究の系譜をたどりつつ，アソシエーションと市民社会との関係を論じている。集団に関しては，桐谷仁「ネオ・コーポラティズム論における制度と行為の問題——調整行為・集中化・集権化・適用範囲の諸概念とインサイダー対アウトサイダーの観点」（静岡大学『法政研究』8巻3・4号）も挙げることができる。

近年，政治学をはじめとする社会科学の諸分野で急速に脚光を浴びている「社会関係資本」についても，さまざまな成果が発表された。「社会関係資本」の代表的な論者であるロバート・D・パットナム（坂本治也・山内冨美訳）「ひとりでボウリングをする——アメリカにおけるソーシャル・キャピタルの減退」（宮川公男・大守隆編『ソーシャル・キャピタル——現代経済社会のガバナンスの基礎』東洋経済新報社）は今や当該分野のみならず，現代政治学の必読文献の一つだといっても過言ではないだろう。

社会関係資本という概念を正面から検討したものとしては，坂本治也「社会関係資本の二つの『原型』とその含意」（『阪大法学』53巻6号）がある。同論文は，社会関係資本の概念史と最新の研究動向までを詳細に追っている。**荒木義修**「政治参加と市民性・社会資本（1）——人はなぜ投票所に出かけるのか」（『松坂大学・地域社会研究所報』16号）は，選挙の際の投票率に注目し，実証的に検討している。上野眞也「ソーシャルキャピタルと過疎地域政策」（岩岡中正・伊藤洋典編『「地域公共圏」の政治学』ナカニシヤ出版）は，過疎地域に焦点を向けて，社会関係資本を分析している。

民主主義，市民社会，社会関係資本などとも相互に関連性をもつのは，公共性や公共哲学をめぐる議論である。宇佐美誠「公共性の構図・序説」（『早稲田政治経済学雑誌』357号）は，公共性とは何かを正面に据えて議論を行っている。同「将来世代・自我・共同体」（一橋大経済研究所『経済研究』55巻1号）も併せて注目したい。山脇直司『公共哲学とは何か』（筑摩書房）は，古代都市国家から現代に至るまでの公共哲学をたどりながら，体系的に議論を進めている。

『公共哲学』シリーズの第II期全5巻が刊行されたが，なかでも，政治学に関連するのは，西尾勝・小林正弥・金泰昌編『〔公共哲学11〕自治から考える公共性』（東京大学出版会）と小林良彰・金泰昌編『〔公共哲学14〕リーダーシップから考える公共性』（東京大学出版会）である。『公共哲学11』では，篠原一「近代の変容と市民的公共性」や松下圭一「公共概念の転換と都市型社会」において，「文明史・巨視的な視点」から公共性に関する問題の歴史的な変容が論じられている。『公共哲学14』では，小林正弥「恩顧主義

的リーダーシップと公共主義的リーダーシップ」などがある。さらに，同「福祉公共哲学をめぐる方法論的対立——コミュニタリアニズム的観点から」(塩野谷祐一・鈴村興太郎・後藤玲子編『福祉の公共哲学』東京大学出版会) もある。

また，**田村哲樹**「熟議民主主義とベーシック・インカム——福祉国家『以後』における『公共性』という観点から」(『早稲田政治経済学雑誌』357号) は，熟議民主主義を論じているが，議論の対象となっているのは，福祉国家以後の公共性であり，まさに相互に関連性をもつ新しいテーマを取り扱っているという点で興味深い。

福祉国家に関連する業績も数多く発表されている。〔講座福祉国家〕では，アジア諸国の状況を説明した**大沢真理編『〔講座福祉国家4〕アジア諸国の福祉戦略』**(ミネルヴァ書房) と，福祉国家と国民国家という点から社会的連帯の枠組みを問い直した**齋藤純一編『〔講座福祉国家5〕福祉国家／社会的連帯の理由』**(ミネルヴァ書房) が刊行された。さらに，**新川敏光・ジュリアーノ・ボノーリ編**（新川敏光監訳）**『〔ガヴァナンス叢書①〕年金改革の比較政治学——経路依存性と非難回避』**(ミネルヴァ書房) は，主に年金改革に焦点を当てており，福祉国家論という文脈で捉えることも可能である。

さらに，グローバル化時代の福祉国家について考察した**野田昌吾**「大量失業時代の福祉国家——福祉国家再構築のための課題」(立命館大学『政策科学』11巻3号) や，従来の福祉国家が抱える問題点を整理し，福祉国家と政治とのかかわりを検討した**渡辺博明**「福祉国家は終わったのか——福祉と政治の関係を問い直す」(畑山敏夫・丸山仁編『現代政治のパースペクティブ——欧州の経験に学ぶ』法律文化社)，地方自治体における高齢者福祉に関して詳細に検討を行った**小林良彰・名取良太『地方分権と高齢者福祉——地方自治の展開過程』**(慶應義塾大学出版会) を挙げることができる。また，**結城康博『これからの介護保険を考える』**(本の泉社) もある。

それ以外にも，新しい視点からの研究成果として，人権については，**宇佐美誠**「過去を繕う——人権侵害補償の道徳的機能」(『中京法学』39巻1・2号)，**施光恒・唐津理恵** "A conception of human rights based on Japanese culture: promoting cross-cultural debates," *Journal of Human Rights*, Vol. 3, No. 3がある。ジェンダーについては，**堀江孝司**「ジェンダーと政治——男の政治を変える」(畑山敏夫・丸山仁編『現代政治のパースペクティブ——欧州の経験に学ぶ』法律文化社)，**田村哲樹**「政治学とジェンダー」(松本伊瑳子・金井篤子編『ジェンダーを科学する——男女共同参画社会を実現するために』ナカニシヤ出版)，**大海篤子**「政治学とジェンダー——国家学から『知の組み換え』へ」(『国際ジェンダー学会誌』2号) がある。

グローバル化をめぐる議論としては，D・ヘルド／M・K・アーキブージ

編（中谷義和監訳）『グローバル化をどうとらえるか──ガヴァナンスの新地平』（法律文化社），伊藤恭彦「リベラリズムとグローバリゼーション──リベラルなコスモポリタンは可能か」（『思想』965号），グローバル化の時代におけるナショナリズムを論じたマルコム・アンダーソン（土倉莞爾・古田雅雄訳）『戦後ヨーロッパの国家とナショナリズム』（ナカニシヤ出版）などがある。また，猪口孝『「国民」意識とグローバリズム──政治文化の国際分析』（NTT出版）も国際世論調査の結果を分析したものであり，グローバル化時代の一側面を照射している。

その他のテーマを取り扱ったものとして，蒲島郁夫『戦後政治の軌跡──自民党システムの形成と変容』（岩波書店），橋本晃和『民意の主役──無党派層の研究』（中央公論新社），中村宏「占領下での『民主化』と日本の『従う政治文化』──丸山眞男の洞察を手がかりに」（『神戸学院法学』34巻1号），田口富久治「丸山眞男をめぐる最近の研究について」（立命館大学『政策科学』11巻3号），福永英雄「アクセス権・政策参画・当事者」（日本法政学会『法政論叢』40巻2号），福島新吾「私の政治学研究──警察・軍事一九四七──一九九八」（『専修大学法学研究所紀要』29号），木下真志「近年の政治学事情──公共政策学の進展からみる」（高知短期大学『社会科学論集』87号），森川友義 "'Machiavellian' Intelligence as a Basis for the Evolution of Cooperative Dispositions," *American Political Science Review*, Vol. 98, No. 1 や同 "Modeling Cognitive Evolution: A Reply to Stone," *Journal of Politics and the Life Sciences*, Vol. 22, No. 2 などがある。

事典や教科書についても，多種多様なものが発表された。猪口孝・大澤真幸・岡沢憲芙・山本吉宣・スティーブン・R・リード編『〔縮刷版〕政治学事典』（弘文堂）は，以前刊行された大型の事典を縮刷版にしたものである。政治学の入門的な書物としては，杉本稔編『政治の世界』（北樹出版）をはじめ，堀江湛編『政治学・行政学の基礎知識』（一藝社），内田満『政治をめざす人のための政治学十二章──名句に学ぶデモクラシー』（ブレーン出版）などがある。また，有賀誠・伊藤恭彦・松井暁編『現代規範理論入門──ポスト・リベラリズムの新展開』（ナカニシヤ出版），新川敏光・井戸正伸・宮本太郎・眞柄秀子『比較政治経済学』（有斐閣），加藤秀治郎・岩渕美克編『政治社会学』（一藝社），ドナルド・D・キンダー（加藤秀治郎・加藤祐子訳）『世論の政治心理学』（世界思想社），早川純貴・内海麻利・田丸大・大山礼子『政策過程論──「政策科学」への招待』（学陽書房），中島誠『立法学──序論・立法過程論』（法律文化社）などは，政治学の基本的な入門書というよりも専門科目の入門書といった色彩が濃い。

関連した翻訳書としては，ハンナ・アーレントの草稿をまとめたウルズラ・ルッツ編（佐藤和夫訳）『ハンナ・アーレント　政治とは何か』（岩波書店），

チャールズ・E・リンドブロム／エドワード・J・ウッドハウス（藪野祐三・案浦明子訳）『政策形成の過程——民主主義と公共性』（東京大学出版会）などを挙げることができる。

入門書でありながらも，政治学における計量分析の方法論を丁寧に解説した増山幹高・山田真裕『計量政治分析入門』（東京大学出版会）は本邦初ともいえる性格の書物である。参与観察による研究成果について検討を行った武田興欣「参与観察という手法——森脇俊雅著『アメリカ女性議員の誕生』・朴喆熙著『代議士のつくられ方』を通じて」（『レヴァイアサン』34号）や，同「質的・量的双方の手法を概観する政治学方法論教育の試み」（『選挙学会紀要』2号）は，政治学における方法論の問題を正面から取り扱った業績である。他にも，比較という方法については，小野耕二「比較政治学の新たな可能性——アジア諸国の政治をいかに比較するか」（『日本比較政治学会年報第6号 比較のなかの中国政治』早稲田大学出版部），大木啓介「比較の外延」（『尚美学園大学総合政策論集』創刊号）などに注目したい。さらに，比較そのものを企図した業績として，小林良彰・任爀伯編『日本と韓国における政治とガバナンス——変化と持続』（慶應義塾大学出版会），河野武司・岩崎正洋編『利益誘導政治——国際比較とメカニズム』（芦書房）がある。

最後に，加藤節『政治学を問いなおす』（筑摩書房）における「政治を対象とする学問が充たすべき最低限の条件が現実性と批判性とにある」という指摘は現実政治が大きく変化している今現在だからこそ，より一層の重みをもって受け止めることができるように思う。　　　　　　（文責　岩崎正洋）

政治過程　2004年には選挙や政党，議会をはじめとした研究諸領域で，例年同様，多くの業績が発表された。それらの業績は問題意識こそ多様であるものの，総じて政治過程の「変化」と「継続性」に焦点を当てながら，政治諸制度の改変がアクターの政治行動に与える影響を分析したものが多かった。制度と実態の関係を動態として捉える上で，極めて示唆に富む知見が多く提供された一年であったといえるだろう。

まず選挙制度に関しては，並立制導入後も制度改革時の目的は必ずしも実現されていないことを明らかにした小林良彰・亀真奈文「並立制下における投票行動の問題点」（『選挙学会紀要』第2号）や，現行制度の意義と問題点について言及した平野浩 "Split-ticket Voting under the Mixed Electoral System in Japan"（『選挙学会紀要』第2号），谷口将紀『現代日本の選挙政治 選挙制度改革を検証する』（東京大学出版会）等がある。また，小泉内閣の「特殊性」が選挙に与えた影響を分析したものとしては，池田謙一「2001年参議院選挙と「小泉効果」」（『選挙研究』19号），田中愛治 "Changes in Japanese Electoral Politics, 2003-2004: The Impact of Pension Reform or the Koizumi Effect ？", *Social Science Japan*, No29, 井田正道「自民党敗北の真因—参院選の結果から分析する—」(『改革者』第531号) 等が挙げられる。

川人貞史『選挙制度と政党システム』(木鐸社), 小林良彰「わが国における選挙研究の系譜と課題—1999年〜2003年—」(『日本政治研究』第1巻1号) では, これまでの選挙制度研究が精緻に整理・再検討され, 木下真志「投票行動研究再考」(『高知短期大学社会科学論集』第87号), 平野浩「政治・経済的変動と投票行動」(『日本政治研究』第1巻2号) では, 有権者の投票行動の変容が説明される。特に地方における有権者に焦点を絞った研究としては, 都市・地方有権者の意識変化が選挙に与える影響を分析した白鳥浩『都市対地方の政治学：日本政治の構造変動』(芦書房) や, 府県レベルの利益配分構造などから自治体の政治過程を分析した森本哲郎他『大都市圏における選挙・政党・政策—大阪都市圏を中心に—』(関西大学研究叢書), 白鳥浩「戦後沖縄における参議院選挙の研究：選挙データによる地方政治の自立性の検証」(法政大学『社会志林』第50巻3号) 等が鋭い分析を試みている。

また近年取り上げられることの多くなった電子投票に関しては, 岩崎正洋『電子投票』(日本経済評論社), 湯浅墾道「電子投票の諸問題」(『判例タイムズ』1169号) が, その可能性と限界について極めて興味深い言及をしている。

選挙の国際比較という視点から刊行された業績としては, 各国の統治機構と選挙の関係を比較検証した梅津實・森脇俊雅他『新版比較選挙政治』(ミネルヴァ書房) や, 工藤裕子「イタリア—政治腐敗と選挙制度」(河野武司・岩崎正洋編著『利益誘導政治—国際比較とメカニズム』芦書房) 等がある。ともに日本の選挙のあり方を考える上でも大いに参考となる。

主として有権者の政治意識に焦点を当てた研究としては, 平野浩「政治的対立軸の認知構造と政党—有権者関係」(『レヴァイアサン』35号) や小林良彰「55年体制以降の有権者の政治意識と投票行動」(小林良彰他『55年体制以降の政党政治』第一法規), 加藤元宣他『現代日本人の意識構造』(日本放送出版協会), 井田正道「青年期の政治意識に関する研究」(明治大学『政経論叢』第72巻6号) 等がある。世論に関しては, ドナルド・K・キンダー (加藤秀治郎／加藤祐子訳)『世論の政治心理学』(世界思想社) が, 世論の測定方法を再考し, 世論が政治的行為へと転換されるメカニズムを明らかにしているという点で, 世論分析に大変有益な視座を提供する意欲作となっている。また田中愛治「日本の政党システムの変容」(曽根泰教・崔章集編『変動期の日韓比較政治』慶應義塾大学出版会) は, 無党派層の増大から政党システムの変化を的確に説明している。

議会研究においても多くの知見がもたらされた。政策形成をめぐる政党間交渉の常態化が立法に与える影響を分析した増山幹高「代議制民主主義と国

会における権力の集中・分散」（『成蹊法学』第58号）や，内閣法制局の役割が国会の機能不全をもたらしているとする**西川伸一**「内閣法制局による法案審査過程」（明治大学『政経論叢』第72巻6号），政府法案提出手続きの制度化に着目した**福元健太郎**「法案数管理に見る内閣の統合機能—現行政府法案提出手続の形成過程と定着理由（2）（3・完）」（『議会政治研究』第68・69号）等がある。**西川伸一**「「決算制度」の見直しの流れは定着するか」（明治大学『政経論叢』第73巻1・2号）は，参議院改革の文脈からわが国の立法過程における問題点を指摘し，**川人貞史**「連立政権下における国会運営の変化」（北村公彦他編『現代日本政党史録』第5巻　第一法規）は，国会の制度改革が法案審議に与えた影響という観点から，立法過程の変容について論じている。**前田英昭**「国会の委員会における法案審査」（『駒沢法学』第4巻1号）及び「形骸化した政府演説と代表質問（上・中・下）」（『議会政治研究』第70～72号），**飯尾潤・増山幹高**「日韓における弱い議院内閣制と強い大統領制」（曽根泰教・崔章集編『変動期の日韓政治比較』慶應義塾大学出版会），**川人貞史**「国会中心主義と議院内閣制」（『レヴァイアサン』35号）等は，国会の実態を精緻に描き，いずれも国会審議の活性化を考える上で見逃すことのできない著作となっている。

　政官関係については，議院内閣制が機能不全に陥っているにもかかわらず民主的な制度が機能している仕組みを明らかにした**飯尾潤**「日本における二つの政府と政官関係」（『レヴァイアサン』34号）や，その動態について論じた**飯尾潤**「政党制転換期における政官関係の変容」（北村公彦他編『現代日本政党史録』第5巻　第一法規）等がある。

　利益誘導政治に関しては，そのメカニズムについて12カ国の精緻な国際比較を行なった**河野武司・岩崎正洋編**『利益誘導政治』（芦書房）が水準の高い意欲作となっている。また**結城康博**『福祉社会における医療と政治』（本の泉社）では診療報酬をめぐる諸団体の動きから，わが国の医療政策の形成過程が説明される。

　特定の政策領域に絞って政治過程を分析した業績も数多く発表されている。国防・外交面では，**木下真志**「高度経済成長後の自主防衛論の展開」（『高知短期大学社会科学論集』第86号），**窪田明**『日本にとってのイラク自衛隊派遣問題』（新生出版），**加藤元宣**「自衛隊イラク派遣と安全保障に関する国民意識」（共著『放送研究と調査』2004年5月号），**福元健太郎**「安保・憲法・アジア—与党内対立と与野党間対立」（『東洋文化研究』第6号）等を挙げることができる。社会保障面では，世代間意識のギャップから年金制度を論じた**田中愛治・河野勝**「政治不信世代は年金制度も信じていない」（『中央公論』2004年7月号），84年の健保改正を政策ネットワーク論で分析した**廣川嘉裕**「政策ネットワーク論から見るわが国の医療政策の変容」（『社会政策研究』

第4号）等がある。公共事業に関しては，**三田妃路佳**「公共事業入札・契約制度適正化法に関する政治過程」（慶応大学大学院『法学政治学論究』第60号），**秋吉貴雄**「参加型政策形成システムをどのように構築するか？―一般国道9号玉湯改良事業におけるPIプロセスを事例として―」（『熊本大学社会文化研究』第2号）等の業績が挙げられる。農政については，WTO農業交渉の分析から農業政策の問題に言及した**古川浩司**「『消費者』重視農政への転換？」（中京大学社会科学研究所編『消費者問題と消費者保護』成文堂）がある。また政策研究を進める上では，政策ステージを構成する要素間の関係を重視した**伊藤修一郎**「自治体政策過程を描く：景観条例アンケート調査から」（『自治総研』第30巻6号）や，政策アイディアの受容と変容に焦点を当てた**秋吉貴雄**「政策移転の政治過程」（『公共政策研究』第4号），構造改革を多様な観点から検証した**窪田明**『小泉政治改革』（碧天舎）等の業績も重要な知見を提供している。

メディアとの関わりを論じたものには，**西川伸一**「読売新聞の「改憲意識インプット戦略」」（『カオスとロゴス』第25号）や**茨木正治**「政治漫画と政治―第156国会報道の分析を手がかりに―」（日本法政学会『法政論叢』第41巻1号）等がある。メディアと政治の関わりは古くからのテーマであるものの，ともに斬新な切り口で分析を加え，今後のメディア研究の方向性をも示唆する業績となっている。 （文責　水戸克典）

行政学・地方自治　政府部門の信頼性の低下に伴い，「ガバナンス」という表現が盛んに用いられるようになった。このガバナンス論に関して，日本行政学会編『年報行政研究39　ガバナンス論と行政学』に特集論文が掲載されており，**中邨章**「行政，行政学と『ガバナンス』の三形態」は当該概念の登場の背景とその多様性を，**新川達郎**「パートナーシップの失敗―ガバナンス論の展開可能性」はそれが機能する条件等を検証し，**山本啓**「コミュニティ・ガバナンスとNPO」はNPOの役割とその現状について，**上山信一**「ニュー・パブリック・マネジメント（NPM）とわが国の行政改革―行政学のバージョンアップに向けて」はNPM改革と制度改革との相違を，**曽我謙悟**「ゲーム理論から見た制度とガバナンス」はガバナンスを分析する手法としてのゲーム理論の有用性を，**林承彬**「韓国のローカル・ガバナンスの現況と課題に関する研究」は韓国における地域社会の特徴とローカル・ガバナンスの現状を論じている。また，**大西裕**「グッド・ガバメントからグッド・ガバナンスへ？―東アジアの経験再考―」（黒田郁雄編『開発途上国におけるガバナンスの課題』アジア経済研究所）は事例研究を通じて実証的なガバナンス分析の妥当性を論じている。

地方自治，地方行政関係の研究として以下のものがある。まず総論的なも

のとして浅野一弘『現代地方自治の現状と課題』(同文舘)，成田頼明「地方自治の過去・現在・未来(上)・(下)」(『自治研究』80巻2号・3号)が挙げられる。山田公平「地方自治改革の歴史的課題」(白藤博行・山田公平・加茂利男編著『地方自治制度改革論—自治体再編と自治権保障』自治体研究社)は日本の地方自治改革の特徴と問題点ならびにその歴史的課題を，北村喜宣「地方分権改革と『枠組法』」(『自治研究』80巻3号)は分権改革における法律のあり方の問題について論じている。市川喜崇「地方議会の役割と活性化」(今井照編著『自治体政策のイノベーション』ぎょうせい)は地方議会改革について，佐藤克廣『市町村行政改革の方向性—ガバナンスとＮＰＭのあいだ』(公人の友社)は市町村行政改革の意味を絞り込む必要性とその制約要因と方向性について，今川晃「コミュニティの『自治と組織』の再構築—ローカル・ガバナンスへの実践的アプローチ—」(熊本県立大学総合管理学会編『新千年紀のパラダイム—アドミニストレーション—［上巻］』九州大学出版会)は住民自治の活性化と制度設計との関係について，同「地域政策形成・実施のための協働手法①〜③」(『政策情報』〔2004年10月〜12月〕)は住民と行政担当部局との新たな関係構築について，伊藤政次「自治体・地域におけるガバナンス改革の構想と設計」(『年報自治体学』17号)は自治体におけるガバナンス改革の方向性について，光本伸江「地方自治における自立と依存—モデル構築のための一試論—」(『自治総研』307号)は地域社会・地方自治体の自己決定について，松並潤「『革新』自治体の財政支出」(大都市圏選挙研究班『大都市圏における選挙・政党・政策—大阪都市圏を中心に—』関西大学法学研究所)は革新自治体であることが財政支出にどのような影響を与えたかについて，三田妃路佳「地方自治体における政策変化の政治過程—宮城県，鳥取県，長野県の公共事業改革を事例として—」(慶應義塾大学大学院『法学政治学論究』63号)は地方自治体による公共事業改革を通じた各アクター間の相互作用について，坂野喜隆「自治体における『ＩＴガバナンス』のゆくえ」(『行政＆ＡＤＰ』2004年12月号)は電子政府・電子自治体の課題等について論じている。またその他に小原隆治「後藤新平の自治思想」(御厨貴編『時代の先覚者・後藤新平—一八五七—一九二九』藤原書店)がある。

諸外国の例を紹介したものとしては九邏良子『フランスの地方制度改革—ミッテラン政権の試み—』(早稲田大学出版部)が政府間関係に見られるフランスの政治文化を，大西裕「ほどほどの地方分権：韓国住民運動のラブホテル戦争」(辻中豊・廉載鎬編『現代韓国の市民社会・利益団体』木鐸社)は韓国における分権改革の程度と市民団体の政治的機会の獲得との相関関係を，高橋進「イタリアの地方自治制度改革とヨーロッパ統合」(白石克孝編『分権化社会の到来と新フレームワーク』日本評論社)はＥＵ統合が深化する

なかでのイタリアの地方自治制度の変化の特徴等を説明している。

　市町村合併をめぐる諸問題に関する研究には以下のものがある。**岩崎美紀子**「基礎自治体改革の二つの命題─『民主政』と『効率』─」（『地方自治』683号）は諸外国の例と比較し日本の基礎自治体改革に求められるべきものを，**伊藤修一郎**「町村役場の組織─ニセコ町，東村，上野村の比較事例研究─」（『群馬大学社会情報学部研究論集』11巻）は小規模自治体の特徴について，**小原隆治**「小規模自治体は合併にどう向き合うか」（『月刊自治研』532号）は合併を取り巻く状況について，**立石芳夫**「市町村合併と都市間競争」（『三重法経』123号）は大・中規模都市の合併動向に見られる都市間競争について，**野田遊**「中核市の政令指定都市移行効果からみた政令指定都市制度の課題」（『年報行政研究39』）は財政効果の視点より政令指定都市制度の問題を，同「府県機能の実証分析」（『同志社政策科学研究』6巻1号）は府県機能の再確認のあり方と今後の課題について，**水谷利亮**「広域連合の再検討　序論─『平成の大合併』と県参画型広域連合─」（高知短大『社会科学論集』86号）は広域連合制度のもつ課題や可能性について，**市川喜崇**「都道府県と道州制─都道府県の諸機能と規模」（『月刊自治研』537号）と**佐藤克廣**「道州制論議を考える─呉越道州・道州異夢を排するために─」（『北海道自治研究』423号），同「北海道道州制特区構想の行方─道州制北海道モデルは実現するか」（『月刊自治研』537号）は道州制の問題について検討している。

　住民投票，住民参加の研究としては以下のものがある。**千草孝雄**「地方自治における民意」（『駿河台法学』18巻1号）は地方自治における住民投票の活用について，**鳴子博子**「現代政治におけるアソシアシオンと個人の可能性　新潟県巻町の住民投票を沖縄県民投票と対比して」（村上俊介・石塚正英・篠原敏昭編著『市民社会とアソシエーション─構想と経験─』社会評論社）は住民投票を通じた団体と個人の関係について，**稲葉馨**「住民投票における法定投票率・得票制管見」（『自治研究』80巻8号）は投票割合の観点から住民投票の成立要件について検討している。

　都市行政の研究としては，**根本俊雄**『都市行政と市民自治─地域社会が変わる，地域社会を変える─』（敬文堂）は日本の都市行政が市民社会へと変わるための契機について，**千草孝雄**「現代アメリカの都市政治」（駿河台大学比較法研究所『比較法文化』12号）はサンベルト地域における都市政治の動向を，**平田美和子**「アメリカにおける大都市圏政府発展の二つの波」（武蔵大学『人文学会雑誌』36巻2号）はアメリカの大都市圏政府発展の特徴について，**北原鉄也**「区画整理がなぜ行われるのか（上）・（下）」（大阪市立大学経済研究所『季刊経済研究』26巻3号・4号）は日本の都市計画・まちづくりの条件や特徴について，**青山佾**『石原都政副知事ノート』（平凡社）は石原都政の1期目について紹介している。**工藤裕子** "Reform of Public Management Through ICT:Interface, Accountability and Transparency" in Lawrence R.Jones, Kuno Schedler and Riccardo Mussari(eds.), *Strategies for Public Management Reform* （Elsevier）は電子政府化による公共管理の変容について，藤田由紀子「政策決定と技術系行政官をめぐる人事・組織―日本と英国のエイズ問題への対応を事例として」（『専修法学論集』90号），同「行政組織における専門性―食品安全委員会を素材として―」（『季刊行政管理研究』108号）は公務員の専門性について，堀雅晴 "Japanese Public Bureaucracy in the Era of Globalization", *RITSUMEIKAN LAW REVIEW*, No.21はグローバル化時代における官僚制の変化について，笠原英彦・桑原英明編『日本行政の歴史と理論』（芦書房）は日本の行政を歴史と理論の双方から，西尾勝・小林正弥・金泰昌編『公共哲学11　自治から考える公共性』（東京大学出版会）は公共性の再構築の問題を，蓮池穣「行政相談委員の活動と役割」（『行政苦情救済＆オンブズマン』15巻）は行政相談について，福井秀樹「官公庁による情報システム調達入札」（『会計検査研究』29号）は競争入札制度について検討している。

(文責　廣瀬聡)

政治思想（日本・アジア）　視聴覚の素材を用いる原武史「三代の天皇と〈声〉」『文学』5巻2号）のような研究を別にすれば，思想史研究の材料は圧倒的に後代に編纂された思想家の活字資料に依存している。しかしその前提となる資料に，近年独自の判断が求められている。すでに井田進也によって指摘されてきた福澤研究の資料問題を克服する試みの一つとして，前年に完結した『福澤諭吉書簡集』を用いる西澤直子「書簡にみる福沢諭吉の男女論と男女観」（慶應義塾福澤研究センター『近代日本研究』20号）がある。他方，平山洋「大正版『福澤全集』「時事論集」所収論説一覧及び起筆者推定」（静岡県立大学『国際関係・比較文化研究』3巻1号）・同『福沢諭吉の真実』（文春新書）は全集編纂者石河幹明の責任を追及するが，後期福澤の思想の奥行きと複雑さはなお難問であり続ける。テクスト編纂の問題は，伊藤彌彦「岩波文庫版『新島襄書簡集』と新島襄全集編集委員会編『新島襄全集』の異同について」（『同志社論叢』24号）や岩村正史「『わが闘争』日本語版の研究」（『メディア史研究』16号）でも指摘されている。

丸山眞男については『丸山眞男書簡集』全5巻（みすず書房）が完結した。論考で注目されるのは，福澤研究で得た視点が丸山の近世思想史理解にいかに生かされたかを検証しつつ，結果的に丸山のナショナリズムを戦争動員論と解した議論を批判する平石直昭「戦時下の丸山眞男における日本思想史像の形成」（『思想』964号）である。植村和秀『丸山眞男と平泉澄』（柏書房）は思想内容ではなく双方に共通する思考様式の論理に着目する。その他に今井弘道『丸山眞男研究序説』（風行社），池田元『丸山思想史学の位相』（論

創社），A・バーシェイ「社会科学史の観点からみた丸山眞男」（『思想』964号）などがあり，**田口富久治**「丸山眞男をめぐる最近の研究について」（立命館大学『政策科学』11巻3号）が独自の視点から近年の諸研究を展望する。

　あらゆる思想の源泉ともいえる宗教との関連では，仏教から従来の近代思想史像の見直しを迫る**末木文美士『明治思想家論』・『近代日本と仏教』**（トランスビュー）が刊行された。近世仏教については**野村真紀**「近世日本における儒仏一致論とその展開」（『北大法学論集』55巻3号）が禅の立場からの儒仏一致論者に人間の存在価値の平等性を読みとる。キリスト教では**澤大洋**「南蛮学の後期の政治思想（2）」（『東海大学政治経済学部紀要』36号），儒教の捉え直しの契機を含んだキリスト教との邂逅を検討する**大久保健晴**「明治初期知識人における宗教論の諸相」（『政治思想研究』4号），「天賦自由」論に関する**小畑隆資**「植木枝盛とキリスト教」（岡山大学『文化共生学研究』2号），**小南浩一**「賀川豊彦の経済哲学」（『雲の柱』18号）がある。**石川公彌子**「「道念」の政治思想」（『国家学会雑誌』117巻11・12号）は，宗教の再興を模索した折口信夫に国家批判の側面をみる。中国での宗教と政治の問題を歴史的に概観したものとして，**平野聡**「宗教からみた中国国家」（『中国─社会と文化』19号）もある。

　宗教に限らぬ西洋思想の受容史については，フィッセリング講義受講から独自の制度構想までを追った**大久保健晴**「津田真道における『泰西国法論』と『表紀提綱』の世界」（津山洋学資料館『一滴』12号），**山泉進**「トルストイ「日露戦争論」の反響」（『初期社会主義研究』17号），**小林淑憲**「近現代日本におけるルソー」（森田安一編『スイスと日本─日本におけるスイス受容の諸相』刀水書房），**國分典子**「東アジアにおける西洋法思想の受容と進化論」（『北大法学論集』54巻6号）を得た。

　近代日本の思想史研究では，国際認識，とりわけナショナリズムやアジア観に焦点を当てたものが顕著である。明治期ではアジア連帯論と盟主論を素描する**和田守**「近代日本のアジア認識」（『政治思想研究』4号），**西村稔**「福澤諭吉と「国家理性」」（『福澤諭吉年鑑』31号），**武藤秀太郎**「田口卯吉における文明史論の転回と「中国の衝撃」」（『社会思想史研究』28号）があり，新史料を用いた**澤田次郎**「徳富蘇峰のアメリカ旅行」（慶應義塾大学『法学研究』77巻6号）がアメリカ観を描く。三宅・志賀・陸に集中してきた対象を福本日南へと拡げた**広瀬玲子『国粋主義者の国際認識と国家構想』**（芙蓉書房出版）は，長期的な視点から国粋主義の植民論を扱う。なお雪嶺については**長妻三佐雄**「三宅雪嶺の中国認識」（大阪歴史学会『ヒストリア』192号）のほか，**中野目徹**「三宅雪嶺伝記稿（四）」（『近代史料研究』4号），志賀重昂と比較する**荻原隆**「三宅雪嶺の国粋主義」（名古屋学院大学『研究年報』17号）が発表され，羯南については**山本隆基**「陸羯南における国民主義の制

度構想（一）～（三）」（『福岡大学法学論叢』48巻3・4号，49巻1～2号）と合川正道の立憲政論を詳論した**山辺春彦**「明治立憲政と徳義」（『東京都立大学法学会雑誌』45巻1号）が出た。大正・昭和期では**武藤秀太郎**「福田徳三における社会政策論とアジア」（『日本思想史学』36号）のほか，『吉野作造記念館研究紀要』創刊号が**平野敬和**「吉野作造のアジア」や**田澤晴子**「郷里意識からの脱却」を収め，**魯炳浩**「吉野作造の弟子奥平武彦の朝鮮」（京都大学『歴史文化社会論講座紀要』1号）と併せて吉野のアジア認識と人的交流を検証している。高畠素之と大川周明を扱う**大塚健洋**「「革新右翼」の人間観と国家観」（伊藤之雄・川田稔編『二〇世紀日本の天皇と君主制』吉川弘文館）の一方で，**呉懐中**「1920年代後半における大川周明の中国認識」（『中国研究月報』58巻1号）が研究史の欠を埋める。**酒井哲哉**「戦間期日本の国際秩序論」（『歴史学研究』794号）は帝国再編期の磁場のなかで知識人たちの言説を確認する。

　そのほか個別の思想家や主題を扱う論考としては，**相原耕作**「助字と古文辞学」（『東京都立大学法学会雑誌』44巻2号）が「助字」論から徂徠学の分析を試みる。明治期では**大塚桂**「岩倉具視の政治思想（二）～（五）」（『駒澤法学』3巻2～4号，4巻1号），**瀧川修吾**「征韓論と勝海舟」（日本大学大学院『法学研究年報』33号），**松岡僖一**「一八七七（明治一〇）年土佐に関する新聞報道」（『高知大学教育学部研究報告』64号）や欧米の植民地統治政策が近代日本の制度形成のモデルとして機能したとする**梅森直之**「規律の旅程」（『早稲田政治経済学雑誌』354号）がある。梅森はまた「身体感覚的社会主義のゆくえ」（『現代思想』32巻6号）で大杉栄の思想を脱植民地主義の言説と結ぶ。**黒川貢三郎**「在米日本人社会主義者の研究（一）（二）」（日本大学『政経研究』41巻2～3号）は渡米した片山潜と幸徳秋水を扱う。大正・昭和初期では，長谷川如是閑について主著『現代国家批判』を論じた**織田健志**「「国家の社会化」とその思想的意味」（『同志社法学』56巻1号）と，彼の思想変容を言説と行動の両面から明らかにする古川江里子『**大衆社会化と知識人**』（芙蓉書房出版）が刊行された。広川禎秀『**恒藤恭の思想史的研究**』（大月書店）は，昭和初期の恒藤の思想的営為の全体像を示す。そのほかに三好伊平次の部落解放運動の転機となる1919～21年を扱った**小畑隆資**「朝鮮移民運動の展開と挫折」（岩間一雄編『三好伊平次の思想史的研究』吉備人出版），後藤新平の理想主義の側面を論じる**苅部直**「帝国の倫理」（御厨貴編『時代の先覚者・後藤新平1851-1929』藤原書店），「農本主義」を扱った**綱澤満昭**『**農の思想と日本近代**』（風媒社），**原武史**「戦中期の〈時間支配〉」（『みすず』521号）がある。戦後思想では，**石川晃司**「吉本隆明の初期思想（一）（二・完）」（慶應義塾大学『法学研究』77巻7～8号）や大学史をとおして戦後の知的状況を描いた**飯田泰三**「序説―法政大学の「戦後」」（『法

政大学と戦後五〇年』法政大学）が興味深い。それ以外にも**池田元**「大熊信行の社会思想と配分原理」（大熊信行『社会思想家としてのラスキンとモリス』論創社）、石牟礼道子「不知火」をめぐる**岩岡中正**「神話の回復と新しい知」（『「地域公共圏」の政治学』ナカニシヤ出版）がある。

東アジアを横断する比較研究では、**三谷博編『東アジアの公論形成』**（東京大学出版会）のほか、鄭観応・福沢諭吉・兪吉濬をとりあげる**金鳳珍『東アジア「開明」知識人の思惟空間』**（九州大学出版会）がまとめられた。このうち金が「万国平等秩序」構想と捉えた兪の対外観については、規範だけでなく権力論との関係で論じる**岡克彦**「韓国近代思想史における国家的自我と「競争論」の初期的展開」（『長崎県立大学論集』38巻1号）、同「韓国開化思想における対外認識と「競争論」の再構成」（同、38巻2号）の批判がある。東アジア関係では他に、**金錫根**「「福本イズム」と「正友会宣言」」（『政治思想研究』4号）、**區建英**「厳復の初期における伝統批判と改革思想」（『新潟国際情報大学情報文化学部紀要』7号）、**湯本國穂**「梁漱溟における民主主義制度と中国の「民族精神」（二・完）」（千葉大学『法学論集』18巻3・4号）が発表された。 　　　　　　　　　　　（文責　眞壁　仁）

政治思想（欧米）　　古代・中世の政治思想では、古代ギリシア政治思想研究における公私二分法に疑問を投げかけた**荒木勝**「アリストテレスにおける『公的なるもの』の位相」（『思想』967号）の他に、同「アリストテレスにおける『統治（arche アルケー）』の位相」（『政治思想研究』4号）、**米澤茂**「ソクラテスとアテネ帝国主義」（『政治思想研究』4号）、**厚見恵一郎**「マキァヴェッリはどこまで古典的共和主義者か」（『早稲田社会科学総合研究』5巻1号）が注目される。

近代の政治思想については、便宜上地域別に紹介する。まずイギリスから。**犬塚元『デイヴィッド・ヒュームの政治学』**（東京大学出版会）は緻密な分析で従来の解釈に再考を迫る意欲作。**高橋和則**「ヒュームにおける国際秩序思想」（『政治思想研究』4号）も重要。また、**池田和央・犬塚元・壽里竜訳**「ヒューム『イングランド史』抄訳（一）第23章末尾小括」（関西大学『経済論集』54巻2号）が翻訳された。**坂本義和『国際政治と保守思想』**（岩波書店）は、著者が若き日にバークの保守思想に取り組んだ意欲作を収録。イギリス功利主義関連では、**児玉聡**「ベンタムの功利主義における security 概念の検討」（『実践哲学研究』27号）、**山下重一**「ジェイムズ・ミルの連想心理学と倫理思想（上）（下）」（『国学院法学』41巻4号、42巻1号）、**下條慎一**「デモクラシーとリベラリズム」（星野智編『公共空間とデモクラシー』中央大学出版部）が得られた。19世紀中後半の研究では、**遠山隆淑**「ウォルター・バジョット『イギリス国制論』の政治戦略」（九州大学『政治研究』51号）、

矢野卓也「ハーバート・スペンサーにおける〈世論〉と政治」（慶應義塾大学大学院『法学政治学論究』60号），名古忠行『ウィリアム・モリス』（研究社）など多彩な成果があったが，なかでも清滝仁志『近代化と国民統合』（木鐸社）は，イギリス政治社会の変容を〈知の支配〉をめぐる闘争という観点から考察した力作である。他に注目すべき論考として，梅田百合香「『リヴァイアサン』解釈の方法」（『名古屋大学法政論集』203号），山田園子「ジョン・ロック『寛容論』の包容・寛容策（一）（二）」（『広島法学』28巻1号，2号），朝倉拓郎「ロック倫理学の基本構造と「政治の世界」」（九州大学『政治研究』51号），ハチスンの初期思想を検討した佐藤高尚「美と政治（下）」（『成蹊大学法学政治学研究』30号），名古忠行「イギリス・コモンウェルスの思想的系譜」（山陽学園大学『山陽論叢』11巻）が挙げられる。

フランスについては，中谷猛「近代のフランス政治思想における共和主義」（『立命館法学別冊ことばとそのひろがり（二）』）の他に，トクヴィル自由論の複雑な諸側面を読み解いた宇野重規「リベラリズムと共和主義的自由の再統合」（『思想』965号），晩期アルチュセールを扱った大中一彌「政治に出会う理論は可能か」（『理想』673号），同「ルイ・アルチュセールの政治思想におけるマキァヴェリの契機」（仲正昌樹編『法の他者』御茶の水書房）が注目される。現代に入ってしまうが，現代フランスにおける政治哲学研究の再活性化状況については，宇野重規『政治哲学へ』（東京大学出版会）が，行き届いた説明を与えてくれる。

ドイツについては，プーフェンドルフの自然法学とスコットランド啓蒙思想の比較思想史的研究である前田俊文『プーフェンドルフの政治思想』（成文堂），カントの民主主義論について論じた大竹弘二「規範の法と例外の法」（『政治思想研究』4号）の他に，面一也「ヘーゲル政治思想におけるソフィスト的思考との対決」（『早稲田政治経済学雑誌』357号），権左武志「ワイマール期カール・シュミットの政治思想」（『北大法学論集』54巻6号），高橋良輔「ヘルマン・ヘラーにおける政治的なるものの概念」（『政治思想研究』4号），ユンガーの初期作品を検討した川合全弘「追悼の政治」（京都外国語大学ドイツ語学科研究室編『ドイツ・ナショナリズムの系譜（二）』）が注目される。マルクス研究では，的場昭弘『マルクスを再読する』（五月書房），同『マルクスだったらこう考える』（光文社），大川正彦『マルクス』（日本放送出版協会）といった入門書の他に，丸山敬一「マルクス主義とは何だったのか」（立命館大学『政策科学』11巻3号），橋本努「分析的マルクス主義と自由主義」（『思想』965号），小島秀信「マルクスにおける政治否定のロジック」（『政治思想研究』4号）が，重要な論考として挙げられる。

アメリカについては，アーレント研究では，『思想』958号のアーレント特集の他に，川原彰「ハンナ・アレントと全体主義の時代経験（一）」（中央大

学『法学新報』111巻3・4号）が重要。翻訳として，**佐藤和夫**訳『**政治とは何か**』（岩波書店）も刊行された。本年はシュトラウス研究が多く得られ，**柴田寿子**「「グローバルなリベラル・デモクラシー」と「ワイマールの亡霊」」（山脇直司・丸山真人・柴田寿子編『グローバル化の行方』新世社），**松尾哲也**「レオ・シュトラウスの政治観」（鹿児島大学大学院『地域政策科学研究』創刊号），同「リベラリズムの危機と政治哲学の復権」（『第百回鹿児島哲学会記念論文集いしぶみ』）が注目される。

現代の政治思想については，大まかなテーマ別に紹介する。まずリベラリズムについて。『思想』965号の特集「リベラリズムの再定義」は，**施光恒**「可謬主義的リベラリズムの再定位」をはじめとして，12の論考がリベラリズムをめぐる多様な論争の現況を呈示する。他に，**飯田文雄**「多文化社会におけるリベラリズム（四）」（『神戸法學雜誌』53巻4号），**伊藤恭彦**「通訳不可能な価値の多元性とリベラリズムの行方」（『静岡大学法政研究』8巻3・4号）も重要。コミュニタリアニズムについては，**菊池理夫**『**現代のコミュニタリアニズムと「第三の道」**』（風行社）が，今後の研究の橋頭堡を築いた。他に，マッキンタイアとハイエクを比較検討した土井崇弘「啓蒙主義的合理主義批判の二つのかたち（一）（二）」（京都大学『法学論叢』155巻3, 5号），テイラーの翻訳書田中智彦訳『「ほんもの」という倫理』（産業図書）が得られた。民主主義論については，**岡崎晴輝**『**与えあいのデモクラシー**』（勁草書房）が，ホネットの非民主主義的含意をフロムによって克服しようと試みる。**星野智**編『**公共空間とデモクラシー**』（中央大学出版部）は，デモクラシーの転換に伴う公共空間の変容を多様な論点から考察する。

本年は，ポスト福祉国家という問題状況に対して，思想研究の立場からアプローチしようとする論集が2冊刊行された。**塩野谷祐一・鈴村興太郎・後藤玲子**編『**福祉の公共哲学**』（東京大学出版会）は，現代の主要な規範理論の検討を通じて福祉国家の哲学的基盤の再構築を試みるとともに，分配的正義，平等，ケアなどの多角的な論点から福祉国家のあり方を考察する。一方，**齋藤純一**編『**福祉国家**』（ミネルヴァ書房）は，福祉国家を支える社会的連帯の理由そのものを問い直そうとする点で画期的。中でも，**柴田寿子**「ヨーロッパにおける社会的連帯と補完性原理」の他に，**立岩真也**「社会的分配の理由」，**齋藤純一**「社会的連帯の理由をめぐって」が注目される。

その他の分野では，**寺島俊穂**『**市民的不服従**』（風行社）が，市民的不服従の思想と運動を戦争廃絶の論理へと発展させようとする意欲作。市民社会論については，**中谷猛・中谷真憲**『**市民社会と市場のはざま**』（晃洋書房），エコロジズムについては，**栗栖聡**「アンドリュー・ドブソンの緑の政治論」，同「アンドリュー・ドブソンのエコロジズム論」（徳島大学『社会科学研究』17号），生命倫理の問題については，**奥田純一郎**「ヒト胚・生命倫理・リベ

ラリズム」(『思想』965号),田中智彦「日本の生命倫理における「六八年」問題」(中岡成文編『岩波応用倫理学講義―生命』岩波書店),同 "The Welfare State and the Task of Bioethics: Rethinking Japanese Bioethics," *Bulletin of Liberal Arts and Sciences Tokyo Medical and Dental University*, No.34. が得られた。

　思想史全般にわたるものとして,**藤田潤一郎**『政治と倫理』(創文社)は,ヘブライ的思考とギリシア的思考の交叉という観点から人間の共同性について考察した意欲作。**古賀敬太**編『政治概念の歴史的展開』第1巻(晃洋書房)では,**大澤麦**「寛容」,**千葉眞**「連邦主義」など12の論考が様々な政治概念を歴史的に考察する。**鷲見誠一**「最終講義・価値多元化社会における政治権力のあり方」(慶應義塾大学『法学研究』77巻6号)は,長年ヨーロッパ政治思想史研究に携わった著者の最終講義であり示唆に富む。

(文責　石井健司)

政治史(日本)　昨年も天皇・君主制研究が引き続き活発だった。**伊藤之雄・川田稔**編『二〇世紀日本の天皇と君主制』(吉川弘文館)は三代の天皇と近代君主制にまつわる多様な論考を収める。所収の**伊藤之雄**「昭和天皇と立憲君主制」は戦争責任や政治関与を主題とする先行研究の天皇像に再考を促し,同「近代日本の君主制の形成と朝鮮」(京都大学『法学論叢』154巻4・5・6号)では併合後の韓国皇族の地位処遇を明らかにした。国民の天皇像形成について**牧原憲夫**「明治後期の民衆と天皇(その2)」(『東京経済大学人文自然科学論集』117号)があり,**原武史・保坂正康**『対論　昭和天皇』(文春新書)も同様の関心をもつ。**川田敬一**「日本国憲法制定過程における皇室財産論議」(『日本学研究』7号)が皇室経済法前史として書き継がれている。『年報・日本現代史』も特集(9号・象徴天皇制と現代史)を組み,皇太子明仁研究など論題の新地平を示す。同誌には研究私史を重ねつつ現代政治史を概観した**升味準之輔**「日本現代史研究回顧」も掲載された。**松田好史**「情報管理者としての木戸幸一内大臣」(『日本歴史』678号)は木戸の情報管理の実態を検討し「情報幕僚」的側面を抽出した。**柴田紳一**「昭和十六年皇太子避難計画について」(『国学院大学日本文化研究所紀要』93号)は計画策定過程を宮内省参事官の記録を用いて解明した。天皇制度との関わりや改憲論議も反映して憲法史研究も目につく。**小路田泰直・奥村弘・小林啓治**編『憲法と歴史学』(ゆまに書房)はシンポジウムの記録。**小関素明**は同書所収報告と「近代日本における公権力と『無所有』の原理」(立命館大学『政策科学』11巻3号)で「公権力」というより高次の視座から歴史把握の「普遍性」を追究している。**石田憲**「敗戦と憲法(一)(二)」(『千葉大学法学論集』19巻2,3号)は日独伊敗戦三国の憲法制定に向う政治動向と三憲法の特徴的理念を比較検討した。

政治家研究にも成果を得た。御厨貴編『時代の先覚者・後藤新平』（藤原書店）は後藤の多方面にわたる活動を学界に留まらない幅広い執筆陣で描出している。川田稔は『浜口雄幸集　議会演説篇』（未来社）で資料編纂を終えて『激動昭和と浜口雄幸』（吉川弘文館）をまとめ、別に「浜口雄幸とロンドン海軍軍縮条約」（『人間環境学研究』2巻1号）も著した。服部龍二「明治大正期の幣原喜重郎」（『中央大学論集』25号）は外交思想・手法・人脈等の形成を検討している。政党研究では北村公彦編者代表『現代日本政党史録』（第一法規）が完結した。昨年刊行分は自民党単独政権崩壊以後の現代政党政治を扱う。また昭和期政友会の研究が相次いだ。奥健太郎『昭和戦前期立憲政友会の研究』（慶應大学出版会）は党内派閥を中心に昭和期の展開を通観した第一部と藤沼庄平を事例に地方組織・中央地方関係を論じた第二部から成る。官田光史は「選挙粛正運動の再検討」（『九州史学』139号）「国体明徴運動と政友会」（『日本歴史』672号）「『翼賛政治』体制の形成と政党人」（『史学雑誌』113巻2号）の連作で各論題に新たな知見や再考を加えた。貴族院研究では小林和幸「初期貴族院における『対外硬派』について」（『駒澤大学文学部研究紀要』62号）、西尾林太郎「原内閣下における貴族院の動向」（『愛知淑徳大学現代社会学部論集』9号）等を得た。政官関係では清水唯一朗「隈板内閣における猟官の実相」（『日本歴史』674号）、同「『官僚の政党化』過程の一考察」（日本法政学会『法政論叢』41巻1号）があり、奈良岡聰智「政務次官設置の政治過程（四）～（六）」（『議会政治研究』69～71号）も完結した。内政では他に大塚桂『明治国家と岩倉具視』（信山社）、井竿富雄「下関のシベリア出兵と宇部の米騒動」（『山口県立大学国際文化学部紀要』10号）、大前信也「重要国策先議と予算編成方式の改革（Ⅰ）」（日本政治経済史研究所『政治経済史学』460号）等がある。戦後史では、地域別の選挙過程分析を通じて公選知事初期の実態を解明した労作、功刀俊洋「1950年代の知事選挙（5）」（福島大学『行政社会論集』16巻4号）が完結を見た。小田義幸「占領初期における食糧危機と食糧管理強化の政治過程」（慶應義塾大学大学院『法学政治学論究』61号）は食糧緊急措置令の政策過程を農林省食糧管理局を中心に解明し、下村太一「戦後農政の転換と利益政治」（『北大法学論集』55巻3号）は60年代末の自民党農政の転換を分析して「田中型政治」に至る過程を跡づけた。地域研究では山下重一『琉球・沖縄史研究序説　続』（御茶の水書房）、黒柳保則「下地敏之・宮古民主党平良市政と宮古自由党」（沖縄国際大学『沖縄法政研究』7号）など沖縄研究のほか、有泉貞夫編『山梨近代史論集』（岩田書院）が刊行された。

　日露開戦百年を機に軍事史学会編『日露戦争（一）国際的文脈』（錦正社）、小森陽一・成田龍一編著『日露戦争スタディーズ』（紀伊國屋書店）等が刊行されたが、日露戦争自体については雑誌の特集記事に多く、学界では「戦

果」たる植民地研究が際立つ。法制度的側面の分析解明を進めた**浅野豊美・松田利彦編『植民地帝国日本の法的構造』『植民地帝国日本の法的展開』**(信山社)はその代表格。現代日韓関係への関心から編まれた**宮嶋博史・李成市他編『植民地近代の視座』**(岩波書店)もあり，**森口準「韓国の被保護国化と保護国論」**(法政大学大学院『法政史論』31号)，**原田環「第二次日韓協約調印と大韓帝国皇帝高宗」**(韓国文化研究振興財団『青丘学術論集』24号)など保護国化過程にも関心が集まった。関東都督府官制の制定過程を検討した**川島淳「日露戦後における植民地統治構想の相克」**(『東アジア近代史』7号)，朝鮮総督府の言論政策を追究した**朴仁植「朝鮮植民地統治の変容と展開(一)～(三)」**(日本政治経済史学研究所『政治経済史学』452～454号)等もある。こうした研究潮流のなか，「侵略国日本」観を明治初期朝鮮政策まで遡及する評価を問い直し天津条約観と条約運用実態の解明にとりくむ**大澤博明「日清天津条約(一八八五年)の研究(一)」**(『熊本法学』106号)は貴重である。**松浦正孝「汎アジア主義における『台湾要因』」**(『北大法学論集』55巻3号)は，「支那事変」から「大東亜戦争」への変質をもたらした汎アジア主義の核心を東アジア通商経済を支える華僑網の争奪に見て，汎アジア主義鼓吹の揺籃となった台湾籍民動員策を解明した視野の広い論考である。『国際政治』の特集(139号・日本外交の国際認識と秩序構想)は江戸中期から1940年代にわたる日本外交の国際認識の諸相を示す。

政軍関係では**小林道彦「第二次若槻礼次郎内閣期の政党と陸軍」**(『北九州市立大学法政論集』31巻2・3・4号)が前年論文に続く時期の軍制改革と満州問題を検討し，同**「日本陸軍と中原大戦」**(同32巻1号)では対中兵器輸出の分析を通じて満州事変前の軍・政府各アクターの対中政策を検証した。軍人研究に**福島良一「水野広徳における軍備観の変容」**(『埼玉学園大学紀要人間学部篇』4号)，**井竿富雄「軍人・平和・革命」**(熊野直樹他編『社会主義の世紀』法律文化社)があり，**佐藤卓己『言論統制』**(中公新書)は新史料を用いて情報官鈴木庫三の見直しを行った。太平洋戦争期では**伊藤隆・武田知己編『重光葵　最高戦争指導会議記録・手記』**(中央公論新社)が刊行された。**細谷千博他編『記憶としてのパールハーバー』**(ミネルヴァ書房)，**須藤眞志『真珠湾〈奇襲〉論争』**(講談社)は日米関係史研究の側面を持つ。日米関係では Takeshi Igarashi, 'The Evolution of Japan-US Relations' *Japan Review of International Affairs*, Vol.18 No.1, **我部政明「日米同盟の原型」**(『国際政治』135号)，**波多野澄雄編著『池田・佐藤政権期の日本外交』**(ミネルヴァ書房)等がある。昨年は自衛隊創設50年でもあり，**増田弘『自衛隊の誕生』**(中公新書)が刊行された。なお，時代の概観と関連個別論文の併載で編まれた通史**『日本の時代史』**(吉川弘文館)が完結した。　　　(文責　中静未知)

政治史・比較政治（西欧・北欧）　まず，特定の国ではなくヨーロッパ政治全般におよぶ業績として，畑山敏夫・丸山仁編著の『現代政治のパースペクティヴ―欧州の経験に学ぶ』（法律文化社）は「福祉国家」・サッチャリズム・議会制民主主義，グローバル化，ジェンダーや環境など今世紀のオルタナティヴな政治の可能性という3つのカテゴリーを，ヨーロッパ政治の展開を軸として考察した論文集である。さらに桐谷仁による労働政治・コーポラティズムを扱った一連の業績，「戦後西欧先進諸国におけるコーポラティズム型制度編成の比較分析―相対・絶対集中化とアウトサイダーの問題を中心に―」（『静岡大学法政研究』第9巻第1号），「先進諸国における労働政治の『脱制度化』の比較分析―制度変動をめぐる一考察―」（『静岡大学法政研究』第9巻第2号），「先進諸国における制度の補完性と調整行為―ネオ・コーポラティズム論と資本主義の多様性論―」（『静岡大学法政研究』第9巻第3号）は制度変動，脱制度化のダイナミクスなどを先進諸国の事例分析によってきわめて緻密に論究している。EUに関して，白鳥浩「新しい『ローマ帝国』としての欧州連合―シュタイン・ロッカンの理論的示唆―」（法政大学『社会志林』第51巻第1号）は，欧州連合の構造をロッカンの「国家・国民形成」，「欧州概念地図」モデルなどによって理論的に整序しようとする意欲的な試みである。

次いでイギリスについては，梅川正美・阪野智一編著の『ブレアのイラク戦争―イギリスの世界戦略』（朝日新聞社）が時事的な問題を扱いつつ，学問的にも興味深い内容を含んでいる。同書は，イギリスがイラク戦争に参加したのは何故かを解明するという課題のもとに，ブレアの世界戦略，米英関係の歴史的背景など8つのテーマを分析した時宜に適した論集であり，事実関係の整理や学問的に裏打ちされた有益な情報が得られる。また同様にイギリスの対外認識を分析したものとして，吉野篤「イギリスにおける反ヨーロッパ主義論―ヨーロッパ懐疑論―」（秋田経済法科大学『秋田法学』第42号）は，イギリスとヨーロッパ統合との関係を国際政治経済学的・歴史的制度論的に取り上げた文献に拠りながら整理したものである。2001年総選挙でブレア労働党に連敗した保守党の党内改革に関しては，渡辺容一郎「2001年イギリス保守党党首選挙と党員」（『選挙研究』第19号）が，イギリス保守党史上初めて「草の根」党員による郵送投票で党首を選出したという意味で画期的な党首選挙を，候補者のスタンス，キャンペーンの特質などを考察しながら分析し，イギリス保守党が抱える問題点にも言及している。また，同氏の「タムワース宣言にみるマニフェストのあり方と日本」（日本大学『政経研究』第40巻第4号）は，マニフェストの歴史的起源とされるピールのタムワース宣言を取り上げている。秋本富雄「スコットランド政党競争空間の変容」（『選挙学会紀要』第2号）は，スコットランド政党制の変容状況を「4党競争空

間・構造」の展開過程として捉え，この空間・構造の常態化を明らかにしている。

フランス政治史に関して，日本では必ずしも詳細な研究蓄積がないであろうと思われるフランス第二帝政に関して，ルイ・ナポレオン・ボナパルトの心性を分析しながら帝政の政治構造をオーソドックスな手法で考察した**高村忠成**『ナポレオンⅢ世とフランス第二帝政』（北樹出版），また，同氏による翻訳ジョン・プラムナッツ『フランスの革命運動1815-71』（北樹出版）がある。2002年に実施された国政選挙に関して，**森本哲郎**「フランス政治における保守勢力の復活？—2002－2003年の国民の政治意識を手掛かりに—」（関西大学『法学論集』第53巻第4・5合併号）は，後述するドイツ連邦議会選挙を扱った野田論文との対照で興味深い。他にも，**岩本勲**「21世紀初頭フランスにおける政治意識の変化」（『大阪産業大学論集・人文科学編』113号），**畑山敏夫**「政権に参加したフランス緑の党」（立命館大学『政策科学』11巻3号）などがある。また，**鳴子博子**「女性の政治参画における北欧モデル（クォータ）対フランス・モデル（パリテ）—女性は1つの集団なのか？—」（星野智編著『公共空間とデモクラシー』中央大学出版部）は，女性の政治参画についての哲学的分析として注目される。他に**中田晋自**「1970年代フランスのアソシアシオンと地方分権—地域権力アソシアシオンの分権化要求とその論理—」（『愛知県立大学外国語学部紀要』（地域研究・国際学編）第36号）がある。

ドイツに関しては，ドイツ政治の発展史をヨーロッパ諸国などとの比較の視点から分析した**レームブルッフ**（平島健司監訳）の論文集『ヨーロッパ比較政治発展論』（東京大学出版会）が出版された。また，独文の研究文献として，Hajime Konno, *Max Weber und die Polnische Frage (1892-1920)—Eine Betrachtung zum liberalen Nationalismus im wilhelminischen Deutschland*, Nomos. がある。

ナチズム関係の業績としては，政治学者・公法学者であったシュミットのワイマール共和国期における具体的・現実的な政治活動・政治的役割を新資料に基づいて精緻に跡付けている**権左武志**「ワイマール共和国の崩壊とカール・シュミット」（『思想』959号）をはじめとして，ナチズムの優生・人種政策における断種，安楽死などの問題を断種法を中心に省察し，それに対するカトリック教会の対応を問題にしている**河島幸夫**「ナチス優生政策とキリスト教会—遺伝病子孫予防法（断種法）への対応—」（山崎喜代子編『生命の倫理—その規範を動かすもの—』九州大学出版会）や**熊野直樹**「『ファシストの危険』・反ファシズム統一戦線・労働者政府」（熊野直樹・星乃治彦編『社会主義の世紀』法律文化社）などがある。また2002年の連邦議会選挙を扱った作品として，キリスト教民主・社会同盟の政治的復調の傾向を「ヨー

ロッパの政治サイクルの共時化以上のものを現時点では意味して」いないと位置づけ，コール政権がドイツ社会に「公正の欠如」をもたらしたという点などCDU/CSUの構造的問題点を指摘する**野田昌吾**「混迷からの脱出は見えてきたか？―2002年ドイツ総選挙とキリスト教民主・社会同盟（CDU/CSU）」（大阪市立大学『法学雑誌』第51巻第1号），さらに**小野耕二**「比較の中の現代ドイツ政治　序論―2002年9月に実施されたドイツ連邦議会選挙を手がかりとして―」（『名古屋大学法政論集』第200号）は，比較政治学の知見に基づいて，選挙そのものの精確な現実的分析とともに，比較福祉国家の分析枠組みを用いてドイツ政治の構造をダイナミックに考察している。他に**北住炯一**「戦後ドイツにおける財政連邦制の形成」（『名古屋大学法政論集』第200号）がある。

　イタリア政治について，**高橋進**「ファシズム・国家・党・市民社会―イタリア・ファシズムのなかの20世紀―」（立命館大学『政策科学』11巻3号）は従来のイタリア・ファシズム研究を再検討し，ファシズムの公共性やそこにおける市民社会と国家との関係を改めて分析し，「体制」，「全体主義」概念の吟味を厳密に行っている。

　オランダ政治については，**水島治郎**「『現代的キリスト教民主主義政党』の模索―オランダにおけるキリスト教民主主義の変容―」（『千葉大学法学論集』第19巻第3号）は，オランダのキリスト教民主主義政党である「キリスト教民主アピール」が野党を経験することによって，「プラグマティックな中道政党から，イデオロギー武装を経た中道右派政党への変容をとげ」た経緯を，党内の構造的問題への対処，すなわちイデオロギー改革・党組織改革・党リーダー改革などを丹念に追うことによって例証した論稿である。また同氏の「アムステルダムにおける『都市と公共性』」（今田高俊・金泰昌編『公共哲学13 都市から考える公共性』東京大学出版会）は，他のヨーロッパ諸国の首都と異なり「市民社会が自発的に公共性を担う，開放的な都市空間が存在した」アムステルダムの都市社会に関する明快で興味深い論稿である。

（文責　吉野　篤）

政治史・比較政治（北米）　9・11からイラク戦争を経て，ブッシュ政権を再検討する業績が徐々に増えている。ブッシュでさえ，1970年代より低下する大統領の権威を回復し得ていないとする**砂田一郎**『アメリカ大統領の権力――変質するリーダーシップ』（中央公論新社），同「ブッシュ政権の命運とイラク戦争――対外戦争は『少数派デモクラシー』を支えきれるか」（『国際問題』526号），ブッシュと小泉との関係を時系列的に追った**浅野一弘**「ブッシュが日本に求めたもの」（杉田米行編『ブッシュを採点する――内政と外交の政策評価』亜紀書房），日米関係を中心とする**久保文明**「日米関係の

変容——9・11事件の衝撃を中心に」（『三田評論』1071号），翻訳書としてジョン・フェッファー（南雲和夫監訳）『アメリカの悪夢——9・11テロと単独行動主義』（耕文社）などがある。ブッシュも含め，歴代大統領からアメリカ政治を考察した**藤本一美・濱賀祐子**『米国の大統領と国政選挙——「リベラル」と「コンサヴァティブ」の対立』（専修大学出版局），**藤本一美**編『ジョンソン大統領とアメリカ政治』（つなん出版）も相次いで刊行された。大統領に注目が集まる一方，**廣瀬淳子**『アメリカ連邦議会——世界最強議会の政策形成と政策実現』（公人社）は，9・11と連邦議会との関係にも言及しており，ブッシュ政権を中心とする一連の議論を補完することになるだろう。

2004年の大統領選挙を見据えた考察では，**久保文明**「2004年大統領選挙の展望——民主党穏健派の苦悩」（『国際問題』526号），同「注目すべき米国の二つの選挙戦——「ブッシュ対ケリー」と「外交エリート対ポピュリズム」と」（『外交フォーラム』196号）があり，また日本国際問題研究所『米国民主党の再建戦略——2004年大統領選挙を視野に入れて』には**久保文明**「民主党穏健派の動向——2004大統領選挙を中心に」，連邦議会選挙を扱った**廣瀬淳子**「2004年連邦議会選挙と議会民主党」が収録されている。

国内政治では，政党政治の変遷をコンパクトにまとめた**岡山裕**「アメリカ合衆国——政治的代表構造の変容？」（小川有美・岩崎正洋編『アクセス地域研究Ⅱ』日本経済評論社），ニューヨーク市の事例から福祉国家政策を再検討した**西山隆行**「アメリカの福祉国家と都市政治——ニューヨーク市長ジュリアーニと『新しいパターナリズム』」（『思想』962号）を得た。また，数的増加を見せるアジア太平洋系アメリカ人が，研究対象としていかに扱われているかを考察した**武田興欣／アンディ・アオキ** "Small Spaces for Different Faces: Political Science Scholarship on Asian Pacific Americans", *PS: Political Science and Politics*, vol.37, No.3にも注目したい。

外交史としては，**高原秀介**「ウィルソン政権と旧ドイツ領南洋諸島委任統治問題——米・英・日・英自治領の認識と政策的対応をめぐって」（『アメリカ史研究』27号），**肥田進**「国際連合の創設をめぐるダレスの超党派的関与」（『名城法学』53巻3号），**久保文明・赤木完爾編**『現代東アジアと日本6 アメリカと東アジア』（慶應義塾大学出版会）は，戦後から9・11までの対東アジア政策を包括的に扱っている。

カナダに関しては，**足立研幾**『オタワプロセス——対人地雷禁止レジームの形成』（有信堂高文社）が対人地雷全面禁止条約のプロセスを詳細にとり上げている。他に，**木暮健太郎**「カナダ——自由党を中心とする利益誘導政治」（河野武司・岩崎正洋編『利益誘導政治——国際比較とメカニズム』芦書房），イラク戦争に対するカナダ政府の対応に焦点を向けた**櫻田大造**「クレティエン政権の対応外交」（櫻田大造・伊藤剛編『比較外交政策』明石書店）

などがある。 　　　　　　　　　　　　　　　　（文責　木暮健太郎）

政治史・比較政治（中南米）　1980年代以降，中南米の政治は民主政の枠で展開されるようになり，しかもこの地域は動員されやすい体質の大衆を多く抱えているために，中南米の政治を分析するにあたってポピュリズムという用語が頻出する。しかし，その概念は一定ではない。松下洋「ラテンアメリカにおける古典的ポピュリズムとネオポピュリズム — 分析枠組の変化をめぐって」（南山大学ラテンアメリカセンター編『ラテンアメリカの諸相と展望』行路社）は，ポピュリズムの多義性を指摘しながらも用語の定義に拘泥せず，分析枠組みの変化という観点からポピュリズムを整理している。ペルーのフジモリ前大統領の政治スタイルはポピュリズムとされるが，**村上勇介**『フジモリ時代のペルー — 救世主を求める人々，制度化しない政治』（平凡社）は，フジモリの生い立ちからフジモリ政権の誕生そして終焉までを克明に描くと同時に，フジモリ政治の問題はペルー政治が歴史的に抱えてきた課題であると主張している。吉原多美江「ルーラ政権の誕生」（堀坂浩太郎編著『ブラジル新時代』勁草書房）は，ルーラ大統領のメタモルフォーゼ（変身）の光と陰を示した。ルーラは労働者党の候補者として史上最高得票率で大統領に選ばれたが，就任後は政権運営のためにポピュリスト的政策を避けるというメタモルフォーゼによってある程度成功した。しかし，ルーラ政権に期待を寄せた人々の支持が低下しており，これに対する対処が今後の課題となる。伊高浩昭「ベネズエラ国民投票は何を示したか」（『世界』10月号）は，既得権益を侵された伝統的支配層によるチャベス大統領罷免運動が多数の貧困大衆層の国民投票への動員によって失敗した要因を探っている。ポピュリズムの不安定性を富田与「現代のオストラシズム—ラテンアメリカの民主主義が提起する問題」（『外交フォーラム』12月号）はポピュリズムとオストラシズムの表裏関係で捉える。

　エルサルバドルの内戦終結と戦後復興のプロセスを扱った田中高『**内戦後の平和構築をいかに進めるか—エルサルバドルの事例研究**』（国際協力総合研修所）は，同時期に内戦を経験したニカラグアとの比較によって順調な平和構築および経済復興の要因を導き出した。さらに，民主主義の定着を示すために，内戦時に武装ゲリラ組織として政府軍と戦ったFMLNが国会における最大政党になっていく過程を分析している。

　松下洋・乗浩子編『**ラテンアメリカ　政治と社会　全面改訂版**』（新評論）は初版が刊行された1993年から政治状況が大きく変化したことによる改訂であるが，新刊に近い。脆弱とはいえ定着しつつある民主主義に鑑み，政党（**遅野井茂雄**），ブラジル労働者党（**鈴木茂**），市民社会（**狐崎知己**），先住民運動（**新木秀和**）などが加えられたほか各章とも大幅に改稿された。『国際問題』

536号の恒川惠市「民主主義の空洞化？」，道下仁朗「新自由主義の進展と課題」，松下洋「メルコスールからみたFTA」の各論文は，グローバル化の潮流の中で強制されたネオ・リベラリズムの開発政策によって生じた諸問題を扱っている。思想の面では，今井圭子編『ラテンアメリカ　開発の思想』（日本経済評論社）が外からではなく内なる発展の可能性を探る動きの中でラテンアメリカの開発の思想を捉えようとしている。

「ラテンアメリカの貧困と社会政策」を特集した『ラテンアメリカレポート』21巻2号（アジア経済研究所）には，宇佐美耕一「アルゼンチンにおける都市の貧困と社会扶助政策」，近田亮平「ブラジルの貧困と連邦政府による社会政策」，米村明夫「メキシコにおける貧困克服のための社会・教育成策」がある。

（文責　大谷博愛）

政治史・比較政治（ロシア・東欧）　ロシアと旧ソ連邦諸国を全て包括的に網羅した事典として，川端香男里・佐藤経明・中村喜和・和田春樹・塩川伸明・栖原学・沼野充義監修『新版　ロシアを知る事典』（平凡社）が待望久しく刊行された。塩川伸明『民族と言語――多民族国家ソ連の興亡Ⅰ』（岩波書店）は，ソ連邦の民族問題と言語政策を帝政末期から連邦解体期まで分析し，同じく塩川伸明『「二十世紀史」を考える』（勁草書房）では同時代史としての二十世紀を幅広く考察している。田畑伸一郎・末澤恵美編『ＣＩＳ――旧ソ連空間の再構成』（国際書院）は，CIS誕生以来の軌跡を，多面的に追っている。『ロシア・東欧研究』32号の特集論文では，溝端佐登史「ロシアにおける経済格差」，保坂哲郎「1990年代ロシアにおける人口移動と地域格差の諸特徴」，吉井昌彦「中・東欧における地域格差」，六鹿茂夫「モルドヴァの社会的格差」が体制転換による社会経済格差を取り上げている。

ロシア内政では皆川修吾 "Parliamentary Democracy in Russia at a Crossroads," in T.Hayashi, ed., *Democracy and Market Economics in Central and Eastern Europe: Are New Institutions Being Consolidated?*（Slavic Research Center）は，ロシア連邦独立以後の議会政治変容を丁寧に分析している。ロシア外交では，日本国際問題研究所編の『イラク戦争後のプーチン政権の対外政策全般』および『イラク戦争後のプーチン政権の対中央アジア政策』の姉妹二編が，それぞれ多数の論文を所収している。横手慎二編『現代東アジアと日本5　東アジアのロシア』（慶應義塾大学出版会）は，多方面から見たロシアと東アジア関係について多くの示唆に富む論文を含んでいる。ロシア社会については，村井淳「現代ロシアの犯罪状況――地域別，種別，社会層別の犯罪傾向と受刑者」（日本法政学会『法政論叢』41巻1号），「犯罪統計を通して見る現代ロシアの社会変動――ペレストロイカ期から2002年まで」（『ロシア・東欧研究』32号）が犯罪問題を扱っている。

中央アジア及びカフカスでは,『国際政治』138号が特集を組み,**湯浅剛**「ソ連解体後の境界構築の諸相」,**稲垣文昭**「アメリカの対ウズベキスタン政策」,**輪島実樹**「カスピ海・エネルギー資源開発を巡る国際関係の展開」,**廣瀬陽子**「アゼルバイジャンの権威主義の成立と変容」,**北川誠一**「グルジア・パンキスィ渓谷問題の種族・信仰的背景」を始めとして多くの視座を提供している。

東欧では,**大塚昌克**『体制崩壊の政治経済学——東ドイツ1989年』(明石書店)が,東ドイツの崩壊過程を,理論研究と事例研究を融合させる試みによって検証している。**林忠行**「チェコの政党政治と欧州懐疑主義」(『地域研究』6巻2号)はチェコと欧州連合加盟をめぐる問題を国内政治から指摘している。**仙石学**「ポーランドの対米・対欧州政策の変遷——国内政治の視点から」(『国際問題』537号)「ポーランドにおける執政の変容——権力分担のシステムから効率的統治のシステムへ」(西南学院大学『法学論集』37巻1号)が現代ポーランド政治を外交と内政面において分析し,"Emerging Eastern European Welfare States: A Variant of the 'European' Model?," in S. Tabata and A.Iwashita, eds., *Slavic Eurasia's Integration into the World Economy and Community* (Slavic Eurasian Studies, No.2) ではポーランド以外の東欧諸国との社会政策比較を行っている。**志摩園子**『物語 バルト三国の歴史』(中央公論新社)は,バルト諸国の複雑な歴史を現代に至るまで鳥瞰している。

(文責　大中真)

政治史・比較政治(アジア)　2004年のアジア地域に関しては,大規模なプロジェクトに関連した研究成果が多く公表された。アジア政治研究連盟の発足と軌を一にして進められたアジア・バロメーターの分析を中心とした猪口孝らの一連の研究 **Takashi Inoguchi**, "The Asia Barometer: Its Aim, Its Scope, Its Strength," *Japanese Journal of Political Science* 5(1); "Social Capital in Ten Asian Societies," *Japanese Journal of Political Science* 5(1), **猪口孝・安清市**「東・東南アジアにおける価値観の変化と民主的ガバナンスの挑戦」(『日本政治研究』1巻1号),**猪口孝**「日本,韓国,中国の政治学と三つの民主主義—不満を抱える民主主義(日本),第三の波の民主主義(韓国),駆け出しの民主主義(中国)」(『日本政治研究』1巻2号)がその一つである。また,慶應義塾大学出版会から,シリーズ『現代東アジアと日本』が出版されている。**添谷芳秀・田所昌幸編**『第1巻　日本の東アジア構想』は,日本の対アジア政策を,**国分良成編**『第2巻　中国政治と東アジア』は,「国内政治」と「東アジアの中の中国」という二つの側面から,中国を読み解き,**久保文明・赤木完爾編**『第6巻　アメリカと東アジア』(西川吉光「冷戦後の日米安全保障関係」など所収)は,アメリカの対東アジア政策を国内政治と対外

政策過程の観点から分析する。このほか，アジア政治を全体として見渡そうとしたものとして，西川吉光『激動するアジア国際政治』（晃洋書房）がある。

中国については，日本比較政治学会編『比較の中の中国政治』（早稲田大学出版部，小嶋華津子・辻中豊「『社団』からみた中国政治社会」，木村幹「強大な国家と不安定な支配―東アジアにおける脱植民地化とその影響」などを所収）が，中国政治を主として他のアジア諸国との比較の中で論じようとしている。国分良成『現代中国の政治と官僚制』（慶應義塾大学出版会）は，官僚制という一側面から中国現代史を読み解こうとする。平野聡『清帝国とチベット問題―多民族統合の成立と瓦解―』（名古屋大学出版会）は，どのような統治と思想が「帝国」や「多民族国家」の成否を左右するかを明らかにする。土屋光芳『汪精衛と蔣汪合作政権』（人間の科学社）は，日中戦争中の汪精衛の対日政策の作成・実施過程を明らかにする。このほか，仲井斌「二つの中国と国際政治―21世紀を翔ける―」（『専修法学論集』92号），湯本國穗「梁瀨溟における民主主義制度と中国の『民族精神』（二・完）」（『千葉大学法学論集』18巻3・4号），小島朋之「今日の中国の権力構造―江沢民体制から胡錦濤体制へ」（『国際問題』527号），高原明生「中国の多角外交―新安全保障観の唱道と周辺外交の新展開」（『国際問題』527号），野口和彦「文革期における中ソ国境武力紛争」（『アジア遊学』65号），毛桂榮「インターネットと中国政治」（明治学院大学『法学研究』77号）などがある。

韓国については，政治社会に関する日韓比較をおこなう研究が続いたのが大きな特徴である。辻中豊・廉載鎬編著『現代韓国の市民社会・利益団体―日韓比較による体制移行の研究―』木鐸社（磯崎典世「体制変動と市民社会のネットワーク」，大西裕「与党ネットワーク：団体と政党・行政関係の日韓比較」などを所収）が，日韓の研究者による膨大なアンケート・データに基づいて現代韓国の市民社会・利益団体の現実を分析し，日本調査データとの比較研究を行っている。曽根泰教・崔章集編『変動期の日韓政治比較』（慶應義塾大学出版会）は，近年日韓両国を襲っている社会構造の変動がもたらす政治システムへの波紋を分析している。小林良彰・任赫伯編『日本と韓国における政治とガバナンス』（慶應義塾大学出版会）は，政治改革，地方分権，企業と政治の関係など，両国が共有する課題についての分析をおこなう。このほかに，清水敏行「民主体制定着期の韓国における政治と市民社会（一）（二）」（『札幌学院法学』20巻2号，21巻1号），木村幹「王宮が消滅する日―近代における朝鮮の王権―」（伊藤之雄・川田稔編『二〇世紀日本の天皇と王権』吉川弘文館），大西裕「韓国におけるイデオロギー政治の復活」（『国際問題』535号）などがある。

東南アジアについては，村嶋英治「ナショナル化に呑み込まれるエスニシティ：クメール人とは誰か？」（『アジア太平洋討究』6号）が，タイとカン

ボジアにおける少数民族と国家の関係を「ナショナル化」をキーワードに分析を試みている。金丸裕志の「シンガポールの市民社会とNGO——一党支配体制下での政府との「協働」—」（九州大学『政治研究』51号）と「シンガポールの市民社会とNGO—政府との関係における三類型—」（『福岡発・アジア太平洋研究報告』13巻）は，一党制下における市民社会の状況をシンガポールを事例に調査した結果を分析している。

南アジアについては，岡本幸治『インド亜大陸の変貌』（展転社）が，1990年から2000年までのインドを中心とした南アジアの変貌を記述し，論評している。

比較政治におけるその他の領域では，アフリカを対象とした次の業績がある。宇佐美誠「真実究明と被害補償—南アフリカの事例」（『法律時報』76巻1号）。　　　　　　　　　　　　　　　　　　　　　　（文責　大西裕）

国際政治　2004年は国際政治理論に関しては当たり年といってよい。まず，信夫隆司『国際政治理論の系譜—ウォルツ，コヘイン，ウェントを中心として—』（信山社）は，国際政治理論を体系的に紹介する文献が乏しかった中で，社会科学の知の視点から，ネオリアリズム，国際制度論，コンストラクティヴィズムの内容を詳細に検討・比較している点，きわめて有益である。南山淳『国際安全保障の系譜学—現代国際関係理論と権力／知—』（国際書院）も，「知の体系」としての国際関係論の再生産，制約要因，現実の国際関係への影響の理論的検証に取り組んだ意欲的業績として注目される。土山實男『安全保障の国際政治学—焦りと奢り—』（有斐閣）は，国際政治の基本的テーマである安全保障の問題について，ツキュディデスから今日まで，著者の安全保障研究の集大成を成している。また猪口孝編『国際関係リーディングズ』（東洋書林）が編纂されているが，欧米の厳選された論考を日本語で読むことができるのは，とりわけ，学部上級生や大学院生にとって有益だろう。藤原帰一・李鍾元・古城佳子・石田淳一編の『国際政治講座3　経済のグローバル化と国際政治』『国際政治講座4　国際秩序の変動』（東京大学出版会）に収められている論考は，いずれも今日の国際政治の主要テーマについてレベルの高い知識と洞察を与えてくれる。藤原帰一『平和のリアリズム』（岩波書店）は，著者自身も指摘するように，一見，矛盾した表現のように思われるが，平和の条件を模索する著者の試みは一読に値する。なお，国際政治の入門書としては，鹿島正裕編著『二一世紀の世界と日本（改訂版）』（風行社），細谷雄一・矢澤達宏編『国際学入門』（創文社）がある。

山脇直司・丸山直人・柴田寿子編『グローバル化の行方』（新世社）は，NGO，アジア，アフリカといったさまざまな視点からグローバル化の実態を探ろうとしている。中でも，山脇直司「グローバル化に対する視座とグロー

カル公共哲学」は，グローバル化の諸局面をめぐる思想的対立軸を整理し，グローカル公共哲学の論理とヴィジョンの中に位置づけようとしている。反グローバル化とグローバル化を論じた論考として，**福島政裕**の「反グローバル化」（松下満雄編『WTOの諸相』（南窓社）と「グローバル化―先進国vs.途上国―」（『東海大学政治経済学部紀要』36号）が挙げられる。五十嵐武士「大量破壊兵器とグローバル・ポリティクス」（『国際問題』529号）と「安全保障論の転換」（磯村早苗・山田康弘編『いま戦争を問う―平和学の安全保障論―』（法律文化社）は，グローバル・ポリティクスという視点から大量破壊兵器の問題点・安全保障論を論じている。安全保障，軍備管理，国連改革といった広い意味での国際平和協力を論じたものとして，**西川吉光**『国際平和協力論』（晃洋書房）がある。安全保障に関しては，**池尻久和**『安全保障体制の研究（改訂版）』（晃洋書房）が参考になる。

近年，人間安全保障という概念が注目を集めている。その提唱者のひとりである武者小路公秀の業績を評価したものとして，中部大学国際人間研究所編『アリーナ2004　武者小路公秀の仕事』（人間社）がある。その中で，田口富久治「武者小路公秀の学問と思想：人間安全保障の国際政治学をめざして」は，その概要を知る上で便利である。グローバル・ガバナンスに関しては，国際システムにおけるドイツと日本に焦点をあてたTakashi Inoguchi, Saori N.Katada, Hanns Maull(eds.), *Global Governance: Germany and Japan in the International System*(Ashgate Publishing)が注目される。冷戦終結後の内戦問題に関しては，**石田淳**編「冷戦終結と内戦」という特集が，東京大学社会科学研究所『社会科学研究』（55巻5・6合併号）に組まれている。いずれの論考も一読に値する。

国際政治史に関しては，**服部龍二**『国際政治史の道標―実践的入門―』（中央大学出版部）がある。体系的な入門書ではないが，国際政治史を勉強するうえでのひとつの道しるべを与えてくれる。近代東アジア国際関係史の泰斗**衛藤瀋吉**が著した『近代東アジア国際関係史』（東京大学出版会）は，味わい深いものがある。**池田慎太郎**『日米同盟の政治史―アリソン駐日大使と「一九五五年体制」の成立―』（国際書院）は，骨太の日米関係史である。**西田敏宏**「幣原喜重郎の国際認識―第一次世界大戦後の転換期を中心として―」（『国際政治』139号）は，幣原外交の研究に資するものである。**酒井哲哉**は，「古典外交論者と戦間期国際秩序―信夫淳平の場合―」（『国際政治』139号）と「戦間期日本の国際秩序論」（『歴史学研究』794号）において，戦間期における日本の国際秩序のとらえ方に論及している。Sakai Tetsuya, "Idealism and Realism in the Post-War Foreign Policy Debate in Japan,"（*Asian Yearbook of International Law*, vol.9）も同じ文脈に位置づけられる。アラブ・イスラエルの和平交渉を論じた著作として，L・Z・アイゼンバーグ，N・キャプラン

（鹿島正裕訳）『アラブ・イスラエル和平交渉―キャンプ・デービッド以後の成功と失敗―』（御茶の水書房）がある。アジアにおける冷戦史を簡潔に素描したものとして，下斗米伸夫『アジア冷戦史』（中央公論新社）がある。レーガン政権以降の国際関係史を通観している文献として，西川吉光『現代国際関係史Ⅳ―新冷戦～冷戦の終焉―』（晃洋書房）が挙げられる。

日本を含む東アジアの文献として，まず，イラクへの自衛隊派遣問題に関しては，窪田明『日本にとってのイラク自衛隊派遣問題』（新生出版）が参考になる。イラク戦争への対応について，日本，イギリス，イタリア，中国，ドイツ，フランス，カナダの外交政策を比較した櫻田大造・伊藤剛編著『比較外交政策―イラク戦争への対応外交―』（明石書店）は興味深い。野口和彦「パワー・シフトと武力紛争―スプラトリー（南沙）諸島紛争の事例から―」（『東海大学教養学部紀要』34輯）は，南沙諸島紛争をとりあげ，戦争原因としてのパワー・シフト理論の実証研究として注目される。ブッシュ政権の対北朝鮮政策に関しては，木宮正史「ブッシュ政権の対北朝鮮政策―対北朝鮮強硬論と多国間枠組みの狭間で―」（『国際問題』526号）が要領よくまとめられている。菅英輝編著『朝鮮半島―危機からの平和構築―』（明石書店）は，朝鮮半島の緊張緩和と平和共存の可能性について新たな視点を提供してくれる。わが国の外交政策を体系的に論じた文献として，西川吉光『日本外交政策―現状と課題，展望―』（学文社）が参考になる。長谷川雄一編『日本外交のアイデンティティ』（南窓社）は，日本の非軍事的外交の可能性を分析した好著である。国際機関と日本との関係を論じた文献として，田所昌幸・城山英明編『国際機関と日本―活動分析と評価―』（日本経済評論社）が注目される。わが国の人権外交に絞った論考として，古川浩司「日本の人権外交再考―国際人権政策の構築に向けて―」（『中京法学』39巻1・2合併号）がある。APECについては，椛島洋美・原清一「ソーシャル・キャピタル論からみるAPECの可能性」（石川明編『国際経済法と地域協力』（信山社））がある。

米国に関しては，権左武志「イラク戦争はなぜ「正しい戦争」ではないのか？―イラク戦争の正当性をめぐるハーバーマスの考察―」（『創文』463号）が，ハーバーマスの論考を中心に考察している。テロと米国に関しては，大矢吉之「9・11同時多発テロとブッシュのアメリカ―メモワール：テロとの戦いと国際社会及び日本の対応―」（『大阪国際大学研究叢書』No.11）がある。ＥＵに関しては，小久保康之「キプロスのEU加盟と「キプロス問題」」（『日本ＥＵ学会年報』24号）と大八木時広「欧州委員会の任命プロセス―プロディ委員会の事例―」（日本法政学会『法政論叢』40巻2号）がある。**Arthur Stockwin**, "Negotiating the basic treaty between Australia and Japan, 1973-1976," *Japanese Studies*, Vol.24, No.2 は，1976年に締結された「日本国とオー

ストラリアとの間の友好協力基本条約」の交渉過程を分析している。

アフリカに目を転じてみると，川端正久「スーダンは内戦から脱出できるか」(『世界』8月号)がスーダンの内戦を論じている。コンゴに関しては，三須拓也「一九五〇年代アメリカの対アフリカ支援を巡る外交的ジレンマと多角的政策―コンゴ国連軍の起源に関する一考察―」(『金城学院大学論集』205号)がある。　　　　　　　　　　　　　　　　　（文責　信夫隆司）

2005年度文献委員会

１．本委員会では各分野を次の委員が担当した。岩崎正洋［政治学・政治理論］，水戸克典［政治過程］，廣瀬聡［行政学・地方自治］，眞壁仁［政治思想（日本・アジア）］，石井健司［政治思想（欧米）］，中静未知［政治史（日本）］，吉野篤［政治史・比較政治（西欧・北欧）］，木暮健太郎［政治史・比較政治（北米）］，大谷博愛［政治史・比較政治（中南米）］，大中真［政治史・比較政治（ロシア・東欧）］，大西裕［政治史・比較政治（アジア）］，信夫隆司［国際政治］。

なお，総括的な責任は委員長の杉本稔にある。

２．分野の名称については概ね前年度までの例を継承したが，若干の手直しを施した部分もある。また業績が複数の分野で紹介されている場合もあるが，それはその業績が多方面から評価できるためでもあるので，敢えて調整はしなかった。

３．原稿の執筆に際しては会員からの業績自己申告書を基本としたが，それ以外の文献についてもできる限り紹介するように努めた。しかしながら紙幅の関係で紹介すべくして紹介できなかったものもある。会員の皆様のご海容をお願い申し上げるほかはない。

４．最後になったがご協力をいただいた会員の皆様ならびに学界展望の原稿をご執筆下さった委員の皆様に心より御礼を申し上げる。　　（文責　杉本稔）

日本政治学会規約

一，総則
第一条　本会は日本政治学会 (Japanese Political Science Association) と称する。
第二条　（削除）

二，目的及び事業
第三条　本会はひろく政治学（政治学，政治学史，政治史，外交史，国際政治学，行政学及びこれに関連ある諸部門を含む）に関する研究及びその研究者相互の協力を促進し，かねて外国の学会との連絡を図ることを目的とする。

第四条　本会は前条の目的を達成するため左の事業を行う。
　　　　一，研究会及び講演会の開催
　　　　二，機関誌その他図書の刊行
　　　　三，外国の学会との研究成果の交換，その他相互の連絡
　　　　四，前各号のほか理事会において適当と認めた事業

三，会員
第五条　本会の会員となることのできる者はひろく政治学を研究し，且つ会員二名以上から推薦された者で，理事会の承認を得た者に限る。

第六条　入会希望者は所定の入会申込書を理事会に提出しなければならない。

第七条　会員は，理事会の定めた会費を納めなければならない。

第八条　会費を二年以上滞納した者は，退会したものとみなす。但し，前項により退会したとみなされた者は，理事会の議をへて滞納分会費を納入することにより，会員の資格を回復することを得る。

四，機関
第九条　本会に左の役員を置く。
　　　　一，理事　若干名，内一名を理事長とする。
　　　　二，監事　二名
　　　　三，幹事　若干名
　　　　四，顧問　若干名

第十条　理事及び監事の選任方法は，別に定める理事・監事選出規程によるものとする。
　　　　理事長は，別に定める理事長選出規程に基づき，理会会において選出する。
　　　　幹事及び顧問は理事会が委嘱する。

第十一条　理事長，理事及び幹事の任期は二年とする。
　　　　　監事の任期は三年とする。
　　　　　補充として就任した理事長，理事，監事及び幹事の任期は前二項の規定にかかわらず，前任者の残存期間とする。
　　　　　理事長，理事，監事及び幹事は重任することが出来る。

第十二条　理事長は本会を代表し，会務を総括する。
　　　　　理事長が故障ある場合には理事長の指名した他の理事がその職務を代表する。

第十三条　理事は理事会を組織し，会務を執行する。

第十四条　監事は，会計及び会務執行を監査する。

第十五条　幹事は，会務の執行につき，理事に協力する。

第十五条の二　顧問は会務の執行につき理事長の諮問に応える。

第十六条　理事長は毎年少なくとも一回，会員の総会を招集しなければならない。
　　　　　理事長は，必要があると認めるときは，臨時総会を招集することが出来る。
　　　　　総会（臨時総会を含む）を招集する場合は，少なくとも一ヶ月以前に全会員に通知しなければならない。
　　　　　会員の五分の一以上の者が，会議の目的たる事項を示して請求したときは，理事長は臨時総会を招集しなければならない。

第十七条　総会（臨時総会を含む）は，出席会員によって行うものとする。
　　　　　理事会は，役員の選任・会計・各委員会および事務局の活動その他，学会の運営に関する基本的事項について総会に報告し，了承

を受けるものとする。

第十八条　本会の会計年度は，毎年四月一日に始り，翌年三月末日に終る。

五，規約の変更及び解散

第十九条　本規約を変更する場合は，理事会の発議に基づき会員の投票を実施し，有効投票の三分の二以上の賛成を得なければならない。

第二十条　本会は，会員の三分の二以上の同意がなければ，解散することができない。

（二〇〇〇年一〇月八日改正）

日本政治学会理事・監事選出規程

理事の選任

第一条　理事の選任は，会員による選挙および同選挙の当選人によって構成される理事選考委員会の選考によって行う（以下，選挙によって選出される理事を「公選理事」，理事選考委員会の選考によって選出される理事を「選考理事」と称する）。

第二条　公選理事は，会員の投票における上位二〇位以内の得票者とする。

第三条　投票が行われる年の四月一日現在において会員である者は選挙権及び被選挙権を有する。
　　　　ただし，顧問および理事長は被選挙権を有しない。

第四条　会員の選挙権及び被選挙権の公表は会員名簿及びその一部修正によって行なう。

第五条　一，選挙事務をとり行なうため，理事長は選挙管理委員長を任命する。
　　　　二，選挙管理委員長は五名以上一〇名以下の会員により，選挙管理委員会を組織する。

第六条　一，選挙は選挙管理委員会発行の，所定の投票用紙により郵送で行なう。
　　　　二，投票用紙は名簿と共に五月中に会員に郵送するものとする。
　　　　三，投票は六月末日までに選挙管理委員会に到着するように郵送されなければならない。

　　　　　四，投票は無記名とし，被選挙権者のうち三名を記する。

第七条　一，選挙管理委員会は七月末までに開票を完了し，得票順に当選人を決定し，九月初旬までに理事長及び当選人に正式に通知しなければならない。
　　　　　二，最下位に同点者がある場合は全員を当選とする。
　　　　　三，投票の受理，投票の効力その他投票及び開票に関する疑義は選挙管理委員会が決定するものとする。
　　　　　四，当選人の繰上補充は行なわない。

第八条　一，前条第一項の当選人は理事選考委員会を構成する。
　　　　　二，理事選考委員会は，十五名以内の理事を，地域，年齢，専攻，学会運営上の必要等に留意して選考する。
　　　　　三，理事選考委員会は当選人の欠員補充をすることができる。その場合には，前項の留意条件にとらわれないものとする。
　　　　　四，常務理事については，本条第二項にいう十五名の枠外とすることができる。

第九条　理事長は，選出された公選理事および選考理事を，理事として総会に報告する。

監事の選任
第十条　監事の選任は理事会において行い，理事会はその結果を総会に報告し，了承を受けるものとする。

規程の変更
第十一条　本規程の変更は，日本政治学会規約第十九条の手続きによって行う。

（了解事項）　理事選挙における当選者の得票数は，当選者に通知するとともに，理事会に報告する。
　　　　　　　　　　　　　　　　　　　　　　（二〇〇〇年一〇月八日改正）

日本政治学会理事長選出規程

第一条　理事長は，公選理事の中から選出する。
第二条　現理事長は，理事選挙後，理事選考委員会（日本政治学会理事・監

事選出規程第八条）に先だって，公選理事による次期理事長候補者選考委員会を招集する。

二　公選理事は，同選考委員会に欠席する場合，他の公選理事に議決権を委任することができる。

三　次期理事長選考委員会では，理事長に立候補した者，または推薦された者について投票を行い，過半数の得票を得て，第一位となった者を次期理事長候補者とする。

四　投票の結果，過半数の得票者がいない場合，上位二名につき再投票を行い，上位の得票者を次期理事長候補者とする。

五　再投票による得票が同数の場合は，抽選によって決定する。

第三条　選考理事を含めた次期理事会は，次期理事長候補者の理事長への選任について審議し，議決する。

二　理事は，欠席する場合，他の理事に議決権を委任することができる。

（二〇〇二年一〇月五日制定）

日本政治学会次期理事会運営規程

一　〔総則〕　次期理事が選出されてから，その任期が始まるまでの次期理事会は，本規程に従って運営する。

二　〔構成〕　次期理事会は，次期理事および次期監事によって構成する。

三　〔招集〕　次期理事会は，次期理事長が召集する。但し，第一回の次期理事会は現理事長が招集する。

四　〔任務〕　イ　次期理事会に関する事務は，次期常務理事が取り扱う。また，その経費は次期理事会経費に準じて学会事務局が支払う。

ロ　次期理事会は，任期の間の次期常務理事，次期幹事，各種委員会の長および委員を必要に応じて委嘱できる。

ハ　次期理事会は，任期の間の日本政治学会行事について，現理事会の委嘱にもとづき，企画，立案できる。

五　〔記録〕　次期理事会の記録は，次期常務理事の下でまとめ，次期理事会および現理事会の構成員に配布する。

（二〇〇二年一〇月五日制定）

The Annuals of Japanese Political Science Association 2005-I

Summary of Articles

Changes and Continuity of Voting Behavior in Civil Society

Yoshiaki KOBAYASHI (11)

Since the electoral reform a decade ago, three elections to the House of Representatives have been held. At the time of the reform, the problems of political funding and widespread corruption were commonly attributed to the medium-sized constituency system. It was then argued that the introduction of the dual system, consisting of the small constituency and proportional representation systems, would counter these problems by stimulating policy debates. This study examines the validity of these claims by comparing the patterns of voting behavior at elections held under the new and old systems. The analysis empirically tests five hypotheses built around the following points:1. The range of candidates' policy positions, 2. The distance between candidates' issue positions and voters' ideal points, 3. Whether issue voting has increased/decreased? 4. Correspondence between subsidies to a constituency and the number of votes gained, 5. Correspondence between subsidies and the number of votes gained at House of Councilors elections. The results of this study show that the dual system has not brought about the expected changes in voting behavior. It also suggests that the problems regarding political funding did not originate in the medium-sized constituency system but still persist under the new system.

Decline of the Politics of Hope: Panel Data Analysis of Japanese National Elections in the Koizumi Years 2001-2004

Ken'ichi IKEDA (36)

In the years following the huge popularity of the early Koizumi Cabinet, national elections have been held in 2003 (House of Representatives) and in 2004 (House of Councilors). Using survey data from the 2001 House of Councilors Election--which was held in the height of Koizumi's popularity--as a reference point, this paper investigates the role of prospective and retrospective perceptions toward the Koizumi cabinet on voting behavior by analyzing data from the Japan Election Study 3, a nation-wide panel survey conducted from 2001 to 2005. The findings show that the incumbent LDP party lost shares due to a decline in prospective voting, which was insufficiently supplemented by positive retrospective voting. Further analyses reveal that economic perception was the main culprit for this change. Mass media was indirectly influential on this process through its initial perception of hope for reform and warm feelings toward Koizumi.

Retrospective Voting under the Koizumi Cabinet, 2001-2004

Hiroshi HIRANO (66)

This article examines how the Japanese electorates' voting behavior changed between the 2001 and the 2004 Upper House elections under the Koizumi Cabinet, by looking at the role of retrospective evaluations of the cabinet, based on the JES Ⅲ data.

The results of the analysis revealed that the effects of retrospective evaluations on the voting behavior increased from 2001 to 2004. We also found that the impacts of the evaluation of the Cabinet's foreign policy were clear and consistent through the elections; however the evaluation of the Cabinet's economic performance exerted much weaker influences. The disbanding of the "Koizumi Coalition" is also discussed.

Exit from the LDP and the Evaluation of the Prime Minister Koizumi in the 2004 HC Election.

Masahiro YAMADA (88)

In the 2004 House of Councilors (HC) election, we observed a nation-wide swing of votes which caused a major setback for the ruling Liberal Democratic Party (LDP). This was a drastic swing compared with the 2001 HC election. In order to make clear the factors underlying this swing, this study analyzes data from the Asahi Shinbun- University of Tokyo joint survey. Our hypothesis is that the decline of the LDP in the 2004 election was caused by the waning of Koizumi's "coattail effect".

The results of the analysis show that the swing was brought about by the voters' negative evaluation of Koizumi cabinet or Koizumi himself, the party, and other issues such as constitutional reform or the pension system. The study also indicates that there is an evaluation gap between the performances of the LDP and Prime Minister Koizumi, and that the positive evaluation of the latter did not contribute to votes to the former. Moreover, votes for the LDP under the Proportional Representation system in the 2004 HC election included supporters for the so-called "Teikou Seiryoku - resistance force" within the LDP.

The leadership of Koizumi is often characterized as a variation of populism, with his mass-appealing attitude on the media and his tendency to reduce political issues down to oversimplified, dualistic categories. However, the results of this study suggest that many voters made their voting choices based on the evaluation of the Koizumi government rather than being blindly affected by populist tactics.

The Effect of Social Network and the Media on Partisanship and Voting Behavior : An Analysis of the JEDS96 Data
Mamoru SHIRASAKI (106)

This article examines the influence of personal communication and the media on partisanship and voting behavior in the 1996 general election based on an analysis of the JEDS96 survey data.

Among the main constituents of social network including spouses, other family members, colleagues, and friends, the study finds that spouses' influence is by far the greatest. The influence of colleagues and friends is negligible unless they have a frequent political conversation with voters. In contrast, spouses and other family members influence on the voters regardless of the frequency of political talks.

As for the role of the media, the main source of influence for the Liberal Democratic Party supporters came from television news, whereas those who supported the New Frontier Party were influenced by TV commercials. This implies that the LDP was unable to make effective use of mass media campaigns through election broadcasts or commercials, while the New Frontier Party's reliance on commercials means that substantial political messages were overshadowed by the presentation of superficial images.

Lastly, even if voters got something good impression about a party from mass media, voters without political talks would not come to support the party.

The Decline of Electoral Participation in Japan:
An Inquiry into the Sudden Decline of Turnout in the 1990s
Tsuyoshi MIFUNE (135)

This paper uses individual-level data to examine the cause of the sudden decline in turnout in House of Representatives elections in the 1990s.

The turnout rate remained flat from 1972 to 1990, but between 1990 and 1996 fell rapidly. In fact, individual-level data show that the electorate's political awareness changed markedly.

The analysis utilized in this inquiry first offers a comprehensive explanation for the sudden change in turnout. It then establishes determinants of both voting and abstention through probit analysis, and finally illustrates the cause of the fall in turnout through simulations.

The results show that the decline in turnout from 1990 to 1996 was due not to a decrease in mobilization, but rather to a decline in partisanship and low political interest of the electorate. In addition, alteration of the electoral rules had little significant effects.

Policy Information and Voter Turnout: A Field Experimental Test
Yusaku HORIUCHI, Kosuke IMAI, Naoko TANIGUCHI (161)

Political scientists have hypothesized that more policy information leads to a higher voter turnout. To empirically test this hypothesis, we conducted an Internet-based randomized field experiment during Japan's 2004 Upper House election. Japan's 2004 election is ideal for testing our hypothesis because political parties proposed formal policies or "manifestos". We find that voters are less likely to abstain when they receive policy information about both ruling and opposition parties through their official party websites. The information effects are larger among those voters who were planning to vote but were undecided about which party to vote for.

Additionally, our experimental approach avoids the problem of endogenous information acquisition, which is inherent when using observational studies to estimate the causal effects of information on voting behavior. Furthermore, we employ a randomized block design to ensure efficient randomization, and apply a Bayesian statistical model to account for non-compliance and non-response, the two prevailing problems of field experiments.

Fusion and Separation of Powers in the Japanese Legislative Process
Sadafumi KAWATO and Mikitaka MASUYAMA (181)

The Japanese Diet has several institutional features that together create a "short session" system, and the scarcity of legislative time makes the possession of agenda power a central concern of parliamentary politics. During the course of this paper, we attempt to show how the institutionally-induced scarcity of time affects the way in which both the government and the opposition exercise the parliamentary prerogatives and bias the legislative outcomes to their advantage. To take into account the time factor and the censored nature of legislative process, we utilize a duration model to estimate the likelihood of a legislative proposal to pass the Diet. Combining micro-level legislative data from major postwar sessions, we compare the legislative process of the bills submitted by the cabinet with that of those proposed by the Diet members, and show that the likelihood of successful legislation depends critically on how the cabinet controls agenda setting in the Diet. The findings not only force us to reassess the literature on party politics in Japan, but also contribute to a comparative understanding of legislative institutions with respect to procedural restrictions and the incentives they provide.

Quantitative Analysis of the Political Control over Bureaucrats in Postwar Japan

Masahiko TATEBAYASHI (201)

This article examines the relationship between politicians and bureaucrats in postwar Japan. The author argues that the governing Liberal Democratic Party (LDP) has manipulated bureaucrats' policy preferences towards the LDP's ideal position by using "ex ante control" such as recruitment and promotion policy. With the framework of the principal-agent model, the author claims that the spurious autonomy of Japanese bureaucrats can be interpreted as the outcome of successful control over bureaucrats' preferences by LDP politicians. The paper provides evidence with a quantitative analysis of surveys conducted in 1976-77 and 2001-2002. For example, the closer the policy preference of the bureaucrat is to the ideal position of the LDP, the wider he tends to find his discretion.

Determinants of Change of Education Policy at Municipalities after Decentralization in Japan

Eiichi AOKI (228)

Decentralization gave local governments greater autonomy in planning and executing education policy. As a consequence, some local governments reduced class size and introduced original curriculum. This paper examined the political and administrative factors in municipalities that enabled some local governments to make original education policy. Following points are made clear in this case study of political and administrative change in Shiki City and Inuyama City. First, mayor played an important role in agenda setting. In Japan, local governments did not have the autonomy in making curriculum and deciding class size. Decentralization gave them autonomy and the mayor became the key actor as the mayor had the authority in making a budget. Especially it is important that the mayor has the power to negotiate with prefecture which has the authority in deciding curriculum and class size. Second, education policy is focused on in local politics. To put it concretely, education policy proposed by the mayor became the subject of heated discussion. Third, the number of inspection mission conducted by the other local governments to both the cities rapidly increased.

The Universal Service Policy Process in the United States in the Internet Age: A Policy Typology and Politicization of Education and Library Groups

Shoko KIYOHARA (252)

As David B. Truman has suggested, increasing societal complexity, characterized by economic specialization and social differentiation, causes group proliferation. This research focuses on how increasing societal complexity due to the emergence of the Internet has affected the telecommunications political process in the U.S. by analyzing the Universal Service policy process.

Because of new issues such as the National Information Infrastructure and Internet access, more and more political actors have participated in the political process. The Telecommunications Act of 1996 also affects telecommunications policy. After the establishment of the 1996 Act, the Federal Communications Commission launched its rulemaking for the new Universal Service support mechanisms. The new Universal Service programs, especially the E-rate program, have created a great number of new constituencies. The education community and the American Library Association (ALA) play a great role in the E-rate policy implementation process. This paper will show you how new political actors like education groups and the ALA have become politicized in the field of telecommunications in the Internet Age as well as illustrate how this would be interpreted in the current American politics.

Australia's Foreign Strategies for the Kyoto Conference on Global Warming: The Results of Field Interview and Analysis

Keigo HOMMA (273)

In December 1997, the third session of the Conference of the Parties to the United Nations Framework Convention on Climate Change (UNFCCC-COP3; COP3 hereafter) was held in Kyoto. Although most developed Party countries to COP3 had to accept some reduction targets for greenhouse gas emissions, Australia managed to obtain a target on an 8 percent increase above 1990 level. Undoubtedly this was a favorable outcome for both the Australian government and industry.

The central question then arises: Why did Australia succeed in gaining the favorable 8 percent increase target at COP3? To answer the question, this paper examines Australia's diplomatic strategies for COP3, based on the results of field interviews with key persons in Canberra and Sydney.

Australia's success at COP3 can be explained by its ability to establish a set of diplomatic strategies. This ability is based on two elements. These are whether Australia was able to elaborate a number of alternative strategies in its long-term foreign policy decision making, and whether Australia was able to resist external pressures in its short-term foreign policy decision making.

The Paradox of American Democracy

Kyoko TOKUHISA (295)

The aim of this paper is to explain that the so-called 'crisis of American democracy' revealed from 1960s is related to changes in the quality of "social capital". R.D. Putnam contends that the accumulation of social capital enhances the performance of democratic institutions. Conversely, a decrease in social capital can lead to democratic malfunctioning. Expanding this argument, Putman analyzed different forms of people's engagement in public life, and concluded that the decline of civic virtue in the US was not directly caused by changes in socio-economic structure and formal institutions.

This paper takes a critical stance on Putnam's view and examines the weakening of social capital in the US in relation to changes in institutional design which resulted from industrialization and the development of the welfare state. It argues that it was institutionally-embedded liberalism that invited the collapse of traditional forms of 'American community' by promoting self-centred action based on "utilitarian and expressive individualism". This contributed to the decline of republican traditions and the diminishing of social capital, thereby undermining the democratic performance of institutions.

年報政治学2005－Ⅰ
市民社会における参加と代表

2005年11月10日　第1刷発行

編　者　日 本 政 治 学 会（年報委員長　小林良彰）

発行者　坂　口　節　子
発行所　有限会社　木　鐸　社
印刷　㈱アテネ社／製本　大石製本

〒112-0002　東京都文京区小石川5-11-15-302
電話（03）3814-4195　　郵便振替　00100-5-126746番
ファクス（03）3814-4196　　http://www.bokutakusha.com/

ISBN4-8332-2370-8　　C3331

現代日本政治分析のフォーラム

レヴァイアサン　年2回（4月・10月）刊行
　　　　　　　　菊判平均200頁・本体価格：2000円

編集委員　加藤淳子・川人貞史・辻中豊・真渕勝

第37号　90年代経済危機と政治（05秋号）
　　　　上川龍之進・真渕勝・加藤淳子・久米郁男 他

第36号　日本から見た現代アメリカ政治（05春号）
　　　　久保文明・待鳥聡史・堀内勇作・豊永郁子 他

日本政治研究における数量分析＋歴史研究

日本政治研究　年2回（1月・7月）刊行
　　　　　　　　菊判平均200頁・本体価格：3000円

日本政治研究学会編集
世話人　五百旗頭真・猪口孝・蒲島郁夫・北岡伸一・御厨貴・
　　　　小林良彰・品田裕・苅部直・谷口将紀（編集主幹）

2巻2号（05年7月）
　　アジアの10カ国における社会資本＝猪口孝
　　オーラルヒストリーと日本政治研究＝御厨貴

2巻1号（05年1月）
　　大臣の重み＝安達貴教・渡辺安虎
　　03〜04年東京大学・朝日新聞社共同世論調査コード

選挙研究　日本選挙学会年報：木鐸社発売

第13号（1998年）　B5判・280頁・3000円　ISBN4-8332-2259-0
第14号（1999年）　B5判・184頁・3000円　ISBN4-8332-2276-0
第15号（2000年）　B5判・200頁・3000円　ISBN4-8332-2291-4
第16号（2001年）　B5判・188頁・3000円　ISBN4-8332-2307-4
第17号（2002年）　B5判・210頁・3000円　ISBN4-8332-2318-X
第18号（2003年）　B5判・264頁・3000円　ISBN4-8332-2334-1
第19号（2004年）　B5判・176頁・3500円　ISBN4-8332-2349-X
第20号（2005年）　B5判・232頁・3500円　ISBN4-8332-2362-7

東大法・蒲島郁夫第1期ゼミ編
「新党」全記録 (全3巻)(1998年)

　92年の日本新党の結成以来，多くの新党が生まれては消えて行った。それら新党の結党の経緯や綱領，人事，組織など，活動の貴重な経過資料を網羅的に収録。混迷する政界再編の時代を記録。

第Ⅰ巻　政治状況と政党　　A5判・488頁・8000円 ISBN4-8332-2264-7
第Ⅱ巻　政党組織　　A5判・440頁・8000円 ISBN4-8332-2265-5
第Ⅲ巻　有権者の中の政党　　A5判・420頁・8000円 ISBN4-8332-2266-3

東大法・蒲島郁夫第2期ゼミ編
現代日本の政治家像 (全2巻)(2000年)

　現代日本政治を深く理解するために政治家個人の政治行動を掘り下げる。第1巻は全国会議員の政治活動に関わるデータを基に数量分析を行う。第2巻は分析の根拠とした個人別の網羅的に集積したデータを整理し解題を付す。

第Ⅰ巻　分析篇・証言篇　　A5判・516頁・8000円 ISBN4-8332-7292-X
第Ⅱ巻　資料解題篇　　A5判・500頁・8000円 ISBN4-8332-7293-8

東大法・蒲島郁夫第3期ゼミ編
有権者の肖像　■55年体制崩壊後の投票行動
A5判・696頁・12000円（2001年）ISBN4-8332-2308-2

　変動する日本人の選挙行動調査（JESⅡ）の過去7回にわたるパネル調査に毎回回答してきた有権者に蒲島第3期ゼミが2000年総選挙に際して行った第8回目のパネル調査。その政治意識・投票行動の連続性と変化を類型化して提示。

東大法・蒲島郁夫第4期ゼミ編
選挙ポスターの研究
A5判・520頁・10000円（2004年2刷）ISBN4-8332-2329-5

　いま，政治家と有権者とのコミュニケーションのあり方を問う戦略が注目されている。2000年総選挙に立候補した候補者1200人弱の作成したポスター685枚を収集・データベース化し，多様な変数を抽出して比較検討し，興味深い命題をいくつか提示した本邦初の試み。候補者必読。

東大法・蒲島郁夫第5期ゼミ編
参議院の研究 (全2巻)
　第1巻は1947年の第1回参院選から2001年の第19回参院選までの19回にわたる議員と議会活動及び選挙結果の基礎的データを可能な限り多角的に広範囲に連続して集めこれを整理・分析する。第2巻は議員活動，委員会，制度の変遷に焦点を当てる。
第1巻　選挙編　A5判・600頁・10,000円　ISBN4-8332-2354-6
第2巻　議員・国会編　A5判・600頁・10,000円　ISBN4-8332-2355-4

東大法・蒲島・谷口ゼミ編
2003年総選挙小選挙区　全記録 (全2巻)
A5判〈近刊〉

55年体制下の政治と経済
―時事世論調査データの分析―
三宅一郎・西澤由隆・河野　勝著
A5判・232頁・3500円（2001年）ISBN4-8332-2302-3
　戦後日本の有権者の政治的態度は，55年体制という枠組みの中で決定されてきた。本書は時事通信社が1960年代から現在まで毎月行っている全国規模の世論調査データの分析からその特質を明らかにし，55年体制とは何であったかを解明する。

選挙制度変革と投票行動
三宅一郎著（神戸大学名誉教授）
A5判・240頁・3500円（2001年）ISBN4-8332-2309-0
　選挙制度改革後，2回にわたって行われた総選挙に示された有権者の投票行動の分析から，55年体制崩壊後の政治変化を読み取る三宅政治学の現在。有権者による小選挙区・比例区の2票の使い分け，一部で言われている戦略投票との関係など，著者の一貫したアプローチを新しいそれとの整合を図ることを試みる。